"十二五"普通高等教育本科国家级规划教材

面向21世纪课程教材

U0772042

International Economics
国际经济学 （第四版）

主　编　李坤望

副主编　张　兵

高等教育出版社·北京

内容简介

本书是"十二五"普通高等教育本科国家级规划教材《国际经济学》（第三版）的修订版。本书以国际经济关系为研究对象，系统地介绍了国际经济中各经济体之间经济联系的内在机制、影响及其政策含义。

本书以微观经济学和宏观经济学为理论基础，在系统介绍国际经济学的理论和政策的同时，注重讲解规范的经济学思维方式和分析方法，让读者通过本教材的学习，不仅了解和掌握国际经济学的基本知识，而且能够熟悉一些现代经济学的研究范式、分析技巧和工具，进而培养读者独立思考问题、解决问题的能力。

为了便于读者更好地理解知识点，第四版在基本理论的讲解上做了一些修订，并且补充了一些新知识和实例。本书可作为高等学校经济类专业的教科书，也可供其他专业选用和社会读者阅读。

图书在版编目（CIP）数据

国际经济学/李坤望主编．--4 版．--北京：高等教育出版社，2017.2（2019.12重印）

ISBN 978-7-04-045943-2

Ⅰ.①国… Ⅱ.①李… Ⅲ.①国际经济学-高等学校-教材 Ⅳ.①F11-0

中国版本图书馆 CIP 数据核字（2016）第 169213 号

Guoji Jingjixue

策划编辑	权利霞	责任编辑	王 威	封面设计	张 志	版式设计	杜微言
插图绘制	杜晓丹	责任校对	李大鹏	责任印制	耿 轩		

出版发行	高等教育出版社	网 址	http://www.hep.edu.cn
社 址	北京市西城区德外大街 4 号		http://www.hep.com.cn
邮政编码	100120	网上订购	http://www.hepmall.com.cn
印 刷	北京市白帆印务有限公司		http://www.hepmall.com
开 本	787mm×1092mm 1/16		http://www.hepmall.cn
印 张	22.5		
字 数	500 千字	版 次	2000 年 8 月第 1 版
			2017 年 2 月第 4 版
购书热线	010-58581118	印 次	2019 年 12 月第 7 次印刷
咨询电话	400-810-0598	定 价	45.00 元

物 料 号 45943-00

总　前　言

　　高等学校经济学类核心课程和工商管理类核心课程是在高等教育面向 21 世纪教学内容和课程体系改革计划"经济学类专业课程结构、共同核心课程及主要教学内容改革研究与实践"和"工商管理类专业课程结构及主要教学内容改革研究与实践"两个项目调研基础上提出、经经济学教学指导委员会和工商管理类教学指导委员会讨论通过、教育部批准的必修课程。其中，经济学类各专业的核心课程共 8 门：政治经济学、西方经济学、计量经济学、国际经济学、货币银行学、财政学、会计学、统计学；工商管理类各专业的核心课程共 9 门：微观经济学、宏观经济学、管理学、管理信息系统、会计学、统计学、财务管理、市场营销学、经济法。这些课程确定后，教育部高教司组织有关专家制定了各门课程的教学基本要求，并组编了相应的各门课程的教材。各门课程的教学基本要求及相应教材由高等教育出版社于 2000 年秋季出齐，供各高等学校选用。

教育部高等教育司

2000 年 3 月

第四版前言

本书自 2000 年出版以来，历经三次修订，承蒙国内众多高校教师和学生们的厚爱，累计发行量已超过了 50 万册。在第三版教材使用过程中，不断有读者对教材的进一步完善提出宝贵意见，在此，教材编写者对大家的关爱、支持、批评和指正表示衷心的感谢！本次修订在充分吸收广大读者反馈意见的基础上，保持教材原有基本框架和教学要求不变，对部分章节的内容加以更新和补充。修订的主要内容包括以下几方面。

一是在部分章节里新增了一些专栏内容，并对原有的部分专栏进行了资料更新，以反映经济现实的变化，帮助读者将理论与现实问题结合起来，更好地理解基本理论知识，提高分析问题的能力。二是对教材的部分内容进行了更新和调整。例如，对第十章的贸易政策的历史实践部分内容进行了更新；第十五章的汇率决定理论中的一些早期汇率理论与现代国际金融发展已脱节，本次修订删除了这部分内容。三是在每章的新增"即测即评"，用二维码关联自测题与参考答案。这也是本次修订的一个新尝试，这不仅有助于学生或读者自我检测对知识点的掌握和理解程度，更大的好处是，将来我们可以随时对这部分内容进行更新和补充。我们会根据读者的需要，将一些案例和学习材料，也采用这一方式加进去，希望读者在使用本教材时，对这方面多提宝贵意见。

本次修订由李坤望和张兵完成，其中李坤望负责第一篇的修订工作，张兵负责第二篇的修订工作。修订稿最后由李坤望负责统纂定稿。在本书的修订过程中，高等教育出版社的权利霞和王威两位编辑给予了大力支持和帮助，如果没有她们的督促和辛苦付出，本书的修订工作可能还得拖延下去。在此对她们的努力付出表示衷心感谢！

本次修订工作虽然暂告一段落，但教材的完善和提升仍然任重道远，恳请读者继续不吝指教。

李坤望
2016 年 7 月

第三版前言

本书第三版在保持前两版特色的基础上，对原有章节结构和内容作了一些修订和补充，以便更好地反映近年来国际经济的新变化和国际经济学理论的新发展，满足教学和学习的新需要。

此次修订主要涉及以下几个方面。一是针对原来一些技术性较强的部分，在不失严密性的前提下，采取了更为简洁直观的论述方式或给予进一步的解释，以便于读者更好地理解。二是对现实问题和现象给予了更多的关注，修订时除了对教材原有实例中的统计数据和资料进行了更新外，还补充了一些反映国际经济新趋势和新问题的案例。例如，由美国次贷危机引发的全球性金融危机给世界经济带来了重大冲击，也对国际经济学理论产生了深远影响，国际经济政策协调的实践由此也出现了一些新进展。这些新变化均反映在本书的修订中。我们在本书第二篇的相关章节中补充了一些新的实例和阐述，但考虑到教材结构的完整性，为了避免因注重细节而使得教材内容变得松散，我们采用了专栏的形式。三是补充了一些国际经济学理论的新发展，对原教材中一些基本理论的一些后续发展给予了适当的补充和评述。近十年来国际经济学一些领域的研究取得了丰硕成果。例如，在国际贸易理论方面，从企业层面，将企业的异质性与国际贸易联系在一起的理论与实证研究近年来取得了很大的进展；在国际金融方面，有关汇率决定和波动的理论与实证研究也不断发展和完善。但我们在新理论的补充方面持谨慎的态度，并不希望将本书变成一本反映国际经济学前沿的教科书，作为以本科生为主要对象的教材，它所介绍的内容应是成熟的、标准化的基本理论。修订后的教材内容较之前有所增加，建议选择本教材的教师可以根据教学需要有选择地挑选其中的内容。

本次修订工作主要由南开大学国际经济贸易系李坤望和张兵承担。其中，李坤望负责第一篇的修订，张兵负责第二篇的修订。修订初稿完成后，主编李坤望和副主编张伯伟负责统纂定稿。在修订过程中，本书的两位顾问薛敬孝教授和佟家栋教授一如既往地给予了大量指导。本次修订工作得到了高等教育出版社的大力支持和帮助。

自本书第一版出版至今近十年时间里，国内众多读者对教材给予了大量中肯的评价，提出了许多建设性意见，其中让我们非常感动的是经常有读者来信或发电子邮件指出书中一些打印错误和不足之处。这些读者的厚爱和鞭策也正是我们进行教材再次修订的动力之一。在此对帮助、支持、批评和指正我们的所有人表示衷心感谢。

尽管我们修订工作的目标是追求完善，但由于时间仓促，加之编者水平所限，书中的错误和纰漏在所难免，恳请读者不吝赐教。

编　者
2010 年 2 月

第二版前言

本书第一版作为"面向 21 世纪课程教材"中高等学校经济学类核心课程教材之一，自 2000 年 8 月出版以来，得到了众多读者、专家的厚爱与指教，特别是很多高校的教师与学生对本教材的使用效果给予了中肯的评价，并就书中存在的不足提出了许多建设性意见。这促使本书作者着手本书的修订工作，以便更好地适应高等学校经济学类专业教育发展的需要。

此次修订基本保持原书的基本结构与内容体系，还是按原来的做法，即按国际经济学的微观部分与宏观部分将本书分为上下两篇，原有的章节安排未作大的调整。修订的重点放在下篇，主要是对一些重要的基本理论或知识点加以充实，并更为注重分析过程的展现、理论体系的完善和表述风格的一致性。编写及修订本书的主要目的，除了向学生或读者介绍国际经济学理论与政策之外，更为重要的是要使学生或读者清楚这些理论在解决问题时的基本思路、研究手段及分析过程，让学生或读者不仅掌握国际经济学的基本理论观点，而且熟悉一些现代经济学的研究范式、分析技巧及方法工具，提高学生或读者分析问题、解决问题的综合能力。另外，这次修订比较突出基础理论部分，一些次要的知识点或尚未成熟的国际经济学方面的新发展没有全部补充进去。这一方面是考虑到教材篇幅及实际教学时间的限制；另一方面，作为教师，编者认为讲授一门课程并非是只讲授一本教材，应当给教师和学生更多的选择、更大的空间（纵观国外的同类教材，几乎找不到包罗万象或内容雷同的教材）。

本书的修订工作主要由主编和副主编负责。参加修订工作的人员及具体分工如下：李坤望（绪论、第一章～第六章，第十五章～第十八章）；张伯伟（第七章～第十章）；高乐咏（第十一章、第十二章）；张兵（第十三章、第十四章、第十九章、第二十章）；本书所附的学习卡由张伯伟博士编制，胡昭玲博士、周申博士、苑涛博士等协助做了大量的习题编写工作。薛敬孝教授与佟家栋教授作为本书顾问，对修订工作给予了大量指导。此外，本书修订工作得到了高等教育出版社"百门精品课程"项目的资助，高等教育出版社的相关编辑为本书的修订与顺利出版付出了大量心血。在此，对所有提供指导、帮助的人与单位表示衷心的感谢。

由于时间仓促及水平所限，书中难免出现错误及不足之处，敬请各位读者、专家批评指正。

李坤望
2005 年 5 月

第一版前言

随着以国家为主体的国际经济活动的日益频繁，以国际经济关系为研究对象的国际经济学，作为经济学中的一个独立学科分支，已成为一个十分活跃的研究领域，同时在国内外经济学类教学中，国际经济学也已成为一门十分重要的课程。本书是教育部面向21世纪经济学类核心课程教材之一，由南开大学薛敬孝教授主持编写。目前，在西方国家，国际经济学教材可以说是十分丰富，其中一些在国外比较流行的教材已经由国内学者翻译引入国内；与此同时，20世纪90年代以来，部分国内学者也编写出版了一些优秀的同类教材。本书在借鉴国内外同类优秀教材经验的基础上，全面、系统地介绍了国际经济学的基本理论、研究方法及其应用，并对国际经济学相关领域内的一些新成就和新发展加以了反映，以适应国内高等院校经济学类本科生的教学需要。

本书的总体编写框架由薛敬孝教授负责设计，其他的编写成员均来自南开大学国际经济贸易系，这些作者都曾从事过或正在从事国际经济学的本科生或研究生教学工作。参加本书编写的成员及各自分工为：薛敬孝（绪论、第二十章）、佟家栋（第七章～第十章、第十九章）、李坤望（第一章～第六章）、高乐咏（第十一章、第十二章）、李平（第十三章～第十五章、第二十章）、李月平（第十六章～第十八章）。本书最后由主编统纂定稿。

本书初稿完成之后，教育部和高等教育出版社于1999年11月联合邀请了国内一些高校的知名专家和从事国际经济学教学的一线教师，在南开大学召开了一次初稿讨论会。参加此次初稿讨论会的专家学者有：华民教授（复旦大学）、肖琛教授（北京大学）、彭刚教授（中国人民大学）、杨惠昶教授（吉林大学）、李天德教授（四川大学）、赵曙东副教授（南京大学）、林玲博士（武汉大学）、龚敏博士（厦门大学）、陈涛涛博士（清华大学）（以上排名不分先后）。与会的专家学者针对本书初稿提出了大量建设性意见。在此后本书的修改过程中，作者充分吸收了各位专家学者的意见，可以说本书汇聚了国内众多专家学者的心血，是一部体现集体智慧的教材。

在此，对所有提供帮助的人敬致谢忱。当然，文责自负，书中若有任何错误或不足之处，均由编者全部负责，同时也敬请各方贤达不吝赐教。

编　者
2000年5月

目　　录

I

第二篇 国际金融与开放条件下的宏观经济政策

绪　论

随着技术创新和制度创新的不断演变，在人类经济社会不断进步的同时，以国家为单位的国际经济关系也越来越密切，所涉及的范围也越来越广泛。通过国际贸易、投资以及资本流动等途径，各国经济之间的互相依赖程度在不断地加强，而第二次世界大战结束以后，经济全球化和区域经济一体化的兴起和发展，又将各个国家或地区的国内市场逐渐整合成一个更大的国际市场；跨国公司的迅猛发展，又进一步深化了国际分工，导致了生产的国际化；信息技术革命缩短了世界各地人们之间的空间和时间"距离"。正因如此，人们对国际经济问题的关注也越来越普遍。这突出地反映在国际经济学（international economics）作为经济学的一个独立分支，在众多经济学家的努力下，在经济学中的地位日益提高，特别是近 30 年来，国际经济学已成为经济学领域里发展最快、影响最大的分支之一。国际经济学也已被越来越多的国内外大学列为经济学类学生的必修课程之一，成为一门十分重要的课程。作为本书的开篇，以下简要介绍一下国际经济学的研究对象、特征、发展概况以及本书的内容安排。

一、国际经济学的研究对象及主要内容

简而言之，国际经济学是以国际经济关系为研究对象的。它的研究目的就是要解释各个经济社会之间经济联系的内在机制及其政策含义。如果说一般经济学（即国内所说的西方经济学）研究资源的使用和管理机制，那么我们也可以说国际经济学研究的是国际格局下的同样问题。从抽象角度讲，我们通常把经济学研究的问题划分为两个层次：一是资源配置问题；二是资源的利用和积累问题。其中，前者是微观经济学的研究范围，而后者则是宏观经济学的研究范围。这意味着国际经济学也可分为微观和宏观两部分，其中国际经济学的微观部分主要讨论世界范围内的资源配置问题，而国际经济学的宏观部分主要讨论

在国际格局下资源利用的决定因素及国际传递机制。不过，在更多的时候，国际经济学的微观部分和宏观部分被分别称为国际贸易理论和国际金融理论。按照英国经济学家马歇尔（Marshall）的标准，国际贸易理论在研究方法上主要以微观经济分析为基本工具，属于实物面（real side）研究；而国际金融理论则是以宏观经济分析为主要工具，属于货币面（monetary side）研究，因此有的学者又称国际金融理论为开放经济的宏观经济学（open economy macroeconomics）或国际货币经济学（international monetary economics）。

国际贸易理论旨在说明贸易的起因与利益，以及贸易政策的影响及制定依据，它所涉及的主要内容包括贸易纯理论、贸易政策以及贸易与经济增长之间的关系等。而国际金融理论则主要说明国际经济活动（如商品、劳务贸易和资本国际流动）在各国国民收入决定中的作用，以及各国国内经济活动对国际经济关系的影响。具体来说，它包括外汇理论与政策、国际收支调整理论与政策以及国际货币制度等。所有这些研究内容基本上解释了国际经济关系方方面面的问题。当然，随着时间的推移会不断有新的问题出现，因此国际经济学的研究内容也在不断地深化。

二、国际经济学的两大特征

国际经济学是在微观经济学和宏观经济学的基础上发展起来的，此外，它还和许多经济学分支有着千丝万缕的联系。但它之所以被当作一个独立的学科看待，并获得人们的普遍重视，是因为国际经济学有其自身的一些特殊性。这些特殊性主要表现在两大方面。

首先，国际交易不同于国内交易。在国际交易中普遍存在着对贸易和要素流动的自然的与人为的阻碍。例如，劳动力和资本在国家间的流动性远远低于其在一国之内自由流动的程度；关税与非关税这些限制国际贸易的壁垒在一国之内一般是不存在的；同样，各国使用不同的货币，也使得国际交易远远比国内交易复杂得多，它涉及诸如如何在国际交易中将一种货币转换成另一种货币以及如何保持国际收入和支付的平衡等问题。国际交易与国内交易的种种差异表明，需要有一套专门的理论体系来解释国际交易活动。

其次，国际经济关系是发生在各个独立的经济实体之间的。鉴于各国政府独立行动的事实，在政策制定上，一国政策考虑的往往只是本国的福利与稳定，而非全世界的福利与稳定。不同国家的政策目标的不一致，往往导致在一国看来是最佳的选择，而在世界范围内看则并非最佳。例如，最佳关税的征收导致了 20 世纪 30 年代的关税大战。这一现象的本质用博弈论中的"囚徒困境"来解释，并不难以理解。此外，经济间的连锁机制使得一国的经济政策，如财政政策和货币政策，不仅会影响本国的资源配置，同时还会影响他国的资源配置，因此，在国际经济关系日益密切的背景下，一国政府在制定政策时，不得不顾及外部因素的影响。各国政策上的差异与冲突，从本质上讲是因政策引发的国际转移而起的，而从根源上看，则是由各国经济条件和市场运行机制上的差别造成的。而在封闭条件下，这些政策上的问题几乎都不存在。所以，当研究国际经济问题涉及的政策含义时，也需要有一种不同于一般经济政策的解释。

三、国际经济学的发展

（一）国际贸易理论的发展

很早的时候，人们就已觉察到了专业化的好处。现代经济明显地依赖于个人之间、企业之间和民族之间的专业化分工。大卫·李嘉图（David Ricardo）是最早发掘这一经济学中最深刻和最卓越的成果的经济学家，在其代表性著作《政治经济学及赋税原理》中，李嘉图阐明和论证了比较优势原理，认为比较优势是国际贸易的基础，即比较优势不仅决定贸易方向，也构成了"巨大贸易利益"的来源。李嘉图的研究确立了其后贸易纯理论的发展方向，后来的学者就一直将国际贸易的研究重心放在比较优势原则上，不断探索决定比较优势的各种因素。

关于比较优势的决定因素，李嘉图本人强调劳动生产率差异的重要性，认为各国之间只要相对劳动生产率水平不一致，就存在贸易的动机。如果贸易条件严格介于这些国家的国内相对成本比率之间，那么每个国家的所有家庭都可以通过贸易生活得更好。这一论断是以李嘉图所设想的劳动在国内完全自由流动，而在国家之间不能流动为前提的。其后的一些学者，如穆勒（J. S. Mill）、马歇尔和埃奇沃思（Edgeworth）都对贸易理论作出了一些重大贡献，但他们的研究中关于比较优势的概念并未比李嘉图的思想前进一步，仍主要集中于贸易条件的讨论和比较静态学的研究。但在两次世界大战间隔时期，关于比较优势的研究取得了重大进展。

首先，两位瑞典经济学家赫克歇尔（Heckscher）和俄林（Ohlin）分别在1919年和1933年各自撰写的文章与著作中，论述了各国资源要素禀赋的构成与贸易形态之间的关系，以及贸易对各国收入分配的影响。他们之所以提出不同于李嘉图的比较优势思想，是因为他们认为，在国际上要素的不流动，造成国家之间在要素禀赋上的差别，比在同一国家不同地区之间的差别要大得多，因此，要素禀赋差别才是决定国际分工和交换的最重要因素。

其次，在贸易理论的模型化方面也有了实质性的进展，由哈伯勒（Harberler）、勒纳（Lerner）、里昂惕夫（Leontief）和米德（Meade）等人提出的将技术、要素禀赋和偏好集于一体的一般均衡分析的新古典模型，与赫克歇尔和俄林的要素禀赋理论融合为一体，最终形成了国际贸易理论的标准模型。可以这样说，这一标准化的贸易模型实际上就是新古典学派一般均衡理论在国际贸易研究中的应用。

这一标准的贸易模型，可以用人们所熟悉的两个国家、两种产品、两个要素这一模型来加以阐述。一定的要素供给和规模收益不变的技术确定了向外凸的生产可能性边界，它与特定的消费者偏好共同决定了一国封闭条件下的相对价格。具有同等技术、要素禀赋和偏好的国家，将会有同样的封闭条件下的相对价格，因而也就没有进行贸易的动机。因此，各个国家必须在这些方面中的至少一个方面有所差别，才能产生比较优势，从而引发国际贸易，并带来贸易利益。如果技术和要素禀赋相同，各国可以在它的消费者不大喜爱的商品上享有比较优势，因为在贸易前这一商品在国内的价格比较低廉。同样，如果各国要素禀赋和偏好相同，或技术和偏好相同，那么比较优势将由技术相对差异或要素禀赋相对差异决定，即一国将在其相对技术水平较高的商品或密集使用其相对充裕要素的商品上具有比较优势。不过，如果现实中各国要素禀赋及技术间的差别比较显著，那么为了简化分析，在贸易理论模型中，通常忽略国家间的消费者偏好差异的影响，专注于从供给方面探讨国际贸易的起因和利益。

在 20 世纪相当长的时期内，以新古典模型为表达形式的要素禀赋理论在国际贸易理论中占据着绝对的统治地位。虽然 20 世纪 50 年代里昂惕夫的实证检验结果使得这一理论的追随者产生过怀疑，60 年代林德（Linder）、波斯纳（Posner）、伏珀尔（Hufbauer）和维农（Vernon）从动态的角度等提出了不同于比较优势的新的贸易基础，但要素禀赋理论并未受到真正的挑战。直到 20 世纪 70 年代末，国际贸易理论的发展才再次出现重大突破。

20 世纪 70 年代末 80 年代初，以美国经济学家克鲁格曼（Krugman）为代表的一批经济学家提出了所谓的"新贸易理论"（new trade theory）。新贸易理论认为除资源差异外，规模经济亦是国际贸易起因和贸易利益来源的另一个独立因素。正如克鲁格曼所指出的那样："即使在缺少偏好、技术和资源禀赋方面差异的情况下，规模经济也可以引导各国开展专业化分工和贸易。"新贸易理论引入了规模经济的假设，从而打破了比较优势理论关于规模收益不变和完全竞争的基本假设，使得研究的重心由国家间的差异转向市场结构和厂商行为方面。如果将以新古典学派一般均衡分析为基础的比较优势理论冠以"国际贸易的完全竞争理论模型"，那么新贸易理论则可称为"国际贸易的不完全竞争理论模型"。由于不完全竞争理论至今没有形成统一的分析模式，所以新贸易理论至今还没有像比较优势理论模型那样在表达形式上达到完美的地步。不过，这并不妨碍该理论的巨大应用价值。迄今为止，新贸易理论已经历了几十年的发展，其发展巅峰期也早已过去。目前，该理论已成为国际经济学或国际贸易教科书中的重要组成部分，为人们所熟知。

新贸易理论的出现有两大渊源。一是随着时间的发展，传统的贸易理论已不能够很好地解释许多重要的国际贸易现象。例如，一方面，20 世纪 60 年代以后，世界贸易中的绝大部分是发生在偏好、技术和资源禀赋都比较相似的发达国家之间，而差异比较大的发达国家和发展中国家之间的贸易在世界贸易中所占的比重在不断下降；另一方面，国际贸易流量中，产业内贸易，即发生在属于同一产业类别内部的双向贸易，已成为主流。关于后一种现象，早在 20 世纪 60 年代中期，一些经济学家就已经注意并开始对其进行研究。其中，格鲁珀（Grubel）和劳埃德（Lloyd）在 1975 年还构造了一种测量产业内贸易密集度指标的方法，用于测算国际贸易中产业内贸易的重要性。两位学者根据测算的结果，将产业内贸易分为三种类型：第一类是消费品的替代性商品间的贸易，例如，化纤类服装与天然棉类服装；第二类是生产的投入系数相似的商品间的贸易，例如，焦油与汽油；第三类是既具有消费替代性又具有技术类似性的商品间的贸易。他们指出，前两类商品的产业内贸易与要素禀赋理论相一致，可以用修正后的要素禀赋理论加以解释；而对于第三类商品的产业内贸易，则只有规模经济和产品差异化才能解释，而这又与传统的贸易理论相抵触，因而需要发展一种新的贸易理论来解释这一点。

二是产业组织理论的发展为新贸易理论的出现奠定了坚实的理论基础。事实上，早在亚当·斯密（Adam Smith）的关于贸易扩大市场规模从而提高劳动生产率的著名论断中，就已经提出了规模经济的思想。但后来随着新古典学派的兴起，规模经济由于与完全竞争市场结构相对立，所以一直被排除在以竞争性均衡为核心的一般均衡理论之外。虽然古诺（Cournot）、张伯伦（Chamberlin）等经济学家在不完全竞争分析方面作出了巨大的贡献，但长期以来，不完全竞争分析一直游离于主流经济学之外。20 世纪 40 年代兴起的产业组织理论可以说填补了这方面的空白。简单地说，产业组织理论可看作是微观经济学中的市场结构理论的一个后续发展，它主要以不完全竞争市场结构为考察对象，分析市场结构、厂商行为和市场绩效三者之间的因果关系。20 世纪 70 年代中期，产业组织理论出现了一次大的发展，特别是博弈论方法被引入到产业组织理论中后，对于不完全竞争市场结构下（主要针对寡头市场）厂商行为的描述与研究取得了巨大的成功，大大丰富了经济学的理论基础。新产业组织理论的兴起对经济学许多分支的发展都产生了巨大的推动作用，国际贸易领域自然也不例外。1978 年，克鲁格曼在其麻省理工学院的博士毕业论文中，[①] 首次将迪克西特（Dixit）和斯蒂格利茨（Stiglitz）两人共同提出的将差异产品和（内部）规模经济考虑在内的垄断竞争模型（该模型又称为"新张伯伦模型"）推广到开放条件下，从模型上首次证明了规模经济是国际贸易的另一起因，以及差异产品决定了贸易形态为产业内贸易。

虽然均强调规模经济的作用，但由于没有统一的分析框架，所以新贸易理论除了上面提到的由克鲁格曼和海尔普曼（Helpman）等人在垄断竞争模型基础上提出的贸易理论模型外，还有另外两种重要的模型形式。其中由布兰德（Brander）和斯潘瑟（Spencer）在寡头垄断模型基础上提出的新贸易理论模型，不仅阐述了规模经济在国际贸易中的决定作用，同时还指出在同质产品下，因厂商的非合作行为，也会产生产业内贸易，"相互倾销"便是其中的一个特例。在寡头垄断市场结构下，围绕着垄断利润，不仅厂商之间，而且政府之间也可能产生争夺垄断利润的博弈行为，因此，该理论模型具有重要的政策含义。20世纪 80 年代中期，引发众多争论的战略性贸易政策便是基于这一思想提出的。还有一种新贸易理论模型是由埃塞尔（Ethier）最早提出的外部经济模型。该理论模型不仅指出外部规模经济在国际贸易中的重要性，更重要的是还指出了国际分工格局对贸易利益不平衡性的影响，即不同的国际分工格局对参与贸易的各方的经济发展有不同的影响。

其实，新贸易理论的出现并不意味着它就替代了传统的比较优势理论。从解释对象看，两种理论流派分别解释的是不同的贸易现象，前者主要解释发生在发达国家之间的产

---

① 克鲁格曼的这一研究成果正式发表于 1979 年。见 Krugman P. Increasing Returns, Monopolistic Competition and International Trade. Journal of International Economics, 1979（9）：469-479.

业内贸易，而后者则着重解释发达国家与发展中国家之间的产业间贸易。从理论基础上看，前者以规模经济和不完全竞争为前提，建立在不完全竞争理论基础之上，而后者则以规模收益不变和完全竞争为前提，建立在完全竞争理论基础之上。因此，两种流派不仅不是互相替代的关系，实际上还表现出互补性，共同丰富和完善了国际贸易理论。

综观各种国际贸易理论的观点，国际贸易基础的决定因素，可用图绪–1加以概括。

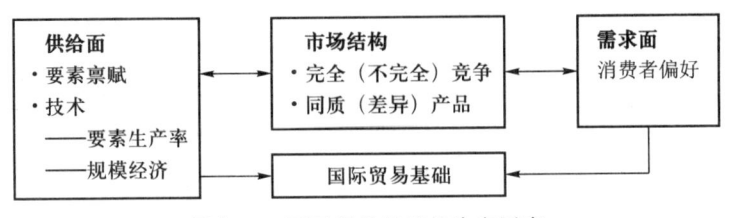

图绪–1　国际贸易基础的决定因素

（二）国际金融理论的发展

国际金融理论涉及的问题和领域比较多，流派众多，不像国际贸易理论的演变那样线索十分清晰。随着时代的发展，国际金融理论也在不断地推陈出新，特别是近30年来，国际金融理论也是经济学中十分活跃的领域之一。

可以说，国际金融理论的发展一直是围绕着"外部平衡"这个十分重要的问题而展开的。从古典贸易理论起，贸易平衡总是被看作是一个先决条件，这是因为不考虑货币因素，因此，国际贸易理论所讨论的国与国之间的贸易可设想成是完全的易货贸易（即物物交易）。但在现实中，国际贸易是以货币作为流通媒介进行的，因而贸易不平衡现象的存在是显而易见的，而贸易平衡事实上只反映了国际经济的长期均衡状态。

早在李嘉图提出比较优势学说之前，历史上就已经产生了外部调节的古典范例。在18世纪初期，对于这个理论的主要原理已经有了相当清楚的解释，而对此最有效的阐述则是由休谟（Hume）在1752年给出的。休谟指出可以通过货币——贵重金属的进出口来完全解决贸易不平衡问题。基于货币数量学说，休谟建立了一个国际收支和贸易条件的动态模型，提出了著名的"价格—铸币流动机制"，认为可自动通过市场力量不断恢复国际收支平衡。

休谟的理论在一个相当长的时期内（直到两次世界大战期间），一直主导着国际金融领域内的探索。在金本位时期，人们极其自然地把没有国际金银流动作为外部平衡的标志。在两次世界大战的间隔期间，为取得外部平衡，许多国家对浮动汇率和直接控制国际收支进行了广泛的实验。这一时期，纳克斯（Nurkse）的论述也许算得上是最有影响的。许多学者继续以储备变动为前提把外部平衡概念化。与此同时，国际金融领域内关于国际资本流动的讨论日益增多，但是大多数观点认为，国际资本流动附属于古典的国际收支调整机制。此后很长一段时间里，这种观点几乎没有什么变化，相反，两次世界大战间隔期间发生的事件，使得国际金融理论明显避开了对构成古典模型基础的国际收支调节机制的关注，而将研究重心转移到国际收支平衡与国内经济条件之间的相互作用上。

第二次世界大战后国际货币制度安排——布雷顿森林体系的确立和发展对国际金融理论的发展方向产生了深远的影响。第二次世界大战之后凯恩斯（Keynes）主义的流行，也在国际金融理论的发展方向上打下了深刻的烙印。休谟把相对价格变动放在国际收支调整问题的中心，但是其后的一些学者曾提出疑问：直接的收入或财富效应是否也可能起作用，在不改变价格的条件下，能否进行外部调整。早在 20 世纪 20 年代末，凯恩斯等人在关于德国的转移问题讨论中，就提出过这样的看法。在布雷顿森林体系之后，考虑到与固定汇率相联系的物价水平和工资的黏性，在 20 世纪四五十年代，很多研究文献放弃了古典模型核心所在的相对价格调整之说，转向借助收入或就业的变动来调整国际收支，以取得外部平衡的做法。凯恩斯的乘数理论说明了在价格不变的情况下，收入变动对国际收支的影响，它可以帮助我们理解本国或外国居民的支出变动如何影响国内收入的均衡水平，进而影响国际收支。强调国际收支收入调节机制的学说，认为产出与就业的变动与古典学说中的价格变动起到了几乎相同的作用。但强调收入作用的外部调整有着重大缺陷，它基本上排除了资本流动，与古典学说一样，仍然停留在国际收支经常项目的调整上。这种缺陷直到 20 世纪 60 年代才有所改观。

20 世纪 60 年代初期，蒙代尔（Mundell）在其一系列文章中，更新了国际收支调整的传统观点。在蒙代尔的模型中，货币部门被放在了首要位置，国际收支中的资本项目占据了重要地位。他提出，当内外平衡目标冲突时，资本流动性的存在指明了在固定汇率下可能发生的政策两难问题的解决办法，而采用针对外部平衡的货币政策和针对内部平衡的财政政策，能够同时达到这两个目标。这一主张的关键在于，扩张性的货币政策和财政政策都起到增加产出的作用，但对国际收支资本项目有不同效应：货币扩张引起资本外流，而财政扩张则引起资本流入。因此，借助于这两个独立的工具，能够同时达到内外平衡的目标。

完全资本流动是不符合布雷顿森林体系的。但"特里芬难题"的永久存在，则逐渐损害了布雷顿森林体系的稳定性。终于，到了 1973 年，布雷顿森林体系崩溃，之后一大批经济学家开始主张实行浮动汇率。支持浮动汇率的基本论点是，浮动汇率可使政府免受国际收支的限制，并允许政府独立运用货币政策实现国内经济目标。然而依靠浮动汇率、借助国际储备流动自动达到调节国际收支平衡的做法，并不能消除持久的经常项目不平衡问题。这一问题的存在，不仅会导致经济中可贸易部门和不可贸易部门之间的资源再配置费用的产生，而且还暗含了外债及可维持的消费等问题。

20 世纪 70 年代货币主义的兴起，涌现了一些极有价值的开放经济的动态模型。其中比古典主义更进一步的国际收支货币分析方法，强调实际平衡效果和长期国际收支平衡；而资产组合模型则阐明了货币与经济增长的关系，指出了财富积累中资产的存量和流量的不同，并吸收了宏观经济学中理性预期的一些基本思想。

在这些模型中，外部平衡的内在动态机制由财富推动，其中财富不仅包括实际货币余额，也包括外国资产，可能还涉及物资与人力资本。在充分就业和价格有弹性的前提下，每一种国际资产存量结构决定一个短期均衡，而这个短期均衡则由资产市场和商品市场的均衡条件所确定。均衡财富水平和实际利率决定国内外的消费水平，但是不一定需要国际收支经常项目的短期平衡，即商品市场均衡仅意味着一国计划的国际收支经常项目顺差等于别国计划的国际收支经常项目逆差。于是，国际财富流动机制终将恢复国际收支经常项目的平衡。如果上面的古典假设前提被放弃，假设商品市场具有凯恩斯主义的价格黏性，那么调整过程会变得复杂化。目前，这些方面的研究成果已反映到众多的教科书之中。

20 世纪 80 年代，借助于储蓄和投资理论中所使用的跨时（intertemporary）分析方法，对于开放经济动态变化过程的分析已日益普遍。这一新发展的动机主要来源于 20 世纪 80 年代的债务危机提出了有关发达国家与发展国家之间贸易的资产形式这个极其重要的问题。无论是古典分析，还是凯恩斯主义的分析，都不能为这个问题提供合理的解释。特别是第一次石油危机后，外国银行对发展中国家贷款的激增，引起了对这些国家将无法承受外债负担的担心，重新估量发展中国家债务水平的需要，自然引出了不同时期最优的国际收支经常项目逆差这一新概念。在有关外部平衡的跨时模型中，一国随时间推移的消费、投资机会由跨时预算约束来描述，这些约束也确定了一国能够向国外借款和放款的条件。在这类模型里，外部平衡被定义为维持与预期的跨时预算约束相一致的、稳定的最佳消费水平的国际收支经常项目状况。在产出、国际利率、贸易条件等方面暂时不利的情况下，保持暂时的国际收支经常项目逆差可适当抵消不利冲击；同样，暂时的顺差是对暂时的有利冲击的一个适当反应。

以上结合外部平衡这一国际金融理论的核心，简要阐述了国际金融理论的发展历程。从中可以清楚地看出，国际金融理论的发展反映了时代发展的要求，随着理论研究的目标和可供选择的分析方法的演变，国际金融理论在不断向前推进。但与国际贸易理论的发展相比，国际金融理论的基础还不够成熟和完整，这也是今后国际金融理论所面临的一个亟待解决的问题。囿于篇幅所限，这里对国际金融理论中其他一些重要领域，如汇率决定理论、国际货币制度、金融深化与发展理论等方面的发展并未涉及，有兴趣的读者可参阅相关文献。

四、本书的内容安排

本书共分两篇：第一篇集中介绍国际贸易的基础与政策；第二篇则从国际经济学的微观部分过渡到宏观部分，介绍国际金融理论与政策。

第一篇共分十二章，着重讨论国际贸易的起因与影响（包括福利效应和收入分配效应）、贸易保护的影响与依据以及国际资本流动的动机与效果等问题。其中，第一章阐述了国际贸易理论的一般特点以及本书第一篇所采用的基本模型结构与主要的分析工具，并在最后一节通过一个假想的例子，将构成国际贸易起因的种种因素，整合于一个标准模型之中，将国际贸易主要理论的历史发展顺序与抽象层次上的逻辑次序统一起来，以便于学生或其他读者更好地理解国际贸易的基本理论。接下来，本书用五章的篇幅（从第二章到第六章），分别介绍了从古典贸易理论到新贸易理论的一些有代表性的纯贸易理论。第七章到第十章讨论与贸易保护有关的贸易政策问题。首先，第七章阐述了贸易壁垒——关税与非关税措施的经济效应与性质。紧接着，第八章介绍了历史上的一些支持贸易保护的主要论据，并对这些观点作了简要的评述。第九章则专门讨论一类特殊的贸易政策安排——经济一体化与关税同盟，这类政策安排无论在动机上还是效果上都不同于单边性质的贸易政策，它既具有合作性，又具有一定的歧视性。在这一章，我们以关税同盟为例，讨论了区域经济一体化的经济效应。第十章则从实践的角度，叙述了历史上特别是第二次世界大战之后国际贸易政策的演变。第十一章和第十二章两章涉及国际要素流动问题，相对于针对商品贸易的主流贸易理论而言，对国际要素流动的研究起步较晚，而且基本上附属于商品贸易理论，一直未与商品贸易理论严格区分开来，很多商品贸易理论的观点扩展到国际要素流动领域也同样适用。

第二篇包括八章。第十三章和第十四章两章分别介绍了国际收支与外汇市场的一些基本概念，这就把第一篇中所讨论的纯粹贸易问题与开放经济下的收入决定和国际收支平衡问题联系起来了。在介绍了这些基本知识之后，第十五章专门讨论国际金融中的核心问题之一——汇率决定。这一章按历史顺序，对一些主要的汇率决定理论逐一加以介绍，包括从经常项目角度分析汇率决定的购买力平价理论，把汇率看作是一种资产价格，综合考虑各种因素的资产市场分析法的两个重要模型——货币模型与资产组合平衡模型等。第十六章则主要介绍国际收支调整的内在机制和方法，主要内容包括国际收支的弹性理论、吸收理论和货币理论。第十七章和第十八章分别介绍开放经济条件下宏观经济的内外平衡问题以及宏观经济政策的作用效果。第二篇的最后两章——第十九章和第二十章，分别叙述了国际经济政策协调和国际货币体系的制度安排，其中也涉及一些区域性的制度安排（如欧洲货币体系），以及国际货币制度对发展中国家金融秩序和经济发展的影响等问题。

本书在结构安排上，借鉴了国外同类教材的一些成功经验，并且吸取和采用了国外一些教材中比较成熟的分析方法和工具。为了巩固所学的知识和培养学生独立思考的能力，每章的最后都提供了一些练习思考题。这些练习思考题有的是正文中忽略或有意遗留的问题，有的是与正文有关但又超出了正文范围的问题。通过这些练习思考题，希望能进一步提高学生或读者分析问题和解决问题的能力。另外，书中某些章节配置了附录，作为正文的某些补充。正文中某些带"＊"号的内容是教学基本要求之外的内容，不作为一般要求。建议选择本教材的教师可根据与本教材配套的教学基本要求，以及各自的教学要求和课时安排，自主选择本教材中的内容或改变某些章节的顺序安排。本教材主要面向财经类本科生，书中部分内容（如带"＊"号的内容）也可供高年级学生或研究生作为参考资料。学习本教材要求读者具备微观经济学和宏观经济学的基本知识。

第一篇
国际贸易基础与政策

第一章
国际贸易理论的微观基础

国际贸易理论是国际经济学的微观理论部分，它以微观经济学为理论基础，解释国际贸易的起因和影响。在正式学习国际贸易理论之前，我们首先熟悉一下国际贸易理论的研究范围、研究方法以及本书所采用的一些主要分析工具。

第一节　国际贸易理论的研究对象与目的

在世界范围内，不同国家或地区之间主要通过市场的结合，即把国内市场扩展为国际市场，形成一个国际经济社会。在这样的国际大市场上，商品的跨国流动将各个经济社会联结在一起。除此之外，可移动的生产要素，如资本、劳动力以及服务的国际流动也是各个经济社会之间的另一种重要联系方式。通常从狭义上讲，国际贸易系指商品（或货物）的跨国流动，而在广义上，国际贸易既包括商品贸易也包括要素贸易。在理论体系上，国际贸易理论主要是以商品贸易作为研究对象，但也涉及一些国际要素流动问题。

国际贸易理论与微观经济学之间存在着内在联系。微观经济学主要研究的是单个经济社会的资源配置问题，而国际贸易理论则研究两个或两个以上经济社会之间的资源配置问题，即世界范围内的资源配置问题。由微观经济学可知，在单个经济体内部，经济资源是通过价格机制的运转来进行分配的，而市场价格又是由各种市场上的供求力量共同决定的。同样的，世界范围内的资源配置也是通过市场的运行来进行的，各个经济社会的价格体系共同决定了国际市场的运行。因此，微观经济学的基本原理是研究国际贸易相关问题的理论基础。既然国际贸易理论与微观经济学的基本原理存在着一致性，为什么还要区分国际贸易与国内贸易，将国际贸易作为一个独立的问题来研究呢？这样做的理由主要有两条。

第一，一般来说，生产要素在国家间的流动程度要比其在国内的流动程度低得多。例如，由于各国制度、法律、语言、文化、宗教和习俗等因素的影响，劳动力的国际流动性会受到诸多限制，在不同国家之间很难能像在国内一样自由流动。因此，关于要素流动性的假设是国际贸易理论区别于微观经济学的一个重要方面。在一国国内，生产要素价格（或报酬）的任何差异，都会引起资源的重新配置，要素会从报酬低的部门流向报酬高的部门，最终导致不同部门间要素价格的均等。虽然在单个国家里，要素价格都趋于一致，但由于要素在国家间不能自由流动，各国之间的要素价格可能并不一致。因此，要素价格在国家的差异表明，对于国际资源配置问题的研究，不能完全照搬微观经济学关于资源配置的理论，也就是说，国际贸易需要有一种不同于国内贸易的解释。

第二，现实中，国际贸易常会受到一些人为障碍的影响，如政府通过设置关税和非关税壁垒限制进口，而这种主要由政府构筑的贸易障碍在国内贸易中则很少见。这种内外贸易在实际生活中的差异，反映了长期以来一部分人对两种贸易的不同认识：国内贸易会给交易各方带来好处，改善人们的福利，但国际贸易并不一定会给参与贸易的各国都带来利益。例如，历史上贸易保护主义的一个典型代表——"重商主义"便是持这种观点，认为在国际贸易中，一国所获得的利益是以他国的损失为代价的，因此，他们主张一国政府应采取限制进口或"奖出限入"的干预政策。正是因为如此，对于国际贸易利益和贸易政策的经济影响和福利效应的说明和解释，是国际贸易理论中一个十分重要的问题，也是国际贸易理论不同于微观经济理论的一个重要体现。

与一般经济学的研究方法相同，国际贸易理论在分析上也分为实证分析（positive analysis）和规范分析（normative analysis）两种。前者主要针对某一与国际贸易有关的现象，提供理论分析框架，旨在解释诸如国际贸易发生的原因、贸易形态的决定、贸易政策措施对国内经济活动（如价格、生产、消费、收入分配）的影响等问题；后者则就某一与贸易有关的现象，进行价值判断，即说明其好坏，例如就一国贸易政策的制订（是采用自由贸易的做法还是采取贸易保护主义做法）提出依据。

另外，在研究内容上，国际贸易理论又区分为国际贸易纯理论和国际贸易政策理论两部分。国际贸易纯理论主要说明国际贸易产生的原因和从事贸易的利益及贸易利益的分配问题，它所探讨的主要问题包括贸易动机、贸易方向及贸易结构的决定因素、国际市场的均衡以及贸易对各国生产、消费与福利的影响。而国际贸易政策理论则主要探讨贸易政策，如关税、配额、区域经济一体化等对各国各项经济活动与福利的影响，以及在不同条件或环境下，政府在贸易政策制定中的最佳选择。

第二节　国际贸易理论的基本分析方法与模型框架

一、国际贸易研究方法的特点

国际贸易理论在研究方法上主要以微观经济分析为基本工具。微观经济学通常是以单个消费者和厂商为基本单位，研究个体之间的经济关系，经济行为主体背后并无政治文化背景的差异，而国际贸易则涉及国家的界限，所以，经济学家在研究国际贸易时，都是以国家为单位，既考虑个体的行为，又考虑国家（或政府）的行为。概括起来，国际贸易理论在研究方法上，具有以下基本特征。

第一，国际贸易理论分析不涉及货币因素，不考虑各国货币制度的差异与关系的影响，即在分析时假定这是一个物物交易的世界。因此，国际贸易理论实际上是一种实质面的分析（real analysis）。至于货币因素的影响，则在国际金融理论部分专门探讨。

这种处理方法，与微观经济学的分析方法是一致的。其主要理由是基于这样一个假设：经济行为主体的决策取决于所有价格，而不是仅仅依靠部分价格信息，①在"实际"经济没有变动的情形下，他不会改变决策。为了更好地理解这个问题，这里举两个例子。

第一个例子：假设某一农场主在决定种植哪一种农产品时，面临两个选择——小麦与玉米，并且两种农产品的生产成本完全相同。一开始，两种农产品的市场价格假设是相同的，那么对于该农场主来说，无论种植哪一种作物，利润都是一样的。不妨假定农场主选择种植玉米。过了一段时间后，农场主发现市场上小麦价格翻了一番。那么这时农场主是否就决定下一年改种小麦呢？回答是不一定。因为农场主是否决定改种小麦，不仅依赖于小麦价格的变化，而且还要视玉米价格的变化而定。如果玉米的价格也翻了一番，那么对于农场主来说，无论种植哪一种作物，相互的利润比较也还都是一样的，因此农场主没有必要改种小麦；如果玉米价格未变或上涨幅度小于小麦，那么种植小麦要比种植玉米收入更高，这时农场主肯定会改种小麦。在这个例子中，农场主决定将来种植哪一种作物，取决于两种作物价格的相对变化，而不是其中某一种作物的价格变化。

第二个例子：假设某消费者的货币收入（又称名义收入）提高了10%，那么他所消费的商品数量是否也会增加10%呢？回答也是不一定。例如若物价水平也上涨了10%，那么消费者的名义收入虽然增加了，但其实际购买力并没有增加，即实际收入不变，所消费的商品数量也不变。

以上两个例子说明，理性经济行为主体不会被某些货币变化因素所蒙蔽，能够作出正确判断。为了描述经济行为主体不受"货币幻觉"的影响这一现象，这里引入相对价格这一概念。假设 P_X 和 P_Y 分别表示两种商品 X 和 Y 的货币价格，又称为名义价格，那么 P_X/P_Y 定义为商品 X 的相对价格。它的含义是用商品 Y 代替货币，作为商品 X 的计价单位，它表示用一个单位的商品 X 与商品 Y 进行交换，所能得到的商品 Y 的数量。如果两种商品的货币价格同比例变化，则相对价格并不改变，因此相对价格表达的是一种纯粹的物物交换关系，与货币因素无关。这里，经济行为主体的行为只取决于相对价格，而与名义价格无关。

---

① 经济行为主体仅根据部分价格信息进行决策，而不考虑其他价格信息，这种现象在经济学中被称为"货币幻觉"（money illusion）。

第二，在分析框架上，各种贸易理论模型大都假定世界上只有两个国家、两种商品（或部门）以及生产要素不超过两个。这种处理方法与所选择的经济模型形式有关。① 一般来说，大学本科阶段的经济学类教材所采用的理论模型大都以几何形式或图示方法为主。这种二维坐标图分析法的最大优点是不仅直观明了，便于学生理解，而且论证过程也较为严密，但缺点也较为明显，即经济模型不得不加以简化，限定在二维范围内。

第三，国际贸易理论多采用一般均衡分析方法。前面曾提到，研究国际贸易必然会涉及不同国家的价格体系，所以一般均衡分析方法是不可或缺的。

第四，大多数贸易理论都采用静态或比较静态分析，时间因素在国际贸易理论分析中较少体现。

二、主要分析工具

人们从事国际贸易的动机，与其从事国内贸易的动机一样，都是为了自身利益的改善，具体地说就是，消费者追求个人效用的最大化，厂商追求利润最大化。因此，微观经济学关于消费者行为的理论和厂商理论，对于我们分析国际贸易的相关问题都是十分有益的工具。

为了让读者在接触国际贸易理论之前，对国际贸易理论中的常用分析方法预先有个了解，以下对本书国际贸易理论部分所使用的主要分析工具作一简要介绍。熟悉微观经济学的读者可以跳过这一部分。

（一）生产可能性边界与供给

1. 生产可能性边界

在微观经济学中，生产可能性边界（production possibility frontier）是一个在分析生产和供给时十分有用的工具。它表示在一定的技术条件下，一国的全部资源所能生产的各种物品或劳务的最优产量组合。在导出生产可能性边界之前，首先对我们所考察的经济社会作一简化处理：假设该经济社会只生产两种产品——X 和 Y，并且只使用两种生产要素——资本（K）和劳动（L）。其他的一些基本假设如下所述：

（1）所有商品市场和生产要素市场都是完全竞争的。

（2）所有商品的生产技术条件都是既定的，并且规模收益不变。

（3）所有生产要素的总供给都是固定不变的。

（4）生产要素可在各部门间自由流动。

（5）所有生产要素都已得到充分利用。

---

① 经济模型作为对经济行为模式的抽象描述，有很多不同的表达方式，如它可以采取纯粹的语言文字表达（verbal statement）形式，以便于大多数人的理解，也可以采用数学表达（mathematical expression）形式，以便于严密的逻辑推理。其中数学表达形式又区分为几何形式模型（geometric model）和代数形式模型（algebraic model）两类。

（6）经济活动中不存在外部性（externality）。

根据假设，X 和 Y 两种产品的生产函数可表示成如下形式：

$$X = F_X (K_X, L_X) \tag{1.1}$$

$$Y = F_Y (K_Y, L_Y) \tag{1.2}$$

其中，K_X、L_X、K_Y、L_Y 分别表示 X 和 Y 两种产品所使用资本和劳动投入；F_X 和 F_Y 分别代表 X 和 Y 的生产技术条件，由于生产技术遵循规模收益不变规律，所以 F_X 和 F_Y 均为线性齐次函数。假设资本和劳动的总供给量分别为 $\bar{K}$ 和 $\bar{L}$，那么，充分就业意味着生产 X、Y 两种产品的两个部门所使用的资本及劳动之和分别等于资本和劳动的总供给量，即

$$\bar{K} = K_X + K_Y \tag{1.3}$$

$$\bar{L} = L_X + L_Y \tag{1.4}$$

X 和 Y 两种产品的产出由其生产部门（以下称为两个部门或 X 部门、Y 部门）的生产要素投入量决定，而生产要素在两个部门之间的配置取决于两个部门的要素报酬之间的关系。如果一开始两部门的生产要素报酬不一致，那么生产要素将会从报酬低的部门流向报酬高的部门，直至两个部门的要素报酬达到一致，生产要素的流动才会停止下来。这时，生产要素在两部门中的投入便确定下来了。上述过程可通过所谓的埃奇沃思盒状图（Edgeworth box）来描述。

在图 1-1 中，方框的长度表示劳动的总供应量 $\bar{L}$，宽度表示资本的总供应量 $\bar{K}$，图中曲线 X_0 表示以 O_X 为原点的 X 的一条等产量曲线，Y_0 表示以 O_Y 为原点的 Y 的一条等产量曲线。对于一个单个生产者来说，其均衡状态（利润最大化）是由等产量曲线与等成本曲线的切点决定的。也就是说，在该厂商达到利润最大化时，要素边际技术替代率等于要素价格之比（或相对价格），即

$$MRTS = \frac{w}{r} \tag{1.5}$$

（1.5）式中，$MRTS$ 表示 X 部门的要素边际技术替代率，w、r 分别表示 L 和 K 的价格。在两个厂商或两种产品的情况下，上式仍然成立（由利润最大化定律决定）。因此，当生产要素通过自由流动，导致两个部门的要素价格趋同时，两个部门所采用的要素投入组合点所对应的要素边际技术替代率应当相同。图 1-1 中，E 点是两个部门的等产量曲线相切的切点，在这一点，两个部门的要素边际技术替代率相同（因为两条等产量曲线在 E 点拥有共同的切线），同时两个部门的生产要素投入满足（1.3）式和（1.4）式，即此时生产要素得到了充分利用，因此 E 点是生产要素配置的一个均衡点。

事实上，在图 1-1 中，类似 E 点的均衡点不止一个，而有无限多个，所有这些点连成一条曲线，即契约线（图中没有显示出来）。在契约线上，任何一点都表示生产要素得到了充分利用，并且所有生产者都实现了利润最大化。

根据契约线上各点对应的 X、Y 的产出组合，可在图 1-2 中绘制出表示 X 和 Y 各种可能产出水平组合的一条曲线，这条曲线就是所谓的生产可能性边界。这条生产可能性边界

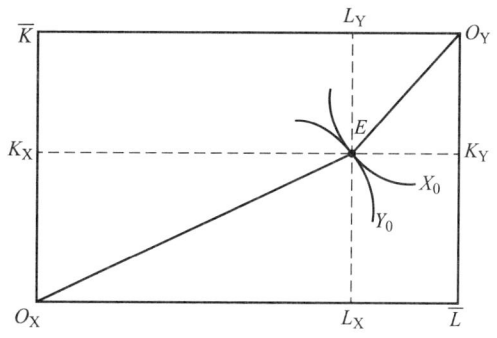

图 1-1　埃奇沃思盒状图

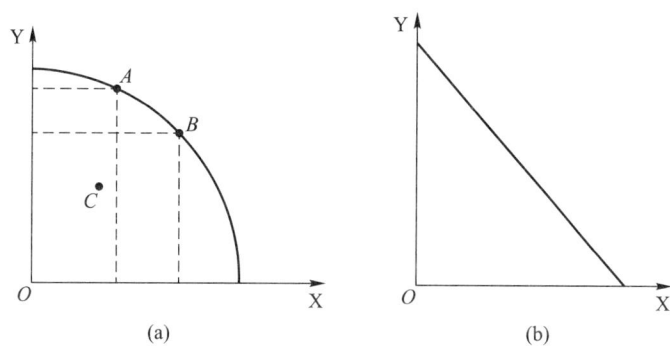

图 1-2　生产可能性边界

曲线描述了一国的供给条件，它告诉我们在一国的技术、要素总量和某一个产品（比如 Y）的产出水平既定的情况下，另一产品（X）的最大产出或供应能力。

2. 机会成本

生产可能性边界包含了在前面基本假设下资源配置达到均衡的各项条件。给定一国的资源总数，该国的生产只能发生在这条曲线上（如图 1-2（a）中的 A 点）或处于曲线内部（如 C 点）。生产可能性边界线以内的点所反映的状态不是资源未充分利用，就是生产无效率；对于边界线以外的点，仅就现有资源和技术而言是无法实现的；当生产处于生产可能性边界线上，资源则得到了充分利用，这时，要想增加某一产品的生产，必须降低另一产品的生产，也就是说，增加某一产品的生产必须以牺牲另一产品的生产为代价。这里，我们引入机会成本（或社会成本）这一概念，来表达这种"替代"关系。机会成本是指为生产一单位的某一产品所必须放弃的其他产品的生产数量。

在图 1-2（a）中，假设现在该国的生产点位于生产可能性边界上的 A 点，它可以通过将生产要素从 Y 部门转向 X 部门来增加 X 的生产，这样一来，生产点就会改变，比如生产点转移到 B 点，那么这时增加 X 生产的机会成本就是以 Y 的生产的减少量来衡量的，

即机会成本为-$\Delta Y/\Delta X$①。如果 X 的生产仅增加一个微小的量，那么机会成本就可以用通过 A 点的生产可能性边界线的切线斜率的绝对值表示，即 |dY/dX|。

图 1-2（a）所描述的生产可能性边界的形状是向外凸的，因此，当生产点由 A 向 B 移动时，对应的切线斜率绝对值不断上升，即随着 X 的生产量的增加，其机会成本是递增的。对机会成本递增原因的一种解释是两部门在生产过程中使用不同的生产要素组合（注意，是指在任何相同的要素价格下，两个部门所使用的最佳生产要素组合）。

图 1-2（b）所描述的是另外一种形状的生产可能性边界线。它对应于机会成本不变这一情形，由于生产可能性边界线上处处切线斜率相同，所以这条生产可能性边界是一条直线。有一种情况可以导致这种结果，即如果生产 X 和 Y 的两个部门采用的生产要素组合比例完全相同，那么一个部门所释放出的资本和劳动，正好可以被另外一个部门完全吸收。在规模收益不变的条件下，两个部门的生产减少或增加都是固定不变的，即-$\Delta Y/\Delta X$保持不变，所以机会成本是固定不变的。这时对应的生产可能性边界就是一条直线。

在本书以下的内容里（"新贸易理论"部分除外），我们将始终假设机会成本要么递增，要么不变，因此，生产可能性边界只能是上述两种形状之一。

3. 商品市场均衡

生产可能性边界上任何一点都表示生产效率和充分就业得以实现，但究竟选择哪一点，则还要看两个商品的相对价格，即它们在市场上的交换比率。

现在假设商品 X 和 Y 的价格分别为 P_X 和 P_Y。根据假设，商品市场和要素市场都是完全竞争的，因此，在均衡时，商品的价格应等于其边际成本。如果用 Y 来衡量 X 的价格和成本的话，则相对价格 P_X/P_Y 就是用 Y 衡量的 X 的价格，X 的机会成本则是以 Y 衡量的 X 的边际成本，因此，当两者相等，即相对价格等于机会成本时，生产点在生产可能性边界上的位置也就确定了。

若改用图示说明，则在图 1-3 中，当相对价格线 p_0（$p_0 = P_X/P_Y$）与生产可能性边界相切时，切点 E 就是生产均衡点，在这一点上 X 和 Y 的供给分别为 X_E 和 Y_E。另外，无论 X 和 Y 的名义价格是多少，X 和 Y 的供给仅取决于相对价格水平，与名义价格无关。如果 X 的相对价格上升，如图中 p_1 线所示，则生产均衡点由 E 转移到 E'，X 的供给增加，Y 的供给则下降。

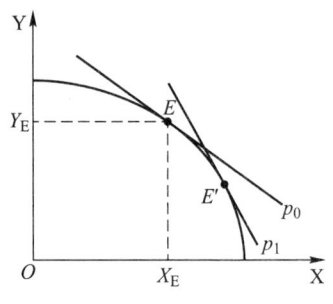

图 1-3　生产均衡的决定

（二）消费者偏好与社会无差异曲线

在需求方面，个体无差异曲线是描述单个消费者的偏好与福利的重要概念。但在国际贸易中，我们更关注整个国家的福利，即判断国际贸易对一国福利而言究竟是一件好事，还是一件坏事。因此，在研究国际贸易问题时，需要一种能

---

① 由于 $\Delta Y/\Delta X$ 是负数，所以将其变换为正数（前面加负号）表示机会成本。

衡量整个社会需求与福利的分析工具。

一种很直接的想法就是，通过个体无差异曲线的加总，来构造一条可反映整个社会需求条件与福利的无差异曲线，即社会无差异曲线。这种思路是可取的，但会遇到很多技术上的难题。因为如果不对所有消费者的偏好加以限定的话，那么一般情况下很难得到一条有意义的社会无差异曲线。

在现实生活中，不同人之间的偏好可能是各不相同的。虽然对各种可能的消费组合，每个人都可根据个人的偏好加以排序，但由所有个体构成的集体或社会则很难有一个统一的偏好排序。以下的例子足以说明这一点。

假设一个只有三个人的社会，现有三种不同的商品组合，分别记为 A、B、C，表1-1给出了甲、乙、丙三人关于这些商品组合的偏好顺序（由高到低）。为简单起见，不妨假设三人通过投票，以多数票来决定集体偏好排序。

表 1-1　个人偏好排序

偏好排序	甲	乙	丙
1	A	B	C
2	B	C	A
3	C	A	B

首先，对 A 与 B 进行排序，甲和丙都赞成 A 优于 B，只有乙反对，于是两票对一票，集体决定 A 优于 B；同样可以断定 B 优于 C（甲、乙赞成，丙反对），C 优于 A（乙、丙赞成，甲反对）。这样一来便遇到难题，三人无法从总体上对所有商品组合给出一个完备的排序。

为了避免上述难题，必须对个人的偏好有所限定，才能得到一条能反映集体偏好的社会无差异曲线。为此，我们假设所有个体的偏好都是相同的，这样一来，集体的偏好与个体的偏好保持一致。由于每个人的无差异曲线的形状都是相同的，那么社会无差异曲线的形状与性质与个人无差异曲线也应一致，如图1-4所示。

在国际贸易理论中，社会无差异曲线主要有两种用途：

（1）社会无差异曲线可以用来确定一国的均衡消费点。在图1-4中，BB'线表示在 X 和 Y 的价格既定情况下一国的国民收入预算线，该预算线与社会无差异曲线 U_0 的切点 C 表示整个社会消费处于均衡状态，这时对 X 和 Y 的总需求也就随之确定。

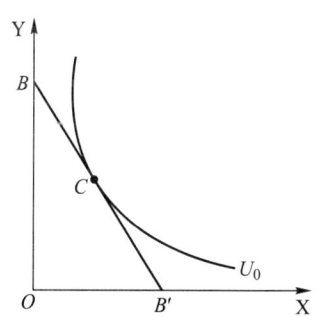

图 1-4　消费均衡的决定

（2）从规范分析的角度看，社会无差异曲线可以用来衡量整个社会的福利，这与个体无差异曲线衡量个体福利是一样的。例如贸易的开展导致社会无差异曲线向远离坐标原点的方向移动，那么判定贸易对该国是有益的，因为它提高了该国的福利水平。但必须指出，社会无差异曲线由低处向高处移动，虽然表明国家的整体福利水平提高了，可并不意味着所有社会成员的福利水平都跟着同步提高。同样，消费点在同一条社会无差异曲线上移动，表示整个国家的福利水平不变，但也并不意味着所有社会成员的福利水平都不变。这方面具体的例子及解释在本书后面的内容里会遇到，这里就不再赘述了。

三、封闭条件下的一般均衡

从这一小节开始，我们要运用前面所介绍的生产可能性边界和社会无差异曲线，综合在一起分析在封闭和开放两种情况下，一国一般均衡价格或相对价格的决定。这里，首先讨论封闭条件下一国的一般均衡。前面引入的所有假设和符号在这里和以后仍然继续有效。

（一）一般均衡条件与均衡解

在封闭状况下，决定一国经济一般均衡的条件有以下三个：

（1）生产达到均衡；

（2）消费达到均衡；

（3）市场出清。

以上三个条件可用如下三个表达式来分别表示：

$$MRT = \frac{P_X}{P_Y} \tag{1.6}$$

$$MRS = \frac{P_X}{P_Y} \tag{1.7}$$

$$X_C = X_P, \quad Y_C = Y_P \tag{1.8}$$

其中，带下标 C 的变量分别表示对应商品的消费；带下标 P 的变量分别表示对应商品的产出。

图 1-5 描述了满足上述三个条件的一般均衡状态。一般均衡解为生产可能性边界与社会无差异曲线相切的切点 E，在 E 点，两条曲线拥有共同的切线，该切线斜率的绝对值等于 X 的相对价格 p，也就是说，这两条曲线共同决定了均衡状态下一国的相对价格水平、生产及消费。

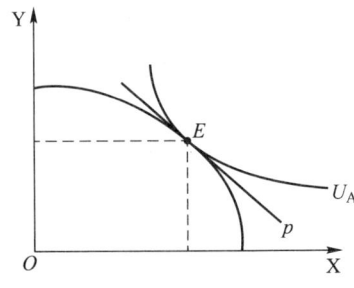

图 1-5　封闭条件下均衡的决定

在 E 点，生产者利润达到了最大化，因为生产可能性边界在该点的机会成本等于相对价格；消费者也同样达到了效用最大化，因为社会无差异曲线在该点的边际替代率也等于相对价格。另外，图中生产点与消费点重合，所以两种商品的生产均等于消费，即市场出清。

（二）国民供给曲线与国民需求曲线

以上我们采用生产可能性边界和社会无差异曲线，说明了一国均衡价格、生产和消费是如何决定的。在此基础上，我们还可以进一步利用上述分析工具引入另外两个有用的曲线——国民供给曲线（national supply curve）与国民需求曲线（national demand curve）。这两条曲线也可从另外一个途径说明一国生产、消费和均衡价格的决定。

国民供给与需求曲线分别定义为一国某一商品对应于其相对价格的供给与需求。在图1-6（a）中，我们不妨任意选取X的三个不同的相对价格：1/2、1和2，三条相对价格线与生产可能性边界线的切点分别决定了三个生产均衡点D、E、F，对应于这三点的X的产出分别为S_1、S_2、S_3。在图1-6（b）中，横坐标表示X的供给，纵坐标表示X的相对价格，根据（a）图，我们可在（b）图中画出对应于各种相对价格的X的供给量，最后得出一条曲线NS_X，表示该国X商品的供应曲线。该曲线斜率为正，表示随着X的相对价格的提高，其供给水平也随之提高。从这条曲线我们可以更直观地看到X的供给只取决于其相对价格，与绝对价格水平无关。

图1-7则说明了X商品的国民需求曲线是如何推导出的。[①] 在图1-7（a）中，通过生产点D、E、F的三条相对价格线同时又代表该国在三个不同相对价格水平下的国民收入预算线。为达到效用最大化目的，消费者最情愿选择的消费应是国民收入预算线与社会无差异曲线相切的切点。当相对价格为1时，消费点在E点，所有国民消费的X商品的数量为D_2；当相对价格升为2时，很显然，消费者将不愿再消费D_2单位的X，如果可能的话，他们宁愿选择D_3单位的X；同样，当相对价格降为1/2时，消费者愿意接受的X的消费数量为D_1单位。当然，在封闭情况下，消费点G、H是无法达到的，因为它们超出了该国生产可能性边界线。

在图1-7中，根据图1-7（a）中所描述的情况，将对应于X不同相对价格与消费者希望得到的消费数量的点连起来，得到曲线ND_X，该曲线就是X的国民需求曲线。如图1-7（b）所示，需求曲线ND_X的斜率为负，表示X的消费量与其相对价格成反比关系。

国民供给曲线与国民需求曲线，反映的是一国供给与需求的各种潜在可能，实际发生的供给与需求只是众多潜在可能中的一种。那么究竟是哪一个呢？在图1-8中，国民供给曲线与国民需求曲线的交点决定了封闭条件下的均衡产量、消费水平以及相对价格。

（三）封闭条件下的相对价格差与国际贸易的发生

现在引入另外一个国家，看一看两国相对价格之间的差异意味着什么。图1-9描述了另外一个国家——B国在封闭条件下的一般均衡。均衡时，B国X商品的相对价格为2，大于图1-8的A国X的相对价格（等于1）。

现在设想一下，如果允许商品在两国之间自由流动，那么会发生什么情况呢？一开始A国X的相对价格要低于B国，所以B国的消费者会发现，从A国生产者那里购买X商品，要比从本国生产者手里购买X商品便宜，因此B国会从A国进口X；反过来，B国的Y商品的相对价格（Y的相对价格$P_Y/P_X=1/（P_X/P_Y）=1/2$）要低于A国Y的相对价格（$P_Y/P_X=1$），同样，A国的消费者也会发现从B国购买Y要比在本国购买便宜，所以A国也会从B国进口Y商品，于是两国之间便发生了贸易。

---

① Husted S, Melvin M. International Economics. 4 th edition. Mass：Addison-Wesly, 1998.

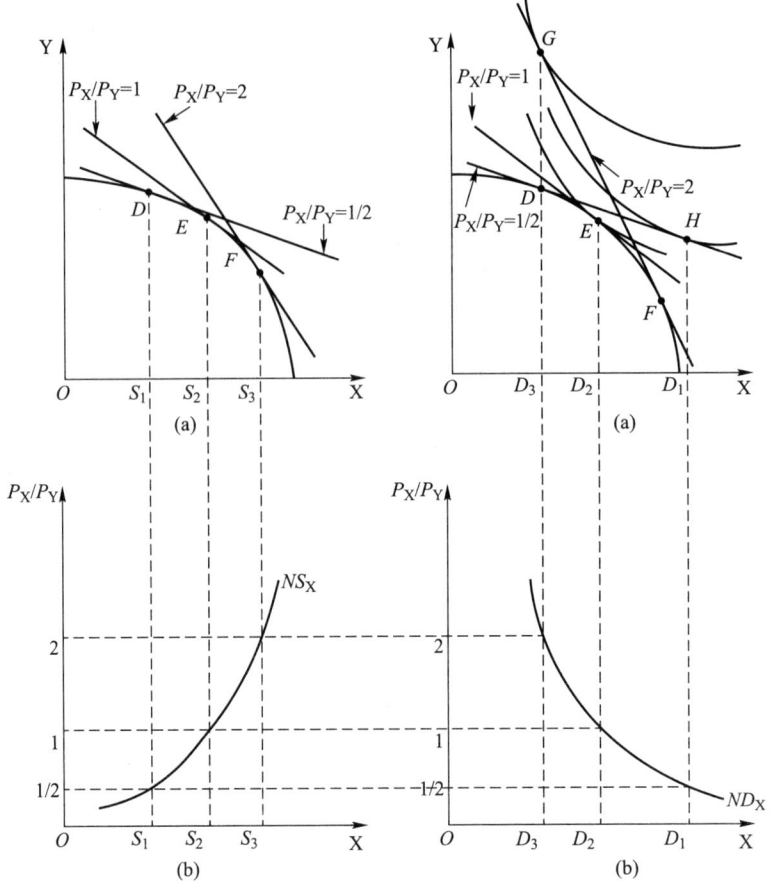

图 1-6　国民供给曲线的推导　　　图 1-7　国民需求曲线的推导

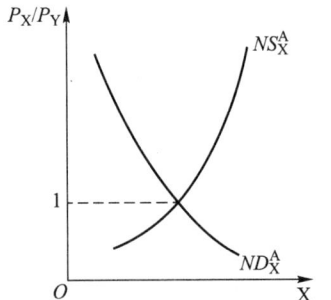
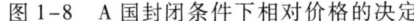
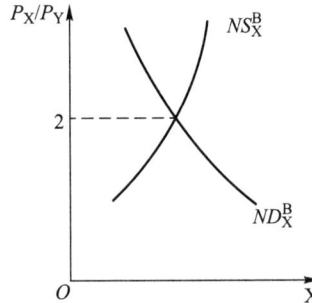

图 1-8　A 国封闭条件下相对价格的决定　　　图 1-9　B 国封闭条件下相对价格的决定

从以上的分析可以发现，国际贸易的发生以两国相对价格存在差异为先决条件，即国际贸易是建立在相对价格差异的基础之上的。

由于 A 国在封闭条件下 X 商品的相对价格低于 B 国 X 商品的相对价格，因此，我们

22

称 A 国在 X 商品上具有比较优势（comparative advantage），在 Y 商品上处于比较劣势（comparative disadvantage）；同样的道理，B 国则在 Y 商品上具有比较优势，在 X 商品处于比较劣势。从这个意义上讲，两国之间的贸易方向取决于比较优势，即每个国家出口其具有比较优势的商品，进口其处于比较劣势的商品。

四、开放条件下的一般均衡

（一）一般均衡条件与均衡解

现在假定由于相对价格差的存在导致了国际贸易的发生，对于原来处于封闭状态下的国家（这里以 A 国为例）来说，封闭状态被打破。那么，在开放的状态下，该国经济如何进行调整以重新达到均衡？

在开放条件下，假设该国面对一个新的相对价格水平为 p_w（$p_w = P_X^W / P_Y^W$）。无论是封闭状态，还是开放状态，该国的生产者和消费者的目标都是一样的——追求利益的最大化，因此，在开放条件下，生产和消费均衡条件仍与封闭条件下一样，即生产者决定其最佳生产的条件是使机会成本等于新的相对价格，消费者确定最佳消费的条件是边际替代率等于新的相对价格。不过，原来在封闭条件下的第三条均衡条件——市场出清，在开放条件下则不再成立了。在国际贸易存在的情况下，一国的消费与生产不必再保持一致。虽然生产与消费不再一致，但从收支平衡的角度看，一国国民花费在进口商品上的支出应等于其出口收入，即贸易应保持平衡。这样原来的市场出清条件在开放情况下被替换成了贸易平衡条件。

综上所述，在开放条件下，一般均衡条件可表述为如下形式：

$$MRT = \frac{P_X^W}{P_Y^W} \tag{1.9}$$

$$MRS = \frac{P_X^W}{P_Y^W} \tag{1.10}$$

$$P_X^W (X_C - X_P) = P_Y^W (Y_P - Y_C) \tag{1.11}$$

（1.11）式表示贸易平衡条件，其中 $X_C - X_P$ 和 $Y_P - Y_C$ 分别表示 X 的过剩需求（excess demand）和 Y 的过剩供给（excess supply）。该式表明，如果 $X_C - X_P > 0$，则必定有 $Y_P - Y_C > 0$，即该国进口 X（国内消费超出国内生产），出口 Y，等式左右两边分别表示进口支出与出口收入；反之，如果 $X_C - X_P < 0$，则必定有 $Y_P - Y_C < 0$，即该国出口 X（国内生产超出国内消费），进口 Y，等式左右两边分别表示出口收入与进口支出。总之，不论哪种情况，贸易平衡条件都可由（1.11）式来描述。

对（1.11）式稍加以变换，可写成下列形式：

$$P_X^W X_P + P_Y^W Y_P = P_X^W X_C + P_Y^W Y_C \tag{1.12}$$

（1.12）式左边表示开放条件下该国的国民生产总值或国民收入，右边则表示该国在开放条件下的总支出。因此，贸易平衡条件也可转化为一国国民收入与总支出相等这一条件。

开放情况下，一国经济的一般均衡如图 1-10 所示。在图中，相对价格线 p_w 与生产可能性边界线的切点决定了生产均衡点（Q 点）。同时，这条相对价格线又表示该国的国民收入预算线，因此它与社会无差异曲线的切点决定了消费均衡点（C 点）。

图 1-10 与图 1-5 相比，最大的差别是在开放条件下，生产均衡点与消费均衡点不再重合。图 1-10 表明，X 的生产大于其国内消费，Y 的消费大于其国内生产，因此，该国在开放条件下，出口 X，进口 Y。

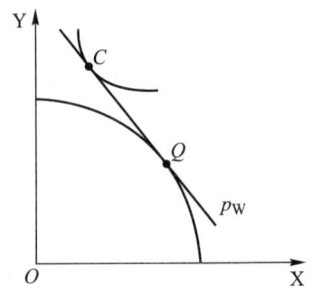

图 1-10　开放条件下均衡的决定

（二）国际均衡价格

上面关于开放条件下的一般均衡分析事实上并不完善，因为并没有说明新的相对价格是如何确定的，我们只是讨论了在新的相对价格给定的情况下，该国生产和消费均衡点的确定。

在开放情况下，新的均衡价格是由两国共同决定的。首先，我们简要地描述一下在由封闭走向开放的过程中，两国价格的调整。当 A 国因在封闭状态下 X 的相对价格较低，而开始出口 X 的时候，一方面由于 B 国的进口，导致了对 A 国 X 商品的需求增加，另一方面，A 国国内市场上 X 商品供应减少，从而引起 A 国 X 商品价格的上涨；同样，A 国从 B 国进口 Y 商品，也会引起 B 国的 Y 商品价格的上升。这样一来，原来两国 X 商品的相对价格之间所存在的差异就会不断缩小，这一趋势会一直持续下去。当两国的相对价格完全趋于一致时，两国国民之间的交易就达到了新的均衡，生产与消费也达到均衡。因此，国际贸易建立在相对价格差异的基础上，但反过来国际贸易又会消除相对价格差异，导致国际商品价格的均等化。也就是说，在新的均衡状态下，两国面对相同的价格水平，此时的价格称为国际均衡价格。

当两国重新达到均衡时，一国某一商品的进口（或出口）必等于另一国家该商品的出口（或进口），而一国的进口（或出口）等于该国的过剩需求（或过剩供给），因此当一国的过剩需求（供给）等于另一国的过剩供给（需求）时，对应的相对价格就是国际均衡价格。

图 1-11 与图 1-12 分别显示了如何根据一国的国民供给曲线与国民需求曲线确定其过剩供给曲线和过剩需求曲线。图 1-11（b）与图 1-12（b）中横坐标表示 X 的过剩供给或过剩需求，纵坐标表示 X 的相对价格。A 国过剩供给曲线的形状说明其过剩供给与 X 的相对价格成正比，当 X 的相对价格大于 1 时，过剩供给大于零，即国内生产大于国内消费，多出的部分靠出口到他国解决；当相对价格等于 1 时，过剩供给等于零，即国内生产恰好等于国内消费，整个经济处于自给自足状态；当相对价格小于 1 时，过剩供给小于零，即国内生产小于国内消费，不足的部分靠进口弥补。B 国的过剩需求曲线的形状则刚好相反。

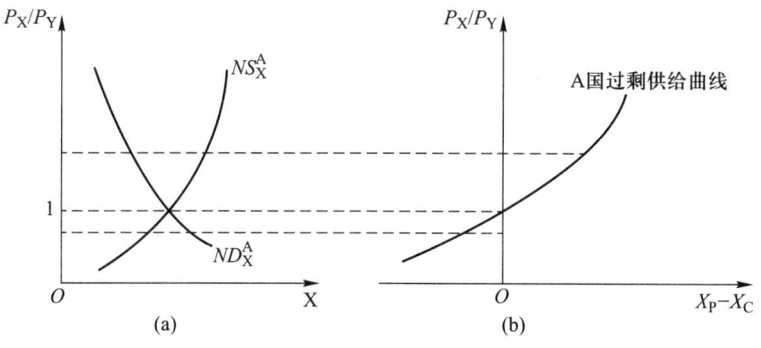

图 1-11　过剩供给曲线的推导

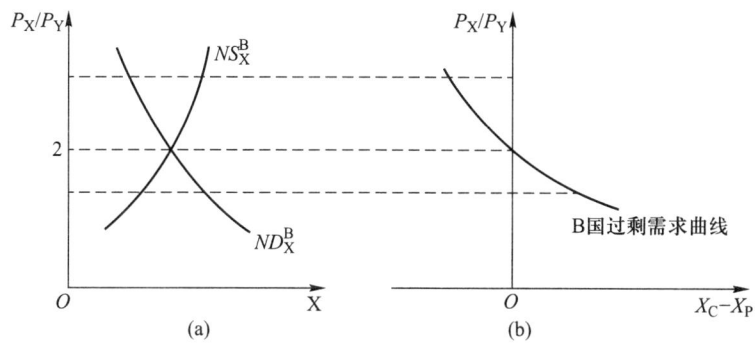

图 1-12　过剩需求曲线的推导

　　若把 A 国的过剩供给曲线与 B 国的过剩需求曲线放在同一坐标图中，则可说明国际均衡价格的决定。在图 1-13 中，两条曲线交点对应的相对价格 P_X^W/P_Y^W 即为国际均衡价格，从图中可以发现，国际均衡价格一定处于两国贸易前的相对价格水平之间，即 $1 \leqslant P_X^W/P_Y^W \leqslant 2$。

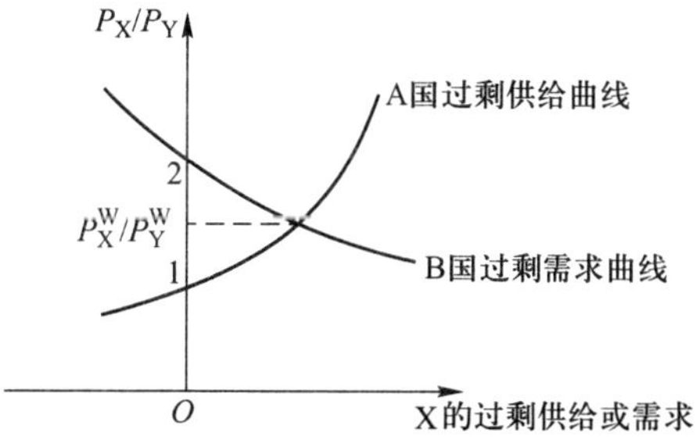

图 1-13　国际均衡价格的决定

五、贸易利益

（一）贸易利益的衡量

　　一国是否能从国际贸易中获益，这是国际贸易研究中一个十分重要的基本问题。在现实生活中，许多人对这一点持怀疑态度。从亚当·斯密起，一代代的经济学家都在不断努力地向人们证明或灌输这样一个古老的理念：贸易是有益的。

　　前面，我们分别讨论了一国在封闭条件下与开放条件下的一般均衡。现在，我们可以通过贸易前后一国福利水平的变化来判断一下贸易利益是否存在。为了便于对比，我们将

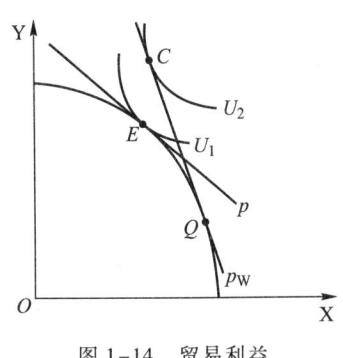

图 1-14　贸易利益

图 1-5 和图 1-10 结合在一起，如图 1-14 所示。

开放前，该国的生产和消费均衡点均在 E 点，相对价格水平为 p（$=P_X/P_Y$）；开放后，该国面对一个新的相对价格 p_w（$=P_X^W/P_Y^W$），生产均衡点在 Q 点，消费均衡点在 C 点。该国在封闭状态下的福利水平，可由通过均衡点 E 的一条社会无差异曲线所代表的效用水平（U_1）来表示。开放以后，该国的消费点由原来的 E 点转移到 C 点，在这一点，社会无差异曲线与原来相比，处于更高的位置。因此，开放后，该国的福利水平（U_2）要比开放前（U_1）高。这表明国际贸易改善了该国的福利，即该国从国际贸易中获得了利益。另外，从图 1-14 中还可看出，贸易后的国际均衡价格与贸易前的价格差距越大，贸易后的社会无差异曲线的位置就越偏上，因此贸易利益也就越大。P_X^W/P_Y^W 又称为该国的贸易条件（即出口价格与进口价格之比），故贸易条件改善意味着该国从国际贸易中可获得更多的利益。

对于他国来说，以上的结果同样成立。因此，国际贸易是一种互利的行为，参与贸易的各国都能从中获益。至于一国从国际贸易中所获利益的多寡则取决于该国的贸易条件。

贸易虽然能改善一国的总体福利，但并不意味着国内每个国民都能从中受益。我们前面曾指出，社会无差异曲线的上移并不代表每个人的福利水平都提高了。因此，具体到个人，并不见得每个人都认为贸易是一件好事。这也是为什么现实中总存在反对自由贸易的势力的重要原因之一。

（二）贸易利益的分解

国际贸易利益包括两部分——来自于交换的利益和来自于专业化的利益。交换利益是指如果个体之间或国家之间拥有不同的资源禀赋或不同的偏好，那么通过互相之间的商品交易，他们均可改善各自的福利；专业化利益则指个体或国家可以通过专门从事其效率相对最高的生产来获得额外的利益。

为了区分这两种利益，我们假定一国从封闭到开放分两步走。第一步，当开放之后面对新的国际价格时，消费者可以立即作出调整，而生产者的生产不能立刻进行调整，所以生产点不变，这时，消费者面对新的国际价格，发现原来在封闭条件下价格比较昂贵的产品，现在变得不那么昂贵，而原来比较廉价的产品，现在则变得比较昂贵了，于是他们不会再停留在原来消费点，他们会增加对变得廉价的商品的消费，减少变得昂贵的商品的消费。在图 1-15 中，消费点由 E 点转移到对应于更高满意程度的 F 点，F 点是通过生产点 E 的国际相对价格线 p_w 与社会无差异曲线 U_2 的切点。在这一阶段，社会福利水平的提高，是在生产不变的情况，单从国际交换中

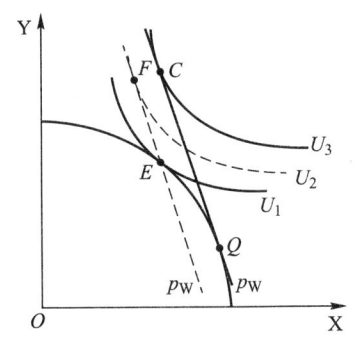

图 1-15　贸易利益的分解

获得的利益。第二步，生产者来得及对价格变化作出反应，进行生产调整，他们会增加相对价格上升的产品的生产，减少相对价格下降的产品的生产，于是生产点由 E 点向右下方转移。当到达 Q 点时，机会成本与新的相对价格水平重新达成一致，于是 Q 点成为新的生产均衡点。生产的这一变动提高了资源配置效率，使国民收入由原来通过 E 和 F 点的预算线所代表的水平提高到现在通过 Q 点的预算线所代表的水平，收入水平的提高跟着又提高了消费水平，从而达到更高的满意程度。图 1-15 中消费点在第二步过程中，由原来的 F 点转移到福利水平更高的 C 点。社会无差异曲线由 U_2 到 U_3 的移动表示在相对价格不变的情况下由于生产的专业化而获得的额外利益。两种利益之和便构成了贸易利益。

第三节　国际贸易的起因

前一节已经说明，在一个完全竞争的世界里，国际贸易建立在相对价格差异的基础上。反过来讲，没有相对价格差异的存在，就不会发生国际贸易。而相对价格取决于供需两方面因素，因此，要想进一步了解国际贸易发生的根源，必须从供需两方面去探讨相对价格差异产生的原因。

现实世界里，能够引起国际贸易发生的因素有许多，国际贸易之所以会发生可以说是众多因素综合作用的结果。但为了更好地认清各种因素与国际贸易的关系，下面我们首先建立一个简单模型，描述一个不存在贸易基础的世界。这虽然是一个假想的例子，在现实世界中并不存在，但它对我们认识国际贸易的起因有十分重要的启示。

一、一个没有贸易的假想世界

假设世界上只有两个国家，如果两个国家在封闭条件下，相对价格完全一致，那么，即使允许商品在两国之间自由流动，贸易也不会发生。

什么条件可以保证两国在封闭条件下的相对价格完全一致呢？根据前一节的知识，如果两国的生产可能性边界和社会无差异曲线都完全相同，那么两国在封闭条件下的相对价格一定相同，即两个国家在封闭条件下的一般均衡均可由图 1-16 来表示。

生产可能性边界线的形状与位置由生产技术条件和要素禀赋共同决定。如果两国相应部门的生产函数相同，两国两种生产要素的总供应量也分别相同，那么两国的生产可能性边界也完全相同；同样，如果两国消费者偏好相同，那么两国的社会无差异曲线的形状也完全一致。在规模收益不变和完全竞争的情况下，当上述这些条件都成立时，就会出现图 1-16 所示的情况。

上述条件是两国相对价格相同的一组充分条件，但不是必要条件。事实上，两国的生产可能性边界线即使位置不同，但只要形状相同，且两国消费者偏好相同，也可以保证两国的相对价格完全一致。图 1-17 描述的是另外一种两国相对价格相同的情形。图中 A、B

两国的生产可能性边界线、社会无差异曲线的形状都相同，但与图1-16不同的是，两国的生产可能性边界线的两个端点不再是重合的，其中，B国的生产可能性边界位于A国的之外，生产可能性边界线 BB' 可看成是生产可能性边界线 AA' 平行外移的结果。在此情形下，两国在封闭条件下的相对价格水平是完全一致的，在图1-17中，两条相对价格线 p_A 与 p_B 是平行的。

生产可能性边界线的端点表示所有生产要素全部用于某一产品生产，所能生产出的最大产量，因此在生产技术条件既定的情况下，生产可能性边界线的端点由生产要素总量决定。另外，如果一国的资本与劳动的总供应量同比例增加，由于规模收益不变，其生产可能性边界线的两个端点也会以同样的比例延伸出去，即其生产可能性边界将平行向外移动。同样的道理，如果两国的资本与劳动总量之比（以下称相对要素禀赋）相同，在相应产品的生产技术条件相同的假设下，两国生产可能性边界线之间的差异就呈现图1-17所描述的情形。

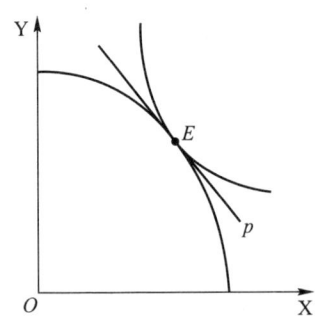

图1-16　封闭条件下的均衡：完全相同情况

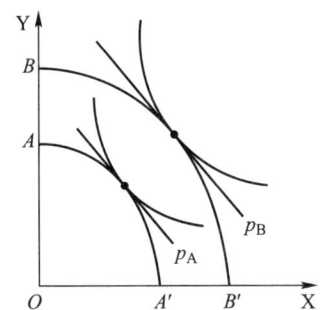

图1-17　封闭条件下的均衡：均衡点不同
但相对价格相同

根据上面的讨论，我们引入以下五个条件：
（1）两国相同商品的生产函数相同；
（2）两国相对要素禀赋相同；
（3）两国消费者偏好相同；
（4）规模收益不变；
（5）两国的商品市场和要素市场都是完全竞争的，并且不存在外部经济性。

上述五个条件对应于图1-17所示的情形，它们保证了两国在封闭条件下的相对价格完全相同。因此，在这些条件下，国际贸易是不可能发生的。

二、国际贸易的起因

上述五个条件所描述的没有贸易的世界虽然在现实中根本就不存在，但以此为起点，我们可以很容易地引出国际贸易的各种起因。具体方法如下：

如果我们放松五个条件中的任何一个,原来不存在贸易的假想状态就会被打破,贸易基础就产生了。例如,如果放松第一项假设条件,保持其他四条假设不变,这时两国间的生产技术就不再相同了,生产可能性边界线的形状也随之不同。由于社会无差异曲线的形状仍是相同的,所以两国在封闭条件下的相对价格肯定不同,两国开展贸易的基础也就产生了。因此,在这种情形下,生产技术差异便是国际贸易的一个重要起因。

同样,若放松第二项条件,其他条件不变,这时两国生产可能性边界线的形状就会不相同,相对价格差异就会出现,因此,相对要素禀赋差异是国际贸易的另一个重要起因。生产技术差异或相对要素禀赋差异反映了两国供给方面的差异。在国际贸易理论的发展史上,从供给方面,即从生产技术差异和要素禀赋差异这两个方面来解释国际贸易的起因和影响的两类贸易理论,占据着极其显著的地位。如果两国的供给条件一样,需求方面的差异(消费者偏好不同)也同样可引起国际贸易的发生。

需要指出的是,当放宽第四项或第五项假设条件时,我们会遇到一些新的问题。在规模收益递增或不完全竞争条件下,相对价格差异不再是国际贸易的唯一基础。在这种情形下,即使两国不存在相对价格差异,国际贸易仍可发生,因为规模经济会导致国际分工的完全专业化,不同的国家可以选择生产不同品种的商品,然后互相交换。另外,在不完全竞争情况下,前面所介绍的基于完全竞争的分析方法和模型也不再适用。因此,国际贸易理论实际上包括两类不同的理论体系:国际贸易的完全竞争理论和国际贸易的不完全竞争理论。关于不完全竞争理论及其在国际贸易研究中的应用,我们将在第六章专门讨论。

在以下各章里,我们将依次放松前面的各项假设条件,分别来探讨国际贸易的起因及其影响。虽然现实中上述各种因素可能同时存在,不可分割,但从抽象层次讲,我们可以把各种因素分解开来,分别加以分析,以便更好地认识和理解国际贸易的基础。

本章小结

国际贸易理论以微观经济学原理为基础,讨论世界范围内的资源配置问题,微观经济学中的一般均衡分析也是国际贸易理论中的主要研究方法。最常用的国际贸易模型的结构形式为两个国家、两种产品(或部门)和两种要素。在完全竞争的假设前提下,封闭条件下的相对价格差异是国际贸易产生的基础,相对价格差异决定了比较优势的表现。国家间的供给、需求方面的差异是造成相对价格差异的根源。贸易后,国际均衡价格由两国的供需共同决定,国际均衡价格处于两国封闭条件下的相对价格之间。国际贸易对参加贸易的各方都有好处,贸易利益包括交换利益和专业化利益。在规模收益不变、完全竞争市场的前提下,具有同等技术、要素禀赋和消费者偏好的国家,将会有同样的封闭条件下的相对价格,因而也就没有进行贸易的动机。因此,各个国家必须在这些方面(至少一个方面)有所差别,才能产生比较优势,从而引发国际贸易。

练习与思考

1. 为什么说生产和消费只取决于相对价格？

2. 仿效图 1-6 和图 1-7，试推导出 Y 商品的国民供给曲线和国民需求曲线。

3. 在只有两种商品的情况下，当一种商品达到均衡时，另一种商品是否也同时达到均衡？试解释原因。

4. 如果生产可能性边界是一条直线，试确定过剩供给（或需求）曲线。

5. 如果改用 Y 商品的过剩供给曲线（B 国）和过剩需求曲线（A 国）来确定国际均衡价格，那么所得出的结果与图 1-13 中的结果是否一致？

6. 说明贸易条件变化如何影响国际贸易利益在两国间的分配。

7. 如果国际贸易发生在一个大国和一个小国之间，那么贸易后，国际相对价格更接近于哪一个国家在封闭条件下的相对价格水平？

8. 根据上一题的答案，你认为哪个国家在国际贸易中的福利改善程度更为明显些？

*9. 为什么说两个部门要素使用比例的不同会导致生产可能性边界曲线向外凸？

第二章
古典贸易理论

关于国际贸易发生的原因与影响，最早是由英国古典学派经济学家在劳动价值学说的基础上，从生产成本方面，提出了绝对优势（absolute advantage）与比较优势学说，来说明国际贸易发生的原因及其影响。古典学派的劳动价值学说认为劳动是唯一的生产要素，生产成本取决于劳动生产率，因此，劳动生产率就成为国际贸易的重要决定因素。从本质上讲，古典贸易理论是从技术差异的角度，来解释国际贸易的起因。只不过，当假设劳动是唯一的生产要素时，生产技术差异就具体表现为劳动生产率差异。本章着重介绍由英国经济学家大卫·李嘉图提出的比较利益或比较成本学说。①

第一节　古典贸易理论的演变

在经济思想史上，英国经济学家亚当·斯密被尊为古典经济学派的创始人。他的思想对经济学的发展产生了巨大的影响，在国际贸易领域也不例外。亚当·斯密对于国际贸易学说的贡献主要体现在两个方面：

第一，亚当·斯密有力地抨击了重商主义，主张自由经济，为自由贸易奠定了坚实的学说基础。在 15 世纪初到 18 世纪中叶，重商主义在经济学发展史上占据着主导地位。重商主义认为货币是财富的唯一形式，在当时，货币主要是一些贵重金属，如金、银，所以重商主义强调国库和王室成员所拥有的贵重金属的多寡是衡量国家是否繁荣昌盛的最重要

---

① 在李嘉图模型中，比较优势和比较成本这两个概念可以任意替换使用。但在更广泛的范围内，比较优势不等同于比较成本，前者是根据商品相对价格的比较确定的，而后者是指生产成本的相对差异。在李嘉图模型里，商品的相对价格差是由相对成本差引起的，所以比较成本等同于比较优势。

标志（正因为如此，历史上，重商主义有时又被称为"重金主义"）。所以，他们为政府开具的调节经济的处方是取消进口，因为进口会导致本国贵重金属的流失，同时鼓励出口，因为出口可以使贵重金属流入。这一观点反映了资本原始积累时期，商业资本家对货币或贵重金属的认识。

亚当·斯密在其1776年出版的《国民财富的性质和原因的研究》一书中，对重商主义的思想进行了深刻的批判。他指出，衡量一国财富的标准不是其所拥有的贵重金属的多少，而是这些贵重金属所能购买的商品数量。一国拥有的贵重金属再多，但如果可供消费的商品的数量和种类少得可怜，那么该国人民的实际生活水平不会高。可供消费的商品增加，才意味着一国财富的增加。怎样才能增加一国的财富？亚当·斯密认为扩大生产才能提高本国的生活水平，而生产的扩大最根本的动力是劳动生产率的不断提高，劳动生产率的提高又取决于社会分工——专业化的不断深化。简而言之，财富增加依赖于劳动分工，这就是亚当·斯密的劳动分工学说的基本思想。

亚当·斯密进一步将其学说应用于国际贸易，认为国与国之间的贸易可以使每个国家都增加财富。原因如下：国际贸易可以通过市场的拓展，将社会分工由国内延伸到国外，而国内分工变为国际分工，社会分工范围的扩大，意味着专业化程度的提高，劳动生产率的不断提高，最终将促进实际收入意义上的财富增长。亚当·斯密实际上证明了国际贸易是实现专业化分工利益的重要途径，他的这一思想为自由贸易提供了有力的论据。

第二，亚当·斯密提出了绝对优势这一概念，来解释国际贸易的基础。他认为贸易之所以发生，其基础在于各国生产成本上存在绝对差异。他的这一理论虽然不够全面，并存在着一些缺陷，但它的启示意义却是巨大的，为以后的国际贸易理论的发展指明了方向。关于绝对优势理论，亚当·斯密是这样阐述的：

"如果一件东西在购买时所花费的代价比在家里生产时所花费的小，就永远不会想在家里生产，这是每一个精明的家长都知道的格言。裁缝不想制作他自己的鞋子，而是向鞋匠购买。鞋匠不想制作他自己的衣服，而雇裁缝裁制……他们都感到，为了他们自身的利益，应当把他们的全部精力集中使用到比邻人处于某种有利地位的方面，而以劳动生产物的一部分或同样的东西，即其一部分的价格，购买他们所需的任何其他物品。

在每一个私人家庭的行为中是精明的事情，在一个大国的行为中就很少是荒唐的。如果外国能以比我们自己制造还便宜的商品供应我们，我们最好就用我们有利地使用自己的产业生产出的物品的一部分向他们购买。"[①]

亚当·斯密的论述虽然精辟，但存在着很大的不足。它不能解释现实中所有国家之间国际贸易的基础，因为亚当·斯密假设参与贸易的各国都拥有一个处于绝对优势的生产部门。但假如一个国家在所有部门的生产成本上都处于绝对劣势的话，那该怎么办呢？亚当·斯密的分析无法解释这一种情况。直到大卫·李嘉图对国际贸易基础作了更为确切的

---

① 亚当·斯密. 国民财富的性质和原因的研究. 北京：商务印书馆，1983.

论述后，人们在这个问题上才有了更全面的认识。

李嘉图在斯密的绝对优势理论的基础上，提出了比较优势理论。李嘉图指出决定国际贸易的因素是两个国家商品的相对劳动成本，而不是生产这些商品所需要的绝对劳动成本。很显然，李嘉图的学说比斯密的见解更进了一步。一个国家在各种产品的生产上，即使劳动成本皆高于他国，但只要在劳动投入量上有所不同，则亦可进行贸易。每个国家只要比较劳动投入量的相对水平，即可决定比较利益之所在，进而决定贸易的方向。

李嘉图证明了成本条件的相对差异可以成为获得贸易利益的基础，但和斯密一样，他的理论仍集中在成本分析方面，忽略需求面的影响，所以无法解释贸易利益在各国间的分配问题。直到约翰·斯图亚特·穆勒提出"相互需求理论"（reciprocal demand theory），才正式将需求面的分析纳入到李嘉图的比较优势理论中，回答了国际价格比率（即贸易条件）是如何决定的这一问题。

第二节　劳动生产率差异与国际贸易：李嘉图模型

下面以李嘉图模型为例，说明古典贸易理论是如何从技术差异角度，解释国际贸易的起因和影响的。

一、模型基本结构

李嘉图的比较优势模型是以古典学派的劳动价值论为基础的，它建立在以下假设之上：

（1）产品在生产中只使用劳动这一种生产要素，劳动在一国之内可自由流动，但在国家间不能流动；

（2）单位产出所需的劳动投入量在生产中保持不变，不随产量变化而变化，即劳动生产率是固定不变的；

（3）商品和劳动市场均是完全竞争的；

（4）不考虑运输成本和其他交易费用。

另外，我们仍然以两个国家和两种产品为考察对象，有时为了方便起见，我们称这一模型为2×2×1模型（两个国家、两种产品、一种要素）。

假设（2）实际上等同于规模收益不变这一条件。因为在劳动是唯一生产要素的情形下，规模收益不变意味着产出和劳动投入同比例变化，所以产出与劳动之间的比率是固定不变的，即劳动生产率是常数。

根据上述（1）、（2）假设，A、B两国的X和Y两种产品（或部门）的生产函数可表示成如表2-1所示的线性函数形式。

表 2-1　A、B 两国的生产函数

产品或部门	A 国	B 国
X	$\dfrac{L_X^A}{a_{LX}}$	$\dfrac{L_X^B}{b_{LX}}$
Y	$\dfrac{L_Y^A}{a_{LY}}$	$\dfrac{L_Y^B}{b_{LY}}$

上述表达式中，a_{LX}、a_{LY}、b_{LX}、b_{LY} 均为正的常数，分别表示 A、B 两国的 X 部门和 Y 部门的单位产出所需要的劳动投入量，它们的倒数就是劳动生产率；L_X^A、L_Y^A、L_X^B、L_Y^B 分别表示两国 X、Y 部门的劳动投入。

现在，我们放宽第一章最后一节所列的五项条件中的第一个，而其他条件仍然保持不变。因此，模型的另外两条假设为（5）和（6）。

（5）两国的生产函数不相同。

（6）两国的消费者偏好相同。

根据生产函数的表达式可知，在劳动是唯一生产要素和规模收益不变的条件下，两国间生产技术差异就具体表现为两国劳动生产率的差异。因此，可以说李嘉图从劳动生产率差异角度来说明国际贸易决定的理论模型，实际上是国际贸易技术差异决定论的一个特例。

二、绝对优势与比较优势

古典贸易理论从技术差异方面来解释贸易的发生及贸易利益，如何描述国家间的技术差异呢？亚当·斯密提出了绝对优势的概念，而李嘉图则给出了更全面的概念——比较优势。

（一）绝对优势

在绝对优势模型中，如果满足下列条件：

$$a_{LX} < b_{LX}，\text{或} \ 1/a_{LX} > 1/b_{LX}$$

则说 A 国相对于 B 国在 X 产品上具有绝对优势。上述关系式表明，A 国生产一单位的 X 所使用的劳动投入比 B 国要少，或者说 A 国在 X 部门的劳动生产率高于 B 国。概括为一句话，所谓绝对优势，系指一国在某一产品的生产上比其他国家劳动投入更低或劳动生产率更高。

同样的，如果 $b_{LY} < a_{LY}$，或 $1/b_{LY} > 1/a_{LY}$，则 B 国在 Y 产品上具有绝对优势。

（二）比较优势

绝对优势描述的是不同国家同一部门劳动生产率的高低。这一概念最大的不足是它不能解释所有可能技术差异情形下的国际贸易。例如，如果一个国家在所有部门的生产上都处于绝对劣势的话，它还会与他国发生贸易吗？李嘉图提出的比较优势概念与绝对优势不同的是，它比较的不再是两个国家同一部门的劳动生产率，而是其机会成本。

由于要素的稀缺性，在充分就业的情形下，增加某一产品的生产必须放弃其他产品的一部分生产，这种"牺牲"其他产品生产的代价就是所谓的"机会成本"。以 A 国为例，生产一单位的 X 需要劳动投入 a_{LX}，如果这部分劳动投入用于生产 Y 产品，生产的 Y 数量为 a_{LX}/a_{LY}，那么，在充分就业情况下，增加一单位 X 的生产就需要放弃 a_{LX}/a_{LY} 的 Y，a_{LX}/a_{LY} 就是 X 的机会成本。

如果下列条件成立：

$$\frac{a_{LX}}{a_{LY}} < \frac{b_{LX}}{b_{LY}}$$

则 A 国相对于 B 国在 X 部门具有比较优势。上述条件成立必然意味着下列条件的成立：

$$\frac{b_{LY}}{b_{LX}} < \frac{a_{LY}}{a_{LX}}$$

这就是说，如果 A 国在 X 部门具有比较优势，则 B 国必定在 Y 部门上具有比较优势。与绝对优势相区别的是，如果比较优势存在，则意味着两国必定各在一部门上分别拥有比较优势，不会出现一国在所有部门都拥有比较优势的可能性。

在李嘉图模型中，机会成本与两个部门相对劳动生产率成反比。这一点通过下面的关系式不难看出。

$$\frac{a_{LY}}{a_{LX}} > \frac{b_{LY}}{b_{LX}} \Rightarrow \frac{1/a_{LX}}{1/a_{LY}} > \frac{1/b_{LX}}{1/b_{LY}} \Rightarrow \frac{\text{A 国 X 的劳动生产率}}{\text{A 国 Y 的劳动生产率}} > \frac{\text{B 国 X 的劳动生产率}}{\text{B 国 Y 的劳动生产率}}$$

因此，比较优势实际上取决于劳动生产率的相对水平。从劳动生产率角度讲，一国在劳动生产率相对较高的部门或产品上具有比较优势。

为了更好地理解绝对优势和比较优势这两个概念，表 2-2 给出了 A、B 两国生产技术差异的两个不同例子。这两个例子的形式与古典经济学家在论述问题时所采用的例子是一致的。表 2-3 中列出对应的以劳动生产率表示的情况。

表 2-2 （a） 两国的单位产出所需的劳动量

国别	A 国	B 国
X 的劳动投入量	3	12
Y 的劳动投入量	6	4

表 2-2 （b） 两国的单位产出所需的劳动量

国别	A 国	B 国
X 的劳动投入量	3	12
Y 的劳动投入量	6	8

表 2-3 （a） 两国的劳动生产率

国别	A 国	B 国
X 的劳动生产率	1/3	1/12
Y 的劳动生产率	1/6	1/4

表 2-3（b）　　两国的劳动生产率

国别	A 国	B 国
X 的劳动生产率	1/3	1/12
Y 的劳动生产率	1/6	1/8

在表 2-2（a）中，A 国单位 X 产品的劳动投入量是 3 个单位，B 国单位 X 产品的劳动投入量是 12 个单位，因此，A 国 X 的生产成本小于 B 国 X 的生产成本；而 A 国 Y 的生产成本（为 6 个单位的劳动投入量）则大于 B 国 Y 的生产成本（为 4 个单位的劳动投入量）。在表 2-3（a）中，从劳动生产率方面看，则是在 X 的生产上，A 国的劳动生产率高于 B 国的劳动生产率；在 Y 的生产上，B 国的劳动生产率高于 A 国的劳动生产率。为此，我们说 A 国在 X 产品上具有绝对优势，因为其生产成本低于对方，或劳动生产率高于对方；而 B 国在 Y 产品上具有绝对优势，因为其生产成本低于对方，或劳动生产率高于对方。

表 2-2（b）和表 2-3（b）所给出的两国生产技术差异的例子，与第一个例子相比，不同的是 A 国在两种产品的生产成本上都优于 B 国，因此，A 国在两种产品的生产上都处于绝对优势。但两种产品的绝对优势程度并不相同，其中，在 X 产品上 A 国的生产成本是对方的 $\frac{1}{4}$，或劳动生产率是对方的 4 倍，而在 Y 产品上 A 国的生产成本只是对方的 $\frac{3}{4}$，或劳动生产率只是对方的 $\frac{4}{3}$ 倍。相比之下，A 国 X 的生产成本相对比对方更低（$\frac{3}{6} < \frac{12}{8}$），或 A 国 X 的劳动生产率相对更高（$\frac{1}{3} \Big/ \frac{1}{6} > \frac{1}{12} \Big/ \frac{1}{8}$），即 A 国在 X 生产上具有比较优势，而 B 国在 Y 的生产上具有比较优势。

如果两国按照绝对优势或比较优势的原则进行国际分工与贸易，那结果会怎么样呢？

在第一个例子中，若 A、B 两国依据绝对优势进行国际分工与国际贸易，即 A 国专门生产与出口 X，B 国专门生产与出口 Y，则两国的资源配置均要调整。对于 A 国来说，劳动就会由生产 Y 的部门转移到生产 X 的部门，而 B 国生产 X 的部门的劳动则转移至生产 Y 的部门。这样一来，两种产品的生产均发生变化，A 国 X 生产增加、Y 生产下降，而 B 国正相反。

表 2-4（a）以放弃 1 个单位处于绝对劣势地位的产品的生产为例，说明专业化分工后的净效果。如表 2-4（a）所示，A 国每减少 1 个单位的 Y 的生产，可以释放出 6 个单位的劳动，这 6 个单位的劳动用于生产 X，则可生产出 2 个单位的 X；同样，B 国减少 1 个单位的 X 的生产所释放出的劳动（12 个单位），可生产出 3 个单位的 Y。从整个世界的角度看，国际分工后，虽然世界劳动总量并没有任何增加，但 X 和 Y 的总产出则分别净增 1 个单位和 2 个单位。这说明，国际分工后，两种产品的世界生产均增加了。

表 2-4（a）　　国际分工后生产变化的净效果

	A 国	B 国	世界生产的净变化
X	+2	−1	+1
Y	−1	+3	+2

表 2-4（b）　　国际分工后生产变化的净效果

	A 国	B 国	世界生产的净变化
X	+2	−1	+1
Y	−1	+1.5	+0.5

另外，假设两国按 1∶1 的国际比价进行交换，那么，A 国用放弃 1 个单位 Y 生产的劳动所生产出的 X 与 B 国交换，可得到 2 个单位的 Y，这要比自己直接生产 Y 更为有利可图；同样，B 国以牺牲 1 个单位的 X 为代价，通过国际贸易可得到更多的 X（3 个单位）。因此，依据比较优势原则，国际分工与国际贸易后，世界和各国的福利水平都会提高。

在第二个例子中，A 国虽然在两种产品生产上都具有绝对优势，但若依照比较利益，A 国专门生产其具有比较优势的 X 产品，B 国则专门生产其具有比较优势的 Y 产品，以同样的方式，我们可以看出，国际分工后，X、Y 的世界产量都较以前提高了，如表 2-4（b）所示。

如果两国仍按 1∶1 的国际比价进行贸易，那么，在同等代价下，A、B 两国通过国际贸易获得的商品数量均要比自己直接生产的更多。由此可见贸易对两国均有好处。

由以上两个例子不难看出，李嘉图的比较优势学说比斯密的绝对优势学说更具有普遍意义，只要两国间存在成本上的差异，即使其中一国处于全面的劣势地位，国际贸易仍会发生，而且贸易可以使所有国家获利。

这里由于未考虑需求因素，所以两国之间的交换比价无法确定，贸易利益在两国之间如何分配尚不能明确下来。下面我们以前面的基本模型为基础，对李嘉图的比较优势理论进行完整的说明。

三、贸易前的均衡解

李嘉图认为生产成本取决于劳动投入，而劳动生产率与生产单位产品的劳动投入量之间成倒数关系。因此，劳动生产率较高的部门，使用较少的劳动就能生产出 1 单位产品，其价格也就比较便宜。反之，劳动生产率较低的部门，其价格就比较昂贵。也就是说，产品的生产成本或价格与其劳动生产率成反比。根据比较优势，一国生产、出口其劳动生产率相对较高的产品，进口劳动生产率相对较低的产品。

（一）生产可能性边界

在李嘉图模型中，由于机会成本是固定不变的，生产可能性边界不像通常所描述的那样向外凸的形状，而是直线型的。以 A 国为例，根据生产函数的表达式，两个部门的劳动

投入分别为 $L_X^A = a_{LX}X$，$L_Y^A = a_{LY}Y$，劳动力总量 $\overline{L}_A$ 固定不变，则根据充分就业条件可得到下列方程式：

$$a_{LX}X + a_{LY}Y = \overline{L}_A \tag{2.1}$$

（2.1）式就是 A 国的生产可能性边界的函数表达式。这是一个线性方程式，它表示 A 国的生产可能性边界是一条直线段，如图2-1所示。图中，AA' 表示 A 国的生产可能性边界，这条生产可能性边界线上各点的斜率相同，均为 $-a_{LX}/a_{LY}$，所以这条生产可能性边界对应的是机会成本为常数的情形。同样，B 国的生产可能性边界也是一条直线段，直线的斜率为 $-b_{LX}/b_{LY}$。为图 2-1 中的 BB'。

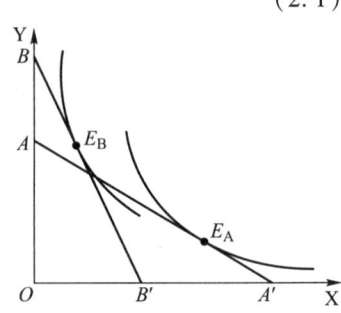

图 2-1　两国封闭条件下的均衡

由前面第（5）项条件，两国劳动生产率存在差异，这里不妨假设 $a_{LX}/a_{LY} < b_{LX}/b_{LY}$[①]，即 A 国在 X 的生产上具有比较优势，B 国在 Y 的生产上具有比较优势。因而，图 2-1 中 A 国的生产可能性边界要比 B 国更平坦些。

（二）封闭条件下的相对价格

由于两国的消费者偏好完全相同，所以 A、B 两国的社会无差异曲线形状相同。在封闭条件下，两国的相对价格由各自的生产可能性边界与社会无差异曲线相切决定。在图 2-1 中，A 国的均衡点为 E_A，B 国的均衡点为 E_B，通过 E_A 与 AA' 相切的社会无差异曲线与通过 E_B 与 BB' 相切的社会无差异曲线形状相同，但位置不同。

在均衡状态下，A 国的相对价格记为 $p_A = P_X^A/P_Y^A$，B 国的相对价格记为 $p_B = P_X^B/P_Y^B$。对 A 国而言，其相对价格线 p_A 与其生产可能性边界重合，所以 $p_A = a_{LX}/a_{LY}$，即相对价格与相对劳动生产率成反比。同样，B 国在封闭条件下的相对价格水平 $p_B = b_{LX}/b_{LY}$。

由于 A 国在 X 生产上具有比较优势，所以在封闭条件下，$p_A = a_{LX}/a_{LY} < b_{LX}/b_{LY} = p_B$。这里我们可以清楚地看到，封闭条件下的相对价格反映了比较优势所在。同时，也证实了两国在封闭条件下的相对价格差异完全是由劳动生产率的差异造成的，因此国际贸易完全是因两国劳动生产率的差异而产生的。

四、贸易形态与贸易利益

（一）国际均衡价格

贸易后，两国最终将以什么样的交换比率进行交换呢？这由两国的供需因素共同决定。在第一章，我们介绍了决定国际均衡价格的分析方法，这里就用该方法说明在李嘉图模型中国际均衡价格的决定。国际均衡价格不妨记为 $p_W = P_X^W/P_Y^W$。

---

① 即使在劳动生产率不相同的条件下，也可能会有 $a_{LX}/a_{LY} = b_{LX}/b_{LY}$。在这种情况下，比较优势也就不存在了。为此，我们在本书中假设 $a_{LX}/a_{LY} \neq b_{LX}/b_{LY}$，即两国相对劳动生产率也存在差异。

首先，我们确定在开放条件下 A 国 X 产品的过剩供给曲线。在图 2-2（b）中，横坐标代表 X 的过剩供给（$X_P - X_C$），纵坐标代表 X 的相对价格。在开放条件下，A 国面对的国际价格正好等于其封闭条件下的相对价格 p_A，这时，与封闭情况下相比，虽然相对价格一样，但 A 国生产均衡点与消费均衡点不必保持一致，其生产均衡点可以是 AA' 线段上的任何一点，而消费均衡点只能是其社会无差异曲线与生产可能性边界所代表的这条线的切点 E_A。在这种情况下，A 国 X 的过剩供给变化范围在 $-X_A$ 与 $\bar{L}_A/a_{LX} - X_A$ 之间。当国际价格小于 p_A 时，比如说等于 p_1（$<p_A$），这意味着与封闭条件下的均衡相比，X 的相对价格下降或 Y 的相对价格上升，这时 X 和 Y 的生产部门的劳动报酬不再保持一致，Y 的生产部门的劳动报酬将超过 X 的生产部门，于是劳动由 X 的生产部门转向 Y 的生产部门。由于机会成本不变（X、Y 的劳动生产率固定不变），所以 Y 的生产部门的劳动报酬将永远高于 X 的生产部门，X 的生产部门的劳动流出会一直持续下去，直到全部转移到 Y 的生产部门。这就是说，当 X 的相对价格低于封闭条件下的均衡价格时，A 国将完全专业化生产 Y。在图 2-2（a）中，对应于相对价格 p_1，生产均衡点在 A 点，而消费均衡点则在 C_1 点，这时 X 的消费大于生产（产量为零），即 X 的过剩供给为负。相对价格 p_1 越低，X 的消费与生产的差额就越大，因此，X 的过剩供给曲线向左下方延伸。

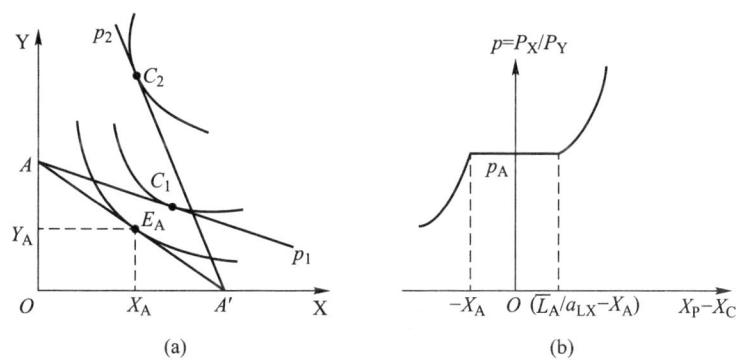

图 2-2　X 产品过剩供给曲线的推导

当 A 国面对的相对价格高于其封闭水平，比如为 p_2（$>p_A$）时，与上述道理一样，A 国将完全专业化生产 X，这时 X 的供给大于消费，即 X 的过剩供给为正。p_2 越大，过剩供给越大。

基于以上的分析方法，我们同样可得到 B 国 X 的过剩需求曲线，如图 2-3 所示。

将图 2-2（b）和图 2-3 合并在一起，可说明国际均衡价格的确定。在图 2-4 中，A 国过剩供给曲线与 B 国过剩需求曲线的交点决定了国际均衡价格，国际均衡相对价格为 p_W，由图 2-4 可知，p_W 位于 p_A 与 p_B 之间。

（二）贸易后的一般均衡

对应于国际均衡价格 p_W，贸易后 A、B 两国的一般均衡如图 2-5 所示。在图 2-5（a）

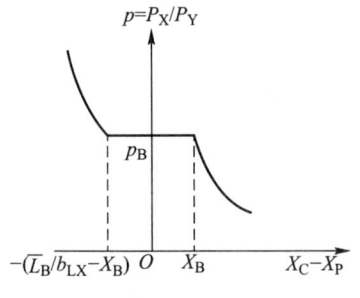

图 2-3　X 产品过剩需求曲线

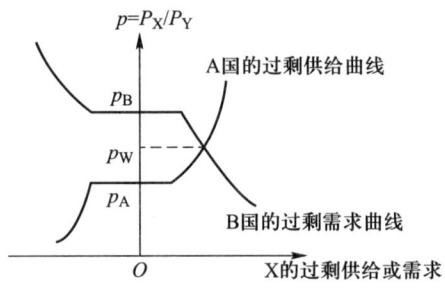

图 2-4　国际均衡价格的决定

中，由于国际均衡价格 $p_W > p_A$，所以贸易后，A 国的生产均衡点在 A' 点，即 A 国完全专业化生产 X，而消费均衡点则在社会无差异曲线与国际均衡价格线相切的地方，即 C_A 点。比较贸易后的生产点和消费点，我们得知 A 国出口 X，进口 Y，图中 $\triangle DA'C_A$ 称为贸易三角形（trade triangle），三角形的底边 DA' 表示 X 的出口量，另一边 DC_A 表示 Y 的进口量。

B 国贸易后的均衡如图 2-5（b）所示。由图可知，B 国完全专业化生产 Y，出口 Y，进口 X，贸易三角形为 $\triangle FBC_B$。由贸易平衡条件，有 $DA' = FC_B$，$DC_A = FB$。

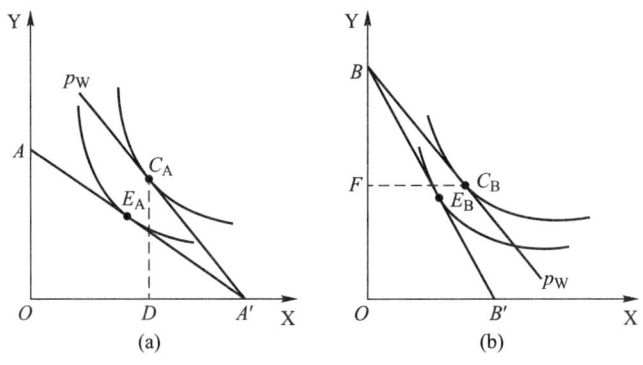

图 2-5　贸易后的均衡

由此可得，一国完全专业化生产并出口其劳动生产率相对较高的产品，进口劳动生产率相对较低的产品。

（三）贸易利益

关于贸易利益的判断，可以通过一种直观方法，即根据贸易前后社会无差异曲线的移动来判定。在图 2-5 中，我们观察到，无论 A 国还是 B 国，贸易后社会无差异曲线均向上移动，因此，贸易改善了两国福利水平。

另外，我们还可从资源配置的角度来判定贸易利益的存在。这里以 A 国为例，举例说明。在 A 国，生产 1 个单位 Y 的劳动投入量为 a_{LY}，开放后，放弃 1 单位 Y 的生产，能生产出 X 的数量为 a_{LY}/a_{LX}；然后用放弃 1 个单位的 Y 所生产出的 X 去与 B 国交换 Y，所得到的 Y 商品为 $(a_{LY}/a_{LX}) p_W$。由于 $p_W \geq p_A$，所以

$$\frac{a_{LY}}{a_{LX}} \cdot p_W \geq \frac{a_{LY}}{a_{LX}} \cdot p_A = 1$$

这意味着用放弃 1 个单位 Y 生产的劳动去生产 X，再与他国交换 Y，可获得不少于 1 个单位的 Y。这表明参与国际分工与国际贸易，要比自己同时生产两种产品更合算。因此，国际贸易可以改善资源配置效率，从而提高各国福利水平。

*（四）国际贸易与工资水平

在上面的模型中，我们证明了比较优势仅取决于两个部门的相对劳动生产率，而与名义生产成本——工资水平无任何关系，所以模型中没有出现工资水平这一变量。但我们仍然可以在以上模型的基础上，来进一步探讨国际贸易对工资水平的影响。

在完全竞争条件下，名义工资水平等于劳动的边际产出价值，即产品价格乘以劳动生产率（在李嘉图模型中，劳动边际产出等于劳动生产率）。开放后，一国完全专业化生产其具有比较优势的产品，由于贸易使得出口产品价格相对贸易前提升，其工资水平也较贸易前提高。但名义工资水平的提高并不一定就表明贸易使本国受益，因为物价也发生了变化，贸易是否真正提高一国福利应看实际工资水平的变化。

同样以 A 国为例。贸易前，其工资水平为

$$w_A = P_X^A/a_{LX} = P_Y^A/a_{LY} \tag{2.2}$$

根据（2.2）式，实际工资水平为

$$\frac{w_A}{P_X^A} = \frac{1}{a_{LX}}, \qquad \frac{w_A}{P_Y^A} = \frac{1}{a_{LY}} \tag{2.3}$$

也就是说，相对于 X、Y 而言，实际工资水平等于其边际产出。对于单个劳动者来说，其消费既包括 X 产品也包括 Y 产品，那么其实际收入水平可用图 2-6 中的预算线 $\frac{1}{a_{LY}} \frac{1}{a_{LX}}$ 来衡量。预算线在横坐标上的交点表示名义工资全部用于消费 X 所能购买的数量 $\left(等于 \frac{1}{a_{LX}}\right)$，在纵坐标上的交点表示全部用于消费 Y 所能购买的数量 $\left(等于 \frac{1}{a_{LY}}\right)$，两种产品都消费的话，名义工资所能购买的 X、Y 所有可能的消费组合则落在这两点之间的连线上。

贸易后，A 国的名义工资水平发生变化。由于 A 国完全专业化生产 X，所以均衡时，A 国的名义工资水平为

$$w_A = P_X^W/a_{LX} \tag{2.4}$$

由于国际相对价格 $p_W \geq p_A$，所以 A 国相对 X、Y 的实际工资水平分别为

$$\frac{w_A}{P_X^W} = \frac{1}{a_{LX}} \qquad \frac{w_A}{P_Y^W} = \frac{P_X^W}{P_Y^W a_{LX}} = \frac{p_W}{a_{LX}} \geq \frac{p_A}{a_{LX}} = \frac{a_{LX}}{a_{LY}} \cdot \frac{1}{a_{LX}} = \frac{1}{a_{LY}} \tag{2.5}$$

所以，贸易后 A 国劳动者相对于出口商品 X 的实际收入虽然未变，但相对于进口商品 Y 而言，实际收入则提高了。在图 2-6 中，另一条预算线 $\frac{1}{a_{LX}}\frac{1}{a'_{LY}}$ 衡量了 A 国单个劳动者贸易后的实际收入水平。该预算线位于贸易前的预算线之上，说明贸易后 A 国劳动者的实际收入水平提高了。另外，单个劳动者贸易前后福利水平的变化，还可以通过比较分别与两条预算线相切的个体无差异曲线来判断。显然，贸易后劳动者的福利水平（U_2）更高。

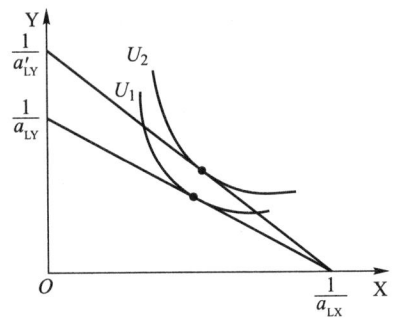

图 2-6　贸易前后单位工资购买力的变化

对于 B 国来说，结论同样如此。所以国际贸易可提高各国的实际工资水平。因而，现实中任何以国家间工资水平差距悬殊为理由，担心或反对自由贸易的思想都是站不住脚的。

第三节　古典贸易理论的验证与评价

李嘉图的贸易理论是从劳动生产率的差异角度，来解释国际贸易的发生原因。那么，这一理论在多大程度上能解释国际贸易的实践呢？一种理论的生命力是否长久，除了理论框架本身是否完善外，最主要的还是看其在实践中的解释或预测能力。

对李嘉图贸易理论的实证检验，最具代表性的工作是由迈克道格尔（G. D. A. MacDougall）完成的。[1] 迈克道格尔的实证研究以 1937 年为例，考察了美国与英国各行业的出口绩效与劳动生产率之间的关系。他的假设检验可表述为：对于美国劳动生产率（根据工资差异加以调整后的）相对高于英国的产业而言，美国在这些行业的出口也应相对高于英国这些行业的出口。

根据迈克道格尔的估计，在 1937 年，美国的平均工资水平是英国的两倍。因此，他假设若美国某些行业的劳动生产率超过了英国对应行业的劳动生产率两倍，那么美国应在这些行业上具有比较优势。迈克道格尔用美、英两国各行业对世界其他国家的出口之比，[2] 作为判断比较优势的标准。他一共计算了 25 个部门的两国劳动生产率的比值与出口比值，其中部分结果如表 2-5 所示（表中仅列出 19 个部门的结果）。

---

①　MacDougall G D A. British and American Exports：A Study Suggested by the Theory of Comparative Costs. Economic Journal，1951（61）：697-724.

②　这里之所以没选择两国之间的贸易来进行检验，是因为在那个时期，贸易壁垒还比较显著，它会对两国之间的贸易产生实质性的影响。而两国对世界其他国家的出口则面临相同的贸易壁垒，贸易壁垒对两国出口的影响可认为是一致的。

表 2-5　迈克道格尔对李嘉图贸易理论的检验结果

行业或产品	美国劳动生产率/英国劳动生产率	美国出口/英国出口
	大于 2	
收音机		8
生　铁		5
容　器		4
罐　头		3.5
机　械		1.5
纸		1
	1.4 ~ 2	
烟　卷		0.5
油　毡		0.33
针织品		0.33
皮　鞋		0.33
焦　炭		0.2
化　纤		0.2
棉制品		0.11
人造丝		0.09
啤　酒		0.06
	小于 1.4	
水　泥		0.09
男式毛制品		0.04
人造奶油		0.03
毛　衣		0.004

　　迈克道格尔的检验结果显示，在 25 个部门中，有 20 个部门服从假设检验。即在这 20 个部门中，当英美两国的劳动生产率之比大于 2 时，两国相应的出口之比大于 1；当两国的劳动生产率之比小于 2 时，两国的出口之比小于 1。

　　后来的一些学者按照迈克道格尔的研究思路，又进行了一些检验分析。如斯特恩（R. M. Stern）比较了 1950 年和 1959 年两个年份英美两国的劳动生产率与出口绩效之间的关系。[①] 根据他的实证分析，在 1950 年，所观察的 39 个部门中有 33 个部门支持假设检验，但到了 1959 年，这一关系有所削弱。

　　上述两项研究成果为古典贸易理论提供了有力的证据。但还不能说古典贸易理论具有广泛适用性。这是因为，首先，这些实证分析还过于简单化，不具有普遍意义；其次，这些研究结果虽然与古典贸易理论所预计的情况比较接近，但并不排除与其他贸易理论也有一致的地方。比如，如果贸易主要是由后面我们将要讨论的要素禀赋差异引起的，由于现

---

　　①　Stern R M. British and American Productivity and Comparative Costs in International Trade. Oxford Economic Papers，1962（14）：275–304.

实中要素价格很难均等化，所以资本丰裕的国家，其劳动生产率也可能相对较高，因此，上述实证分析结果也可能反映的只是两国要素禀赋的差异。

而且，李嘉图贸易理论本身也还存在着一些不足。这些不足之处反映在两个方面：一是李嘉图虽然解释了劳动生产率的差异如何引起国际贸易，但没有进一步解释造成各国劳动生产率差异的原因；二是李嘉图的理论有一条重要的结论是：各国根据比较优势原则，将进行完全的专业化生产，但这一点与现实有较大的出入，现实中，恐怕难以找到一个国家在国际贸易中进行完全专业化生产，一般来说，各国大都会生产一些与进口商品相替代的产品。

古典贸易虽然存在一些缺陷或不足，但它仍然是国际贸易理论中的重要组成部分。它对国际贸易理论的最大贡献是首次为自由贸易提供了有力证据，并从劳动生产率差异的角度，成功地解释国际贸易发生的一个重要起因。即使在今天，它仍然有很重要的应用价值。

本章小结

古典贸易理论起源于亚当·斯密，后经李嘉图和穆勒的发展和补充，日趋完善。亚当·斯密从各国生产成本的绝对差异角度解释了国际贸易的基础，李嘉图则更进一步，从更一般的意义上，论证了各国依据劳动成本的相对差异（比较优势）进行国际分工和国际贸易，可以改善各自的福利。古典贸易理论从本质上讲，是从生产技术差异的角度，来解释国际贸易的起因与影响的。只不过，在古典生产函数中，劳动是唯一的生产要素，因此，生产技术差异就具体化为劳动生产率的差异。在这种情况下，劳动生产率差异就是国际贸易的一个重要起因。

即测即评

请扫描右侧的二维码，您可在线自测并查看答案。

练习与思考

1. 根据表 2-6、表 2-7 中的数据，确定：

（1）贸易前的相对价格；

（2）比较优势形态。

表 2-6　X、Y 的单位产出所需的劳动投入

国别	A 国	B 国
X	6	15
Y	2	12

表 2-7　X、Y 的单位产出所需的劳动投入

国别	A 国	B 国
X	10	5
Y	4	5

2. 假设 A、B 两国的生产技术条件如表 2-8 所示,那么两国还有进行贸易的动机吗?试解释其原因。

表 2-8　X、Y 的单位产出所需的劳动投入

国别	A 国	B 国
X	4	8
Y	2	4

3. 如果一国在某一商品上具有绝对优势,那么也必定具有比较优势吗?

4. 根据本章表 2-2(b)所给例子的做法,如果按照比较劣势的原则进行国际分工,会对世界生产带来什么影响?

5. 假设某一国家拥有 20 000 万单位的劳动,X、Y 的单位产出所要求的劳动投入分别为 5 个单位和 4 个单位,试确定生产可能性边界方程。

6. 根据上一题的条件,再加上以下几个条件,试确定该国的出口量,并在图中画出贸易三角形。

(1) X 的国际相对价格为 2;

(2) 进口为 2 000 个单位。

7. 在图 2-2(b)中,过剩供给曲线两端是否有界限?试解释原因。

*8. 仿照图 2-4,你能否画出这样一种情形:两条曲线的交点所决定的国际均衡价格与某一国封闭下的相对价格完全相同。如何解释这种结果?(提示:从大国、小国的角度考虑。)

9. 试对下列说法加以评价:

(1) 由于发达国家工资水平高于发展中国家,所以发达国家与发展中国家进行贸易会无利可图;

(2) 因为美国的工资水平很高,所以美国产品在世界市场上缺乏竞争力;

(3) 发展中国家的工资水平比较低是因为国际贸易的缘故。

*10. 试根据李嘉图模型证明:如果 A 国在两种产品上都具有绝对优势,那么贸易后 A 国的名义工资水平肯定高于 B 国。(提示:比较 w_A/P_X^W 与 w_B/P_X^W 之间的大小。)

第三章

要素禀赋理论

按照第一章最后一节设定的思路，在介绍了技术差异对国际贸易的决定作用之后，下一步自然是该放宽第二项条件，即放松各国相对要素禀赋相同这一假设，从要素禀赋差异的角度探讨国际贸易的起因与影响。本章主要介绍从要素禀赋差异角度解释国际贸易基础的基本理论——要素禀赋理论（factor endowment theory）。要素禀赋理论最早是由两位瑞典经济学家——赫克歇尔（Eli Heckscher）和俄林（Bertil Ohlin）师生俩提出的，后经萨缪尔森（Paul Samuelson）等人不断加以完善。要素禀赋理论无论是在理论分析上，还是在实际应用中，都取得了巨大成功，以至于在从 20 世纪前半叶到 70 年末这段时期内，要素禀赋理论成为国际贸易理论的典范，几乎成为国际贸易理论的代名词。本章主要内容包括赫克歇尔-俄林理论（以下简称 H-O 定理）、要素价格均等化理论以及要素积累对国际贸易影响等。

第一节　要素禀赋理论的基本模型

要素禀赋理论与古典贸易理论的区别，除了上面提及的研究角度不同外，还有另外两个重要区别。一是要素禀赋理论在进行供给面分析时，除劳动之外，引入了另外一个生产要素——资本，因此在要素禀赋理论中，生产要素包括两个。正因为如此，有时要素禀赋理论的基本模型又称为 2×2×2 模型（两个国家、两种产品和两种生产要素）。这一变化的重要意义在于：引入另外一个生产要素后，在两个部门生产中使用不同要素组合比例的条件下，生产可能性边界将是一条凸状曲线，即对应于机会成本递增情形。这就避免了在机会成本不变的情形下所出现的完全专业化生产这一与现实不太吻合的例外情况，因为当生产可能性边界是凸状曲线，而不是直线时，在开放条件下，一般不会出现生产均衡点落在生产可能性边界线端点这种特殊情况。

二是关于要素禀赋差异的产生原因，也易于解释。直观地看，自然条件、地理位置和历史发展等诸多因素，都可以成为各国要素禀赋差异的来源。这自然也就不会有古典贸易理论关于劳动生产率差异解释不清或过于含糊的窘境。总之，要素禀赋理论避免了古典贸易理论的一些不足之处。

在建立要素禀赋理论的基本模型之前，先引入以下重要概念。

一、要素禀赋

所谓要素禀赋，这里系指一国所拥有的两种生产要素的相对比例。这是一个相对的概念，与其所拥有的生产要素绝对数量无关。例如，若 A 国拥有的资本数量为 $\bar{K}$，劳动数量为 $\bar{L}$，则其相对要素禀赋为 $\bar{K}/\bar{L}$。以下为了简便起见，在不引起混淆的情况下，就略去"相对"一词。

在要素禀赋存在差异的情况，如果一国的要素禀赋（$\bar{K}/\bar{L}$）大于他国，则称该国为资本（相对）丰富或劳动（相对）稀缺的国家；反过来，他国则为劳动丰富或资本稀缺的国家。[①] 图 3-1 中，E_A、E_B 分别表示 A、B 两国的要素总量组合。在 E_A 点，A 国拥有的资本和劳动总量为 $(\bar{K}_A, \bar{L}_A)$；在 E_B 点，B 国拥有的资本和劳动总量为 $(\bar{K}_B, \bar{L}_B)$。图中 E_A、E_B 两点与原点的连线的斜率 ρ_A、ρ_B 分别表示 A、B 两国的要素禀赋状况。由图可知，$\rho_A > \rho_B$，故 A 国为资本丰富的国家，B 国则为劳动丰富的国家。

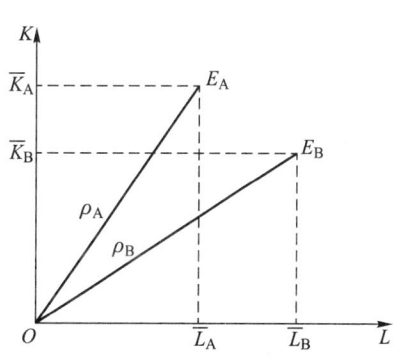

图 3-1　两国的要素禀赋

表 3-1 给出了部分国家 2011 年的要素禀赋情况。从中不难发现发达国家的资本-劳动比值都高于发展中国家，所以，相对发展中国家而言，发达国家属于资本丰富类型。另外，一国究竟属于资本丰富还是劳动丰富的国家，取决于与谁相比。例如，中国的资本存量在所列国家中最大，但资本-劳动比值位列最后，因此，与其他国家相比，中国属于劳动丰富或资本稀缺的国家；如果拿美国与瑞士相比，美国无论在资本存量，还是在劳动绝对数量上，都远远高于瑞士，但与瑞士相比，美国的人均资本存量低于对方，因此相对于瑞士而言，美国则属于劳动丰富的国家；如果拿美国与中国相比，美国的资本-劳动比值又明显高于中国的水平，因此美国与中国相比，则属于资本丰富的国家。由此可见，当我们说某国在要素禀赋上属于哪种类型时，必须注意看与谁相比。

---

① 关于要素禀赋差异的界定，另外一种方法是由要素相对价格来判定。如果某一国的劳动价格（w）和资本价格（r）之比大于他国，则该国资本比较丰富或廉价，他国则劳动比较丰富或廉价。

表 3-1　部分国家 2011 年资本与劳动禀赋（资本存量按 2005 年国际价格计算）

国家	资本存量/10 亿美元	劳动力/千人	资本–劳动之比/美元·人$^{-1}$
瑞士	1 377	5 328	258 427
日本	18 418	81 189	226 853
法国	8 789	40 622	216 359
意大利	8 421	39 052	215 636
美国	41 495	208 343	199 167
澳大利亚	2 968	14 959	198 407
德国	10 404	52 986	196 355
韩国	5 638	35 674	158 041
英国	6 458	41 474	155 711
加拿大	3 488	23 675	147 329
墨西哥	3 871	76 092	50 872
中国	45 261	996 864	45 403

资料来源：① 资本存量根据 Feenstra，Robert C.，Robert Inklaar and Marcel P. Timmer（2015），*The Next Generation of the Penn World Table*（www. ggdc. net/pw）中的投资数据估算得出；② 劳动力总量来源自国际劳工组织（International Labor Organization）数据库 LABORSTA（http：//www. laborsta. ilo. org）.

二、要素密集度

所谓要素密集度（factor intensity），系指生产某种产品所投入两种生产要素的比例。这也是一个相对的概念，与生产要素的绝对投入量无关。

如果 X 产品的生产所采用的资本与劳动投入比例 $k_X = K_X/L_X$，大于 Y 产品的生产所采用的资本与劳动投入比例 $k_Y = K_Y/L_Y$，即 $k_X > k_Y$，则称 X 是资本密集型（capital-intensive）产品，Y 是劳动密集型（labor-intensive）产品。

关于上述定义，须进一步说明其含义。如果 X、Y 的生产部门采用的都是固定要素比例的生产技术（对应于 H-O 理论的最早形式），即无论在什么情形下，X、Y 生产所使用的资本–劳动比率均保持不变，在这种情形下，直接比较 X、Y 的生产部门的资本–劳动比率就可确定要素密集度的差异。但是，固定要素比例生产技术在现实中很难找到。对于绝大多数产品来说，生产中的资本–劳动比率是可变的，即资本与劳动之间可互相替代使用。当生产要素市场上资本价格相对上升，即资本变得昂贵时，厂商大都倾向于减少资本的使用量，而用较廉价的劳动代替原来使用的一部分资本，因此所有部门生产的资本–劳动比率都可能因资本价格上涨而下降；同样，当劳动价格相对上升时，各部门的资本–劳动比率将提高。所以，在生产要素可替代的情况下，比较两个部门的要素密集度，必须在一个共同的标准下进行，这个标准就是共同的要素价格。如果在任何相同的要素价格下，生产 X 所使用的资本–劳动比率均大于生产 Y 所使用的资本–劳动比率，则称 X 是资本密集型的产品，Y 是劳动密集型的产品。

产品的要素密度可借助于等产量曲线来说明。在图 3-2 中，XX' 曲线、YY' 曲线分别表示 X、Y 的等产量曲线，其中，X 的等产量曲线更偏向于 K 坐标轴，Y 的等产量曲线更偏向于 L 坐标轴。在资本、劳动价格既定的情况下，两个部门的厂商所选择的最佳要素组合由等成本曲线与等产量曲线相切来决定。在图中，当任意给定一组要素价格，如（w，r）时，两条斜率为$-w/r$的平行线分别与 X、Y 的等产量线相切于 A、B 两点，这时 X、Y 的资本-劳动比率间的关系为$k_X>k_Y$；同样，当任选另外一组要素价格，比如（w'，r'）时，X、Y 的资本-劳动比率间的关系为$k'_X>k'_Y$。由图 3-2 可知，无论在哪种情况下，X 所使用的资本-劳动比率均大于 Y 的资本-劳动比率，因此，根据定义，X 是资本密集型的产品，Y 则是劳动密集型的产品。

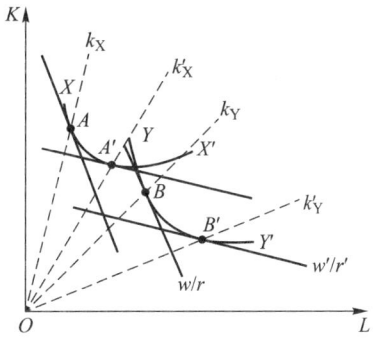

图 3-2　两种产品要素密集度的对比

三、模型基本假设

赫克歇尔、俄林最早提出的要素禀赋理论，是以固定生产要素比例为例，阐述要素禀赋差异与国际贸易基础之间的关系。由于这种方法对生产函数的限制过于苛刻，并且与现实不太符合，因此，现在标准的要素禀赋理论模型均以新古典生产函数为基础，即假设生产要素之间是可替代的。本章即以这一标准模型为例，介绍要素禀赋理论的基本内容（关于固定要素比例的要素禀赋理论可参阅其他一些教材或文献）。

要素禀赋模型建立在以下基本假设之上：

（1）两国相同部门的生产函数相同；

（2）两国消费者偏好相同；

（3）规模收益不变；

（4）所有商品市场、要素市场都是完全竞争的；

（5）两国的生产要素供给是既定不变的；

（6）假设 A 国为资本丰富的国家，B 国为劳动丰富的国家；

（7）生产要素在一国之内可自由流动，在国际不能流动；

（8）X、Y 的生产技术不同，其中 X 假设为资本密集型产品，Y 假设为劳动密集型产品；

（9）不存在运输成本或其他贸易障碍。

由以上假设可知，A、B 两国除要素禀赋不同外，其他一切条件都是完全相同的。

第二节　H-O 理论

一、要素禀赋差异与相对供给差异

在两国生产技术条件相同的条件下，国家之间要素禀赋的差异，最终会影响到两国 X

和 Y 两种产品的生产能力，从而导致供给能力的差异。两国供给方面的差异，可通过考察两国生产可能性边界线的偏向性来直观地加以判断。

在图 3-3 中，E_A、E_B 分别表示两国的要素禀赋点。对 A 国而言，当所有生产要素全部用于 X 生产时，所生产出的 X 的数量等于图 3-3 中通过 E_A 点的 X 的等产量线所代表的产出水平——$\overline{X}_A$；当所有生产要素全部用于 Y 生产时，所生产的 Y 的数量等于由通过 E_A 点的 Y 等产量曲线所代表的产出水平——$\overline{Y}_A$。根据图 3-3，我们可以在图 3-4 中，标出 A 国生产可能性曲线的两个端点，并用一条向外凸的曲线将其连接起来，便得到了 A 国生产可能性边界线的大致轮廓，如图 3-4 中 AA′ 曲线所示。

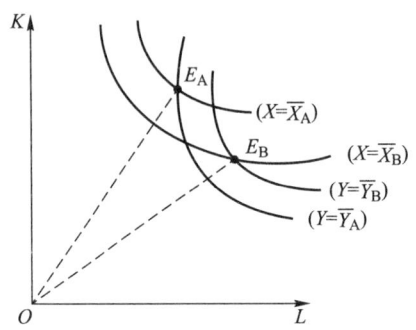

图 3-3　生产可能性边界曲线端点的决定

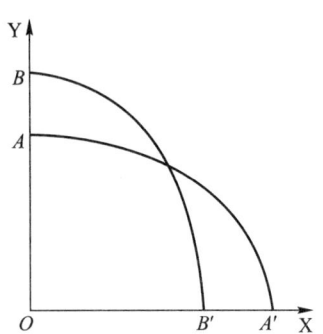

图 3-4　两国的生产可能性边界曲线

同样，B 国的生产可能性边界可用同样的办法确定。在图 3-4 中，B 国的生产可能性边界为 BB′，它的两个端点分别对应于图 3-3 中通过 E_B 点的 X、Y 的等产量线所分别代表的产出水平——$\overline{X}_B$ 和 $\overline{Y}_B$。

在图 3-3 中，通过 E_A 点的 X 的等产量线，位于通过 E_B 点的 X 的等产量线之上，故 $\overline{X}_A >$ $\overline{X}_B$；通过 E_A 点的 Y 的等产量线则位于通过 E_B 点的 Y 的等产量线之下，故 $\overline{Y}_A < \overline{Y}_B$。这一结果反映到图 3-4 中，就是 B 国的生产可能性边界线在横坐标上的端点 B′ 在 A 国的生产可能性边界线端点 A′ 的左边；而 A 国生产可能性边界线在纵坐标上的端点 A 则位于 B 国生产可能性边界线的端点 B 之下。也就是说 A 国的生产可能性边界线比 B 国的更偏向于 X 坐标轴。[①]

由图 3-3 和图 3-4 可以很清楚地看出，在生产技术相同的条件下，A、B 两国生产可能性边界的差异完全是由两国要素禀赋差异造成的。生产可能性边界反映了一国的供给能力，A 国生产可能性边界相对偏向于 X 产品，这意味着在相同的产品相对价格下，A 国在 X 产品上的相对供给能力高于 B 国，而 B 国则在 Y 产品上相对供给能力高于 A 国。

---

① 在要素禀赋存在差异的情况下，A、B 两国的生产可能性边界的相互位置关系并非一定是图 3-4 所描述的那种情况。但不管相互位置如何，有一点是肯定的，即资本丰富国家的生产可能性边界相对偏向于资本密集型产品，劳动丰富国家的生产可能性边界则相对偏向于劳动密集型产品。

图 3-5 和图 3-6 说明了两国相对供给之间的差异。在图 3-5 中，对于任意给定的相对价格水平 p，相对价格线与 A、B 两国生产可能性边界曲线 AA'、BB' 的切点就是均衡生产点。均衡生产点描述的是对于给定相对价格水平，两种产品的供给量。在图 3-5 中可以发现，在相同价格水平下，A 国均衡生产点对应的 X 与 Y 的比值总是大于 B 国的这一比值，所以说，A 国的 X 相对供给 $\left(\dfrac{X}{Y}\right)$ 大于 B 国。图 3-6 给出了两国的相对供给曲线，其中 A 国的相对供给曲线 RS_A 的位置在 B 国的相对供给曲线 RS_B 的右边，表明 A 国在 X 产品上相对供给能力更高。

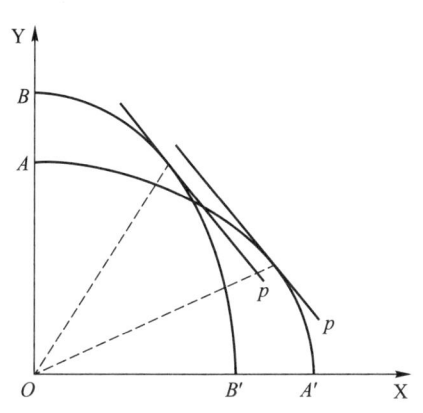 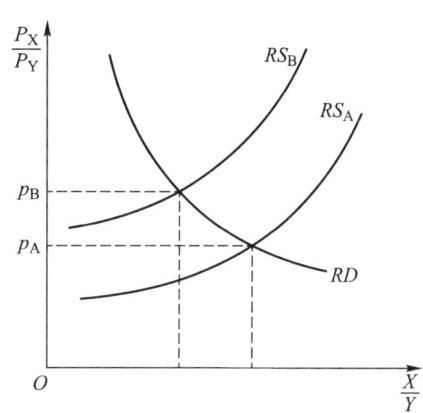

图 3-5　相对价格与相对供给之间的关系　　　图 3-6　两国封闭条件下相对价格的决定

由此我们得出结论：资本丰富的国家在资本密集型产品上相对供给能力较强，劳动丰富的国家则在劳动密集型产品上相对供给能力较强。

二、封闭条件下的相对价格

由于两国需求条件完全相同，因此，在封闭条件下，两国供给方面的差异将造成两国相对价格差异的存在。而供给差异又是由要素禀赋差异造成的，所以，两国相对价格差异完全是由要素禀赋差异引起的。

在图 3-6 中，曲线 RD 代表的是相对需求曲线，其定义与相对供给曲线 RS 的定义类似，但图 3-6 中只有一条相对需求曲线。这是因为前面我们假设两国消费者偏好相同。如果我们进一步假定消费者偏好是齐次性的（homogenous），那么消费者的相对需求曲线只取决于相对价格，而与收入水平无关，也就是说，两国之间收入水平的差异并不影响各自的相对需求水平。由于消费者偏好相同，所以两国的相对需求曲线是相同的。

在图 3-6 中，相对需求曲线 RD 与相对供给曲线 RS_A、RS_B 的交点，决定了两国在贸易前的均衡相对价格水平。由图 3-6 可知，两国之间的相对价格水平因相对供给之间的差异而不同，由于 A 国在 X 产品上的相对供给能力更高，所以 A 国 X 的相对价格水平小于 B

国，即 $p_A < p_B$。

两国在封闭条件下的相对价格差也可以通过图3-7来说明。在图3-7中，A、B两国在封闭条件下的相对价格由社会无差异曲线与生产可能性边界线相切决定。在封闭条件下，A国的均衡点为 E_A，B国的均衡为 E_B。因为两国的消费者偏好相同，所以图中两国的社会无差异曲线形状相同。

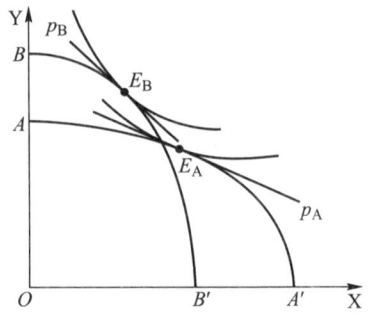

图3-7　两国封闭条件下的均衡

通过 E_A 点的相对价格线 p_A 为A国的均衡价格，通过 E_B 点的相对价格线 p_B 为B国的均衡价格。不难发现，$p_A < p_B$，这表示A国在X产品上具有比较优势，而B国则在Y产品上具有比较优势，即资本丰富国家在资本密集型产品上具有比较优势，而劳动丰富国家在劳动密集型产品上具有比较优势。

三、H-O 定理

开放以后，A国将输出X产品到B国，因为在B国市场上X的相对价格高于A国市场。同理，产品Y将由B国输向A国。也就是说A国将出口X，进口Y，B国则相反。X产品由A国输出到B国的后果是A国X的相对价格将上升，B国X的相对价格将下降，最终两国X的相对价格趋于一致，即两国面对相同的国际均衡价格。

国际均衡价格由A、B两国的相互需求共同决定。在图3-8中，A国X的过剩供给曲线（或出口供给曲线）与B国X的过剩需求曲线（或进口需求曲线）的交点，决定了国际均衡相对价格 p_W。图中国际均衡价格 p_W 处于A、B两国封闭条件下的相对价格 p_A、p_B 之间。

开放后，相对价格发生变动，A国面对比原来更高的相对价格，生产均衡点将由原来的 E_A 点向下转移到 Q_A 点（如图3-9所示）。Q_A 点与 E_A 点相比，X的生产增加，Y的生产减少了。通过 Q_A 点的国际相对价格线 p_W 与社会无差异曲线相切的点 C_A 为开放后的消费均

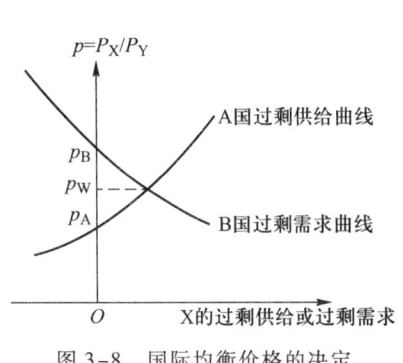

图3-8　国际均衡价格的决定

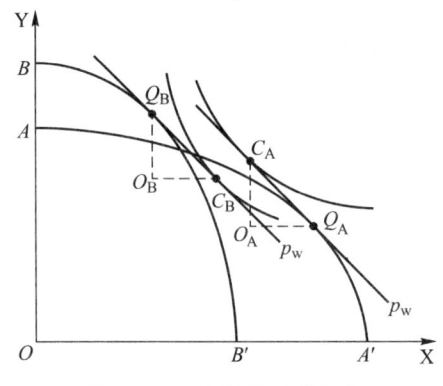

图3-9　两国贸易后的均衡

衡点。对应于新的均衡，图中 A 国的贸易三角形为 $\triangle Q_A O_A C_A$，其中，线段 $O_A Q_A$ 表示 X 的出口量，$O_A C_A$ 表示 Y 的进口量。

对 B 国来说，开放后，X 的相对价格由原来的 p_B 下降为 p_W，因此，其生产均衡点由原来的 E_B 点向上转移至 Q_B 点。而消费均衡点为图中的切点 C_B。这时，B 国的贸易三角形为 $\triangle Q_B O_B C_B$，其 Y 的出口为 $O_B Q_B$，X 的进口量为 $O_B C_B$。

综合以上分析可知，A、B 两国在贸易前由于要素禀赋的不同，导致供给能力的差异，进而引起商品相对价格的不同。总结以上讨论，可以得出如下重要结论：一国出口密集使用其丰富要素的产品，进口密集使用其稀缺要素的产品。这一重要结论便是 H-O 定理。

 **专栏**

中国人口结构变迁与劳动密集型产品比较优势的变化

改革开放以来，凭借丰富的劳动力资源优势，中国对外贸易取得了举世瞩目的成就，1978—2015 年，中国货物出口年均增长 14.2%，远高于同期世界贸易 7.7% 的增长速度。在相当长的一段时期内，出口和投资成为推动中国经济高速增长的"两驾马车"。

中国出口的劳动密集型产品主要包括纺织产品、服装、皮革制品、箱包、玩具、家具、珠宝、塑料制品、陶瓷、简单金属加工品等制成品，如图 3-10 所示。中国劳动密集型产品在出口中的比重一直远高于世界平均水平，这表明中国在劳动密集型产品上具有明显的比较优势。这一比较优势自 20 世纪 90 年代以来在不断发生变化，90 年代初，中国出口产品一半以上来自劳动密集型产品，但之后，劳动密集型产品在中国出口中的比重一直在下降，而世界平均水平则变化不大，这一变化趋势意味着中国的比较优势正在从传统的劳动密集型产品，向其他类型产品过渡，如资本密集型产品和技术密集型产品。

比较优势的变迁与中国经济发展阶段有关，如随着经济的不断快速增长，资本积累和技术水平也随之不断提升，这些都会影响中国的比较优势。与此同时，作为一直以廉价劳动著称的人口大国，人口结构的变化，也必将对中国的比较优势产生长远影响。

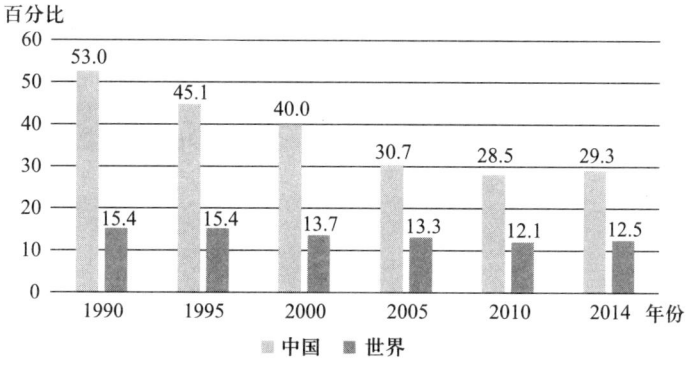

图 3-10　劳动密集型产品占总出口比重/%

资料来源：根据联合国 Comtrade 数据库计算得出。

图 3-11 描述了中华人民共和国成立以来中国人口结构的变迁。其中，柱状图对应的是劳动年龄人口（15~64 岁）数量的变化趋势，这一年龄段的人口规模通常衡量了一国的劳动力禀赋；曲线图衡量的是人口抚养比率（非劳动年龄人口数与劳动年龄人口数之比，等于少儿抚养比与老年抚养比之和）。从中可以发现，中国的人口结构在过去 60 年间，大致经历了两个阶段的重大变化。从 1949 年到 1970 年，由于人口高出生率和不断下降的死亡率，人口迅速增长，造成人口抚养比例的上升。第二阶段始于 20 世纪 70 年代，国家主导的计划生育政策开始推行，进而在 80 年代演进为严厉的独生子女政策。由于出生率急剧下降，婴儿潮中出生的世代长大成人陆续加入劳动人口，所以在改革开放后的 30 余年，中国劳动人口增长持续超过总人口增长速度，使得劳动人口在总人口中比重不断上升，人口抚养比例连续 30 多年下降。正是这一所谓的"人口红利"有力地推动了中国经济的高速增长和出口的快速扩张。

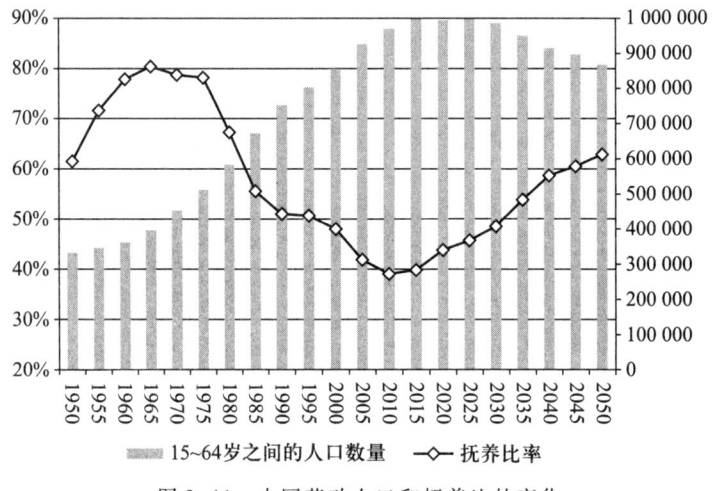

图 3-11　中国劳动人口和抚养比的变化

资料来源：联合国人口司。

但是，近年来，中国人口变化开始进入一个转折点，劳动人口开始转入下行通道，由于老龄化的快速发展，人口抚养比率开始快速上升。原来的"人口红利"正逐渐消失，原有的比较优势基础将逐步削弱。曾经带动中国出口增长的劳动密集型产品，未来在国际市场的竞争压力将越来越大。随着改革开放的进一步深入，转变贸易发展方式，打造新的比较优势来源，将是中国面临的挑战之一。

第三节　要素价格均等化理论

本节主要介绍国际贸易对要素价格的影响，旨在说明国际贸易是如何通过商品价格的变动，引起生产要素的再配置，最终达到要素价格的均等化的。要素价格均等化理论有两点重要的寓意：第一，证明了在各国要素价格存在差异，以及生产要素不能通过在国际自由流动来直接实现最佳配置的情况下，国际贸易可替代要素国际流动，"间接"实现世界范围内资源的最佳配置；第二，说明了贸易利益在一国内部的分配问题，即说明了国际贸易如何影响贸易国的收入分配格局。

一、商品价格与要素价格

国际贸易因相对价格差异而产生，反过来，国际贸易又促使各贸易国的商品相对价格趋于均等。在确定国际贸易如何影响要素价格之前，以下我们以 X 产品相对价格的上升为例，考察一下商品相对价格变动是如何影响要素价格的。

在完全竞争条件下，生产要素在每一部门的报酬等于其边际产品价值，即等于其边际产出与商品价格的乘积。在均衡时，生产要素在所有部门的报酬应当是相同的。此时，如果 X 产品的相对价格上升，那么 X 生产部门的资本和劳动报酬与 Y 生产部门就不再保持一致，X 生产部门的资本和劳动可获得比 Y 生产部门更多的报酬，于是资本和劳动就会从报酬低的 Y 生产部门流向报酬高的 X 生产部门。由于 X 生产部门是资本密集型的，所以 X 生产部门生产扩张需要相对较多的资本与较少的劳动相配合。但因 Y 生产部门是劳动密集型的，Y 生产部门只能释放出相对较少的资本和较多的劳动，于是在生产要素重新配置的过程中，对资本新增加的需求（X 生产部门生产所需增加的资本）超过了资本新出现的供给（Y 生产部门所释放的资本），而劳动新增的供给则超过了对劳动新增的需求，从而在要素市场上，资本价格将会上涨，而劳动价格将会下跌。

另外，随着生产要素价格的重新调整，每个部门中的厂商在生产中所使用的资本–劳动比例也将发生变化。由于资本变得相对越来越昂贵，劳动变得相对越来越便宜，所以每个部门的厂商都会调整其要素使用比例，尽量多使用变得便宜了的劳动，来替代一部分变得昂贵了的资本，最后，每个部门所使用的资本–劳动比例都要低于 X 相对价格变化之前的资本–劳动比例。

由以上分析可知，X 相对价格上升会导致它所密集使用的生产要素——资本名义价格的上升，以及另一种生产要素——劳动名义价格的下降。但要素名义价格的变化说明不了要素实际价格的变化，只有将要素名义价格的变化与商品价格的变化加以对比之后，才能确定要素实际价格的变化。

在均衡状态下，劳动和资本的价格分别为

$$w = P_X \cdot MP_{LX} = P_Y \cdot MP_{LY} \tag{3.1}$$

$$r = P_X \cdot MP_{KX} = P_Y \cdot MP_{KY} \tag{3.2}$$

上面两个表达式表示在均衡条件下，资本和劳动价格的决定。其中，w、r 分别表示劳动、资本的价格（或报酬）；MP_{LX}、MP_{LY} 分别表示劳动在 X、Y 生产中的边际产出，MP_{KX}、MP_{KY} 分别表示资本在 X、Y 生产中的边际产出。

由 (3.1) 和 (3.2) 两式, 可以得到

$$\frac{w}{P_X} = MP_{LX}, \qquad \frac{w}{P_Y} = MP_{LY} \qquad\qquad (3.3)$$

$$\frac{r}{P_X} = MP_{KX}, \qquad \frac{r}{P_Y} = MP_{KY} \qquad\qquad (3.4)$$

上述各等式的左边均表示要素的实际价格或报酬, 即用各生产要素的名义价格或报酬分别用于购买 X、Y 时, 所能购买到的 X、Y 的数量。上述表达式表明要素的实际报酬等于其边际产出。由于在规模收益不变的条件下, 生产要素的边际产出只取决于两个要素的使用比例, 与两个要素投入的绝对量没有关系①, 因此商品相对价格的变化对要素实际收入的影响只取决于两种商品所使用的要素比例的变化。

我们已经了解到, 当 X 的相对价格上升时, X、Y 生产所使用的资本-劳动比率均下降。根据边际收益递减规律, 当资本-劳动比例下降时, 由于资本相对于劳动的投入减少, 所以资本的边际产出上升, 相反, 劳动的边际产出下降。由 (3.3) 和 (3.4) 两式可知, 则 r/P_X、r/P_Y 均上升, 而 w/P_X、w/P_Y 均下降, 即 X 相对价格上升后, 资本的实际价格或报酬上升, 劳动的实际价格或报酬下降。于是, 得出斯托珀-萨缪尔森定理 (The Stolper-Samuelson Theorem): 某一商品相对价格的上升, 将导致该商品密集使用的生产要素的实际价格或报酬提高, 而另一种生产要素的实际价格或报酬则下降。

由斯托珀-萨缪尔森定理, 立即可以引申出另一项重要结果: 国际贸易会提高该国丰富要素所有者的实际收入, 降低稀缺要素所有者的实际收入。理由是: 贸易后一国出口商品的相对价格上升, 根据 H-O 定理, 一国出口商品所密集使用的生产要素是其丰富要素, 故出口商品价格的上升, 将导致该国丰富要素的实际报酬上升, 另一种生产要素, 即稀缺要素的实际报酬则下降。这一结果的重要含义是, 国际贸易虽改善了一国整体的福利水平, 但并不是对每一个人都是有利的, 因为国际贸易会对一国要素收入分配格局产生实质性的影响。

二、国际贸易与要素价格均等化

贸易前, 由于两国要素禀赋的差异, 所以两国的要素价格也不一致。但贸易开始后, 原来 A 国相对价格较低的 X 产品, 由于对方国家的需求刺激, 其相对价格趋于上升。依

---

① 若生产函数 $Q = F(K, L)$ 的规模收益不变, 那么根据定义, 有

$$(1/L)F(K, L) = F(K/L, 1) \qquad\qquad (1)$$

令 $k = K/L$, $f(k) = F(K/L, 1)$, 则 $F(K, L) = Lf(k)$。根据边际产出的定义, 有

$$MP_L = \partial F(K,L)/\partial L = \partial(Lf(k))/\partial L = f(k) + Lf'(k)(-K/L^2) = f(k) - kf'(k) \qquad\qquad (2)$$

$$MP_K = \partial F(K,L)/\partial K = \partial(Lf(k))/\partial K = Lf'(k)(1/L) = f'(k) \qquad\qquad (3)$$

由上述两个表达式可知, 劳动、资本的边际产出与所使用的劳动、资本的绝对量无关, 只取决于资本-劳动比率 (k)。

据前面的分析，X 产品所密集使用的生产要素——资本的价格将上涨，而劳动的价格将下跌，于是原来在 A 国比较廉价的资本，现在变得不那么廉价了，而原来在 A 国比较昂贵的劳动，现在也因贸易变得不那么昂贵了。

在 B 国，贸易后 X 的相对价格趋于下降，于是 B 国资本的价格将下降，劳动的价格将上升。这意味着在 B 国，原来比较昂贵的资本现在变得不那么昂贵了，原来比较廉价的劳动现在也变得不那么廉价了。

随着贸易的开展，两国 X 产品的相对价格差异会不断缩小，并最终达到均等。在这个过程中，两国丰富要素的价格不断上升，稀缺要素的价格则不断下降，于是两国要素价格朝着差异缩少的目标，趋向于一个共同的水平。随着商品价格的统一，两国要素价格水平也将达到均等。要素价格均等化可用图 3-12 来说明。

在图 3-12 中，XX'、YY'是两条价值均为 1 个货币单位（比如美元）的 X、Y 产品的等产量曲线。但图中的两条等产量曲线的含义与往常有所不同，XX'、YY'曲线所分别代表的 X、Y 的产出水平 X_0 和 Y_0 满足以下条件

$$P_X \cdot X_0 = P_Y \cdot Y_0 = 1 \tag{3.5}$$

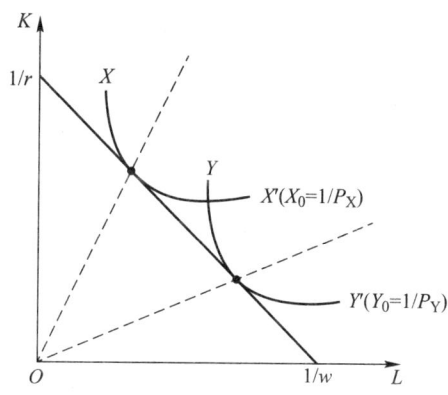

图 3-12　单位价值等产量曲线

这里我们称这两条特殊的等产量曲线为 X、Y 的单位价值等产量曲线（unit-value isoquant）。单位价值等产量曲线的形状与位置完全取决于生产技术条件和商品价格。例如，当 $P_X = 0.5$ 时，X 的单位价值等产量曲线对应的是产出水平为 2 的那一条；当 $P_X = 2$ 时，X 的单位价值等产量曲线对应的是产出水平为 0.5 的那一条。由此可见，生产技术条件决定了单位价值等产量曲线的形状，商品价格则决定了单位价值等产量曲线所在的具体位置。

图 3-12 中还有一条单位等成本直线（unit isocost），其方程为

$$1 = w \cdot L + r \cdot K \tag{3.6}$$

这条等成本直线在横坐标轴上的截距等于劳动价格的倒数——$1/w$，在纵坐标上的截距等于资本价格的倒数——$1/r$。

在完全竞争条件下，厂商的生产成本等于其收益（利润为零），因此当 X、Y 的生产

厂商生产价值为 1 美元的产品时，他们的生产成本也应当为 1 美元；同时他们所采用的最佳要素比例，可由通过原点与单位等成本直线与单位价值等产量曲线的切点相连的一条直线的斜率表示。在均衡条件下，两个部门所面对的要素价格完全相同，因此，与 X 的单位价值等产量曲线相切的单位等成本直线和与 Y 的单位价值等产量曲线相切的单位等成本直线是完全重合的。

在图 3-12 中，我们可以这样来确定均衡条件下的要素价格水平：画一条与 X 和 Y 的单位价值等产量曲线都相切的切线，那么该切线就是单位等成本直线，它在横坐标轴与纵坐标轴上的截距的倒数，分别对应于劳动、资本的均衡价格。

在自由贸易条件下，X、Y 两种产品无论在 A 国还是 B 国价格都是相同的，另外两国的生产技术条件也完全相同，所以两国相应产品的单位价值等产量曲线的形状和位置也完全相同，从而两国在均衡时的单位等成本直线也完全重合。实际上，A、B 两国在贸易后要素价格的决定均可由图 3-12 来描述，于是，贸易后两国的要素价格自然也就相同。

最后需要强调的是，要素价格的均等是以商品价格的均等为先决条件的。现实中，由于运输成本和一些贸易壁垒的存在，各国的商品价格难以达到完全一致，因此，国际要素价格均等化在现实中一般难以实现。另外，要素价格均等还要求各国的生产技术条件必须相同，这也是一个比较苛刻的条件。

第四节　要素积累与国际贸易

在前面的要素禀赋理论模型中，我们一直假定一国的要素总量是固定不变的。在这一节里，我们将放宽这条假设，专门讨论要素总量变化对国际贸易的影响。一般来说，要素禀赋的变化会导致一国生产可能性边界的移动，从而可能影响其贸易条件，甚至比较优势的形态。为了了解要素禀赋变动对生产可能性边界的影响，下面首先引入罗伯津斯基定理（Rybczynski Theorem）。该定理描述了在商品相对价格不变的前提下，生产对要素禀赋变化的反应。

一、罗伯津斯基定理

假设某一生产要素总量增加，比如说资本供给增加了 ΔK。在商品相对价格保持不变的前提下，根据前一节的分析可知，要素变化后，要素相对价格仍会保持不变，从而两个部门的要素使用比例也保持不变。

为了使新增加的资本（ΔK）能全部被利用，以保证充分就业，则需资本密集型产品 X 的生产来吸收新增的资本，但要保证 X 的生产将新增的资本全部吸收，还需要一定的劳动来与其搭配，所以 Y 的生产不得不缩小生产规模，以便释放出一定的劳动（ΔL_Y）。但 Y 的生产在释放出劳动的同时，还会释放出一定的资本（ΔK_Y），这部分资本也需 X 的生

产来吸收，最后达到如下状态

$$k_X = \frac{K_X}{L_X} = \frac{K_X + \Delta K + \Delta K_Y}{L_X + \Delta L_Y} \qquad (3.7)$$

$$k_Y = \frac{K_Y}{L_Y} = \frac{K_Y - \Delta K_Y}{L_Y - \Delta L_Y} \qquad (3.8)$$

当上述两式都满足时，所有的要素都得到了充分利用，并且两种产品的生产部门的要素密集度保持不变，结果 X 的生产扩大，而 Y 的生产则下降。如果是劳动总量增加，资本总量不变，则同样的道理，Y 的生产将扩大，X 的生产将下降。于是，我们得到罗伯津斯基定理：在商品相对价格不变的前提下，某一要素的增加会导致密集使用该要素部门的生产增加，而另一部门的生产则下降。

罗伯津斯基定理还可用图示的方法来证明。在图 3-13 中，E 点表示一国要素变化前的要素禀赋点，直线 OX、OY 的斜率分别表示均衡时 X、Y 两个部门的要素使用比例。由于 X 是资本密集型产品，所以直线 OX 在直线 OY 的左上方。坐标图中 X、Y 点所对应的劳动、资本量分别表示两个部门的要素投入量。根据要素充分利用这一假设条件，OXEY 应是一个平行四边形。另外，由于规模收益不变，X、Y 的产出分别与线段 OX、OY 的长度成等比例关系，所以不妨直接用线段 OX、OY 分别表示两个部门的产出水平。

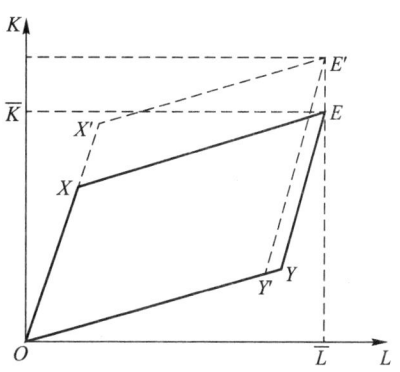

图 3-13　要素禀赋变化前后的配置

假定资本增加，劳动保持不变，则图中资本增加后要素禀赋点由 E 变为 E'。在商品相对价格不变的条件下，要素禀赋点变动之后，X、Y 两个部门的要素使用比例仍保持原来水平不变，这时，因要保证所有要素充分利用，新的平行四边形为 OX'E'Y'，相应地，X、Y 两种产品的产出水平分别为 OX' 和 OY'。由图可知，X 的产出增加了，而 Y 的产出则减少了。

二、要素积累与贸易条件

罗伯津斯基定理可用来说明要素积累对生产可能性边界的影响，这也是该定理的一个重要应用之处。要素增加之后，生产可能性边界的两个端点所分别对应的 X、Y 的最大产出都会增加，因此，整条生产可能性边界线将向外移动，但生产可能性边界外移的方向性则取决于要素禀赋变化的类型。

这里仍以为资本增加、劳动不变为例。在图 3-14 中，对应于一个不变的相对价格 p，资本增加前，相对价格线 p 与生产可能性边界相切于 Q 点，资本增加后，相对价格线 p 与新的生产可能性边界相切于 Q' 点。根据罗伯津斯基定理，新的生产均衡点 Q' 应位于原来的生产均衡点 Q 的右下方，这里，通过 Q 与 Q' 两点的直线 R 称为罗伯津斯基线

（Rybczynski line）。由于相对价格 p 可任意取值，因而，对应于任意一相同的商品相对价格，资本增加后，资本密集型产品 X 的产出增加，而劳动密集型产品 Y 的产出则减少，这意味着生产可能性边界的外移在图 3-14 上相对偏向于坐标横轴，横坐标上 X 产出增加的比例要大于纵坐标上 Y 产出增加的比例。

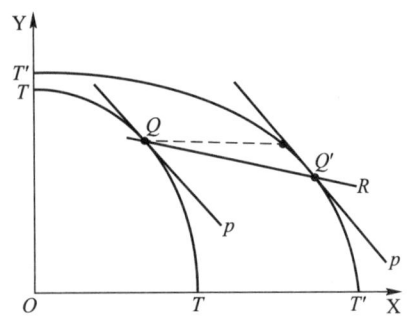

图 3-14　罗伯津斯基线的图示

由于在任意一相同的商品相对价格下，资本增加后，相对于劳动密集型产品的供给，资本密集型产品的供给会提高，在需求条件不变的情况下，这意味着资本增加后资本密集型产品的相对价格会下降。同理，如果劳动增加，资本不变，那么要素禀赋变化后，劳动密集型产品的相对价格会下降。

上述结论在开放情况下同样适用。开放条件下，如果一国某一要素增加，对方国家一切保持不变，那么在国际市场上密集使用该要素的商品的相对价格会下降。进一步讲，若该商品是要素增加国家的出口商品，则该国的贸易条件将恶化，相应的，对方国家的贸易条件将得到改善；若该商品是要素增加国家的进口商品，则该国的贸易条件将得到改善，而对方国家贸易条件则将恶化。[①]

以上结论是针对一个对国际市场价格有影响力的大国而言的。在现实中，对某些小型的开放经济体来说，其在国际市场上对价格的影响力极为微弱，甚至可以忽略不计，故这些小国在国际市场上可被看成是价格接受者，国际价格不会因其经济增长而有所变动，因此，对小国来说，要素禀赋变化之后，其贸易条件可视为不变。

开放条件下，如果一国要素积累导致经济增长偏向出口部门，那么经济增长对增长国的福利会产生两种截然不同的影响效果。一方面，经济增长意味着国民收入水平的提高，国民福利的改善；另一方面，经济增长又可能使本国的贸易条件恶化，对本国福利产生不利影响。在这种情况下，经济增长的净福利效应取决于上述两种影响效应的对比。

如图 3-15 所示，偏向出口的经济增长的福利效果可分解为两部分。经济增长前，生产和消费均衡点分别为 Q 和 C；经济增长后，新的生产和消费均衡点分别为 Q^* 和 C^*。经济增长前后，A 国的贸易条件分别为 p_w、p_w^*，p_w^* 比 p_w 更平坦，表示 A 国贸易条件恶化。

经济增长前，A 国的福利水平由通过 C 点的社会无差异曲线所代表的效用水平衡量；经济增长后，A 国的福利水平则由通过 C^* 点的社会无差异曲线所代表的效用水平衡量。

在图 3-15 中，画一条与原贸易条件线平行的直线，与经济增长后的生产可能性边界相切，切点为 Q'，并与社会无差异曲线相切于 C' 点，表示在不考虑贸易条件效果的情况

---

① 如果生产可能性边界的外移偏向于出口部门，则称为偏向出口的增长（export-biased growth）；如果生产可能性边界的外移偏向于进口替代产品生产部门，则称为偏向进口的增长（import-biased growth）。

下，经济增长对 A 国福利的改善，我们称为纯粹的增长利益。当考虑贸易条件变化时，贸易条件直线 p_W^* 变得更为平坦，此时，生产均衡点由 Q' 移至 Q^*，消费点由 C' 移至 C^*。通过 C^* 的社会无差异曲线位于通过 C' 的社会无差异曲线之下，可见贸易条件恶化抵消了部分经济增长利益。那么损失的那部分增长利益去向何处了？事实上，这部分利益以"转移支付"的形式为他国所享有。

如果转移至他国的那部分利益超出了增长利益，那么 A 国的福利水平将低于经济增长前，这种情形就称为"悲惨增长"（immiserizing growth），如图 3-16 所示。在图 3-16 中，由于贸易条件急剧恶化，导致增长后新的消费点 C^* 位于原消费点 C 之下，通过 C^* 点的社会无差异曲线所代表的福利水平低于经济增长前的福利水平。

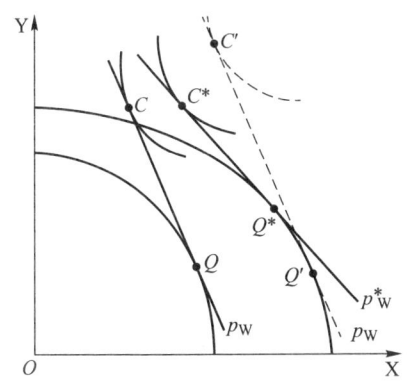

图 3-15　开放条件下经济增长的福利效应

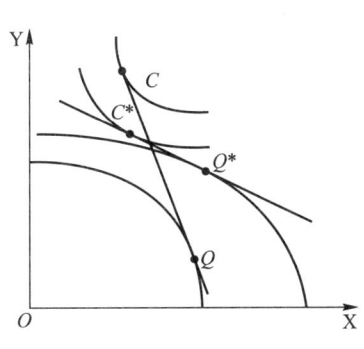

图 3-16　悲惨增长的图示

一般来说，悲惨增长的出现通常需要以下四个前提条件

（1）经济增长偏向增长国的出口部门；

（2）增长国在世界市场上是一个大国，即其出口供给的变动足以影响世界价格；

（3）增长国进口边际倾向较高，即增长国对进口产品的需求会因经济增长而显著增加；

（4）增长国出口产品在世界市场上需求价格弹性非常低。

三、要素积累与比较优势

如果时间足够长的话，要素积累或经济增长可能会改变一国的比较优势形态，即以前具有比较利益的产品，现在由于经济增长可能变为处于比较劣势；反之，以前处于比较劣势的产品，现在也可能变为具有比较利益。如图 3-17 所示，A 国在经济增长前，在 Y 产品上具有比较优势，故在开始阶段出口 Y，进口 X。但由于经济增长偏向 X 产品，使得 X 产品的相对供给能力不断提高，最终 X 产品由原来的比较劣势地位转变为拥有比较优势，于是 A 国改为出口 X，进口 Y。

历史上，美国的经济增长过程就是这方面的典型例子。在1920年以前，因为地广人稀，土地丰富，故美国土地密集型的产品具有比较优势，而劳动与资本密集型产品则处于相对劣势。但由于技术不断地进步，推动了美国的经济增长，结果不但美国的劳动生产率不断提高，而且也使资本不断地得以积累。到了20世纪20年代以后，劳动与资本密集型的产品变为具有比较优势，成为美国的出口商品，而土地密集型产品则变为处于比较劣势，成为进口商品。

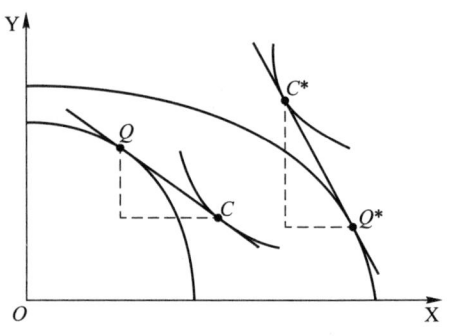

图 3-17　要素禀赋变化对比较优势的影响

第五节　要素禀赋理论的验证与补充

在从1933年到1953年的20年里，要素禀赋理论被公认为经济学中的一颗"明珠"，经济学家惊异其严密的逻辑、精巧的模型以及对诸多现实问题的解释能力。但自20世纪50年代初起，随着经济学家对这一理论所作的实证检验工作，要素禀赋理论的一些不足也开始暴露出来了。

对要素禀赋理论的实证检验工作，绝大部分都集中于验证 H-O 定理，重点也一直是检验贸易的要素比例。在众多的实证研究中，美国经济学家里昂惕夫（Wassily Leontief）对要素禀赋理论适用性进行的检验，既是第一次也是最具代表性的。他的研究工作，对要素禀赋理论的后续发展产生了重大影响。在他的研究结果出现以后，很多经济学家对要素禀赋理论进行了方方面面的修正。

一、里昂惕夫之谜

里昂惕夫是以美国为例，来验证 H-O 理论的。他利用1947年美国的投入-产出表，测算了美国进、出口商品的要素含量。在测算之前，他推断，与世界其他国家相比，美国应是资本丰富的国家。依据 H-O 定理，则美国应该出口资本密集型产品，而进口劳动密集型产品。里昂惕夫的测算结果如表3-2所示。

表3-2　美国国内生产100万美元出口商品与进口商品所需的资本与劳动（1947年）

	出口商品	进口商品
资本（1947年价格美元）	2 550 780	3 091 339
劳动（年劳动人数）	182	170
资本-劳动比例（美元/人）	13 991	18 184

资料来源：Leontief W. Factor Proportions and the Structure of American Trade：Further Theoretical and Empirical Analysis. Review of Economics and Statistics，1956（38）.

由表 3-2 可知，美国出口商品的资本-劳动比例为 13 991 美元/人，而进口商品的资本-劳动比例为 18 184 美元/人，进口商品的资本密集度约为出口商品的 1.3 倍（18 184/13 991），即美国出口劳动密集型商品，进口资本密集型商品。这一结果与 H-O 理论恰恰相反，故称为里昂惕夫之谜（The Leontief Paradox）。

对于这种矛盾现象的出现，里昂惕夫本人也觉得难以置信。他曾反思自己没有认真评估美国的要素禀赋，想当然地假设美国是资本丰富的国家。对此，他从有效劳动（effective labor）角度作出如下解释：由于劳动者素质各国不同，在同样的资本配合下，美国的劳动生产率约为他国（比如意大利）的 3 倍，因此若以他国作为衡量标准，则美国的有效劳动数量应是现存劳动量的 3 倍。从有效劳动数量看，美国应为（有效）劳动相对丰富的国家，而资本在美国则成为相对稀缺的要素。这样一来，上述矛盾现象，即里昂惕夫之谜，也就不存在了。

二、里昂惕夫之谜的解释

里昂惕夫之谜引起了当时经济学家们的极大注意，经济学家们就此提出了很多不同的解释和意见。归纳起来，主要有两类：一类是关于里昂惕夫实证结果的分析法的讨论；另一类是对要素禀赋理论的检讨。在后一类讨论中，有的学者侧重于对要素禀赋理论的补充，即在原有要素禀赋理论的基础上加入其他一些里昂惕夫未曾考虑的因素；有的学者则干脆另辟蹊径，从其他途径去解释国际贸易，有些甚至提出了新的国际贸易基础。以下就针对里昂惕夫之谜，介绍四种有代表性的解释。至于对贸易基础的其他一些新解释则在第五章加以介绍。

（一）人力资本

受里昂惕夫有效劳动解释的启发，后来一些学者在要素禀赋理论框架下引入人力资本这一因素。由于质量上的差异，一般劳动可区分为非熟练劳动（unskilled labor）和熟练劳动（skilled labor）两类。其中熟练劳动是指具有一定技能的劳动，这种技能不是先天具备的，而是通过后天的教育、培训等手段积累起来。由于这种后天的努力类似于物质资本的投资行为，所以称后一类劳动为人力资本。这样一来，资本的含义就更广泛了，它既包括有形的物质资本，又包括无形的人力资本。

在加入了人力资本之后，里昂惕夫之谜也就可以解释了。美国经济学家凯南（Peter B. Kenen）后来发现，美国的出口以物质资本加人力资本密集型的商品为主。

（二）自然资源

有人曾指出，自然资源与资本在生产中往往是互补的，因此，一些自然资源密集型的产品，如能源，往往也是资本密集型的。从自然资源的角度看，美国的某些自然资源是相对稀缺的（自然或人为因素造成的），如石油。这样，美国的大宗进口商品很多是自然资源密集型产品。因此，在考虑自然资源这一因素之后，里昂惕夫之谜也可以得到较好的解释：单从资本和劳动角度，无法解释美国为什么进口的是资本密集型商品，但从自然资源角度看，实际上美国进口的是其稀缺的自然资源，而不是资本。

（三）要素密度逆转

要素禀赋理论的基本模型曾假设，无论在什么情况下，X 与 Y 的要素密度之间的关系是不会改变的，即对任何一组要素价格，X 永远都是资本密集型产品，Y 也永远都是劳动密集型产品。反之，如果在某些要素价格下，X 是资本密集型产品，Y 是劳动密集型产品，但在另外一些要素价格下，X 变成劳动密集型产品，Y 变为资本密集型产品，那么这种现象就称为要素密度逆转（factor intensity reversal）。

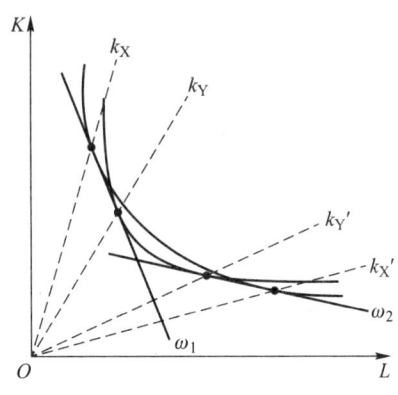

在图 3-18 中，由于 X 的生产要素替代弹性比 Y 的生产要素替代弹性大很多，即 X 等产量曲线的弯曲程度小于 Y 等产量曲线的弯曲度，因此 X、Y 的等产量曲线有两个相交点。

当要素相对价格如图中 ω_1 线所示时，$k_X > k_Y$，即 X 的要素密度大于 Y；但当要素相对价格如图中 ω_2 线所示时，$k'_X < k'_Y$，即 X 的要素密度小于 Y。所以当要素相对价格由 ω_1 变为 ω_2 时，两种产品的要素密度发生了逆转。

图 3-18　要素密度逆转的图示

当存在要素密度逆转时，同样一种产品，虽然两国生产函数形式相同，但在两国不同的要素价格下，可能属于不同类型，如在封闭条件下，X 在 A 国是资本密集型的，但在 B 国却可能是劳动密集型的。这样一来有可能发生这样一种情形：资本丰富的国家可以比较廉价地生产某种资本密集型商品，而在劳动丰富的国家，也可以比较廉价地生产同样一种产品，因为该产品在劳动丰富的国家是劳动密集型的，而不是资本密集型的。在这种情形下，两个国家进行国际分工与贸易就可能与 H-O 理论的预测不一致了。正因为如此，在要素禀赋理论模型中假设不存在要素密度逆转，因此上述情形也就不会出现。

但在现实中，由于不同国家生产技术间的替代弹性可能互不相同，因此，要素密度逆转现象可能出现，而且现实中商品的种类远不止两种，因此即使存在某些要素密度逆转现象，贸易仍可以存在。如果考虑到要素密度逆转现象，则里昂惕夫之谜也不难解释。因为里昂惕夫是根据美国的技术条件来测算进口商品在他国生产时的要素密度，但在要素密度逆转现象存在的情况下，这可能会造成误会。例如，美国的农业生产机械化程度很高，属于典型的资本密集型，但在其他一些落后国家，农业生产则是一种典型的劳动密集型，因此以美国自身的情形来衡量其进口产品在生产中的要素密度，可能不能真实地反映国际贸易中蕴含在商品中的要素比例。

（四）需求逆转

在要素禀赋理论中，假设两国消费者偏好是完全相同的，所以国际贸易形态只取决于要素禀赋差异，与需求因素无关。但在现实中，决定国际贸易的因素既可能来自供给方面，也可能来自需求方面。影响国际贸易的需求因素可能有很多表现，这里仅列举一种可能的影响形式：当某一国对于某一商品享有生产上的比较优势，但因其国民在消费上又特别地偏好该商品时，将会使得原来依据H-O定理所决定的进口方向发生改变，即发生了需求逆转（demand reversal）。

图 3-19 描述了需求逆转对国际贸易的可能影响。在生产上，A 国由于资本相对丰富，所以在资本密集型产品 X 上具有比较优势，B 国则在劳动密集型产品 Y 上具有比较优势；而在消费上，假设 A 国消费者特别偏好 X 产品，B 国消费者特别偏好 Y 商品。若仅依据 H-O 定理，A 国将出口 X，B 国将出口 Y。但事实上因需求逆转的原因，A 国在封闭条件下的 X 商品的相对价格（p_A）反而高于 B 国的水平（p_B），所以，开放后，A 国反而进口 X 商品，B 国反而出口 X 商品。在这种情况下，我们看到比较优势与比较成本优势不再是一致的，需求方面的影响超过了生产（成本）方面的影响。

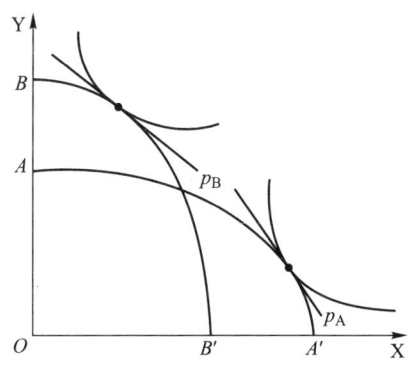

图 3-19　需求逆转对比较优势的影响

基于需求逆转，里昂惕夫之谜可以这样解释：虽然美国的资本比较充裕，但如果美国消费者的消费结构中资本密集型产品（以制成品为主）占据绝大部分，那么美国则有可能出口劳动密集型产品，进口资本密集型产品。

本章小结

要素禀赋理论最初由赫克歇尔和俄林提出，后经萨缪尔森等人的不断完善，在一个相当长的时期内成为国际贸易理论中的"宠儿"，至今仍占据着十分重要的地位。这一理论由 H-O 定理、斯托珀-萨缪尔森定理、要素价格均等化理论和罗伯津斯基定理四个主要部分构成。H-O 定理从要素禀赋相对差异出发，解释国际贸易的起因与贸易形态的决定，认为根据比较优势，一国应出口密集使用其相对丰富要素的产品，进口密集使用其相对稀缺要素的产品。要素价格均等化理论指出，国际贸易通过商品价格的均等化，会导致要素价格的均等化，从而在世界范围实现资源的最佳配置，同时由于要素价格的变动，国际贸易会影响一国收入分配格局，即相对丰富要素的所有者会从国际贸易中获利，而相对稀缺要素的所有者会因贸易而受损。罗伯津斯基定理说明，在商品价格不变的前提下，某一要素的增加会导致密集使用该要素的产品的生产增加，而另一产品的生产则下降。由罗伯津斯基定理，我们可以依据罗伯津斯基线的方向来判断要素增加国的经济增长类型。对于大国来说，如果经济增长偏向出口部门，则会使增长国的贸易条件恶化，如果经济增长偏向进口部门，则会改善增长国的贸易条件。

即测即评

请扫描右侧的二维码，您可在线自测并查看答案。

练习与思考

1. 根据表 3-3 与表 3-4，试判断：

（1）哪个国家是资本相对丰富的？

（2）哪个国家是劳动相对丰富的？

（3）如果 X 是资本密集型产品，Y 是劳动密集型产品，那么两国的比较优势如何？

表 3-3　A 国和 B 国的要素禀赋

要素禀赋	A 国	B 国
劳动	45	20
资本	15	10

表 3-4　A 国和 B 国的要素禀赋

要素禀赋	A 国	B 国
劳动	12	30
资本	48	60

2. 如果 A 国的资本、劳动总量均高于 B 国，但资本相对更多些，试仿照图 3-3 和图 3-4 的做法，确定两国生产可能性边界线的位置关系。

3. 根据上题，试画出两国在封闭和开放下的一般均衡图示。

*4. 如果两国存在技术差异，那么贸易后两国要素价格是否均等？为什么？（提示：可采用图 3-12 的方式来解释。）

5. 需求逆转是否会影响要素价格均等？为什么？

6. 如何根据罗伯津斯基定理来解释要素禀赋不同的两个国家生产可能性边界之间的差别？

7. 如果一国的资本与劳动同时增加，那么在下列情况下，两种产品的生产以及该国的贸易条件如何变化？

（1）资本、劳动同比例增加；

（2）资本增加的比例大于劳动增加的比例；

（3）资本增加的比例小于劳动增加的比例。

8. 对小国来说，经济增长后福利如何变化？

9. 在第二次世界大战后几十年间，日本、韩国等东亚的一些国家或地区的国际贸易商品结构发生了明显变化，主要出口产品由初级产品到劳动密集型产品，再到资本密集型产品。试对此变化加以解释。

10. 试析外资流入对东道国贸易条件和比较优势的影响。

附录

要素禀赋理论的另一种说明

关于要素禀赋的界定通常有两种方式。本章前面是依据两种生产要素数量的相对比例，来判定一国的要素充裕类型，并从这一定义出发，引出要素禀赋理论中的几条重要结论。除此之外，还可依据要素相对价格，来界定要素充裕程度，即价格相对低廉的要素为相对丰富要素。由于要素禀赋理论在国际贸易理论中占据着十分重要的地位，以下从要素价格的角度，对要素禀赋理论重新说明，作为对正文的一个补充，以加深读者对要素禀赋理论的理解。

一、要素价格与要素使用

除非生产技术表现为固定要素使用比例，否则当要素相对价格变化时，任何厂商在生产中所采用的要素使用比例都将随之而改变，由图 3-2 可知，当某一要素相对另一要素价格上升时，厂商基于降低生产成本的想法，都倾向于在生产中降低变得相对昂贵的要素的投入比例，而提高另一要素在生产中使用的比例（这时另一要素相对而言变得廉价了）。换句话说，当劳动与资本价格之比 $\omega = w/r$ 上升时，所有产品在生产时所采用的资本–劳动之比 k 也随之而上升，即 k 与 ω 成正比。

图 3-20 中的两条曲线描绘的是要素相对价格与要素使用比例之间的关系。图中，k_X 表示 X 部门的资本–劳动比，k_Y 表示 Y 部门的资本–劳动比，因 X 是资本密集型产品，Y 是劳动密集型产品，所以 k_X 曲线位于 k_Y 曲线之上。

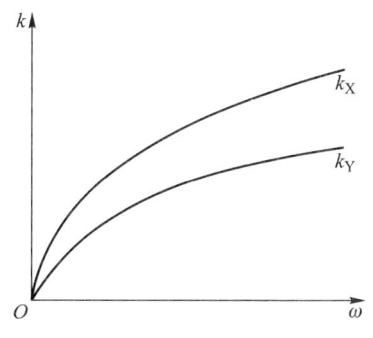

图 3-20 要素密集度与要素
相对价格之间的关系

二、要素价格与产品价格

产品的价格不仅取决于要素价格，还取决于要素的使用量；要素价格的变化不仅直接影响产品价格，还因要素使用的改变而间接影响产品价格。因此，产品价格与要素价格之间也存在着一种函数关系。如何描述产品相对价格与要素相对价格之间的关系呢？以下通过图 3-21 来分析一下劳动相对价格与劳动密集型产品相对价格之间的关系。

在完全竞争条件下，产品的价格等于其生产成本。在图 3-21 中，当劳动的相对价格为 ω_0 时，Y 产品的价格应等于与 Y 的单位产出等产量线（$Y=1$）相切的、斜率绝对值为 ω_0 的等成本线所对应的成本水平。这条等成本曲线还会和 X 产品的某一条等产量线（图中为 $X=X_0$）相切，这意味着在面对相同的要素价格时，生产 X_0 单位的 X 产品的成本与生产 1 个单位 Y 产品的成本是完全相同的，所以用 1 个单位的 Y 产品可换取 X_0 单位的 X 产品。这就是说，Y 的相对价格等于 X_0。

当劳动与资本之间的相对价格由 ω_0 提高到 ω_1 时，按同样的方式，可确定在新的要素相对价格下，Y 的相对价格水平。在图 3-21 中，与 Y 的单位产出等产量曲线相切的、斜率绝对值为 ω_1 的那条等成本曲线，不再与原来的那条 X 的等产量曲线相切，图中与这条新的等成本曲线相切的另一条 X 的等产量曲线（$X=X_1$）位于原来那条等产量曲线的上面，这表明对应于新的要素相对价格 ω_1，Y 的相对价格（X_1）要高于原来水平（X_0）。由此我们得出结论：劳动密集型产品 Y 的相对价格与劳动的相对价格成正比，即当劳动相对于资本变得昂贵时，劳动密集型产品相对于资本密集型产品的价格会上升；反之则会下降。图 3-22 中的曲线大致勾画了两者之间的关系。

三、要素禀赋理论的图示

根据以上的讨论，我们可以得出要素禀赋理论的几条重要结论，这里我们采用图示方法说明①。

---

① Viaene J M. The Harrod-Johnson Diagram and the International Equilibrium. International Economic Journal, 1993, 7 (1): 83-93.

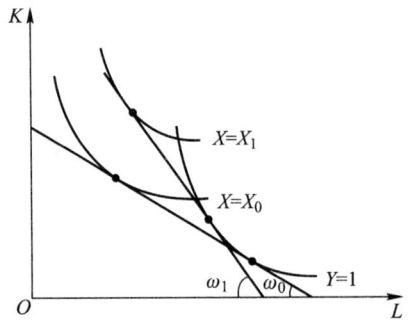

图 3-21 要素相对价格变化对生产成本的影响

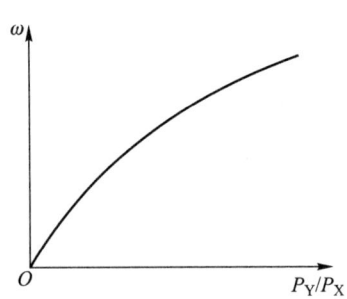

图 3-22 产品相对价格与要素
相对价格之间的关系

图 3-23 是将图 3-20、图 3-22 以及图 3-8 组合成一个整体后的图示。图中第一象限中的两条曲线表示要素价格与要素使用之间的关系，第四象限中的曲线则表示要素价格与产品价格之间的关系。首先，根据要素禀赋理论模型的假设，A、B 两国除了要素禀赋存在差异外，其他条件均相同，因此图中第一、四象限中的曲线可同时说明两国的情况。

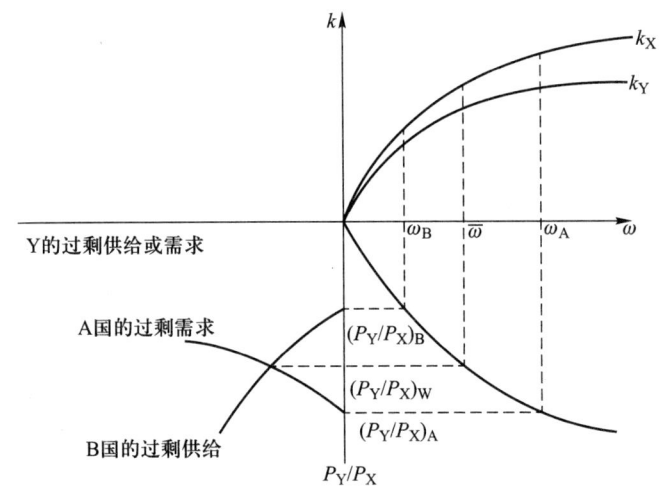

图 3-23 要素禀赋理论的图示

由于 A 国是资本丰富的国家，所以 A 国的劳动-资本价格之比要大于 B 国，即 $\omega_A > \omega_B$。在图中第四象限中，对应于 ω_A 和 ω_B 的 Y 产品的相对价格分别为 $(P_Y/P_X)_A$ 和 $(P_Y/P_X)_B$，由图可知，$(P_Y/P_X)_A > (P_Y/P_X)_B$。即在封闭条件下，A 国的 Y 产品的相对价格高于 B 国 Y 产品的相对价格，所以 A 国在 X 产品上具有比较优势，而 B 国则在 Y 产品上具有比较优势。这说明资本丰富（或廉价）的国家在资本密集型产品上具有比较优势，劳动丰富（或廉价）的国家则在劳动密集型产品上拥有比较优势。根据比较优势法则，资本丰富的国家开放后将出口资本密集型产品，而劳动丰富的国家则出口劳动密集型产品。

贸易后，两国的商品价格将趋于一致，在图中的第三象限内，A 国 Y 产品的过剩需求曲线与 B 国 Y 产品的过剩供给曲线的交点，决定了国际均衡价格。贸易后两国 Y 产品的相对价格均为 $(P_Y/P_X)_W$。此时，依据一一对应关系，两国的要素相对价格也达成一致，均为$\overline{\omega}$。另外，由图还可以发现，贸易前两国由于要素价格的差异，相同部门所采用的资本－劳动比例是不同的，其中 A 国在两个部门中的生产所使用的资本－劳动之比均高于 B 国，但贸易后，由于要素价格的均等化，两国相同部门所选择的要素比例也分别趋于一致。

以上我们从要素价格的角度，证明了 H－O 定理和要素价格均等化定理，这与正文的结果是完全一样的。

第四章
特定要素与国际贸易

在微观经济学中，关于供给面的分析通常分为短期分析和长期分析两种。短期和长期并不是完全按时间长短划分的，而主要视生产要素的流动性而定。在长期条件下，假设生产要素是同质的，由于同质性，不同部门中的生产要素可以互相替代，另外，在长期条件下，厂商所使用的所有生产要素投入量都可以自由调整。也就是说，长期条件下生产要素在不同部门间可完全自由流动。因此，从这个意义上讲，前一章所介绍的要素禀赋理论实际上是一种长期分析，是在长期条件下，从供给面来探讨要素禀赋与国际贸易的关系。要素禀赋理论出现之后，随着时间的发展，经济学家又将短期因素引入要素禀赋理论框架中，进一步丰富了原有的理论。① 本章着重介绍要素禀赋理论的短期分析——特定要素模型。在国际贸易理论中，特定要素模型主要用于解释在短期内国际贸易对收入分配的影响。长期来看，国际贸易对收入分配格局的影响是基于商品要素密度的差异，而短期内，国际贸易对收入分配格局的影响则是因为要素的特定性或不流动性。与前面的要素价格均等化理论相比，特定要素模型关于国际贸易对收入分配影响的分析更接近于现实，可以更好地解释贸易保护主义的存在根源。目前，这一模型已成为贸易政策政治经济学的理论基础之一。

第一节　短期中的生产要素

关于"短期"的含义，我们首先作一说明。这里仍然假设生产要素只有资本和劳动两

---

① 关于要素禀赋理论的短期分析是由萨缪尔森和琼斯（R. W. Jones）在 20 世纪 70 年代初提出的，两人的代表作分别为

Jones R W. A Three-Factor Model in Theory, Trade, and History. //Bhagwati J, et al. . Trade, Balance of Payments and Growth. Amsterdam: North-Holland, 1971.

Samuelson P A. Ohlin Was Right. Swedish Journal of Economics, 1971 (73): 365-384.

种。在短期内，假设有一个生产要素是固定不变的，即不能加以调整，而另一个生产要素则可自由变动。通常，我们视资本在短期内是不能变动的，即在不同部门间不能自由流动。之所以认为资本在短期内不能流动，一个主要理由是资本在短期内是属于一种"特定要素"（specific factor）。所谓特定要素是指一种要素的用途通常仅限于某一部门，而不适合于其他部门的需要。例如，汽车行业的资本——大量复杂的机器设备与大型厂房等，与纺织行业所需的资本（如设备）相比，有本质差别。也就是说，汽车行业的资本不能用于纺织行业，纺织行业的资本也不适用于汽车行业，这两个行业所使用的都是特定要素。

由于资本的特定性，它在不同部门之间的流动性很小，甚至为零。短期内，工厂的规模往往是固定不变的，而劳动虽然也存在着这样那样的差别，但它的特定性远远小于资本的特定性，所以可认为在短期内劳动可自由流动。[1]

但资本的特定性只是一种暂时现象，不会长久存在，当时间足够长时，所有部门的资本都可以调整。比如纺织行业的资本可经加速折旧转化为货币资本，然后转向汽车行业进行固定资产投资。这意味着，在长期内，所有生产要素都可自由流动。

以上关于生产要素性质的长短期分析，也同样适用于另外一种情形：生产要素包括三种，但每种生产只使用其中的两种要素。例如小麦生产使用土地和劳动两种要素。而服装生产使用资本和劳动两种要素。实际上，在这个例子中，土地和资本都属于特定要素，只不过这里要素的特定性与时间无关，所以以下的特定要素模型同样适合于分析三种要素下的特定要素问题。

第二节　特定要素模型

一、基本假设

特定要素模型的基本结构，与前面的要素禀赋理论相比，除了关于要素流动性的假设不同外，其他方面基本相同。由于本章的目的主要是解释短期内国际贸易对一国收入分配的影响，所以这里仅以一国为例，模型不涉及其他国家。模型的基本假设包括：

（1）X、Y两种产品生产都使用资本和劳动；

（2）规模收益不变；

（3）劳动是同质的，可在两个部门间自由流动；

（4）劳动总量是固定的，并且实现充分就业；

（5）资本是特定生产要素，即两个部门的资本不能互相替代；

---

[1]　也有按短期、中期和长期三种划分的，即短期内，假设所有要素都是特定的，都不能流动；中期内，资本是特定要素，劳动可自由流动；长期内，所有要素都可自由流动。这种中期分析相当于上面的短期分析。

（6）每个部门的资本投入都是固定不变的；

（7）所有商品市场和要素市场都是完全竞争的。

根据上述假设，X、Y 的生产函数可表示成下列形式：

$$X = F_X(\overline{K}_X, L_X) \tag{4.1}$$

$$Y = F_Y(\overline{K}_Y, L_Y) \tag{4.2}$$

这里，$\overline{K}_X$、$\overline{K}_Y$ 均为常数，它们分别表示 X 的生产部门和 Y 的生产部门（以下简称 X 部门、Y 部门）专门使用的两类特定资本。若劳动总量为 $\overline{L}$，则在充分就业时，以下条件成立：

$$\overline{L} = L_X + L_Y \tag{4.3}$$

二、模型的均衡解

以上模型描述的是短期内一国供给面的情况，不涉及需求面因素。由于只有劳动是可变要素，所以在商品价格已知的条件下，只要知道劳动在两个部门间如何分配，便可确定要素市场的均衡和要素价格。

图 4-1 是一个上端开口的盒形图。盒形图底边的长度表示劳动总量 $\overline{L}$，其他两边分别表示 X、Y 部门中的劳动价格或报酬。

在完全竞争条件下，两个部门的要素报酬分别为

$$w_X = P_X \cdot MP_{LX}, \qquad r_X = P_X \cdot MP_{KX} \tag{4.4}$$

$$w_Y = P_Y \cdot MP_{LY}, \qquad r_Y = P_Y \cdot MP_{KY} \tag{4.5}$$

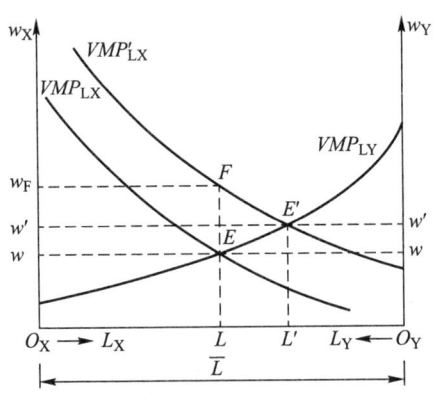

图 4-1　劳动力在两部门之间的配置

由于资本是特定不变的，所以两个部门的劳动边际产出（MP_{LX}、MP_{LY}）只取决于劳动投入量。劳动投入越多，劳动的边际产出（MP_{LX}、MP_{LY}）就越低，所以，在商品价格给定不变的前提下，劳动的报酬与劳动投入量成反比。图 4-1 中劳动边际产品价值 VMP_{LX}

所代表的曲线反映了 X 部门对劳动的需求与劳动价格之间的关系，即劳动需求曲线，而 VMP_{LY} 则表示 Y 部门的劳动需求曲线。两条劳动需求曲线的形状取决于生产函数的性质，位置则取决于商品价格。

当两个部门的劳动报酬相同时，劳动在两个部门间的分配便达到均衡。图 4-1 中，当两个部门的劳动需求曲线相交时，两个部门面对相同的劳动价格，为 w，此时，X 部门的劳动投入量为 $O_X L$，Y 部门的劳动投入量则为 $O_Y L$。劳动的分配一旦确定，两个部门的生产也随之确定。

第三节　国际贸易与收入分配

我们已经知道，在长期情况下，国际贸易是如何影响一国的收入分配格局的。那么，在短期内，国际贸易又将如何影响一国的收入分配呢？短期内国际贸易对收入分配的影响与长期一样，也是通过商品价格变化来传递的。

一、商品价格与要素价格

假设在封闭条件下，一国生产要素的均衡配置如图 4-1 中 E 点所示。开展贸易以后，假设该国依据比较优势原则，出口 X、进口 Y。那么国际贸易将促使该国 X 的相对价格上升。为了简化分析，这里不妨假设 P_Y 不变，只是 P_X 上升。

假设 X 的价格 P_X 上升至 P'_X。这时 X 的劳动需求曲线向上方移动，在图 4-1 中，曲线 VMP_{LX} 上移至 VMP'_{LX} 处。

由于 P_X 上升，所以 X 部门的劳动报酬超过了 Y 部门（$w_F > w$）。这必然引起劳动由 Y 部门向 X 部门转移。其结果是 X 部门的劳动投入增加，Y 部门的劳动投入减少。根据边际收益递减规律，X 部门的劳动的边际产出将下降，而 Y 部门的劳动的边际产出则上升。于是 X 部门的劳动报酬开始回落，Y 部门的劳动报酬开始回升。随着劳动在两个部门间的流动，两个部门的劳动报酬又重新趋于一致，最后达到新的均衡，如图 4-1 中 E' 点所示。

当达到新的均衡时，与封闭条件下的均衡相比，该国的劳动价格与特定要素价格都发生了变化。那么各种要素的实际收入究竟会发生什么变化呢？以下分别说明。

（一）劳动实际报酬的变化

由（4.4）、（4.5）两式，重新达到均衡时实际工资可写成下列形式

$$\frac{w}{P_X} = MP_{LX}, \qquad \frac{w}{P_Y} = MP_{LY} \tag{4.6}$$

由于两个部门的资本是固定不变的，所以，当 P_X 上升导致 X 部门的劳动投入量增加时，X 部门的劳动的边际产出将下降；而 Y 部门由于劳动投入量减少，劳动的边际产出则上升。这意味着 w/P_X 下降、w/P_Y 上升，也就是说，贸易后该国的工资水平将提高，但提

高的幅度小于 X 的价格上涨的幅度。所以，对于劳动者来说，若其全部收入均来自工资，则其实际收入水平在贸易后是否提高，取决于其消费结构。如果劳动者的消费偏重于 X，则其实际生活水平可能会下降；如果劳动者的消费偏重于 Y，则其实际生活水平可能上升。

（二）X 部门资本实际报酬的变化

相对于 X 产品价格，X 部门的资本实际报酬可表示为

$$\frac{r_X}{P_X} = MP_{KX} \tag{4.7}$$

当 X 部门由于商品价格上升导致劳动流入时，其特定要素——资本的边际产出（MP_{KX}）将上升。由（4.7）式，X 部门的资本报酬相对 X 产品的价格而言是上升的，即 X 部门资本报酬的增加幅度超过了 X 产品价格的上升幅度。相对 Y 产品价格而言，X 部门资本的实际报酬也是上升的，因为这时 Y 产品的价格并未变化，而 X 部门的资本名义报酬上涨了。总之，在自由贸易下，X 部门的资本实际报酬提高了。

（三）Y 部门资本实际报酬的变化

同样，相对于本部门产品价格，Y 部门的资本实际报酬可表示为

$$\frac{r_Y}{P_Y} = MP_{KY} \tag{4.8}$$

当 Y 部门因 X 产品价格上涨而释放出部分劳动之后，其特定要素——资本的边际产出（MP_{KY}）将下降，于是相对于 Y 产品的价格而言，Y 部门的资本实际报酬下降了。由于 P_Y 不变，所以 Y 部门资本的名义报酬肯定也下降了。此时，相对于 X 产品价格而言，Y 部门资本的实际报酬更是下降了。总之，贸易后 Y 部门的资本实际报酬下降了。

综合以上分析，我们得出如下结论：国际贸易会提高贸易国出口部门特定要素的实际收入，降低与进口相竞争部门的特定要素的实际收入，而对可自由流动要素的实际收入的影响则不确定，可自由流动要素的实际收入是否提高取决于要素所有者的消费结构。

二、短期与长期的比较

很显然，在短期和长期两种情况下，国际贸易对贸易国收入分配格局的影响是不一样的。简而言之，短期内，国际贸易对收入分配的影响是按部门区分的，而长期内国际贸易对收入分配的影响是按要素所有者区分的。

长短期内国际贸易对贸易国收入分配的影响之所以不同，关键在于长短期内，国际贸易对商品要素使用比例的影响是不同的。在长期内，通过商品价格的变化，国际贸易将促使两个部门所使用的资本－劳动比例朝着相同的方向变化，即对于资本丰富的国家来说，国际贸易会同时降低出口部门、与进口相竞争部门的资本－劳动比例，于是两个部门的相同要素的实际报酬也会按相同方向变化。

但在短期内，由于资本是特定要素，两个部门的资本使用量都无法调整，所以国际贸

易将导致两个部门的资本-劳动比例朝相反方向变化，于是两个部门特定要素的实际报酬的变化也是相反的。

三、利益集团与贸易政策

上述介绍的特定要素模型有非常重要的政策含义。因为它揭示了不同部门或行业对贸易政策所持的态度。

自由贸易将会使出口部门的资本所有者受益，进口部门的资本所有者受损。因此，两个部门的资本所有者对自由贸易将持相反的态度。对于两个部门的劳动者来说，他们对自由贸易的态度则不确定。因此，在制定贸易政策时，常会有来自不同部门的势力干扰。来自出口部门的利益集团，会鼓动政府采取更为自由的贸易政策，而来自进口替代部门的利益集团，则会极力鼓动政府采取严厉的贸易限制措施。所以说，利益集团的存在会左右贸易政策的制定。

 专栏

特定要素模型的一个应用："荷兰病"的解释

20 世纪 70 年代和 80 年代初的两次石油危机导致的能源产品价格暴涨，对部分国家的制造业和其他一些部门造成了较大冲击，其中一个典型代表是荷兰。20 世纪 70 年代，荷兰在发现了大量天然气和石油后，开始大力发展天然气业、石油行业，出口剧增，经济显现繁荣景象。可是，蓬勃发展的天然气和石油业却严重打击了荷兰的制造业部门和其他一些部门（如农业），曾以制成品出口为主的荷兰国际竞争力遭受很大冲击。到 20 世纪 80 年代初期，荷兰遭受到通货膨胀上升、制成品出口下降的困扰，国际上称为"荷兰病"（The Dutch Disease）。现在，"荷兰病"通常指一国特别是小国家经济的某一初级产品部门异常繁荣而导致其他部门（主要指制造业部门）衰落的现象。

戈顿（Corden）和尼尔瑞（Neary）是最早运用特定要素模型对"荷兰病"进行经济学解释的两位学者[①]。他们将一国经济分为两部分：可贸易部门和不可贸易部门，其中，可贸易部门又分为制造业和能源业两个子部门，不可贸易部门主要指服务业。假设劳动是所有部门的一个共同投入，可以在不同部门之间自由流动。除了劳动投入外，各个部门还有各自的一个特定要素投入，不妨称之为特定资本，各个部门的特定资本要素是固定不变的。

根据特定要素模型，能源产品世界价格上涨，会导致能源部门的特定要素价格上升，其他部门的特定要素价格下降，这意味着能源部门的投资收益提高，而其他部门的投资收

---

① Corden W M, Neary J P. Booming Sector and De-Industrialization in a Small Open Economy. *Economic Journal*, 92 (368), 1982.

益下滑。除了资本要素收益的不同变化外，更为关键的是，能源部门出口价格的上涨，推动工资水平的上升，并通过这一渠道，影响其他部门的生产成本（边际成本上升），最终导致制造业和服务业这两个部门的供给曲线向左移动。

能源部门的繁荣虽然对其他部门的生产成本带来不利影响，但这种影响在可贸易部门和不可贸易部门之间的最终表现则不尽相同。

基于小国假定，制造业部门产品价格由世界其他国家决定，因此，制造业部门面对的是一个不变的世界价格。如图4-2所示，P^W表示不变的世界价格。制造业部门的产出水平取决于不变投入资本和可变投入劳动，S_M表示制造业部门的供给曲线。工资上涨后，劳动投入减少（流向能源部门），供给曲线向左移动到S'_M，制造业产出水平由Q_M降至Q'_M。

如图4-3所示，对于非贸易部门——服务业来说，同样由于生产成本的上升，其供给曲线由S_N左移至S'_N。但不同的是，由于服务业是不可贸易的，其价格不受其他国家影响，价格由国内供需共同决定，国内价格不像制造业部门那样是一条水平线。在图4-3中，生产成本上升使得服务业的产出水平由Q_N降至Q'_N，但由于需求方面的不同，服务业产出的变化不像制造业那么显著。

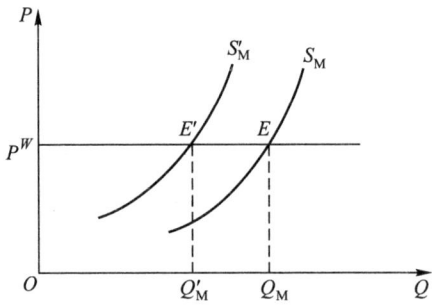

图4-2　制造业部门的产出变化

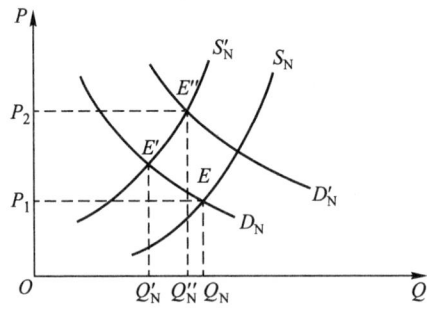

图4-3　服务业产出的变化

以上仅考虑了供给方面的影响，除此之外，能源部门的繁荣提高了本国收入水平，通过收入效应，会推动国内需求的上升，但这种影响同样在两个其他部门之间表现不一。对制造业来说，由于世界价格是给定不变的，国内需求增加对产品价格没有任何影响。价格不变，厂商的供给也不会改变，依然为 Q'_M。国内需求的增加只能通过出口减少或进口增加来满足，因此，收入效应只会导致制成品贸易顺差减少或逆差扩大，对国内生产没有影响！

服务业则不同，收入提高后，对国内服务需求也随之提高，服务业的需求曲线由 D_N 右移至 D'_N，最终均衡点为 E''，产出水平为 Q''_N，价格也上升到 P_2。与能源价格上涨前相比，服务业产出水平是下降还是上升并不确定，取决于成本效应和收入效应的共同作用。与制造业的不同之处是，服务业生产成本的上升可以通过收入效应导致的价格上升来抵消，但制造业由于是开放部门，面对的是不变的世界价格，成本上升的负担完全由厂商承担，所以产出最终是下降的。

本章小结

特定要素模型与要素禀赋理论相比，前者属于一种短期分析，后者则属于长期分析。这一模型从特定要素的角度，揭示了国际贸易在短期内对一国收入分配的影响，即国际贸易会提高出口部门的资本（特定要素）实际报酬，降低进口替代部门的资本实际报酬，而对劳动实际报酬的影响则不确定。这一模型对人们认识贸易政策的制定有非常有益的启示。

即测即评

请扫描右侧的二维码，您可在线自测并查看答案。

练习与思考

1. 如果劳动不是同质的话，那么劳动技能的差别是否会造成特定要素的存在？试举例说明。

2. 如果短期内资本和劳动都不能自由流动，那么国际贸易对要素实际报酬会产生什么影响？

3. 根据本章所建立的特定要素模型，试析劳动增加对要素实际收入和两个部门的生产会产生什么影响？（提示：将图 4-1 中的纵坐标由原点 O_X 或 O_Y 向外平行移动，然后比较一下新旧均衡点。）

4. 如果是某一特定要素增加，那么要素实际报酬和两个部门的生产又将如何变化？（提示：考虑一下劳动需求曲线的变动。）

5. 根据你对第 3 题和第 4 题的回答，试判断在上述两种情况下，罗伯津斯基定理是否依然有效。

6. 假设某国能源部门（比如石油部门）和制造业部门除劳动是共同的投入要素外，各使用一种不同的特定要素。那么，世界市场上能源价格的上涨对该国制造业部门的生产会产生什么影响？

*7. 根据特定要素模型，试判断短期内国际贸易能否导致要素价格均等化。为什么？（提示：根据要素禀赋理论，长期条件下，要素禀赋的任何变化都不影响要素实际收入，但在短期内，要素禀赋的变化会影响要素实际收入。根据这一区别，并联系两国的要素禀赋的差异加以分析。）

第五章
需求、技术变化与国际贸易

　　20 世纪六七十年代，国际贸易理论的发展进入一个相对平缓时期，要素禀赋理论已经日臻完善，在国际贸易理论中占据着绝对统治地位。这时，一些学者脱离贸易理论发展的"主航道"，从其他方面来探讨国际贸易的新基础，以填补一些主流贸易理论所未涉及的空白。

　　前面已经多次强调，无论是古典贸易理论，还是要素禀赋理论，都是从供给方面来探讨国际贸易的基础，即从技术差异、要素禀赋差异等供给方面的因素来解释比较优势的决定，而关于需求方面因素对国际贸易的决定作用则并未涉及。另一方面，基于生产理论的国际贸易理论模型，比较注重于静态分析，总是假设供给方面条件一成不变。而现实中，这些国际贸易的重要决定因素总是随着时间的推移而不停地演变，例如，由于技术进步或创新，国际贸易中新产品或新品种总是不断地出现，即国际贸易的商品构成总是在不断更新。

　　本章所介绍的内容正是在 20 世纪六七十年代发展起来的，分别从需求和技术变化两个不同角度，探讨国际贸易起因的两种贸易理论——重叠需求理论（the overlapping demand theory）与产品（技术）周期理论（the product cycle theory）。

第一节　重叠需求理论

　　由国际贸易研究领域的另一位瑞典经济学家林德（Staffan B. Linder）提出的重叠需求理论，从需求面探讨了国际贸易发生的原因。该理论的核心思想是：两国之间贸易关系的密切程度是由两国的需求结构与收入水平决定的。为了更好地理解林德的重叠需求理论，我们首先从消费者偏好入手。

一、消费者行为假设

在第一章里，为了构造社会无差异曲线，我们曾假设在一国之内消费者偏好是完全相同的。这一假设与现实有明显的差距，但为了分析上的简便，我们引入了这样的假设。现在回头再看一下，如果放弃这一假设，又会怎么样呢？

假设在一国之内，不同收入阶层的消费者偏好不同，收入越高的消费者就越偏好奢侈品，收入越低的消费者就越偏好必需品，同时，我们还假设世界不同地方的消费者如果收入水平相同，则其偏好也相同。根据上述两条基本假设，我们可推断两国的消费结构与收入水平之间的关系是一致的，即两国收入水平越接近，消费结构也就越相似。

二、重叠需求与国际贸易

林德认为一种产品是否生产，取决于国内市场的有效需求，而若要出口，还须有来自国外市场的有效需求。当厂商决定生产什么产品时，完全要看他所能获得利润的多少，要使生产有利可图，则先决条件是这种产品首先要在国内有市场。总之，厂商根据消费者的收入水平与需求结构来决定其生产方向与内容，而生产的必要条件是对其产品有效需求的存在。

根据上面的基本假设，如果两国的平均收入水平相近，则两国的需求结构也必定相似。反之，如果两国的收入水平相差很大，则它们的需求结构也必存在显著的差异。例如，欧美的一些高收入国家收入水平比较接近，打高尔夫球是一项比较普及的运动，而在非洲的一些低收入国家里，虽有少数富人有能力进行这种运动，但打高尔夫球不是最具代表性的需求，这些国家的人民普遍大量需要的是生活必需品。

两国之间的需求结构越接近，则两国之间进行贸易的基础也就越雄厚。例如，若 A、B 两国的需求结构相同，则对任意一个国家的厂商来说，它会发现对其产品的需求，除了来自国内之外，还来自国外，那么通过贸易（出口）来扩大其产品的有效需求，获取更多的利润，是一种自然的选择。

在图 5-1 中，横轴表示一国的人均收入水平（y），纵轴表示消费者所需的各种商品的品质等级（q），所需的商品越高档，其品质等级就越高。人均收入水平越高，消费者所需商品的品质等级也就越高，二者的关系由图中的 OP 线表示。

现在，假设 A 国的人均收入水平为 y_A，则 A 国所需商品的品质等级处于以 D 为基点，上限点为 F，下限点为 C 的范围内。假设 B 国的人均收入水平为

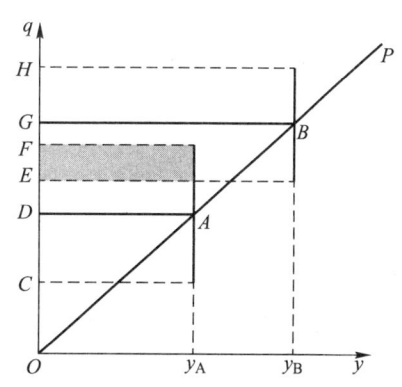

图 5-1　收入水平与消费结构之间的关系

y_B，则其所需商品的品质等级处在以 G 为基点，上下限点分别为 H 和 E 的范围内。对于两国来说，落在各自范围之外的物品不是太高档就是太过低劣，是其不能或不愿购买的。

图 5-1 中，A 国的品质等级处于 C 和 E 之间的商品、B 国的品质等级在 F 和 H 之间的商品，均只有国内需求，没有来自国外的需求，所以不可能成为贸易品。但品质等级在 E 和 F 之间的商品，在两国都有需求，即所谓的重叠需求，这种重叠需求是两国开展贸易的基础，品质处于这一范围内的商品，A、B 两国均可输出或输入。

由图 5-1 可知，两国的人均收入水平越接近，重叠需求的范围就越大，两国重复需要的商品都有可能成为贸易品。所以，收入水平越接近的国家，互相间的贸易关系也就可能越密切。反之，如果收入水平相差悬殊，则两国之间重复需要的商品就可能很少，甚至不存在，因此贸易的密切程度也就很小。

依据重叠需求理论，如果各国的国民收入不断提高，则由于收入水平的提高，新的重复需要的商品便不断地出现，贸易也相应地不断扩大，贸易中的新品种就会不断出现。

关于重叠需求理论的适用性，林德曾指出其理论主要是针对工业产品或制成品，他认为初级产品的贸易是由自然资源的禀赋不同而引起的，所以初级产品的需求与收入水平无关。而且，就算生产国缺少国内需求，也可以成为出口品。也就是说，初级产品的贸易可以在收入水平相差很大的国家之间进行，所以初级产品的贸易可以用要素禀赋理论来说明。而工业产品的品质差异较明显，其消费结构与一国的收入水平有很大的关系，从需求方面看，发生在工业品之间的贸易与两国的发展水平或收入水平有密切关系。所以，重叠需求理论适合于解释工业品贸易。另外，发达国家的人均收入水平较高，他们互相间对工业品的重复需要范围较大，因此工业品贸易应主要发生在收入水平比较接近的发达国家之间。

重叠需求理论与要素禀赋理论各有其不同的适用范围。概括而言，要素禀赋理论主要解释发生在发达国家与发展中国家之间的产业间贸易（inter-industry trade），即工业品与初级产品或资本密集型产品与劳动密集型产品之间的贸易；而重叠需求理论则适合于解释发生在发达国家之间的产业内贸易（intra-industry trade），即制造业内部的一种水平式贸易。

第二节　产品周期理论

技术差异是国际贸易的一个重要决定因素。但有些经济学家认为比技术差异更为重要的是技术变化，即技术差异的动态因素。在现代经济活动中，技术变化极其迅速，技术上领先的国家在世界市场上往往拥有垄断地位。但技术领先国与他国之间的技术差距并不是一成不变的。随着知识的扩散，技术在国际的传递也越来越容易。不过，在这个过程中，贸易便可持续不断地进行下去。

由经济学家维农（Raymond Vernon）首次提出的产品周期理论，就是关于技术变化在国际贸易中作用的一个重要理论。产品周期理论试图从技术变化的角度解释国际贸易形态的动态变化特征。

产品周期理论认为，一种产品从生产者到消费者手里，需要很多不同的投入成本，如研究与开发费用、资本和劳动投入、促销费用及原材料等。随着技术的变化，产品像生物一样，从出生到衰老，完成一次循环。在产品周期的不同阶段，各种投入在成本中的相对重要性也将发生变化。由于各国在各种投入上的相对优势不同，因此，随着时间的变化，各国在该产品不同阶段是否拥有比较优势，取决于各种投入在成本中的相对重要性。例如，如果在某一阶段，资本在生产成本中居支配地位，而资本又是某一国的相对丰富要素，那么该国在这一阶段就处于比较优势地位。

根据产品周期理论，产品完成一次循环，一般需经历以下三个不同阶段。

一、初始期

产品的初始期（introduction）是指产品的研制与开发阶段。在这一阶段，产品的技术还未成形，研究与开发的费用在成本结构中占据最大的比重。对于少数先进国家来说，由于劳动相对稀缺，工资比较高，因此寻找节约劳动的生产方法是他们从事技术创新的主要诱因。另外，这些国家拥有相对较高的科技水平和较多的科技人员，所以能集中大批高素质的科技人员从事研究与开发活动。由于资本相对比较丰富，所以这些国家也能够在研究设备方面投入大量资本，并且承担风险的能力也较强。正因为如此，这些国家在这一阶段，拥有比较优势，成为新产品的出口国。

在初始阶段，新产品或改进后的产品，一般品质等级要比已有的产品品质高，因此，在初始阶段，贸易主要发生在少数先进国家与其他发达国家之间，因为这些国家的收入水平相对较高且比较接近。

二、成长期

当产品进入成长期（growth）阶段以后，由于技术已确定，并被普遍采用，新进入的厂商不会受到技术上的限制。因此，企业之间竞争激烈，为扩大生产和销售，企业进行大量的资本投入，即产品进入大量生产与销售阶段，在生产上从研究与开发密集型转化为资本（物质资本+管理、营销所需的人力资本）密集型。

这一阶段，资本成为最主要的成本构成。根据要素禀赋理论，发达国家在这一产品阶段拥有比较优势，产品将主要由发达国家输出到发展中国家。

三、成熟期

产品经历了成长期后将进入成熟期（maturity）。此时产品已实现了标准化，并普及到广大的市场中,厂商的生产基本达到了最佳规模点。在这一阶段,原材料和劳动工资是最重要的成本,尤其是低工资的劳动,包括非熟练劳动与半熟练劳动,成为本阶段决定比较优势的最重要因素。具备这一条件的主要是发展中国家或地区,特别是在工业化方面已取得相当成效的发展中国家或地区,如亚洲"四小龙"。在这一阶段,产品主要由发展中国家向发达国家输出。

在产品周期的整个过程中,国际贸易的演变可用图5-2来描述。图5-2中,横坐标表示时间,纵坐标表示净出口。在初始时刻（t_0）,新产品刚刚由创新国（少数先进国家）研制开发出来,由于产品的技术尚未成形,生产规模较小,消费仅局限于国内市场。到了t_1时刻,开始有来自国外的需求,于是开始出口。由于产品的品质和价格较高,进口国主要是一些收入水平与创新国较接近的其他发达国家。随着时间的推移,进口国逐渐掌握了生产技术,能够在国内进行生产,并逐渐替代一部分进口品,于是进口开始下降。到了某一阶段之后,由于一小部分发展中国家的需求扩大,创新国的产品也开始少量出口到一些发展中国家。到t_2时刻,生产技术已成形,产品达到了标准化,由技术密集型转化为资本密集型,这时,来自发达国家的第二代生产者开始大量生产和出口,原来的创新国随后（在t_3时刻）成为净进口国。最后,当产品转变为非熟练劳动密集型产品时（t_4时刻）,发展中国家成为净出口国。

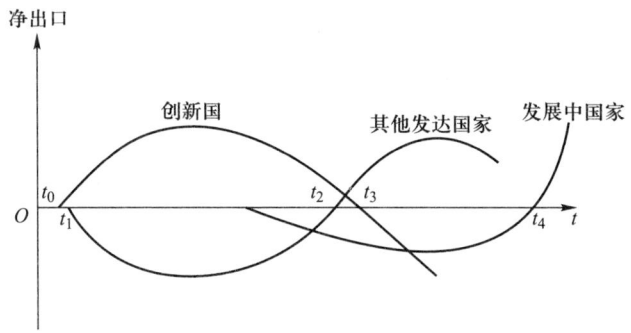

图 5-2　产品周期

本章小结

重叠需求理论是从消费者行为,即需求方面,解释国际贸易的起因的。当假设消费行为更多地取决于收入水平时,需求结构的相似性——重叠需求便成为国际贸易的一个重要决定因素。两个国家的人均收入水平越接近,则这两个国家的需求结构重叠部分就越大,因而,两国的贸易关系就越密切。产品周期理论从技术变化的角度,探讨了比较优势的动态演变。该理论按技术变化的特点,将产品的发展过程划分为三个阶段:初始期、成长期和成熟期。在初始期,决定比较优势的因素主要是研究与开发;在成长期,决定比较优势的最重要因素是资本;而在成熟期,非熟练或半熟练劳动则成为决定比较优势的最主要力量。

练习与思考

1. 试比较重叠需求理论与要素禀赋理论的异同。

2. 你认为重叠需求理论适合解释发展中国家之间的贸易吗？为什么？

3. 重叠需求理论与第三章中所提到的需求逆转都是讨论需求因素对国际贸易的影响，两者之间有什么区别？

*4. 如果考虑收入分配格局这一因素的话，重叠需求理论的结论会受到影响吗？为什么？

5. 试举例说明产品周期理论。

6. 试比较产品周期理论与要素禀赋理论的异同。

7. 如果创新国在丧失比较优势之后，转而研究开发新产品，在这种情况下，是否可发生产业内贸易？如果发生产业内贸易，那么贸易应发生在哪些国家之间？

8. 结合重叠需求理论和产品周期理论，试解释为什么美国始终是世界汽车生产和出口大国。

第六章
规模经济、不完全竞争与国际贸易

    建立在相对价格差异基础上的贸易理论，大都强调国家间技术、资源及偏好等方面的差异在国际贸易中的决定作用。依据这些理论，国际贸易应主要发生在供给或需求条件不同的国家之间，而且国家间的差异性越大，它们之间的贸易基础就越雄厚。另外，贸易形态属于产业间贸易。

    但是，现实中国际贸易所表现出的特征与比较优势理论所预期的情形并不完全一致。根据关贸总协定（GATT）及世界贸易组织（WTO）的统计资料，自 20 世纪 60 年代以来，约 2/3 甚至更多的世界贸易是发生在技术、资源和偏好均比较相似的发达国家之间，而发展中国家与发达国家之间的贸易，以及发展中国家之间的贸易，在世界贸易中所占的比重则不足 1/3。此外，发达国家之间的贸易主要以制成品贸易为主，其中大部分贸易发生在机械、运输设备等行业内部，也就是说，发达国家之间的贸易以产业内贸易为主，而且这种类型的贸易主要集中于一些制造业部门。[①] 这些事实说明以比较优势原理为核心的传统贸易理论，已不能很好地解释战后以来国际贸易发展中的一些新现象，国际贸易理论面临着新的挑战。

    20 世纪 70 年代末，国际贸易理论在经历了 20 余年的沉寂之后，终于出现了一次大的突破。以美国经济学家保罗·克鲁格曼为代表的一批经济学家，提出了所谓的"新贸易理论"（new trade theory）。该理论从规模经济的角度说明国际贸易的起因和利益来源，对国际贸易基础作出了一种新的解释。

    关于规模经济的作用，实际上并不是"新贸易理论"的一个新提法，在此之前，无论是亚当·斯密还是俄林，在论述国际贸易问题时都曾提及这一因素。但在贸易理论模型中

---

    ①   WTO. International Trade：Trends and Statistics. 1995：table A2.

引入这一因素，又会带来两个难题，一个是规模经济可能会导致递减的机会成本，即生产可能性边界的形状可能不像前几章所假设的那样；但最大的难题还是规模经济与前面所假定的完全竞争市场结构是相冲突的，引入这一假设，就意味着不得不放弃完全竞争的基本假设，从而导致理论分析复杂化。因为，迄今为止，关于不完全竞争分析还没有形成像完全竞争理论那样完善的一套理论体系。不过，当规模经济对厂商来说是一种外部效应，而不是内在的时，市场结构则仍然是完全竞争的，即市场中厂商数目众多，规模很小，单个厂商仍是价格接受者。为更好地理解规模经济在国际贸易中的决定作用，本章首先从外部规模经济入手，然后再引入不完全竞争市场结构，介绍两种比较典型的不完全竞争贸易理论模型。

第一节　外部规模经济与国际贸易

一、规模经济的含义

规模经济系指在产出的某一范围内，平均成本随着产出的增加而递减。规模经济通常有两种表现形式：一种是内在的，即厂商的平均生产成本随着其自身生产规模扩大而下降；另一种对单个厂商来说是外在的，而对整个行业来说是内在的，即平均成本与单个厂商的生产规模无关，但与整个行业的规模有关。外部规模经济是一种经济外部性表现，其产生的源泉有很多。例如，行业地理位置的集中往往会带来外部规模经济效应，因为随着行业集中，相应的基础设施和配套服务也逐渐完善起来，这对行业内的每个企业来说都是一件好事，有利于企业成本的降低。再例如，生产中的一些技能或知识往往直接来自实践经验的积累，对于单个企业来说，由于生产规模较小，这种直接来源于单个企业生产活动的经验积累是极其有限的，但从整个行业的角度，随着整个行业的规模扩大，来自实践的经验积累就比较显著了，因此，行业内每个企业都可从整个行业的规模扩大中获得更多的知识积累，这便是阿罗（Arrow）所说的"干中学"（learning by doing）效应。

规模经济往往与另一个概念——规模收益递增联系在一起。后者是指一种纯粹的技术特征，它指生产过程中产出增加的比例大于要素投入增加的比例。当生产过程遵循规模报酬递增规律时，自然存在规模经济，但反过来，规模经济并不要求规模报酬递增一定存在。在外部规模经济情况下，企业的生产过程仍是规模收益不变的，规模收益递增只发生在产业层次上。

二、外部规模经济与国际贸易

直观地看，在国际贸易中规模经济的意义在于，无论国家间是否存在相对价格差别，规模经济的存在都会引导各国厂商专门生产部分产品，而不再独自生产所有产品，这样便可获得来自于规模经济的好处。而消费者所需的产品，则部分来自国内，部分来自国外。因此，规模经济可以说是有别于比较优势的另一种独立的国际贸易起因。

这里我们仍以 2×2 模型为基础，假设 X 和 Y 两个部门中至少有一个部门存在外部规模经济，为简单起见，不妨假设 X 部门存在外部规模经济，而 Y 部门仍为规模收益不变部门。以下，通过一个简化了的模型，来看看规模经济与国际贸易之间的关系，在这个模型中，我们假设两个国家完全相同。

由于市场结构仍是完全竞争的，而且两国的相同部门的生产函数、要素禀赋、消费者偏好以及市场规模假设均相同，所以当在封闭条件下达到均衡时，两个完全相同的国家的相对价格完全一致，即不存在比较优势。那么在没有比较优势的情况下，两国之间还会发生贸易吗？

在规模经济（无论是外部的，还是内在的）存在的情况下，生产可能性边界的形状可能会不同于前面几章所提到的两种形式。这里，影响生产可能性边界形状的因素不光有要素密集度，而且规模经济也会直接影响生产可能性边界的形状。一般来说，部门间要素密集度的差异会产生一种使生产可能性边界向外凸的"张力"，而规模经济则产生一种使生产可能性边界向原点凸（机会成本递减）的"吸力"，最终整条生产可能性边界的形状则取决于两股相反"力量"的对比。[①] 为了简化模型，这里假设规模经济的影响超过了要素密集度差异的影响，因此，生产可能性边界线的形状如图 6-1 所示，是一条凸向原点的曲线 TT'，即对应着机会成本递减情形。

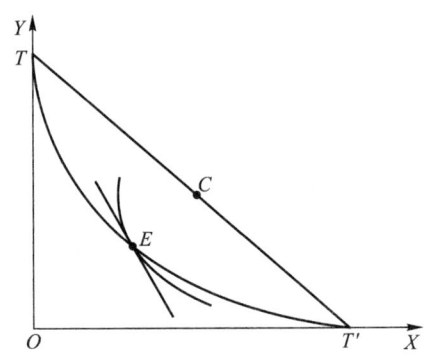

图 6-1　生产可能性边界的形状：
机会成本递减情形

封闭条件下，两国的均衡点均为图 6-1 中的 E 点，在 E 点相对价格线（$p = P_X/P_Y$）与生产可能性边界相交，而不是相切。这是因为相对价格要高于其社会机会成本（通过生产可能性边界上的 E 点的切线斜率的绝对值[②]）。外部经济导致资源配置扭曲，使得 X 部门的产出低于社会最优水平，资源配置效率没有达到帕累托最优。由消费均衡条件可知，社会无差异曲线与相对价

①　关于一般情况下生产可能性边界的形状的讨论详见 Herberg H，Kemp M C. Some Implications of Variables Returns to Scale. Canadian Journal of Economics，1969（3）：403-415.

②　为简单起见，假设只有一种生产要素——劳动。对于单个厂商而言，在决策时只会考虑其私人边际产出。由于 X 部门存在正外部性，因此厂商私人边际产出（PMP）低于社会边际产出（SMP）；而 Y 部门由于不存在外部性，所以厂商私人边际产出与社会边际产出是一致的。根据厂商利润最大化条件，可得 $w_X = P_X PMP_{LX}$；$w_Y = P_Y PMP_{LY}$。均衡时，两个部门的工资水平相同，即 $P_X PMP_{LX} = P_Y PMP_{LY}$。由此可得 $p = \dfrac{P_X}{P_Y} = \dfrac{PMP_{LY}}{PMP_{LX}} > \dfrac{SMP_{LY}}{SMP_{LX}} = MRT$。技术转换率 MRT 等于图 6-1 中通过 E 点的生产可能性边界的切线斜率绝对值。

格线也要相切于 E 点，该社会无差异曲线所对应的效用水平衡量了封闭条件下的社会福利水平。

由于两国所有条件均完全相同，所以图 6-1 可同时描述两国在封闭条件下的一般均衡状况。由图 6-1 可知，在封闭条件下，两国的相对价格完全相同，两国都同时生产两种产品，社会福利水平也相同。

但在开放条件下，均衡点 E 对两国来说既不是帕累托最优的，也不是稳定的。两国都会立即发现通过国际分工与贸易可以改善各自的福利水平。此时，如果 A 国专门生产 X，B 国专门生产 Y，由于 X 部门存在外部规模经济，对整个世界来说，由一国专门生产 X，要比两国都生产 X，得到更多的 X。在此基础上，假定 A、B 两国都愿意用各自所生产出的产品的一半与对方进行交换，那么两国的消费点都会超过生产可能性边界，而位于图 6-1 中直线 TT' 的中点 C。这时，很明显，两国都会获益。之所以说开放情形下 E 点不是稳定的均衡点，这是因为，如果 A 国偏离了原来的均衡点（哪怕一点点），两国 X 的产出将出现不一致，产量高的一方由于规模经济导致成本降低，价格下降，这又进一步促进专业化分工，直至一方完全专业化生产 X，而另一方因成本原因将放弃 X 的生产，转而专门生产 Y。由上述分析可知，即使是两个完全相同的国家，不存在比较优势，外部规模经济也可导致国际贸易的发生。因此，规模经济是比较优势之外的另一个独立的贸易起因。

在上述情形中，两国在开放条件下，消费均衡点重合，即两国从国际贸易中获得的好处是等同的。但在一般情形下，贸易利益在两国间的分配则可能是不均等的，也就是说，图 6-1 中两国消费点重合可能只是一种巧合，两国的社会无差曲线不见得正好都相切于直线 TT' 的中点。例如，如果两国一开始都希望消费更多的 X 产品，那么这意味 A 国 X 产品的出口供给要小于 B 国的 X 产品的进口需求，于是 X 的价格就要上升，Y 的价格就要下降。随着价格的变化，A 国 X 产品的出口供给就会增加，B 国 X 产品的进口需求就会下降，最终两国的贸易达到平衡。这时国际均衡价格 $P_{\mathrm{W}} = (P_{\mathrm{X}}^{\mathrm{W}}/P_{\mathrm{Y}}^{\mathrm{W}})$ 要高于图 6-1 中的国际均衡价格（等于 TT' 的斜率绝对值），两国的消费均衡点如图 6-2 所示，A 国的消费均衡点为 C_{A}，B 国的消费均衡点为 C_{B}。在图 6-2 中，通过 C_{A} 点与国际相对价格线 P_{W} 相切的社会无差异曲线，位于通过 C_{B} 点与国际相对价格线相切的社会无差异曲线之上，这说明，A 国从国际分工与贸易中获得好处要多于 B 国。

以上我们说明了外部规模经济可成为国际贸易的一个独立起因。但还有一个问题没有解决，即国际分工格局如何决定？在我们所采用的这个简单模型里，由于两国情况完全相同，所以国际分工及国际贸易格局并不确定，两国无论生产或出口哪种产品都能从国际贸易中获益。在图 6-1 和图 6-2 中，开放条件下，两国的一般均衡解并不是唯一的，例如即便对应于完全专业化生产，

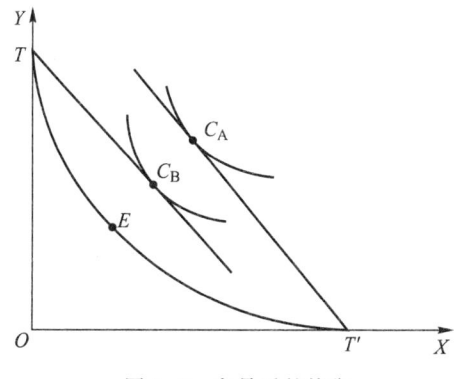

图 6-2　贸易后的均衡

对 A 国来说，其生产均衡点既可以是 T' 点（完全生产 X），也可以是 T 点（完全生产 Y）。但对应于不同的国际分工和国际贸易格局，一国从国际贸易中获得利益则可能会有所不同，甚至相差甚远。

虽然在理论上存在着多种均衡解，但现实中，国际分工与国际贸易格局的确定有时可能完全由偶然或历史因素决定。以瑞士的钟表行业为例，在 18 世纪，钟表行业主要是手工作坊式的，属于技能劳动密集型的，当时瑞士恰好满足该行业的这种特点，所以早期钟表行业在瑞士率先得到了发展。随着瑞士钟表业的发展壮大，这种在发展初期"领先一步"的优势，由于规模经济的存在，转化为成本上的优势，从而限制了"后来者"的进入，奠定了瑞士钟表行业在国际分工中的地位。从历史角度看，很多国家在国际分工格局中的地位，与这种"先行优势"（first mover advantage）有密切关系。

这种因"先行一步"而导致的国际分工格局可通过图6-3给予说明。图6-3中，假设随 X 部门累积产出的增加，B 国生产成本的下降比 A 国更为显著，所以 B 国的平均成本曲线位于 A 国之下。但是，A 国的生产要早于 B 国，当 B 国试图生产时，A 国的生产规模已经很大了，累积水平到了 Q_A。此时，A 国的平均生产成本 AC_A 要低于 B 国刚开始生产时的平均成本 AC_B，如图 6-3 所示，$AC_A < AC_B$。这样一来，虽然 B 国相对于 A 国在生产成本上具有潜在优势，但由于 A 国进入较早，反倒比 B 国更有竞争优势。开放之后，这种竞争优势会确定两国之间的国际分工，最终 A 国生产 X，而 B 国只能生产 Y 产品。

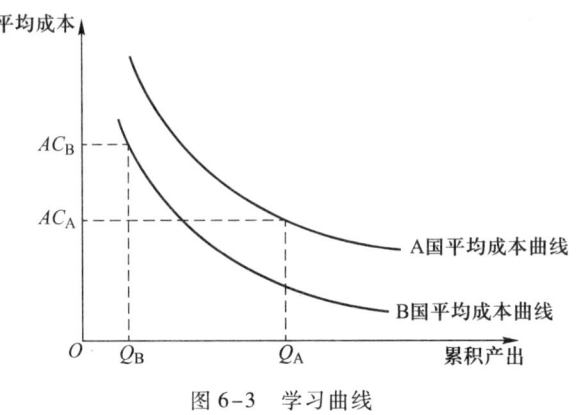

图6-3　学习曲线

另外，国与国之间市场的差别也会对国际分工与国际贸易格局产生实质影响。在上述模型里，如果放弃两国完全相同这一假设，比如允许两国市场规模存在差异的话，那么国际分工与国际贸易格局的不确定性就会大大降低。一般来说，如果两国的国内市场规模存在差异，而其他条件完全相同，那么国内市场规模相对较大的国家将完全专业化生产具有外部规模经济的产品 X，而国内市场规模较小的国家将只能完全专业化生产规模收益不变的产品 Y。理由如下：在封闭条件下，大国由于国内市场较大，可为 X 产品提供更大的市场空间，从而其 X 产品的生产成本相对更低，相对价格也就低于小国；那么在自由贸易下，由于价格差别，大国将选择出口 X，并完全专业化生产 X（因为存在规模经济）。而小国将出口 Y，并且也完全专业化生产 Y，虽然小国完全专业化生产 Y（规模收益不变）并不降低成本，但放弃 X 生产，完全从大国进口，要比自己生产 X 的代价更低。

最后，必须指出的是，在现实中，由于经济发展或工业化的需要，一些国家或地区也可能会通过进口保护或出口促进等政策措施，改变其在国际分工与国际贸易格局中的地位，从而在一些具有规模经济的部门拥有竞争优势。例如，日本在经济发展初期以及东亚的"四小龙"的一些经验便是这方面的一些典型例子。

第二节 垄断竞争与国际贸易：差异产品产业内贸易

当引入内在规模经济时，我们的注意力将转移到不完全竞争市场结构和厂商行为上，因为规模报酬递增的生产技术与完全竞争市场结构是相对立的。由于市场结构不再是完全竞争的了，所以第一章所建立的分析框架在这里已经不再适用，需要在不完全竞争理论的基础上，重新构造一个理论框架，来解释国际贸易的起因和影响。

与完全竞争理论不同，不完全竞争理论至今没有一个统一的理论框架。造成这种局面的一个重要原因是，不完全竞争市场结构过于复杂，无法给予一个统一的界定。图 6-4 是关于市场结构的一个直观形象说明。假设图中的原点代表一种极端的市场结构——完全垄断，即市场上只有一家厂商。由原点出发沿着箭头方向向右移动，表示厂商数目在不断增加，竞争程度在不断加剧，垄断程度在不断下降，无穷远处代表另一种极端的市场结构——完全竞争（厂商数目是无限的）。那么在 O 和无穷大之间任何一点都表示一种介于两个极端市场结构之间的不完全竞争市场结构，比如，图中 A 和 B 就表示两种不同的不完全竞争市场结构，A 和原点更接近，表示与 B 相比，其市场结构更接近于完全垄断，竞争程度更低些。

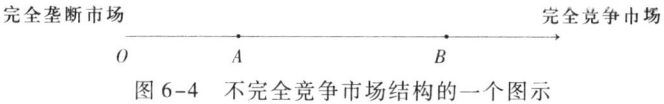

图 6-4　不完全竞争市场结构的一个图示

由于不完全竞争市场结构千差万别，所以无法用一种统一的"语言"去描述。但在经济理论中，有两种市场结构经常成为经济学家的研究对象，这两种典型的不完全竞争市场就是垄断竞争市场和寡头垄断市场。目前，垄断竞争模型和寡头垄断模型已成为不完全竞争理论中最成熟的两个理论模型，应用也最为广泛。

以下我们就先以垄断竞争模型为框架，讨论发生在差异产品上的产业内贸易问题。

一、垄断竞争市场特征

关于垄断竞争市场的界定，可以完全竞争市场的定义为基准，稍加引申。在完全竞争市场中，假设产品是同质（homogeneous）或标准化的。现在放宽这个条件，保持其他条件不变，即允许差异产品（differentiated product）的存在，那么原来的完全竞争市场就转变为所谓的垄断竞争市场。

在现实经济生活中，某一行业在市场上提供的产品往往是不同的，或者至少被消费者认为是不同的，即同一行业的产品是不同质的。产品的差异性可以是客观的，也可以是主观的。例如由于生产者特殊的生产工艺和产品质量引起的产品差异就属于客观的差异，而由于营销手段（广告、展销、销售网点等）造成消费者感觉上的不同则属于主观的差异。

我们已经知道，若两种产品是同质的，则产品之间替代弹性为无穷大；如果替代弹性介于零与无穷大之间，那么这两种产品就不再是完全替代产品，即不再属于同质产品。关于产品差异性的描述，是一个比较复杂的问题[①]，这里就不再讨论了。

在差异产品存在的条件下，关于垄断竞争市场结构的分析，首先面临的一个问题就是如何决定市场或行业内产品品种的数目。

在需求方面，我们假设消费者偏爱消费多样化（love of variety），即消费者认为可供选择的商品种类越多越好。另外，产品差异性带来的结果是每一厂商一般都拥有相对固定的消费者群体。对于某一单个厂商来说，如果它的产品价格高于市场平均价格，那么一部分消费者会转而选择其他产品，但不会全部转移，因为其他厂商的产品不能完全替代它的产品；同样，若它的产品价格低于市场平均价格，对其产品的需求会增加，但不会将全部消费者都吸引过来。所以在差异产品存在的情况下，每个厂商都面对一条向右下倾斜的需求曲线，这一点与完全垄断厂商面对的向右下倾斜的需求曲线是一样的。因此每一个厂商在单个品种产品市场上都拥有一定的垄断力量，而且与其他厂商的产品差异越大，垄断力量也就越强。

由以上讨论可知，基于追求垄断利润和消费者偏好，每个厂商都倾向于选择不同于其他厂商的产品。这样一来，市场中的产品品种数目岂不是要无限膨胀？但在规模经济存在的条件下，这种情况不会出现。因为，如果市场中产品品种不断增加，那么由于市场规模有限，每一品种的产量都比较低，规模经济就难以实现。也就是说，对于厂商而言，它既希望生产更多的品种，又希望扩大生产规模，降低生产成本。但这两种追求对厂商来说很难两全其美。因此，厂商只能在这两种追求中折中一下，既要使生产规模不能太小，又要选择与其他厂商不同的产品品种。最后，当市场均衡时，市场中的产品品种是有限的。

决定市场中产品品种数目的另一个重要因素来自于市场可自由进入这条假设。这一假设意味着，当市场上存在垄断利润时，就会不断有新的厂商进入市场。随着市场中厂商数目的增加，厂商之间的竞争就会越来越激烈，因为此时每一个厂商面对的可部分替代其产品的其他品种的数目会越来越多，厂商的需求曲线会变得越来越平坦。厂商之间的竞争会

[①] 赫特林（Hotelling，1929）、张伯伦（Chamberlin，1951，1962）和兰卡斯特（Lancaster，1966）等人对产品差异性的描述作过大量的研究，提出过一些十分有用的方法，如商品特性法（good-characteristics approach），即以消费者对一组商品特性的偏好去描述商品的差异性。

降低整个行业的平均垄断利润，当行业垄断利润为零时，新厂商的进入就停止了。反之，当行业利润为负时，就会有厂商退出市场。随着厂商的不断退出，竞争程度会下降，亏损就会下降，直到重新达到零利润水平，厂商的退出就停止了。总之，当市场平均利润为零时，厂商数目达到均衡，差异产品的种类也随之确定。

这里，"垄断竞争"的含义可理解为因大量厂商的存在，故市场是"竞争"的；同时，每个厂商又都生产有别于其他厂商的产品品种，面对向右下倾斜的需求曲线，所以每个厂商在其单一品种产品市场上，又是"垄断"的。即在这类市场上，垄断和竞争两种相对立的力量同时存在。

二、市场规模与厂商产量、厂商数目

为简单起见，我们假设在同一行业内，所有厂商的生产技术条件和所面对的需求条件都相同，每个厂商只生产一种品种的产品，厂商的数目与差异产品的数目是等同的。另外，假设该行业的要素投入总量是固定不变的，市场总需求完全无弹性，即与价格无关。

图6-5描述了在垄断竞争条件下，单个厂商均衡产量的决定。厂商所面对的需求曲线 D 向右下倾斜，所以其边际收益曲线 MR 位于需求曲线（也是平均收益曲线）之下；由于厂商的生产处于规模经济范围内，所以其平均成本曲线 AC 向下倾斜，边际成本曲线 MC 位于平均成本曲线之下。

厂商决定其产量的条件是 $MR=MC$。如果短期内厂商获得的超额利润大于零，那么就会不断有新的厂商进入市场。新厂商的进入会对原有厂商的需求曲线产生两种影响：一是原有厂商的市场占有量会下降，即厂商所面对的需求曲线会向左移动；二是原有厂商所面对的需求弹性越来越大，即其需求曲线变得更加平坦，因为差异产品的数目增加导致原有厂商的产品被其他产品替代的可能性也越来越大。新厂商的进入最终导致行业内所有厂商的利润为零，这时市场结构达到均衡，市场中厂商的数目随之确定下来。

在图6-5中，均衡时，厂商所面对的需求曲线与其平均成本曲线相切，并且在切点满足 $MR=MC$ 这一条件，这时厂商所面对的价格等于其生产成本，均衡价格与产量分别为 P_E 和 q_E。

现在我们来看一看，在市场均衡状态下，市场规模的大小与厂商数目（或差异产品数目）以及厂商产量之间的关系。首先，如果市场规模越大，则其所能容纳的厂商数目（n）就会越多；其次，厂商数目越多，与单个厂商平均成本曲线相切的需求曲线就越平坦，即在图6-5中，AC 曲线的位置固定不变，D 曲线越平坦，其与 AC 曲线的切点就越偏向于右下方。这意味着厂商的均衡产量会随着市场规模的扩大而上升。由于所有厂商的条件均完全相同，所以均衡时所有厂商的产量与产

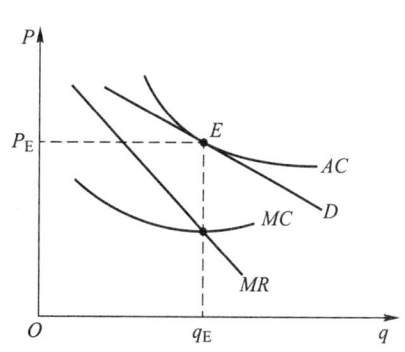

图6-5　垄断竞争市场的长期均衡

品价格也均相同。若用 M 表示整个市场规模，那么均衡时每个厂商的产量均为 $q=M/n$。

图 6-6 中的曲线 RC 描述了均衡时厂商数目与厂商产量之间所有可能组合的轨迹[①]。RC 曲线向上倾斜，曲线上离原点越远的点表示市场规模 M 越大，因而对应的厂商数目与厂商产量就越大。

三、开放条件下垄断竞争市场的均衡

假设世界上只有两个国家——A 国与 B 国，两个国家除了市场规模存在差异（例如人口规模的差别导致了市场规模的差异）外，在生产技术条件、要素禀赋以及消费者偏好等诸多方面都完全相同，这里不妨假设 A 国是小国，B 国是大国。

根据这些假设，A、B 两国的 RC 曲线完全相同，从而可以图 6-6 为例同时说明两国的情况。由于 A 国国内市场相对较小，在封闭条件下，A、B 两国的市场均衡分别为 A 点与 B 点。同时，我们还可以很容易地推断出，在封闭条件下，A 国产品的价格要高于 B 国。那么，开放之后，在该行业上 A 国会因价格高成为进口国，B 国会因价格低成为出口国吗？事实上，开放之后，这种情况不会出现，规模经济、差异产品的存在会导致另外一种国际分工与贸易格局。

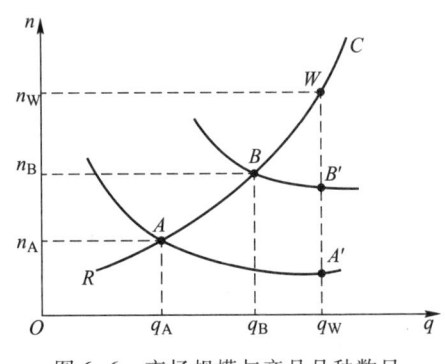

图 6-6　市场规模与产品品种数目、产量之间的关系

首先，开放以后，原来处于封闭状态下的两国市场结合成统一的世界市场，由于市场规模的扩大，整个世界所能容纳的厂商数目和产量均扩大，在图 6-6 中，开放后的世界均衡点为 W，厂商数目为 n_W，无论是 A 国厂商还是 B 国厂商，所有厂商的均衡产量均为 q_W。

其次，自由贸易下，各国市场均衡也发生变化。各国厂商的产量均为 q_W，与封闭情形相比，厂商的产量扩大了，但由于假设该垄断竞争行业的要素使用总量是固定的，对于各国来说，厂商产量的扩大必然意味着厂商数目的减少，所以两国开放后的市场均衡点应处于原来均衡点的右下方。在图 6-6 中，A'、B' 分别表示 A、B 两国开放后的新均衡点，而 AA' 与 BB' 两条向右下倾斜的曲线分别表示 A、B 两国在要素使用总量不变的条件下，行业内厂商数目与厂商产量所有可能组合的点的轨迹。

对应于新的均衡点，A、B 两国的厂商数目之和等于 n_W，即开放后两国所生产的差异产品的数目之和等于 n_W，很显然，$n_W>n_B>n_A$，所以开放后两国消费者可选择的产品品种

①　Caves R E, Frankel J A, Jones R. World Trade and Payments：An Introduction. 8th ed. Harper Collins College Publishers，1999.

要比各自在封闭状态下都多。另外，由于厂商间所生产的产品都是有差异的，因而两国在开放后所生产的产品品种不会有重复，也就是说在同一行业里，一国只生产某些品种的产品，而另一国则生产其他品种的产品。这种国际分工格局的形成完全是因为规模经济的存在，与价格差别无关。但是我们不能肯定每个国家究竟生产哪些品种的产品，因此国际分工与第一节的结果一样，也是不确定的。

对于两国的消费者来说，开放后其消费品一部分由本国厂商提供，另一部分则完全来自于国外。由于这种贸易是发生在具有差异产品的同一行业内，所以贸易形态是一种产业内贸易。

根据以上分析，在规模经济存在的情况下，国际贸易的作用在于使一国市场扩大。市场扩大则产生两种积极效应：一是通过厂商产量的提高实现规模经济利益；二是增加产品的品种数量。从整个社会福利提高的来源看，贸易利益体现在两个方面：一是生产成本的降低，使消费者可以更低的价格购买消费品；二是产品品种的增加，使得消费者可有更多的选择，带来更多的满足。①

四、规模经济、要素禀赋与国际贸易

以上我们讨论了规模经济在国际贸易中的决定作用，虽然在理论框架上，这部分内容与前面的比较优势理论，特别是要素禀赋理论有本质上的区别，但所探讨的问题都是一样的。现实中，决定国际贸易的各种因素可能会同时存在。如果各国既存在各种差异，又存在规模经济，那么国际贸易应如何开展呢？

这里，我们将上一部分所建立的垄断竞争贸易模型加以修正，除了规模经济外，再引入要素禀赋差异这一因素，分析方法也相应地由原来所采用的局部均衡分析（仅针对一个部门）改为一般均衡分析（针对两个部门）。

假设现有两个部门——X 与 Y，其中 X 是资本密集型部门，属于垄断竞争市场结构，Y 是劳动密集型部门，属于完全竞争市场结构；要素市场仍假设为完全竞争结构。另外，假设 A、B 两国除了要素禀赋存在差异外，其他一切条件都相同，其中 A 国为资本丰富的国家，B 国为劳动丰富的国家。

由于 X 部门中的厂商具有对称性，均衡时所有厂商的产量和价格均相同，所以 X 部门的所有产品的平均价格也等于单个产品的价格。根据要素禀赋理论，在封闭条件下，X 相对 Y 的价格（X 部门的平均价格与 Y 部门产品的价格之比）A 国要低于 B 国，所以开放后，A 国的消费者会从 B 国购 Y 部门的产品，但在 X 部门，规模经济的存在会导致两

---

① 这种利益与消费者的"多样化偏好"有关，即消费商品种类的增加会提高消费者的效用水平。例如，假设某一消费者面对两种商品：录像机与 DVD 机，假定两种商品的价格相同。该消费者的收入可供他进行如下几种选择：购买两台录像机或两台 DVD 机、购买一台录像机和一台 DVD 机。如果该消费者认为最后一种选择优于前两种选择，那么这种偏好就属于所谓的"多样化偏好"。

国的厂商各自生产不同的差异产品，两国消费者所消费的 X 部门产品将一部分来自本国，而另一部分则来自外国，所以，在 X 部门，每个国家都既有出口，又有进口，但整个贸易最终必须达到平衡。所以在开放后的均衡状态下，A 国在 X 部门应属于净出口国，B 国在 X 部门则应属于净进口国。

这样一来，产业间贸易与产业内贸易两种形式都同时存在，其中产业间贸易的发生取决于两国的要素禀赋的差异，而产业内贸易则完全由规模经济引起。两种贸易形式在整个贸易中的相对重要性，取决于要素禀赋差异与规模经济的对比，两国的要素禀赋差异较小，那么贸易应主要由规模经济引起，贸易形式应以产业内贸易为主；反之，两国的要素禀赋差异越大，产业间贸易就会越显著。

第三节　寡头垄断与国际贸易：同质产品产业内贸易

一、寡头垄断市场的特征

这里还是以完全竞争市场为起点和参照，引出另一种典型的不完全竞争市场结构——寡头垄断市场。

如果放弃完全竞争关于市场中的厂商数目众多这一假设，假设参加市场交易的厂商数目很少，那么，很显然，由于厂商数目很少，并且每个厂商拥有的市场份额比较大，所以每个厂商的行为或决策很容易或很快就会被其竞争对手察觉。在这种市场上，厂商做决策时要考虑到自己的行动会引起竞争对手什么样的反应。

另外，在这种市场上，厂商的行为有两种矛盾的倾向：一种是敌对；一种是妥协。有很多原因可以解释寡头厂商间的敌对倾向，其中最主要的原因是争夺市场份额。但寡头之间有时也会出现妥协，因为既然没有一个厂商有能力可以将竞争对手挤出市场，达到独自控制市场和制定价格的目的，那么为什么不互相合作或合谋以达到共同控制市场的目的呢？

所以，寡头市场除了市场结构上表现为厂商数目很少（但不止一个）、产品是同质的这些特征外，厂商行为也大大有别于其他不完全竞争市场中的厂商行为。正因为如此，寡头市场模型通常按厂商的决策对象和行为倾向划分为不同类型。下面将要介绍的双寡头模型——古诺模型就是其中的一种。

二、双寡头市场——古诺模型

假设市场中只有两个厂商，为方便起见，分别称这两个厂商为 H 和 F。假设两个厂商的生产技术条件完全相同，边际成本为常数，厂商行为模式是非合作型的，厂商的决策变量为产量。

在非合作情况下，厂商对对方的产量并不
了解（假设厂商同时做决策），但可根据对对方
的猜测，来作出自己的各种选择。图 6-7 描述
了厂商 H 是如何作出产量决策的。厂商 H 假设
对方的产量 q_F 给定不变，那么它所面对的需求
就应该是市场总需求减去对方的产量，即 D
$(P) - q_F$。图 6-7 中，市场总需求曲线由 D
(P) 向下平行移动到 RD_H，曲线 RD_H 即为厂商
H 的剩余需求曲线（residual demand curve），其
与总需求曲线的水平距离为 q_F。剩余需求曲线
确定后，厂商 H 的边际收益曲线 MR_H 也就随之

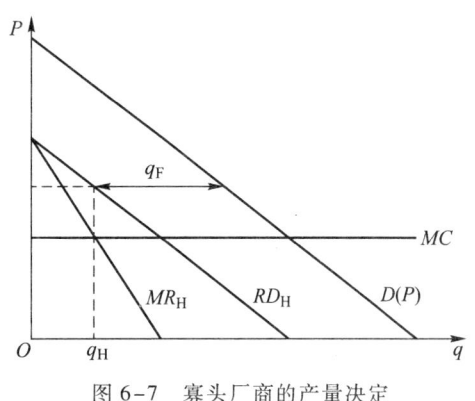

图 6-7　寡头厂商的产量决定

确定了，边际收益曲线与边际成本曲线的交点向上延伸与 RD_H 相交，决定了厂商 H 的最佳
产量选择为 q_H。

由图 6-7 可知，对于不同的 q_F，厂商 H 的产量选择也会不同。也就是说，针对对方
每一种可能的产量，厂商 H 都有一个最佳产量选择。如果把该厂商的最佳产量选择与对方
各种可能产量之间的对应关系在坐标图上用一条曲线描述出来，则称这一曲线为该厂商的
反应曲线（reaction curve）。同样，对另外一个厂商来说，决策思路也完全相同，因此另
一个厂商也有一条反应曲线，来描述其针对竞争对手的各种最佳选择。

这里以厂商 H 为例，通过图示方式说明反应曲线是如何确定的。图 6-8 给出了在两
种特殊情形下厂商 H 的产量选择。在图 6-8（a）中，假设对方的产量为零，这意味着厂
商 H 是一个完全垄断厂商，市场总需求曲线就是其剩余需求曲线，在这种情形下，厂商 H
的最佳产量就是垄断产量 q_M。图 6-8（b）则说明当厂商 F 的产量为什么样的水平时，厂
商 H 的最佳反应是退出市场或将产量定为零。如图 6-8（b）所示，当 q_F 等于完全竞争下
的市场需求量 q_C 时，由厂商 H 的剩余需求曲线决定的边际收益曲线与边际成本曲线相交
于纵轴，此时厂商 H 的最佳产量选择为零。

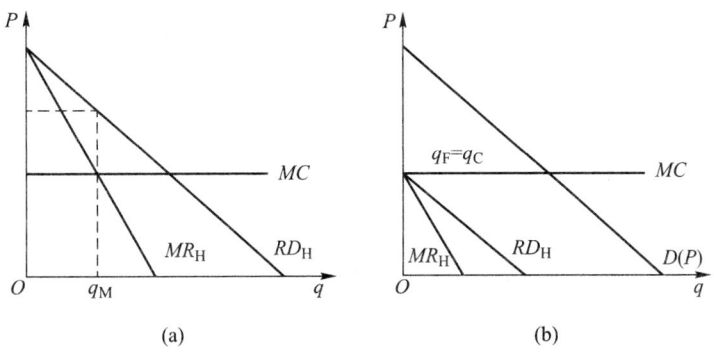

(a)　　　　　　　　　　　　(b)

图 6-8　反应曲线的推导

上述两种结果在图6-9中分别对应于厂商 H 反应曲线的两个端点 H' 和 H，两点之间的连线大致描述了厂商 H 反应曲线的基本形状。同样可得到厂商 F 的反应曲线。图6-9中的两条直线 HH'、FF' 分别表示厂商 H 和 F 的反应曲线。图中两条反应曲线的斜率为负。这比较容易理解，因为对方的产量越高，自己面对的剩余需求就越小，所能选择的最佳产量也就越小。但 H 厂商的反应曲线在图中要比 F 厂商的反应曲线更陡一些。对此，我们通过比较一下两条曲线的端点位置来解释其原因。

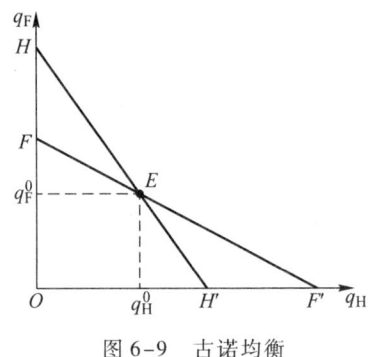

图 6-9　古诺均衡

H 点表示当 H 厂商认为对方产量为 OH 时，它就选择退出市场（$q_H=0$）。那么在什么情况下，H 厂商才会选择退出呢？若 OH 对应的是完全竞争下的产量（即当市场需求为 OH 时，市场价格等于厂商的边际成本），整个行业的产量与完全竞争下的产量相同，这时厂商 H 认为没有必要再留在市场上，所以它选择的最佳产量为零。H' 点则表示在厂商 F 不存在的情况下（$q_F=0$）厂商 H 的最佳选择，这时市场上只有 H 一个厂商，所以厂商 H 的产量 OH' 对应于完全垄断下的产量。同理，对 F 厂商而言，F' 点表示完全竞争下的产量，F 点表示完全垄断下的产量。根据各个端点的经济含义，则 F 点必定在 H 点之下，而 H' 点则在 F' 点之左，所以 HH' 比 FF' 更陡一些。[①]

三、寡头垄断与产业内贸易

现在应用上面所建立的模型来解释在寡头垄断市场结构下同质产品的产业内贸易是如何发生的。

假设世界上只有 A、B 两国，两国在某一相同行业中各只有一个厂商存在，即在封闭条件下，两国的该行业都是完全垄断市场结构。另外，假设两国厂商的生产技术条件完全相同，两国的需求条件也完全相同。

首先确定开放以后，两国市场的均衡。开放后，两国厂商均可自由进入对方市场，因此两国的国内市场现在变为寡头市场结构（双寡头）。每个国家的市场上都有两个厂商，一个是本国厂商，另一个为外国厂商。假设 H 为 A 国厂商，F 为 B 国厂商。

图6-10描述了 A、B 两国市场的均衡。在图6-10（a）中，A 国市场的均衡点为 E，此时国内厂商在本国市场上的销售量为 q_H^A，来自 B 国的厂商在 A 国市场上的销售量为 q_F^A。在图6-10（b）中，B 国市场均衡点为 E'。均衡时 B 国厂商在本国的销售量为 q_F^B，A 国厂商在 B 国的销售量为 q_H^B。由此可知，开放以后，A 国对 B 国的出口量为 q_H^B，自 B 国进口

---

① HH' 比 FF' 陡是均衡点稳定的前提条件。反之，则均衡解是不稳定的。读者可自行分析一下。

同种产品，进口量为 q_F^A。在寡头垄断条件下，两国之间的同质产品发生了双向贸易，即产业内贸易。由于对称性，两国厂商在本国和他国市场上的占有率各为50%。贸易后，两国市场价格也完全相同。

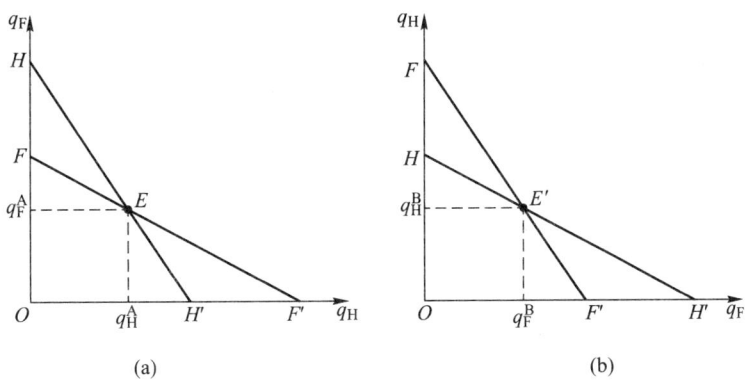

图 6-10　开放后两国市场的均衡

如果考虑国际贸易运输成本的存在，则上述结果会稍有变化。因运输成本会提高一国产品在他国市场的销售成本（生产成本+运输成本），因此，在这种情况下，每个厂商在他国市场上的反应曲线位置要比不考虑运输成本时的反应曲线更接近于原点。这样，均衡时每个厂商在他国市场上的销售量要低于在本国市场上的销售量。虽然厂商出口产品在他国市场的销售价格相同，但考虑到运输成本的存在，出口商品的离岸价格要低于其在国内的销售价格，这意味着每个厂商都以低于本国市场的价格出口商品到他国，这种情形称为相互倾销（reciprocal dumping）。

以上虽然证明了同质产品下产业内贸易也同样可以发生，但可能有人对这一结论还是觉得难以理解。既然两国的产品完全相同，而且两国的产品价格也完全相同，还有必要进行国际贸易吗？如果再考虑运输成本的话，前面描述的那种在国外销售价格反而低于国内销售价格的相互倾销现象似乎更不应该出现。事实上，同质产品的产业内贸易之所以会发生，完全是因寡头厂商的策略性行为（strategic behavior）引起的。

封闭条件下，本国厂商完全控制着本国市场，在这种情况下，厂商从追求利润最大化的目的出发，所选择的产量和价格对应于完全垄断下的均衡产量和价格。在这个产量上，它不会再增加产量，因为如果额外增加一点产量，不仅其边际收益要小于边际成本，而且由于销售量的增加，市场价格会下降，从而产品的平均销售收入也要低于产量增加前。换句话说，增加产量后不仅新增加的产量净收益为负，而且以前产量的销售收入也因价格下降而有所下降，所以增加产量反而会导致利润减少。但是开放以后，情形则不同。厂商会发现，如果新增加的产量不在本国销售，而在他国销售（即出口），那么，一方面不影响厂商在国内市场的利润（因为在国内市场的销售量与完全垄断下一样），另一方面因国外市场原本就是垄断市场，存在超额利润，所以在他国销售可以分享他国市场的部分超额利润。出于这种考虑，它便会选择增加生产，然后再将新增的产品出口到他国。同样，外国的厂商也会这么想，这么做，因为如果他保持封闭条件下的产量不变，那么由于他国厂商对本国的出口，自己也无法维持垄断利润，其利润会受损，所以它也必须选择进入他国市场这一策略。① 于是，便会出现上面所说的产业内贸易。

上述情形的国际贸易会改善两国的福利吗？贸易利益来源自何处？与垄断竞争模型不同的是，在寡头垄断情形下，产品是同质的，所以贸易并不能增加两国消费者的消费选择。但是，贸易后两国的市场结构由原来的完全垄断转化为寡头垄断，贸易虽不能完全消除垄断因素，但还是带来了竞争，这便是贸易的竞争促进效应（pro-competitive effect）。

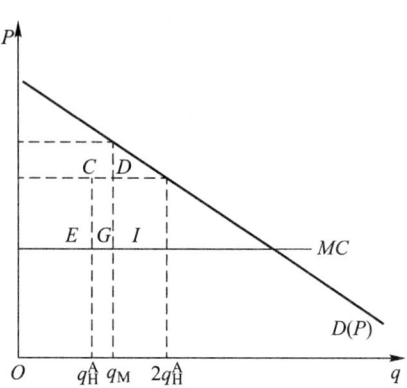

图 6-11　寡头市场结构下的贸易利益

如图 6-11 所示，贸易前 A 国厂商的产量为垄断产量 q_M，贸易后 A 国国内市场上的销售总量为 $2q_H^A$，其中一半由 A 国 H 厂商生产，另一半由 B 国厂商 F 提供。贸易后，A 国消费者剩余增加，增量为 $C+D$；A 国厂商 H 在国内市场的利润较贸易前下降，损失为 $C+G$；B 国厂商 F 从 A 国赚取的利润为 $G+I$，同样 A 国厂商 H 从 B 国获得的利润也应当为 $G+I$。整个社会福利净效应 $= (C+D) - (C+G) + (G+I) = D+I>0$，即 A 国从国际贸易中获得的福利改善为图中梯形（$D+I$）的面积。

由上可知，贸易后，两国市场结构发生了变化，从这个意义上讲，贸易减少了两国市场的垄断因素，降低了资源配置扭曲，这一点可由贸易后两国市场上的产品销售量增加这一事实充分说明。

本章小结

与传统的完全竞争下的贸易理论——比较优势理论相比，无论在理论基础和分析方法上，还是在应用上，"新贸易理论"都有独到的贡献，因此，这一理论已成为当代国际贸易理论的一个重要组成部分。本章分别以外部规模经济、垄断竞争和寡头垄断理论模型为基础，探讨了国际贸易的起因和影响，指出即使比较优势不存在，国际贸易仍可产生，因为除了相对价格差异外，规模经济亦是国际贸易的一个重要基础。在不完全竞争条件下，国际贸易仍是互利的，贸易利益主要表现为：（1）贸易可给消费者带来更多的消费选择（垄断竞争条件下）；（2）贸易可改变市场结构，促进竞争，从而改善资源配置效率和促进技术进步（寡头垄断条件下）。

---

① 寡头市场中厂商之间的这种博弈行为，与所谓的"囚徒困境"（prisoner's dilemma）是一样的道理。这里，无论对方决策如何，自己的明智选择都是进入对方国家市场，所以纳什均衡（Nash equilibrium）解是（出口，出口）。

即测即评

请扫描右侧的二维码，您可在线自测并查看答案。

练习与思考

1. 假设劳动是唯一的生产要素，X 部门存在外部规模经济，而 Y 部门则规模收益不变，试确定在这种情况下生产可能性边界的形状。

2. 试根据图 6-2 证明，如果贸易后 Y 产品的相对价格下降很大的话，那么完全专业化生产 Y 产品的国家的福利可能因贸易而遭受损失。（提示：比较贸易后的国际相对价格线与贸易前的相对价格线的位置关系。）

3. 除了本章所提及的因素外，在外部规模经济存在的情况下，你还能提出其他一些影响国际分工格局的因素吗？

4. 在外部规模经济存在的情况下，各国从国际贸易中所获得的利益并不平衡，那么你认为一些低收入国家经济发展缓慢是否与其在国际分工格局中的地位有关？

5. 在垄断竞争市场结构下，市场短期和长期均衡的条件分别是什么？

6. 本章所介绍的产业内贸易理论与前一章的重叠需求理论有什么异同？

*7. 假设某国是资本丰富的国家，X 相对于 Y 而言属于资本密集型产品，并且是垄断竞争市场，而 Y 是完全竞争市场，那么贸易后，图 6-6 中两条曲线 AA' 与 BB' 如何变动？（提示：考虑贸易后用于 X 的要素量的变化。）

8. 如果贸易前两国市场不是完全垄断，而是寡头垄断，那么本章所得出的结论还成立吗？

9. 试比较"新贸易理论"与比较优势理论之间的异同。

第七章
关税与非关税壁垒

贸易政策是各国政府基于本国某种利益的考虑，对对外贸易活动所采取的干预的政策措施。当一国采取干预对外贸易的政策时，其贸易政策措施主要分为两大类，即关税（tariff）和非关税壁垒（nontariff barriers）。这些措施会对政策实施国以及世界其他国家的经济产生影响。本章我们重点讨论一些主要的贸易政策措施的经济影响效应，至于为什么要设置这些贸易壁垒，我们将在下一章加以讨论。

第一节 关 税

关税是一国政府从自身的经济利益出发，依据本国的海关法和海关税则，对通过其关境的进出口商品所征收的税。

一、关税的种类

依据关税的课征种类划分，主要的关税有进口税、进口附加税、出口税和过境税等。

进口税是一国进口商品时，由海关对本国进口商所进口的商品征收的税。进口关税中，又分为以获得财政收入为目的的关税和以保护本国相关产业为目的的关税两种。在现实中，如果对国内并不生产的进口商品征税，这一般是为了获得财政收入，但对国内可生产的进口商品征税，在大多数情况下是为了保护国内生产，因此关税往往成为一国贸易保护的重要工具。

进口关税还可以分成对被课征对象（国）税率无差别的无差别关税和针对不同国家执行不同税率的差别关税。在差别关税中，又进一步有特惠关税、普通关税和普遍优惠关等类型。一般情况下，我们提到关税时往往是指进口关税。

进口附加税是指一国海关对本国进口商进口商品时除征收一般关税外，根据某种目的所加征的一种关税。

过境税是一国对外国货物通过其关境和领土时所征收的关税。由于过境货物对被通过国家的市场和生产不发生影响，所以绝大多数国家已不再征收过境税，只收少量的行政管理费和提供有关服务的费用。

出口税是一国海关在本国商品出口时，为保证本国市场供应或其他特殊目的而征收的一种税。一般而言，国家为鼓励本国商品的出口很少征收出口税，但有时出于干预市场的目的，会选择一些关系到国计民生的敏感商品征收出口税。

依据关税的征收方法划分，关税又被分成从量税、从价税、选择税和复合税。从量税是指根据贸易商品的物理量征收的关税，如根据重量、体积、容积等物理单位征收关税。从价税是指根据贸易商品的价格或单价征收的关税。选择税是根据商品的特征分别确定征收关税的从价标准和从量标准，然后选择其中一种方法课征。复合税则是对某些贸易商品既征收一定比例的从价税，也征收一定比例的从量税。

以下的分析仅针对进口关税而言。从经济角度看，征收关税会影响资源配置，即引起资源的重新配置，从而引起各种经济活动和一国的福利水平的变化。为了对关税的经济效应有更深刻的认识，我们首先仅限于单个商品来分析其效应，然后再在一般均衡基础上对关税的一般效应加以考察。

二、关税的效应：局部均衡分析

征收关税将产生一系列的经济效应。总的来看，征收关税的经济效应与自由贸易的作用正好相反，它将导致资源配置效率的降低，增加政府的财政收入，在各国间和各国内的不同成员之间进行收入的再分配。

（一）关税的价格效应

对进口产品征收关税首先会使进口产品的价格上升。假设国内进口替代部门的产品与进口产品是完全同质的，则征收关税后，整个国内市场该产品的价格都会上涨。不过，国内市场价格上涨的幅度如何，则要视关税征收国对世界市场价格的影响力而定。

如果关税征收国是一个小国，即其对世界市场价格没有任何影响力，那么征收关税后，虽然该国会因进口产品价格上涨而减少对进口商品的购买，但这一变动不会对世界市场价格产生任何影响。因此征收关税之后，国内市场价格的上涨部分就等于所征收的关税，即关税全部由国内消费者来承担。此时国内市场价格等于征收关税前的世界价格（自由贸易条件下的价格）加上关税。

如果关税征收国是一个大国，即其国内供求的变化足以影响世界市场价格，那么征收关税后，由于价格的上涨，该国对进口产品的需求量要下降，从而引起世界市场价格的下降。在这种情况下，关税负担实际上由国内消费者和国外出口商共同承担。征收关税后的国内市场价格等于征收关税后的世界价格（低于征收关税前或自由贸易条件下的世界价格）加上关税。

关税通过价格的变动，来影响各种经济活动。以下利用图示方法说明关税的其他经济效应。

（二）关税的生产效应

征收关税后，进口产品的国内市场价格上升，国内进口替代部门的生产厂商现在面对较高的价格，从而能够补偿因产出增加而提高的边际成本，于是国内生产增加，这便是征收关税所带来的生产效应。

这里以小国为例来说明关税的生产效应。在图 7-1 中，曲线 S、D 分别表示国内供给和需求曲线；P_w 表示征收关税前的世界价格，即自由贸易条件下的价格；P_t 表示征收关税后的国内价格。假设关税为从量税，t 表示对单位进口商品所征收的关税，则征收关税后国内价格可表示为 $P_t = P_w + t$。

在自由贸易下，对应于世界价格 P_w，国内生产为 Q_1；征收关税之后，国内价格由原来的 P_w 上升至 P_t，此时，国内生产提高到 Q_3。也就是说，征收关税后，国内生产增加了 $Q_1 Q_3$，所以关税保护了国内

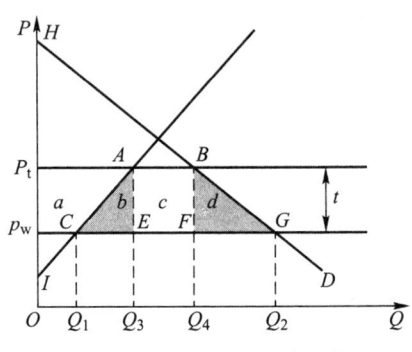

图 7-1　关税的影响：小国情形

生产者。国内生产者因关税而获得的利益可用生产者剩余（producer's surplus）的变动来衡量。图 7-1 中，征收关税前，生产者剩余为 $\triangle ICP_w$ 的面积，征收关税后，生产者剩余为 $\triangle IAP_t$ 的面积，征收关税前后，生产者剩余增加了梯形 $CAP_t P_w$ 的面积（a），此即为征收关税后生产者的福利所得。

（三）关税的消费效应

征收关税使国内市场价格提高，只要国内的需求弹性大于零，国内价格提高必然导致消费量的减少，此即关税的消费效应。图 7-1 中，征收关税后，国内消费量为 Q_4，与征收关税前的消费量 Q_2 相比，消费量减少了 $Q_4 Q_2$。

消费量的下降对消费者的福利有不利的影响。图中，征收关税前后，消费者剩余（consumer's surplus）分别为 $\triangle HGP_w$ 和 $\triangle HBP_t$ 的面积，所以消费者福利的损失为梯形 $GBP_t P_w$ 的面积（$a+b+c+d$）。

综合生产效应和消费效应，便可得到关税的贸易效应，即：生产效应+消费效应=贸易效应。在图 7-1 中，征收关税后进口的减少 $= Q_1 Q_2 - Q_3 Q_4 = Q_1 Q_3 + Q_4 Q_2$，此即为关税的贸易效应。

（四）关税的税收效应

所谓税收效应是指政府由于征收关税而获得的财政收入。征收关税所获得的收入=进口量×关税税率。在图 7-1 中，关税收入为 $Q_3 Q_4 \times t$，即等于矩形 $AEFB$ 的面积（c）。至于对福利的影响，则要看政府如何使用这部分税收而定。如果政府将关税收入全部用于补贴

消费者，则可以弥补消费者的部分损失。

（五）关税的贸易条件效应

如果征收国是一个大国的话，那么除了上述各种影响外，关税还会产生贸易条件效应。因为在大国情形下，征收关税会降低世界市场价格，即本国进口商在世界市场上购买进口商品的价格要降低。如果出口价格保持不变，则进口价格的下跌意味着本国贸易条件的改善，也就是说，征收关税后，在国际市场上，征税国用一个单位的本国商品现在可以换取更多的外国商品。贸易条件的变化对征税国有利。

图 7-2 对应于大国情形。征收关税后，国内价格由原来的 P_w 升至 P_t，与此同时，世界价格也由 P_w 降至 P'_w，征税后的国内外价格之间的关系为 $P_t=P'_w+t$。与图 7-1 相比，可以发现，对应于相同税率的关税，征税后国内价格在大国情形下的上涨幅度要小于小国情形下的上涨幅度。世界价格的下降部分地抵消了关税的影响，减弱了关税对国内生产和消费的影响效应。

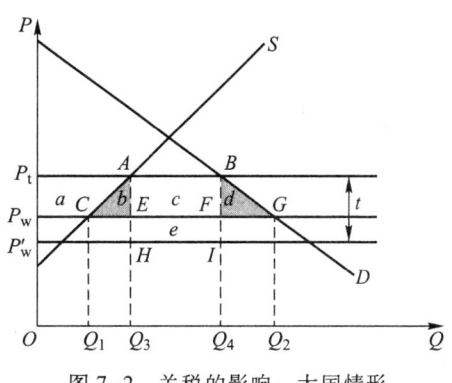

图 7-2　关税的影响：大国情形

如图 7-2 所示，征收关税后，世界市场价格的下降幅度等于 EH 或 FI；征税后的进口量为 Q_3Q_4。现在以新的价格 P'_w 进口 Q_3Q_4 的代价为矩形 HQ_3Q_4I 的面积，而征税前进口同样多的商品的代价为矩形 EQ_3Q_4F 的面积，因此征税后在同等情况下进口费用要节约 $EH\times Q_3Q_4$，图中 $EHIF$ 的面积（e）表示征税国因贸易条件改善而获得的利益。

大国条件下的生产效应和消费效应与小国条件下相同，对应于图7-2，生产效应为 a，消费效应为 $-(a+b+c+d)$。大国条件下关税的税收效应为 $(c+e)$。

（六）关税的净福利效应

综上所述，关税的影响是多方面的，而且各种影响对征税国的福利会产生不同的效应。要判断关税影响的好坏，必须综合考虑关税各种影响的福利效应。以下分两种情况分析关税的净福利效应。

1. 小国情形

由图 7-1 可知，关税的净福利效应 = 生产者福利增加 - 消费者福利损失 + 政府财政收入 $= a-(a+b+c+d)+c=-(b+d)<0$。所以，对于小国而言，关税会降低社会福利水平，社会福利的净损失为 $b+d$。其中，b 称为生产扭曲（production distortion），它表示征税后国内成本高的生产替代原来来自国外成本低的生产，而导致资源配置效率下降所造成的损失；d 称为消费扭曲（consumption distortion），它表示征税后因消费量下降所导致的消费者满意程度的降低，在扣除消费支出的下降部分之后的净损失。

2. 大国情形

由图 7-2 可知，关税的净福利效应 = 生产者福利增加 - 消费者福利损失 + 政府财政收

入 $= a - (a+b+c+d) + (c+e) = e - (b+d)$。当 $e > b+d$ 时，本国福利增加；当 $e < b+d$ 时，本国福利则减少。所以，在大国情形下，关税的净福利效应不确定，取决于贸易条件效应与生产扭曲和消费扭曲两种效应之和的对比。

三、关税的效应：一般均衡分析

以上讨论的是关税对单个商品的影响，现在我们在一般均衡的框架下，进一步探讨关税的影响效应。为方便起见，我们将所有产品分为两个部门：出口部门 X 和进口替代部门 Y，这样我们便可以用前面几章使用过的两部门模型，来分析针对整个进口替代部门的关税的效应。以下分析均以小国情形为例。

如图 7-3 所示，TT' 是生产可能性边界线，在自由贸易条件下，面对国际相对价格 p_w，生产均衡点在 Q 点，消费均衡点在 C 点。征收关税之后，Y 部门的产品在国内市场的价格上升，故国内生产者现在面对一个新的相对价格 p_t。新相对价格线 p_t 比原来的相对价格线 p_w 更平坦，于是生产均衡点由 Q 上移至 Q_t 点。与征税前相比，进口替代部门的生产增加，但出口部门的生产减少了。由此可见，任何的进口壁垒都不利于出口部门的生产，具有反出口倾向。

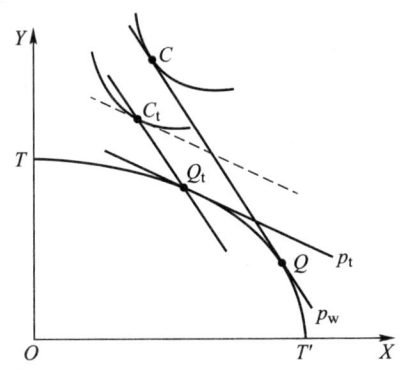

图 7-3 关税影响的一般均衡分析

由于征税国是一个小国，所以征收关税后，其贸易条件并未改变，贸易仍按原来的价格进行，新的消费均衡点应在通过 Q_t 点与相对价格线 p_w 平行的线上。另一方面，国内消费者面对的相对价格为 p_t，根据效用最大化条件，通过新的消费均衡点的社会无差异曲线在该点的切线斜率的绝对值应等于 p_t。如图 7-3 所示，通过新的消费均衡点 C_t 的社会无差异曲线的切线与相对价格线 p_t 是平行的。也就是说，在 C_t 点同时满足两个条件：国际贸易仍按原来的价格进行，而国内消费者则按征税后的国内价格来决定其最佳选择。

征收关税后，消费水平由原来的 C 点降至 C_t，通过 C_t 点的社会无差异曲线位于通过 C 点的社会无差异曲线之下，这表明征税国的社会福利水平下降了。

四、有效保护率与关税结构

上面的分析要么是针对单个商品，要么是针对整个进口替代部门，如果对多种商品征收进口关税，那么某一特定行业所受到的保护程度不仅与其本行业的关税有关，而且还与其他行业的关税有关。为说明它们之间的关系，我们首先引入有效保护率（effective rate of protection，记为 ERP）这一概念。

有效保护是指某一行业生产或加工中增加的那部分价值（即附加值）受保护的情况，

所以保护的程度须以国内生产的附加值的提高来衡量。据此有效保护率可定义为：关税或其他贸易政策措施所引起的国内生产附加值的变动率。有效保护率的计算公式可表示成如下形式：

$$ERP_j = \frac{V'_j - V_j}{V_j} \times 100\% \tag{7.1}$$

式中，ERP_j表示j行业（或产品）的有效保护率；V_j、V'_j分别表示征收关税前后j行业（或商品）的国内生产附加值。

有效保护率这一概念的提出是基于如下事实：根据生产过程中的加工深度，可将产品分为制成品（最终产品）、中间投入品（如零部件）和原材料等。如果对中间产品或原材料征收关税，将提高这些产品的价格，从而增加国内使用者的负担，导致生产成本上涨，使得那些使用中间产品或原材料制成的最终产品的关税所产生的保护效应降低。从中间产品或原材料的使用者角度来看，对中间产品或原材料征收关税，就相当于对生产征税，降低了国内生产的附加值。

为了说明关税结构对有效保护率的影响，这里举一个具体的例子。假设某一制成品在国际市场上的价格为 1 000 元，该产品在国内生产时每单位产出需要使用价值 500 元的中间投入品，因此在自由贸易下，该产品国内生产的单位产出附加值 = 1 000 − 500 = 500 元。现假定对该产品征收 30% 的从价关税，并假设关税不影响世界市场价格，于是征税后，该产品的国内价格上涨为 1 000 ×（1 + 30%）= 1 300 元。另外假设对其使用的中间产品不征进口关税，那么征税后，国内生产的单位产出附加值 = 1 300 − 500 = 800 元。由公式（7.1），该制成品的有效保护率 $= \frac{800 - 500}{500} \times 100\% = 60\%$，即对该制成品征收 30% 的关税可使其国内生产附加值提高 60%。

如果对中间产品也征收 30% 的关税，制成品关税仍为 30%，那么征税后该制成品的单位产出附加值 = 1 300 − 500（1 + 30%）= 1 300 − 650 = 650 元，其有效保护率 $= \frac{650 - 500}{500} \times 100\% = 30\%$。此种情况下，有效保护率与名义关税率相同。

现在，如果将中间产品的关税率由 30% 改为 40%，那么在这种情况下，制成品的国内生产单位产出附加值 = 1 300 − 500 ×（1 + 40%）= 600 元，其有效保护率 $= \frac{600 - 500}{500} \times 100\% = 20\%$，即国内生产附加值只增加了 20%，低于其名义关税率。如果中间产品的关税更高，则制成品的国内生产附加值将更低，甚至将变成负的。可见，在制成品关税不变的前提下，随着中间产品关税的上升，制成品的有效保护率将不断下降，甚至会出现负保护的情况。

由以上例子可知，关税的有效保护率与其名义税率并不一致。这一结果意味着要保护某一特定行业，不一定要依靠提高该行业的名义关税率来实现，降低其使用的中间产品或原材料的进口关税，也同样可使其获得更高的保护。根据这一点，如果一国的政策目标是保护最终产品部门，则在关税结构安排上，应当对中间产品和原材料少征或免征进口关税。

第二节 配 额

关税并非唯一的贸易保护手段，除关税外，还有很多非关税的限制贸易措施，其中进口配额（import quota）就是一种重要的非关税壁垒。该政策措施同样会起到限制进口、鼓励（保护）国内生产的作用，有时还可用于改善国际收支或提高国内就业率。

一、配额及其实施的原因

配额是指一国政府为保护本国产业，规定在一定时期内对某种商品的进口数量或进口金额加以限制。进口配额的分配方法主要有两种：一是全球配额。它规定进口国对某种商品在一定时间内的进口数量或金额，适用于来自任何一国的商品进口，主管机关按本国进口商的申请次序批给一定的允许进口的数量或金额，直至发放完规定的全部限额为止。二是国别配额。它是进口国对来自不同国家的进口商品规定不同的进口配额。

与征收关税相比，进口配额更有助于限制一国进口商品的数量。主要原因是，关税是通过价格变动影响国内对进口品的需求，而配额则是限制商品的进口量或进口金额，因此配额对进口的限制更直接、更易于控制。另外，配额比关税更严厉。在征收关税的情况下，如果一国出口商试图进入课征关税的市场，那么只要在产品价格或质量上有竞争力，就有可能渗入该国的市场；但是在该国采取进口配额措施的情况下，无论出口国生产的产品在价格上或在质量上有多强的竞争力，都难以打入进口国的市场，因为进口的数量是确定的。因此人们一致认为，进口配额是比进口关税更加严厉的保护措施。对国内进口替代品的生产者来说，配额要比关税更受欢迎。

二、配额的效应

配额所规定的进口量通常要小于自由贸易下的进口量，所以配额实施后进口会减少，进口商品在国内市场的价格要上涨。如果实施配额的国家是一个小国，那么配额只影响国内市场价格，对世界市场价格没有影响；如果实施配额的国家是一个大国，那么配额不仅导致国内市场价格上涨，而且还会导致世界市场价格下跌。这一点与关税的价格效应一样。同样，配额对国内生产、消费等方面的影响与关税也大致相同。以下我们集中分析一下配额的福利效应。

假设我们讨论的对象是一个小国，因而配额不会影响世界价格。如图 7-4 所示，在自由贸易条件下，国内外价格相同，为 P_w，国内生产和消费分别为 Q_1、Q_2，进口为 Q_1Q_2。

现对进口设置一限额，假定限额为 Q_3Q_4，而且 $Q_3Q_4 < Q_1Q_2$，于是国内价格由原来的 P_w 上涨为 P_q，国内生产增加至 Q_3，国内消费减少至 Q_4。

此时，生产者剩余增加了 a，而消费者剩余减少了，损失为 $a+b+c+d$。与关税不同的是，实施配额不会给政府带来任何财政收入。综合起来，配额的净福利效应 = 生产者剩余增加 - 消费者剩余损失 $= a - (a+b+c+d) = -(b+c+d)$，其中 b、d 分别为生产扭曲和消费扭曲，$b+d$ 为配额的净损失。至于 c，在关税情形下我们知道它表示政府的关税收入，因此可被抵消，现在则称为

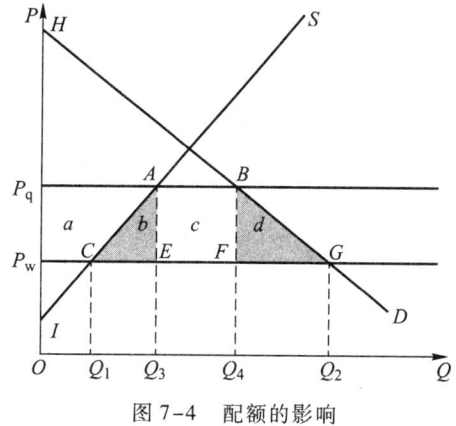

图 7-4　配额的影响

配额收益（quota revenue）或配额租金（quota rent），它实际上是一种垄断利润，它的去向视政府分配配额的方式而定。

现实中，分配进口配额常常要与进口许可证相结合。进口许可证是由一国签发的允许一定数量的某种商品进入关境的证明。分配进口许可证的方法主要有三种：一是竞争性拍卖；二是固定的受惠；三是资源使用申请程序。

首先，政府可通过拍卖的方法分配进口许可证。这是使进口权本身具有价格，并将进口一定数量商品的权利分配给出价最高的需要者。一般情况下，进口商购买进口许可证的成本要加到商品的销售价格上。因此，建立在拍卖许可证基础上的进口数量限制所起的作用与关税有许多类似之处。

第二种方法是固定的受惠。它是政府将固定的份额分配给某些企业的方法。通常的方式是，根据现有进口某种产品的企业在上一年度进口该商品总额中的比重来确定。这种方法比较简便。其问题首先是政府不再有关税收入或拍卖许可证的收入；其次这种方式带有某种垄断性，它意味着新增的企业难以获得此种商品进口的特权。因此这种分配方式不利于打破垄断，实现资源的有效配置。

第三种方法是资源使用申请程序。它是指在一定的时期内，政府根据进口商递交进口配额管制商品申请书的先后顺序分配进口商品配额的方法。这种方法形成了申请人获得所需进口品的自然顺序，即按照先来后到获得所需商品配额。其缺点是可能给管理部门留有利用职权获取贿赂的机会，相应地可能导致企业的"寻租"（rent-seeking）活动，以期借助管理部门的不公正行为获取某种额外利润。

由此可见，公开拍卖可能是分配进口配额的最好方法。一方面进口配额与关税对一国福利水平的影响是相同的，且政府获得了有关的收入，有利于收入的再分配；另一方面，从本质上看，进口配额比关税更加严厉，它基本上根除了外国出口商渗入进口国市场的可能性。因此从管理有效的角度衡量，配额比征收进口关税好；从贸易自由化的角度看，关税更有利于外国竞争者的渗透，所以关税比进口配额好。

第三节　出　口　补　贴

非关税壁垒中另一类重要政策措施是针对出口的。与配额等限制进口的做法不同的是，这类贸易政策措施的目的往往是鼓励或支持出口，其中出口补贴（export subsidy）就是最常用的手段之一。

一、出口补贴的含义

所谓出口补贴是指一国政府为鼓励某种商品的出口，对该商品的出口所给予的直接补助或间接补助。直接补助是政府直接向出口商提供现金补助或津贴。间接补助是政府对选定商品的出口给予财政税收上的优惠，如对出口的商品采取减免国内税收（如减少公司所得税等）[①]、向出口商提供低息贷款等。各国采取出口补贴的主要目的是为了使本国企业在国际市场上能以低于实际生产成本的价格出售其产品，提高其在国际市场上的竞争能力，扩大商品的出口。

二、出口补贴的效应

与其他贸易政策措施一样，出口补贴对国内生产与消费，乃至对社会福利水平都会产生实质性影响。对于接受补贴的出口部门的生产商来说，出口补贴等同于负的税赋，因而生产者出售商品实际得到的价格等于购买者所付的价格加上单位补贴金额。出口补贴对国内经济至少有两种直接影响效应：一是贸易条件效应，即出口补贴可使出口产品在国际市场上的销售价格降低，因此不利于本国贸易条件的改善；二是出口扩大效应，即出口产品价格下跌可刺激出口增加。

在图 7-5 中，在自由贸易条件下，世界价格为 P_w，国内消费和生产分别为 Q_1 和 Q_2，此时出口量为 Q_1Q_2。如果政府给予本国出口品生产者每单位产品金额为 s 的出口补贴，则本国出口品生产者将可以高于市场价格的成本进行生产。如图 7-5 所示，出口生产者的生产由原来的 Q_2 扩大到 Q_4。出口生产者的产品一部分在国内销售，一部分在

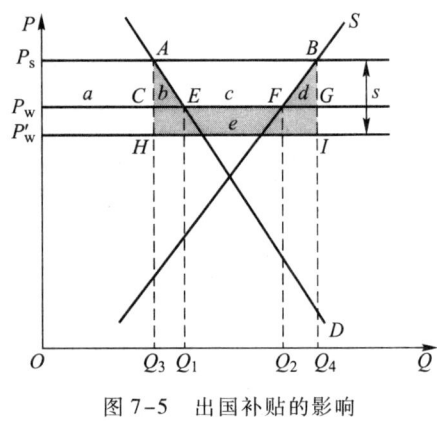

图 7-5　出国补贴的影响

[①] 需要指出的是，间接税的退税不属于出口的鼓励措施，它是各国为避免双重征税所采取的中性贸易政策。

国外销售，但在国内销售的部分不享受政府补贴，于是在国内销售的价格必须能够弥补这部分产品的生产成本。图7-5中，国内价格为P_s，高于补贴前的价格P_w，由于价格上升，国内消费减少至Q_3。这样一来，需在国外销售的产品数量就会增加。为了能在国外销售更多的产品，出口商不得不降低其在国外的销售价格。图7-5中，补贴后国外价格由原来的P_w降至P'_w，生产成本（或国内价格）与国外价格之间的差等于补贴金额s。由于本国产品出口价格的下降，国外消费者购买本国产品的代价就会降低，因此，出口补贴不仅有利于本国出口生产者，而且有利于国外的消费者。但与此同时，国内消费者发现他们要支付比国外消费者更高的价格，并且国内消费者作为纳税人，还要承担一部分政府给予国内生产者的补贴，因此出口补贴损害了国内消费者的利益。

出口补贴对本国福利的影响效果，同样可通过考察消费者剩余与生产者剩余的变动来确定。如图7-5所示，补贴后，消费者剩余减少了，减少的部分由梯形$P_s AE P_w$的面积表示，即等于$a+b$；生产者剩余增加了，增加的部分由梯形$P_s BF P_w$的面积表示，即等于$a+b+c$。另外，政府补贴支出为$Q_3 Q_4 \times s$，即等于矩形$AHIB$的面积$b+c+d+e$。综合起来，出口补贴的福利净效果＝生产者剩余增加－消费者剩余损失－政府补贴＝$(a+b+c)-(a+b)-(b+c+d+e)=-(b+d+e)<0$，其中$b$、$d$分别为生产扭曲和消费扭曲，$e$为贸易条件恶化所导致的利益转移。这一结果意味着出口补贴会导致本国社会福利水平的下降。

既然出口补贴对一国的经济福利是负效应，为什么各国还要采取这种政策呢？实际上，在出口国政府看来，如果短暂的出口补贴损失或消费者福利损失能够促成该国生产规模的扩大，进而获得规模经济效应，或者能够促进本国经济的成长，那么这种损失也许是值得的。

从进口国的角度看，出口补贴是一种威胁。因为接受补贴的产品都将以低于成本的价格销售到进口国市场，从而会挤垮进口国的同类企业。对此各国都采取一些措施，以反对因出口补贴带来的"不公平竞争"。但是由于出口补贴具有隐蔽性，所以只要这种补贴未被认定，并由进口国采取反补贴措施，这种补贴对出口的鼓励作用就是有效的。

第四节　倾销与反倾销

倾销（dumping）是在不同国家市场间进行的一种价格歧视行为。它是指出口商以低于本国国内价格或成本的价格向国外销售商品的行为。

确定出口商是否倾销产品的标准是，该产品是否以低于本国国内市场价格或成本的价格在国外市场上销售。通常判断是否构成倾销的主要依据有：

（1）进口国生产同类产品的企业是否受到低价进口品的冲击，以致其市场份额明显减少。

（2）进口国生产同类产品的企业的利润水平是否明显降低。

（3）在低价进口品的冲击下，进口国的同类产业是否难以建立起来。

但现实中，常常产生一种矛盾，即进口国总是要夸大外国产品冲击本国市场的程度，而出口商从自己的目的出发，总是尽量掩盖倾销行为。

一、倾销的类型

倾销就其性质来说，可分为两种类型：一种是持续性倾销（persistent dumping），另一种是掠夺性倾销（predatory dumping）。

（一）持续性倾销

所谓持续性倾销是指这种倾销的存在是无限期的，厂商采取这种行为的目的在于追求利润的最大化。形成持续性倾销的条件有三个：

（1）市场是不完全竞争的。我们知道，在完全竞争条件下，每个厂商都是价格的接受者，因此它所面临的需求曲线是一条水平线，即任何一家企业销售量的变化都不会影响市场价格，且产品能够在不降价的条件下出清。但是作为采取倾销行为的企业，其必要的前提条件就是该企业在市场上具有一定的垄断力量，不再是价格的接受者，从而面临一条向右下方倾斜的需求曲线。

（2）企业在国内外市场所面临需求弹性不同，其国外市场的需求弹性比国内市场的需求弹性要大。

（3）国内和国外两个市场是完全隔离的，因此不存在销售到国外市场的产品流回本国的可能性。

根据上述三个条件，可以通过图7-6来说明倾销是如何发生的。图中右半部表示企业在国内市场所面临的需求曲线（D_H）和相应的边际收益曲线（MR_H）；左半部表示该企业在国外市场所面临的需求曲线（D_F）和相应的边际收益曲线（MR_F）。为了分析的简便，假定企业的边际成本为常数。

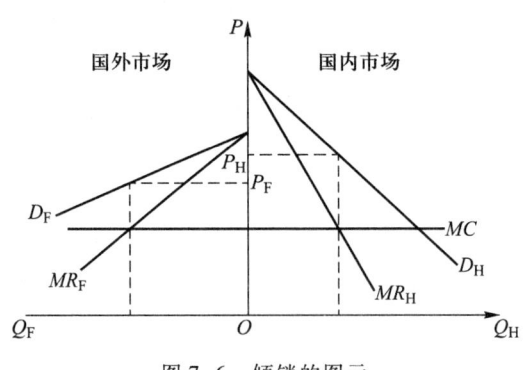

图7-6 倾销的图示

企业的产量分为两部分，分别在国内外市场上销售，它会根据国内外市场的特点采用不同的价格以增加利润。企业决定其销售分配的条件是：如果对应于某一分配方案，其他任何分配方案都不能增加企业的总利润，那么这个方案就是最佳的。假设从本国市场拿出一个单位的产品到国外销售，如果企业在国外市场获得的边际收益大于在本国市场减少一单位销售所损失的收入，那么新方案将使企业的总利润增加，原来的分配方案就不是最佳的，企业将增加在国外市场的销售量，直到国内外市场的边际收益相等，此时企业的总利润不再继续增加，即企业利润达到最大。因此最佳分配方案的条件可表示为：$MR_H = MR_F$。

另一方面，企业决定其总产量的条件是边际收益等于边际成本，即 $MR_H = MR_F = MC$。根据这一条件，我们便可确定企业在国内外市场上的销售量和价格。在图7-6中，边际成本曲线与企业国内外市场的边际收益曲线的交点分别决定了其在国内外市场的销售量，再由国内外市场的需求曲线，可确定对应销售量的市场价格。企业在国内外的销售价格分别为 P_H、P_F，由于国外市场的需求曲线更为平坦（需求弹性相对较大），故其对应的价格低于国内价格。由于此种倾销行为是为了谋求最大利润，是一种合理的企业行为，所以只要不受约束，它就可持续下去。

（二）掠夺性倾销

掠夺性倾销是指为了挤垮国外市场上的竞争对手，出口商暂时以较低的价格向国外市场销售商品，一旦达到目的、获取垄断地位后，企业又会重新提高价格，以获取垄断性的超额利润。掠夺性倾销的有害性主要表现在企业降低价格的临时性，即进口国消费者只获得了暂时性的利益，一旦重新提高价格，消费者的实际收入水平不但不会上升，反而还会下降。因此掠夺性倾销通常被认为是一种追求垄断地位的行为，被视为一种"不公平贸易"行为。

一般来说，不管是哪一种类型的倾销，都不利于进口国同类产品的生产者，会给它们带来压力，因此倾销会招致进口国生产者的反对。

二、反倾销与反倾销税

虽然倾销对进口国消费者可能有利，但倾销使进口国同类企业或产业的发展面临着严重的压力，甚至造成进口国同类产业难以生存的恶果。因而进口国生产者会要求政府采取反倾销（anti-dumping）政策措施，以抵消倾销对进口国市场的强烈冲击，保护本国同类产业的发展。

反倾销的一般做法是征收反倾销税。所谓反倾销税是指进口国政府在确认外国出口商销售到本国市场的商品有倾销行为时，对该商品征收的进口附加税。

反倾销税的征收可能产生两个方面的影响。首先，它可以减少国内对低价进口品的需求。反倾销税的作用就是抵消倾销价格低于正常商品价格所带来的竞争优势。理论上说，其征税额应为两种价格之间的差额，才能达到抵制不正当竞争或不公平竞争的目的。其次，反倾销税可使进口品价格提高到进口国国内市场价格的水平，从而保护其国内同类商品的生产者。

第五节　其他非关税壁垒

非关税贸易壁垒种类繁多，据估计，目前世界上大约有1 000种以上的非关税贸易壁垒措施。除上面讨论的几种经常使用的非关税措施外，还有一些很重要的非关税措施，如自愿出口限制（voluntary export restrain，VER）、歧视性公共采购、对外贸易的国家垄断、技术标准和卫生检疫标准等。这些措施都是自由贸易的障碍，因而对资源配置效率有不利的影响。

一、自愿出口限制

自愿出口限制是指商品出口国在进口国的要求或压力之下，自愿地限制某些商品在一定时期内的出口数量或出口金额。

事实上，自愿出口限制并非出自"自愿"，它是在进口国的压力下实施的限量出口措施。因而它与配额有相似之处。一般情况下，自愿出口限制的数量是经过进口国和出口国之间的谈判确定的。

表面上看，自愿出口限制是一种比较温和的非关税贸易壁垒，实际上它与配额一样严厉，同样使出口商难以凭借产品的价格优势渗入进口国的市场。

自愿出口限制是进口国比较隐蔽易行的保护措施。一般情况下，一国要调整其进口关税水平，必须征得议会或相关部门的同意，有时可能因为无休止的辩论而延误了时间，因而难以保证保护政策的迅速贯彻和执行，可能因此错过采取保护措施的最佳时机。自愿出口限制则不然，政府可以要求出口国对其出口量加以限制，从而不需要议会或相关部门的认可，就可达到保护本国有关工业的目的。

二、歧视性公共采购

歧视性公共采购是一国政府根据国家有关法律制度，给予国内供应商优先获得政府采购订单的一种非关税壁垒措施。

在各国经济运行中，政府已经成为多种公共物品的购买者，同时政府也已经成为干预经济、保持经济平稳运行的重要角色。为维持本国经济的增长，保证这种购买形成对本国产品的需求，一些国家规定，政府采购要优先购买本国商品，从而形成对外国销售商的歧视。为此国际社会提出一些约束措施，但在具体执行时，尚有许多困难。

三、对外贸易的国家垄断

对外贸易的国家垄断，亦称国营贸易，是指国有企业或公营企业获得特权直接经营对外贸，因而形成对外贸易的国家垄断。

国有企业或公营企业直接经营一国对外贸易的理由很多。一些国家为了控制某些商品的进出口量采取国家专卖制度，这类商品主要有烟、酒及某些关键产品（一些国家将农产品纳入此类）。中央计划经济国家垄断外贸经营是很自然的，因为计划经济本身就包含着对对外贸易的控制。

在国有或公营企业垄断外贸的情况下，关税及其他保护贸易的政策措施的作用十分有限。在此情况下，政府有关部门根据国家计划安排商品的进出口，并通过国有或公营外贸公司具体贯彻执行。在此情况下，即使各种商品的进口关税很低，进口也难以增加。

国营外贸的根本弊病是人为地扭曲了资源的配置，并因垄断而致过度保护和低效率等后果。从国营外贸向自由贸易转变的关键是外贸经营权制度的改变，即从审批制变成注册登记制，这是贸易自由化的重要步骤。

四、技术标准和卫生检疫标准

技术标准是进口国为保证各种商品的进口质量符合一般的技术要求而作出的有关规定。然而，一些国家为限制某些商品的进口，常常规定一些外国难以掌握的技术标准或技术要求，以便寻找阻止外国商品进入本国市场的理由。技术标准是一项比较严厉的非关税壁垒措施。这些标准意味着运到进口国口岸的商品可能因为技术标准不符而被拒之门外。

卫生检疫标准是一国对进口的动植物及其制品、食品、化妆品等实施的必要的卫生检疫，以免传染疾病或病虫害。但它已成为非关税壁垒的一项重要措施。进口国为限制外国商品的进口，常常以不合卫生标准为由将外国产品拒之国门之外。

本章小结

根据国际贸易理论，一国对对外贸易应采取不干预的态度。但现实中，出于各种理由，各国大都会对对外贸易采取种种干预手段。这些干预手段可分为关税和非关税壁垒两大类。关税是一种价格控制手段，有多种形式，如进口关税、进口附加税、过境税、出口税等。进口关税的征收对一国的生产者有利，但不利于国内消费者。在小国情形下，进口关税会导致社会福利净损失；在大国情形下，关税的净福利效应不确定，如果关税的贸易条件效应比较显著，则有可能改善本国福利，反之则降低本国福利水平。进口配额是一种通过对进口数量的限制达到保护本国生产目的的非关税措施，它所起到的限制贸易作用往往比关税要大，使他国不易渗透本国市场。进口配额的影响效应与关税大致相同。进口配额常常与进口许可证结合起来使用，因此在操作过程中透明度较差，容易引发"寻租"等浪费资源的行为。出口补贴是政府对出口采取补贴的方法，以提高出口企业的竞争力，扩大本国出口，但在扩大出口的同时，可能会因贸易条件的恶化，使得政府补贴的一部分转移到国外消费者手里。倾销虽是一种企业低价竞争行为，然而当政府成为这种行为的支持者的时候，便带有一国贸易政策的色彩。倾销虽然有利于进口国的消费者，但对进口国的生产者可能会带来严重后果，所以进口国的生产者往往会要求政府采取反倾销措施（主要是反倾销税），以抵消来自他国倾销的影响。随着时间的推移，非关税壁垒越来越多，特别是在关税不断削减的今天，各国大都把注意力集中到非关税壁垒上。常见的非关税壁垒有自愿出口限制、歧视性公共采购、对外贸易的国家垄断、技术标准和卫生检疫标准等。

即测即评

请扫描右侧的二维码，您可在线自测并查看答案。

练习与思考

1. 关税的主要目的是保护国内生产，但为什么在保护国内生产的同时还会造成消费者福利的损失？

2. 如果将关税改为直接对国内进口替代部门进行生产补贴，那么消费者福利还会受到影响吗？

3. 试比较征收关税与直接对国内进口替代部门进行生产补贴两种做法的净福利效应。

*4. 试析关税对国内要素实际收入的影响。（提示：利用斯托珀-萨缪尔森定理。）

5. 假设某一行业（X_1）需要另两个行业（X_2 和 X_3）的产品作为中间投入，投入产出系数分别为 $\alpha_{21} = 0.2$，$\alpha_{31} = 0.5$，三个行业的进口关税分别用 t_1、t_2 和 t_3 表示，试计算在下列情况下 X_1 的有效保护率。

（1）$t_1 = 30\%$，$t_2 = 20\%$，$t_3 = 10\%$；

（2）$t_1 = 30\%$，$t_2 = 20\%$，$t_3 = 40\%$；

（3）$t_1 = 30\%$，$t_2 = 50\%$，$t_3 = 10\%$。

6. 进口配额与关税在保护本国产业方面有什么异同？如果让国内生产者来选择的话，他们会选择哪种措施？

7. 以大国情形为例，试画图分析配额的福利效应。

*8. 以小国为例，在下列两种情况下，试比较关税与配额对国内生产、消费及进口的影响效果的变化：

（1）由于某种外来冲击，进口商品的世界市场价格突然下跌；

（2）由于收入水平的提高，国内需求增加。（提示：考虑国内需求曲线的外移。）

9. 以小国情形为例，试画图分析出口补贴的福利效应。

10. 欧洲的飞机制造业得到好几个国家政府的资助，据估计，这些资助相当于某些飞机售价的 20%。也就是说，一架售价 5 000 万美元的飞机，其成本可能为 6 000 万美元，其差额即为这些欧洲国家政府的补贴。另外，从其他国家购买零部件的成本构成一架欧洲飞机售价的一半（假设对零部件进口不征关税）。按照这种估计，请问欧洲飞机制造商得到的有效保护率是多少？

11. 试结合实际分析关税与非关税壁垒的应用前景。

第八章
贸易保护的依据

前一章阐述了贸易干预一般会导致社会福利的损失，实际上是从另外一个方面印证了前六章所证明的一个结论：自由贸易是好的。既然自由贸易对各国来说都是一件好事，为什么实践中还要限制贸易呢？历史上为贸易保护所做的辩护从未停止过，不过绝大多数的辩护经不起严格的推敲，并不能为贸易保护提供充足的理由，但也有少数的关于贸易保护的论据（argument）产生了很大影响，特别是得到了一些经济学家的认同。这些主要的贸易保护观点大致可划分为两类：一类认为自由贸易是最佳选择。这样的观点仅限于理论上，它的成立是以完全竞争市场、不存在外部经济性等一些苛刻的假设为前提的，即需要满足最优市场条件（optimal market condition）。但现实中，这些条件往往难以满足，诸如外部经济、垄断等所谓的国内扭曲（domestic distortion）的存在会改变对自由贸易的看法。通常这类贸易保护主义观点以国内扭曲为由，如幼稚产业论。另一类则从收入再分配的角度出发，把贸易政策的制定视为不同利益集团院外活动的结果。通常这类观点统称为贸易政策或贸易保护的政治经济学。

第一节　贸易条件改善论

前一章已明确提出，在大国情形下，关税可改善本国的贸易条件，这意味着关税有可能改善本国的福利水平，即实施贸易保护可获得超过自由贸易的利益。这一点正是最佳关税论（optimum tariff）的核心思想。

一、供求弹性与关税承担

在大国情形下，关税负担是由国内消费者和国外出口商共同承担的，双方承担的程度取决于出口商产品的供给弹性和进口国对该产品的需求弹性。

所谓需求有弹性是指当产品的市场价格变化时，需求量变化的程度（百分率）超过该产品价格本身的变化程度。同样，供给有弹性是指当商品价格变化后，供给量变化的程度超过其价格变化的程度。从国际贸易的角度看，某种产品的出口供给弹性取决于该产品对征税国市场的依赖程度。当出口国厂商对进口国市场的依赖程度较大时，该厂商对进口国的产品供给弹性就较小，反之厂商对该产品的供给弹性则较大。某种产品在进口国的需求弹性决定于三个因素，即消费者对该产品本身的需求弹性、对来自国外出口商产品的依赖程度以及外国出口商产品所面临的替代品的多寡。

当一国政府对某种产品征收进口关税时，国外生产者和国内消费者承担关税与否以及承担关税的程度，取决于被征税厂商产品的供给弹性与需求弹性。一般而言，如果征税产品的供给弹性很小，就意味着外国出口商要承担更多的关税，因为出口商对进口国市场依赖程度较大，如果出口商将税赋额全部加到价格上去，由进口国国内消费者承担关税，那么出口商在进口国的市场份额就会面临较大的损失。另一方面，对出口商而言，该进口国市场可能非常重要，以致没有其他市场可以替代，于是出口商就不得不承担较多的关税。相反如果进口国市场对出口国厂商无足轻重，那么出口商就不愿意承担任何关税。在此情况下，出口商的出口面临两种可能：一是进口国消费者对该厂商产品的需求有弹性，结果其出口规模下降；二是进口国消费者对该厂商产品的需求弹性较小，甚至无弹性，结果进口国的消费者可能承担绝大部分进口关税。最佳关税就是在充分考虑出口供给弹性和进口需求弹性的基础上，确定一适当的关税水平。

二、最佳关税

最佳关税亦称最优关税，是指使本国福利达到最大的关税水平。确定最佳关税的条件是进口国由征收关税所引起的额外损失（边际损失）与额外收益（边际收益）相等。

最佳关税不会是禁止性关税。[①] 因为在禁止性关税下，进口国不能进口该产品，因而也就无从中获利可言。因此，进口关税高并不意味着收益高。最佳关税也不会是零关税。零关税也不能使进口国获得任何经济利益。因此，最佳关税应该在禁止性关税和零关税之间。在这个幅度内的进口关税水平可使外国出口商承担一部分关税。在进口需求弹性一定的情况下，最佳关税水平取决于外国出口商产品的供给弹性。外国出口商的产品供给弹性

[①] 禁止性关税是指使进口为零的关税水平，即在禁止性关税下，国内经济又回到自给自足状态。

越大，最佳关税水平就越低；外国出口商产品的供给弹性越小，最佳关税水平就越高。进口国政府确定的最佳关税水平与出口国厂商向进口国提供产品的供给弹性成反比。

由上述分析可知，在进口国的需求弹性较大和出口国的供给弹性较低的情况下，征收关税可明显改善本国的贸易条件，从而可能使本国福利增加。而所谓最佳关税就是指在零关税与禁止性关税之间，存在某一最佳点，在这一点，因贸易条件改善而额外获得的收益（边际收益）恰好抵消了因征收关税而产生的生产扭曲和消费扭曲所带来的额外损失（边际损失）。

最佳关税的确定可由图 8-1 说明。图 8-1 中横坐标表示关税税率，纵坐标表示征收国的福利水平，曲线 AB 表示关税水平对本国福利的影响。A 点对应的关税为零，即 A 代表自由贸易状态下的社会福利水平。t_H 表示禁止性关税，对应于该关税水平，国内经济又回到了封闭状态下，所以当关税水平大于或等于 t_H 时，社会福利水平要低于自由贸易下的福利水平。如图 8-1 所示，曲线 AB 在 C 点的切线斜率为零，在这一点，进口国的福利水平达到最高，对应于这一点的关税税率为 t^*，该税率即为最佳关税。

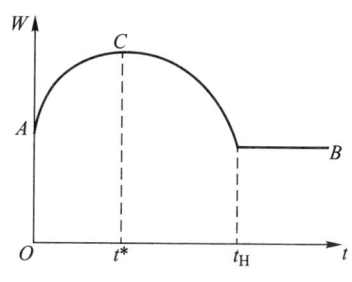

图 8-1　最佳关税水平的决定

三、最佳关税与抽取垄断租金

上面关于最佳关税的讨论是基于供求弹性而言的，此外，还有一种情况，也可说明最佳关税的来源。如果出口商在进口国市场上具有垄断力量，那么进口国对进口商品征收关税可迫使垄断厂商放弃一部分垄断利润，这部分放弃的利益实际上转移到了进口国。因此，在这种情况下，征收关税意味着从出口商（垄断厂商）那里抽取一部分垄断租金（snatching rent），即关税带来的利益来源于垄断厂商的一部分垄断利润。

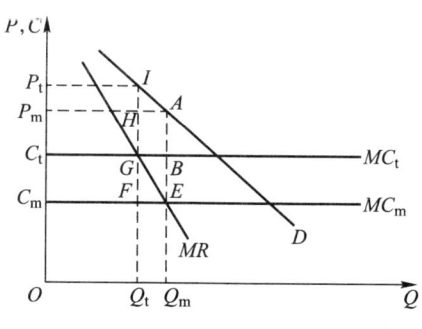

图 8-2　关税对垄断租金的影响

这里我们以图 8-2 为例，来说明垄断租金的抽取。假定在进口国市场上没有其他生产者生产同类产品，因而出口商是进口国市场某种产品的唯一供应者（或垄断者）。图 8-2 中进口国国内需求曲线为 D（这也是出口商在进口国所面对的需求曲线），边际收益曲线为 MR，为了方便起见，假设出口商的平均成本与边际成本相同，且为常数，故平均成本曲线与边际成本曲线是同一条直线。

在进口国征收关税前，出口商根据利润最大化条件 MR=MC 决定其在进口国国内市场的销售量和价格，图中边际收益曲线 MR 与边际成本曲线 MC_m 的交点决定了销售量和价格，分别为 Q_m、P_m。此时，出口商获得的垄断利润为 $P_m AEC_m$。

征收关税后，出口商的出口成本由 C_m 升至 C_t，现在出口商出于利润最大化的考虑，会重新确定其销售量与价格。由图 8-2 可知，它将以更高的价格 P_t 出售低于原先销售量的产品（Q_t）。由于边际收益曲线比需求曲线更陡，所以征收关税后，进口商品价格的上涨幅度要低于出口商成本的上涨幅度（$P_tP_m<C_tC_m$）。

由于征税后，进口国国内市场进口商品价格上升，且消费减少，所以消费者福利遭受损失。如图 8-2 所示，消费者剩余的减少部分为 P_tIAP_m，但政府财政收入增加了 C_tGFC_m。此时，关税的净福利效应取决于 P_tIAP_m 与 C_tGFC_m 的比较。因为价格上涨的幅度小于关税，即 $P_tP_m<C_tC_m$，所以 $P_tIHP_m<C_tGFC_m$。如果进口需求弹性比较高（即需求曲线比较平坦），那么 $\triangle IAH$ 的面积就会很小，此时，关税就有可能改善进口国的福利。在这种情况下，可确定一最佳关税率，使得进口国的福利达到最大。

另一方面，征税后，出口商的利润要减少，如图 8-2 所示，出口商的利润减少部分 = （C_tGFC_m+HAEF）$-P_tIHP_m$，即关税"抽取"了部分垄断利润。

四、关税战

最佳关税论虽然指出贸易保护可能使一国获得比自由贸易更多的利益，但这种利益的获得是以他国利益的牺牲为代价的，因为征收关税在改善进口国贸易条件的同时，使其贸易伙伴国的贸易条件恶化，所以贸易伙伴国的利益会遭受损失。这种"以邻为壑"的做法自然容易遭到利益受损方的报复。如果贸易伙伴国进行报复，反过来对来自原征税国的进口产品也征收最佳关税，那么就会使得最初征收关税国家的目的落空，甚至可能爆发关税战。

历史上，最为著名的一次关税战发生在 20 世纪 30 年代。当时，面对 1929 年出现的世界性的经济危机，美国国会在 1930 年 6 月 17 日正式通过斯穆特-霍利关税法案。根据该税则，美国的关税率在 1929—1933 年间提高了近 50%，并开始征收报复性关税。西班牙于同年 7 月通过了维斯税则，针对葡萄、柑橘、原木和葱头的关税采取报复性行动。瑞士为反对美国对手表、刺绣品和鞋类征收关税，抵制美国的出口商品。意大利为反击对帽类和橄榄油征收关税，于 1930 年 6 月对美国和法国的汽车征收了高额进口关税。加拿大于 1932 年 8 月将对许多食品、原木和木料征收的关税提高了 30%。此外澳大利亚、古巴、法国、墨西哥和新西兰也加入了这场关税战。这场关税战对 20 世纪 30 年代的大危机产生了极大的消极影响，至少对危机之后的经济恢复起到了阻碍作用。

第二节　幼稚产业论

最佳关税论强调的是目前的利益所得，有时关税或其他的贸易壁垒虽然会在短期内造成本国福利损失，但在未来可实现一些潜在利益，只要未来获得的利益足以弥补现在的损失，那么保护仍然是有利可图的。也就是说在这种情况下，保护着眼于将来的利益，这便是幼稚产业论的基本观点。

幼稚产业论的观点最早是由美国政治家汉密尔顿（Alexander Hamilton）于 1791 年提出的，但真正引起人们注意的是德国经济学家李斯特（Friedrich List）的论述。他在 1841 年出版的《政治经济学的国民体系》一书中详细阐述了幼稚工业保护的理论。在李斯特看来，一国实行贸易政策的原则是其贸易政策必须同本国工业发展的进程相适应。李斯特认为，各国经济发展的历史都要经历 5 个阶段，即原始未开化时期、畜牧时期、农业时期、农工业时期、农工商业时期。不同时期应该采取不同的贸易政策。在农业时期，一国可以实行自由贸易政策，自由输出农产品，自由输入工业品，一方面可以促进农业的发展，另一方面可以培育工业基础。在农工业时期要实行贸易保护政策，对本国有发展潜力的工业，采取贸易保护措施，防止外国工业品的竞争，实现本民族工业的建立与发展。在农工商业时期，当本国的工业已经有了相当的基础以后，可以采取自由贸易政策，并用先进的工业品打入别国市场，以获取最大的贸易利益机会。关于保护工业的选择，李斯特所主张的贸易保护并非是对所有工业的保护，而是对有前途的工业采取贸易保护。另一方面，李斯特主张的贸易保护也并不是持续性的，而是暂时性的。当被保护的工业发展起来以后，应该取消保护。关于保护手段的选择，李斯特认为，贸易保护的主要手段应该是关税。一国制定的关税水平要适当，既不能过高，也不能过低。同时李斯特也认识到，征收关税会使国内该商品的价格上升，使消费者的福利受到损失。但是，随着本国工业的发展，该商品的国内价格将会下降，消费者将能够享受本国经济发展的长远利益。如果这种长远利益大于短期利益，该国就应该实行贸易保护政策。在李斯特看来，这一选择对经济处在发展中的国家而言尤其重要。

一、幼稚产业的含义

所谓幼稚产业（infant industry），是指处于成长阶段尚未成熟、但具有潜在优势的产业。为了实现潜在的优势而对该产业实行暂时性的保护是完全正当的，因为如果不提供保护，那么在国外已成熟行业的竞争下，该产业的发展便难以继续，潜在优势也就无法实现。不过当该产业成长起来、在国际市场上具备竞争力以后，保护就显得不必要了，此时正确的选择是撤除保护，实行自由贸易。如果一种产业缺乏发展潜力，要靠永久保护才能生存下去的话，那么这种产业便不能称作幼稚产业。

图 8-3 给出了幼稚产业保护前后的变化与福利效应。以 Y 代表幼稚产业的产品，在图 8-3 中，其在发展初期所对应的生产可能性曲线 AA' 并不能反映其将来潜在的可能性曲线。如果选择自由贸易，那么对应于世界相对价格 p^*，本国出口 X，进口 Y，生产均衡点为 Q，消费均衡点为 C_0，社会福利水平为 U_0。短期内假设本国对 Y 产品进口征收禁止性关税，则征税后的国内价格 p_1 回到了封闭条件下的价格水平，生产均衡点和消费均衡点重合于 C_1，对应的社会福利水平为 U_1，低于自由贸易条件下的福利水平。但是，保护期间，Y 产品的生产部门得到了更大的发展，产出扩大过程中生产效率有了很大改善，或产生明

显的外部规模经济。从长期看，本国的生产可能性边界 BA' 向外移动到一个更高的水平，此时，撤除保护性关税，假设本国在世界市场上是小国，本国的发展不影响世界价格，那么有两种可能结果：① 如图 8-3（a）所示，对应于 p^*，本国仍然出口 X 产品，进口 Y 产品，生产均衡点为 Q^*，消费均衡点为 C_2。但与保护前相比，社会福利得到了改善，由 U_1 对应的福利水平上升到 U_2 对应的福利水平。② 如图 8-3（b）所示，由于 Y 产品生产部门的发展十分显著，对应于 p^*，本国反倒由 Y 产品的进口国变为 Y 产品的出口国，生产均衡点为 Q^*，消费均衡点为 C_2，社会福利水平由 U_1 提升至 U_2，高于自由贸易条件下的福利水平 U_0。

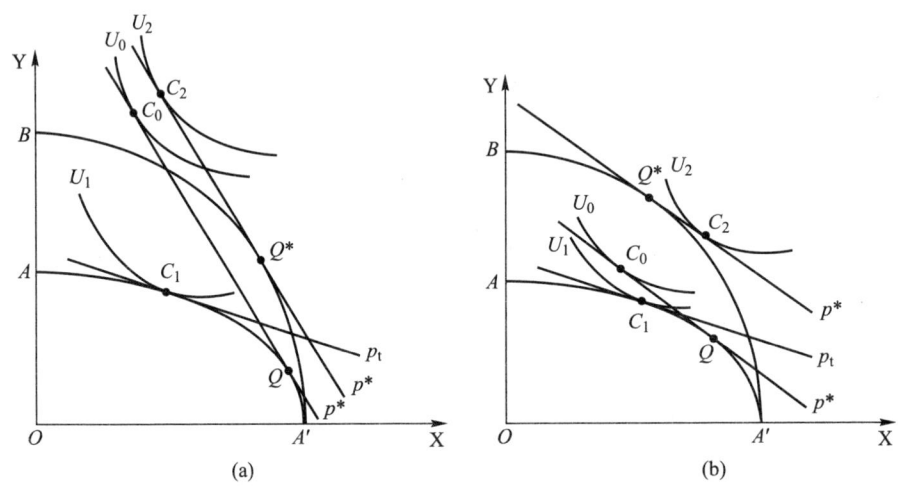

图 8-3　幼稚产业的保护效果

虽然上述理论分析对幼稚产业论提供了支持，但具体运用过程中，幼稚产业论面临两个问题：一是幼稚产业的遴选问题；二是保护方式问题。

二、幼稚产业的判定标准

幼稚产业保护的论点通常是以尚未实现的内部规模经济或外部规模经济的存在为前提，因此判定幼稚产业必须比较其现在与未来的发展。关于幼稚产业的判定，历史上很多学者提出了各种各样的标准，归纳起来，主要的判定标准有以下三种。[①]

（一）穆勒标准

根据穆勒的标准（Mill's test），当某一产业规模较小、其生产成本高于国际市场价格的时候，如果任由自由竞争，该产业必然会亏损。如果政府给予一段时间的保护，使该产业能够发展壮大，以充分实现规模经济，降低成本，最后在经历保护期之后，该产业完全

---

① 陈正顺. 国际贸易. 台北：三民书局，1993.

能够面对自由竞争，并且获得利润，那么该产业就可以作为幼稚产业来加以扶植。

穆勒标准的实质就是，假设与其他国家的同类产业相比，本国产业面对一条更为陡峭的向下倾斜的平均成本曲线。这样，虽然在发展的初期本国的生产成本居高不下，但是随着产业规模的不断扩大，本国产业的生产成本会以更快的速度下降，从而从将来某个时间起，本国产业的生产成本反而低于其竞争对手，那么即使将来不再保护，本国产业在国际竞争中也会处于有利地位。因此，穆勒标准强调的是将来成本上的优势地位。

（二）巴斯塔布尔标准

对于穆勒标准，后来的一位经济学家巴斯塔布尔（C. F. Bastable）认为，判断一种产业是否属于幼稚产业，不光要看它将来能否具有成本优势，还要在将保护成本与该产业未来所能获得的预期利润的贴现值加以比较之后才能确定。如果未来预期利润的贴现值小于目前的保护成本，那么对该产业进行保护是得不偿失的，因此该产业就不能作为幼稚产业加以保护；如果未来预期利润的贴现值大于保护成本，那么对该产业加以保护才是值得的。上述条件就是所谓的巴斯塔布尔标准（Bastable's test）。巴斯塔布尔标准比穆勒标准要求更高，即它要求被保护的幼稚产业在经过一段时期的保护之后，不仅能够自立，而且还必须能够补偿保护期间的损失。

（三）坎普标准

坎普标准（Kemp's test）是经济学家坎普在综合上述两个标准的基础上提出的。与强调内部规模经济的前两个标准不同的是，坎普标准更加强调外部规模经济与幼稚产业保护之间的关系。

坎普认为，在存在内部规模经济的情形下，即使某一产业符合穆勒和巴斯塔布尔的标准，政府的保护也不见得是必要的。因为，对于厂商或投资者来说，其决定是否生产或投资的标准不是光看眼前的利益，而且考虑未来各期的预期收益。如果未来的预期收益的贴现值能够抵消现在的损失，那么在没有保护的情况下，即使暂时遭受亏损，他也会继续生产或投资。此时政府的保护并不是该产业发展的必要条件。也就是说，就算政府不保护，该产业亦会自动地发展下去。

但在存在外部规模经济时，情况就不同了。私人边际收益与社会边际收益之间的偏离，可能会导致私人投资动力的缺乏，产业继续发展也就谈不上了。如果某一产业能够产生外部经济效应，那么该产业的发展就会给其他某些产业或社会带来额外的好处。在此情形下，即使该产业不符合巴斯塔布尔标准，即保护成本大于该产业预期利润的贴现值，但只要其在保护之后，能够产生显著的外部经济效应，则仍有保护的必要。坎普标准将外部经济性与幼稚产业保护联系在一起，即如果某一产业将来在经过保护之后能带来外部经济效应，则暂时性的保护是可以考虑的。

三、保护方式：关税与生产补贴的比较

一般来说，针对国内扭曲的政府干预最佳选择应是直接针对扭曲的，任何间接干预只

是次佳（second-best）选择。幼稚产业论的目的是保护国内生产，促使生产效率提高，既然是针对国内生产，显然直接的保护方式应是引入生产补贴，采用关税等贸易壁垒的方式并不是最佳选择。

图 8-4 对关税与生产补贴的效果进行了比较。在图 8-4（a）中，假设本国是一个小国，征收禁止性关税 t，征税后 Y 的价格由 P_w 升至 P_w+t。价格的上升刺激国内厂商增加生产，国内产出由原来的 Y_0 提高到 Y_1，但价格上升同时也抑制了国内的消费，消费由原来的 Y_2 下降到 Y_1。如果改用补贴的方式保护国内生产，那么结果会怎么样呢？在图 8-4（b）中，本国采取直接给予国内厂商补贴的办法，假设每单位产品补贴 s，补贴后厂商原来的生产成本中的一部分由政府承担，在同样的价格下，现在厂商愿意提供的商品比原来增加了，如图 8-4（b）所示，厂商供给曲线向右下方移动。选择恰当的补贴水平，使得移动后的供给曲线与世界价格（P_w）线的交点对应的产出水平为 Y_1，这意味着采用补贴的方法，同样可达到关税的生产保护效果。但与关税不同的是，生产补贴不影响消费者所面对的价格，所以不影响消费。图 8-4（b）中，生产补贴情形下的市场价格还是 P_w，消费为 Y_2。与图 8-4（a）对比，国内生产的数量是相同的，都是 Y_1，但关税情形下的市场价格是 P_w+t，高于补贴下的价格。

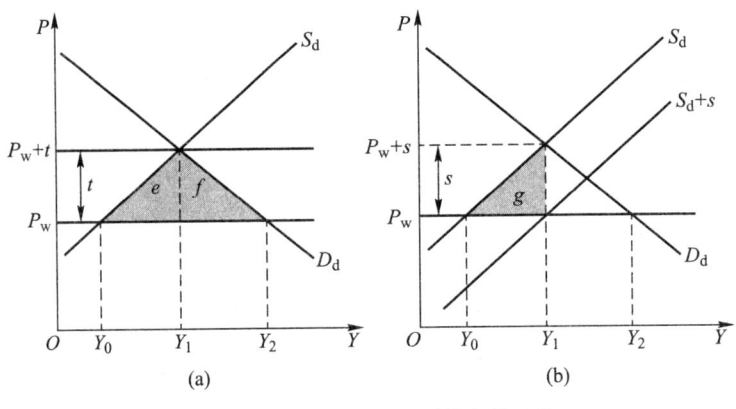

图 8-4　关税与补贴福利效应的比较

两种政策措施虽然对国内生产的保护效果相同，但对消费者影响则不同，所以福利效果自然也不尽相同。如图 8-4 所示，关税对应的社会福利净损失为 $e+f$，而生产补贴对应的社会福利净损失为 g。换句话说，关税的保护代价高于生产补贴。

综上所述，幼稚产业论的内涵无论如何演变，但实际上，这种论据并不能为贸易保护提供充足的理由。因为即使某一产业需要政府的扶持，但不一定非要采取贸易保护的手段，如关税或配额等工具。事实上，对幼稚产业直接采取生产补贴的办法要比关税等手段更为可取，因为生产补贴只会造成生产扭曲，但可避免消费扭曲，所以补贴与进口壁垒相比，保护成本更低。从这个意义上讲，幼稚产业论并不是贸易保护的一个十分合理的依据，这一点需要特别说明。

第三节 战略性贸易政策

20世纪80年代中期，出现了一种新的贸易政策理论。这一贸易政策理论与第六章我们所讨论的不完全竞争贸易理论有内在的联系，具体地说，该贸易政策理论是建立在不完全竞争理论基础上的一种政策分析。其中比较重要的一种贸易保护论据称为"战略性贸易政策"（strategic trade policy）。这种政策观点之所以冠以"战略性"，是因为该政策是针对一种特殊的不完全竞争市场结构——寡头垄断市场结构而提出的。在寡头垄断市场结构下，政府对贸易活动进行干预的目的是，改变市场结构或环境，以提高本国企业的国际竞争力，使本国企业获得更多的垄断利润或租金。战略性贸易政策最为强调的政策主张主要有两种：一是出口补贴；二是进口保护以促进出口。

一、战略性出口政策：出口补贴

战略性出口政策最早是由布兰德（Brander）和斯潘瑟（Spencer）两位经济学家提出的。[①] 两位经济学家证明：在不完全竞争条件下，出口补贴的效应不同于前一章我们在完全竞争条件下所考察的出口补贴效果，如果市场结构是寡头垄断的，那么出口补贴可提高本国企业在国际市场上的市场占有率，从而获得更多的超额利润。若新增的利润能够抵消出口补贴的成本，那么实行出口补贴就可提高本国福利。以下我们以双寡头市场结构为例，来说明出口补贴的效果。

我们不妨把考察对象分别称作H国和F国，假设世界市场（不包括H和F两国国内市场）上只有分别来自H国和F国的两个厂商，即世界市场是双寡头结构[②]。另外假设两个厂商的决策变量为产量或销售量，这样我们的问题就变成了古诺模型所讨论的问题。

在寡头市场条件下，每个厂商的决策都取决于其对竞争对手情况的判断，对应于竞争对手的不同情况，每个厂商的最佳应对策略也不同。在第六章我们曾引入反应曲线这一概念来描述寡头条件下厂商的最佳决策过程。这里我们就采用厂商反应曲线来说明寡头市场均衡的决定。

在图8-5中，横坐标表示H国厂商在世界市场的销售量，纵坐标表示F国厂商在世界市场的销售量；曲线 HH' 与 FF' 分别表示H国和F国厂商的反应曲线。HH' 与 FF' 两条曲

---

① Spencer B J, Brander J S. International R&D Rivalry and Industrial Strategy. Review of Economic Studies, 1983（50）：707-722.

Brander J S, Spencer B J. Export Subsidies and Market Share Rivalry. Journal of International Economics, 1985（18）：82-100.

② 在其他的一些文献里，经常以世界民航客机市场为例来说明战略性出口政策。现实中，世界民航客机市场基本上被两家企业所瓜分，其中一家是美国的波音公司，另一家是欧洲的空中客车公司，因此世界民航客机市场可近似看作是双寡头市场结构。

线的交点 E 是古诺均衡点，对应于 E 点，H 国和 F 国厂商的均衡销售量分别为 q_H^0、q_F^0，也就是说，在这一点，每个厂商都不愿再改变其选择。均衡时，每个厂商都获得一部分超额利润，至于所得利润的多寡则取决于每个厂商的市场份额，销售量越大或市场份额越高，则厂商获得的利润就越多。

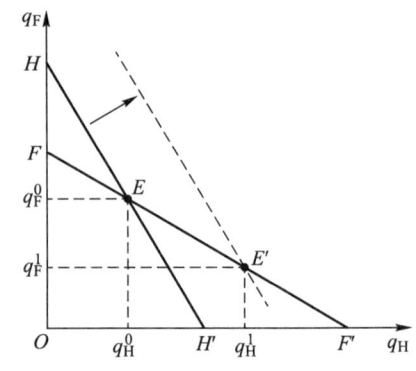

图 8-5　补贴对古诺均衡的影响

现在假设 H 国的厂商希望提高其利润，那么它能否通过扩大销售量来达到目的呢？答案是否定的。因为如果它自行扩大产出与销售量，市场价格马上就会下降，从而增加销售所得的收益会被价格下降所带来的损失抵消。因此对 H 国的厂商来说，它只能接受对应于 E 点的产出水平与利润，无法依靠自身的努力提高其利润所得。

但是，如果 H 国的厂商转而求助于本国政府，并能说服政府对其进行资助的话，那么结果又会有所不同。假设 H 国政府对本国出口商提供出口补贴，则本国厂商的出口实际边际成本将低于其生产中的边际成本，两者之间的差额等于单位产品补贴金额。此时，H 国厂商再增加产出与销售量，虽然价格下降导致其边际收益降低，但由于边际成本也下降了，所以增加出口可使 H 国厂商获得更多的利润。与此同时，F 国厂商的利润也将受到影响。为了抵消因价格下降而导致的利润下降，F 国厂商不得不减少产出与销售量，以促使价格回升，减少其利润损失。

在图 8-5 中，政府提供出口补贴后，相当于降低了厂商的边际成本，H 国厂商的反应曲线向右移动，新的反应曲线（如图 8-5 中虚线所示）与 F 国厂商的反应曲线相交于 E' 点。对应于新的均衡点，H 国厂商的产出与销售量扩大到 q_H^1，而 F 国厂商的产出与销售量则减至 q_F^1。补贴后，H 国厂商的利润比之前增加了，但 F 国厂商的利润则下降了。因此，在这种情况下，H 国厂商利润的增加是以 F 国厂商利润的损失为代价的，所以这也属于一种"利润转移"或"抽取租金"的行为。

出口补贴对 H 国的福利影响有两方面：一是增加本国厂商的利润；二是增加了政府支出。由于不考虑国内市场，所以出口补贴对国内消费者福利没有直接的影响，如果本国厂商利润的增加超出政府补贴支出，那么本国福利将会改善。也就是说，在这种情况下，本国实行贸易保护要优于自由贸易。

 专栏

空中客车与波音的补贴大战

民航飞机行业是典型的资本和技术密集型行业，存在明显的规模经济和学习效应，对其他行业的带动作用也十分显著。另外，研发、生产新型号的飞机需要大量的资金投入，而且风险高，如果没有政府的支持，企业往往难以承担巨额费用和风险，因此发达国家在本国航空工业的发展过程中都采取政策扶持。世界大型民航飞机市场基本被波音和空中客

车两大寡头垄断，为了在民航飞机市场竞争中获得优势，40 多年来，欧美之间爆发了激烈的补贴大战。

1960 年代末期，波音公司开发出世界首款 747 宽体民航客机，欧洲政治家担心美国三大巨头（波音、麦道、洛克希德）对民航客机市场形成垄断，为了能与美国民航飞机制造商竞争，1970 年，法国、德国、西班牙和英国四个国家联合成立了空中客车公司（Airbus）。在空中客车新机型的研制和上线生产阶段，欧洲四国给予了巨额财务支持，其中"启动基金"（launch aid）就是主要的一种政府补贴形式，它占新机型和引擎研发成本的比重高达 60% 左右。如果研发失败，企业无需偿还这笔费用，只有当客机生产交货之后，企业才被要求逐步偿还政府的启动经费。

从 20 世纪 80 年代开始，空中客车开始逐步发展壮大，在国际民航飞机市场，对美国波音公司的市场领先地位构成威胁，美国由此开始指责欧洲国家政府为空中客车提供非法补贴。欧洲国家则反过来指责美国政府为波音公司提供了大量的间接补贴，例如，美国政府一直通过军事采购订单和军事研发项目，支持波音公司的发展，空中客车指出，在 1976—1991 年间，美国政府为波音公司提供的间接补贴高达 180~220 亿美元。

1992 年，欧美双方经过多轮谈判，达成协议，同意将对各自企业的政府补贴限制在新机型研发成本的三分之一以下，并且在 17 年内还本付息。但这份协议未能阻止空中客车的迅猛发展势头，2003 年，空中客车的民用飞机交货量首次超过波音，美国再次就补贴问题向欧盟发难。2004 年 9 月，美国和欧盟再次就补贴进行协商，但双方分歧巨大，双边会谈无果而终。同年 10 月，美国向 WTO 提起诉讼，指责欧盟违反了 WTO《补贴与反补贴》协定，对空中客车提供大量补贴。欧盟则反诉美国对波音提供巨额非法补贴，双方开始了长达多年的互诉。

2011 年 5 月，WTO 对美国诉讼欧盟非法补贴案做出终裁，认定空中客车获得 180 亿美元的非法补贴；2012 年 3 月，WTO 对欧盟诉讼美国非法补贴案也做出终裁，裁定波音公司获得美国政府非法补贴，但没有认定非法补贴的具体金额。2013 年 4 月，美国与欧盟之间就波音和空中客车补贴问题再起波澜，美国向 WTO 提出，欧盟没有遵守撤回对空中客车不公平补贴的要求，而欧盟则要求美国遵守 WTO 对波音补贴案的裁决。双方之间围绕民航飞机的补贴大战远未结束。

二、进口保护以促进出口

所谓进口保护以促进出口（import protection as export promotion），是指通过保护厂商所在的国内市场，来提高其在国外市场的竞争力，达到增加出口的目的。这一观点是由克鲁格曼提出的。[1] 以下还是以双寡头市场结构为例来说明这种观点。

---

① Krugman P R. Import Protection as Export Promotion: International Competition in the Presence of Oligopoly and Economies of Scale. //Kierzkowski H. Monopolistic Competition and International Trade. Oxford: Oxford University Press, 1984: 180–193.

假设 H 国厂商的边际成本是递减的，H 国厂商不仅在国外市场（第三国市场）上面对 F 国厂商的竞争，而且在其国内市场也要面对 F 国厂商的竞争，即国内外市场都是双寡头市场结构。在自由贸易下，两个厂商在 H 国国内市场、第三国市场上的销售，分别由这两个厂商在两个市场上的反应曲线的交点决定。

现在假设 H 国政府对来自 F 国厂商的进口商品征收关税，以限制 F 国厂商的产品在 H 国市场的销售，于是 H 国厂商的生产增加。由于边际成本递减，所以 H 国厂商的边际成本因生产规模扩大而下降。边际成本下降之后，H 国厂商在第三国市场的反应曲线跟图 8-5 所示的情况一样，向右移动，结果自然也与出口补贴的情形一样，即 H 国厂商对第三国的出口增加，所获得的利润也增加，而 F 国厂商则出口下降，利润减少。如果关税导致的本国厂商利润增加部分与关税收入之和，能完全抵消关税保护的成本，那么保护国的福利会改善。

三、战略性贸易政策的有效性

战略性贸易政策理论虽然给出了贸易保护的一个理由，但是自提出伊始就受到来自多方面的质疑与批评。

首先，战略性贸易政策的成功必须以利润转移部分超过补贴额或关税保护成本为先决条件。如果超额利润不大就会得不偿失，所以只有在市场超额利润足够大的情况下，战略性贸易政策才会有效。

其次，战略性贸易政策行为视厂商的竞争行为类型而定。比如在战略性出口贸易政策中，给予本国企业以补贴的政策选择是基于古诺模型（以产量作为厂商的决策变量）提出的，而若换为伯特兰模型（以价格作为厂商的决策变量），则会得出最优战略性贸易政策是出口税而不是出口补贴的结果。再如若寡头厂商致力于不变的猜测，而且每一个厂商的猜测与竞争对手的实际反应完全一致时，实现利润转移是一件不可能的事，从而自由贸易政策成为最优选择。这些都表明战略性贸易政策的理论基础还十分脆弱。

再次，也是最为重要的一点，战略性贸易政策的成功运用是以对手不采取行动为前提的。但在寡头市场结构下，利润转移效果很容易就会被竞争对手觉察出来，这样一来，竞争对手也会要求其政府采取同样的政策来对付对方，从而爆发补贴战或关税战。因此，在现实中战略性贸易政策易招致出口国报复，与实行自由贸易相比，会导致两国更大的损失，造成两败俱伤。也就是说，该政策也许能得一时之逞，但从长期角度来考虑，并不是最佳选择。特别是在"以牙还牙"的威慑力足够大的情况下，战略性贸易政策可能根本就不会单方面实施。

最后，战略性贸易政策在现实运用中还会受到多边规则的约束。随着在 WTO 多边框架下进行的多边贸易自由化的深化，制定最优关税率的可能性受到限制，出口直接补贴则被明令禁止，一些间接补贴也被列入"可申诉"之类，采取价格歧视式的国内外差别定价也被视为"倾销"行为。这些都使实施战略性贸易政策受到了"游戏"规则的束缚。

事实上，战略性贸易政策理论倒是从另外一个侧面说明了多边贸易自由化的合理性。虽然自由贸易对所有国家都有好处，但在市场不完全竞争的情况下，单方面的贸易自由化只会损害本国的利益（因为存在利益转移），所以谁都不愿意单方面进行贸易自由化。但如果形成一种约束机制，使得大家采取统一行动，共同进行贸易自由化，那么各国福利都会改善。

第四节　贸易政策的政治经济学

前面所讨论的贸易保护论都有一个共同点，那就是假设政府在制定政策过程中，都是以本国整体福利的最大化为目标。也就是说，政府在决定是否采取保护或采取什么样的政策措施时，考虑的是这种政策能否使本国福利得以改善。但是，根据这种规范分析方法得出的结果往往不能很好地说明现实中的贸易保护主义。比如，幼稚产业论主张只保护有潜力的新兴产业，但在发达国家，受保护的往往是一些目前相对落后的成熟产业，甚至是夕阳产业。再比如，在某些情况下，如果要保护的话，最佳的选择应是针对国内生产直接进行补贴，而不是关税，更不应该是配额等保护成本更高的非关税壁垒，但在现实中，政府在选择保护措施时，通常更偏向于配额等非关税壁垒。这些现象说明，已有的贸易保护理论或观点已不能很好地解释实际现象，需要一种新的解释。

自 20 世纪 80 年代起，越来越多的经济学家转而以实证分析方法研究贸易政策问题。这种分析吸收了公共选择理论的一些思想，能比较好地解释现实中的贸易保护主义现象，这就是所谓的贸易政策或贸易保护的政治经济学（political economy of trade policy or protection）。

贸易政策的政治经济学是基于这样一种思想：任何一项经济政策都可能会影响到一国的收入分配格局，因而不同社会阶层或利益集团对此会有不同的反应，受益的一方自然支持这项政策，而受损的一方则会反对这项政策，各种力量交织在一起最终决定政策的制定或选择。

根据第四章的特定要素模型，我们知道自由贸易有利于出口部门的特定要素（资本），而不利于进口替代部门的特定要素（资本），劳动者所受的影响则不确定。反之，若对进口商品征收关税或设置其他贸易壁垒，则会提高进口替代部门特定要素的实际收入，降低出口部门特定要素的实际收入，对劳动者实际收入的影响不确定。那么究竟是实行自由贸易政策还是实行贸易保护政策，要看不同利益集团院外活动的结果。

为了简化起见，我们把利益集团分成三种：进口替代部门、出口部门和消费者群体。为了使政策制定有利于自己一方，假设各个利益集团通过院外活动方式来游说政府部门政策制定者。院外活动需要一定的成本，但是并不是每个人都愿意负担这样的成本。一般来说，由于外国商品的进口对进口替代部门的冲击比较明显，再加上很多行业的生产者常集聚在一地，所以进口替代部门的院外活动比较容易进行；对出口部门来说，对进口替代部门的保护虽然不利于本部门，但影响效果是间接的，不容易判断清楚，所以出口部门对进口保护的反对可能并不十分强烈；在三个利益集团中，消费者群体对贸易政策的态度可能最为暧昧，虽然限制进口会导致消费者利益受损，但进口商品只是消费者众多消费品中的一种，所以每个消费者利益受损的程度可能并不显著，再者消费者数量众多，也难以达成共识，采取统一行动。①

由以上的讨论可知，进口替代部门对限制进口政策的需求最为强烈，而其他利益集团的反对活动可能并不明显。只要院外活动成功后的利益所得能抵消院外活动成本，进口替代部门就会积极行动，从而可能会使政策制定有利于进口替代部门一方，即在自由贸易政策和贸易保护政策两者之间，政府最终将选择贸易保护政策。用同样的方法也可解释出口鼓励政策的制定过程。

在这种情况下，政策的制定可能会偏离国家整体福利最大化这一目标，因为政策制定只是有利于某些利益集团，而可能不利于国家整体福利。同样，在贸易政策措施的具体选择上，其原则也是有利于某些利益集团，而不一定有利于国家整体福利。比如在选择进口关税还是进口配额上，从进口替代部门的角度来看，进口替代部门的生产者更愿意政府选择配额而不是关税。

从实际情况看，贸易政策的政治经济学确实能解释许多原来所不能解释的现象。例如，发达国家的劳动密集型行业的贸易保护程度相对较高。依据要素禀赋理论，发达国家在劳动密集型行业上处于比较劣势，这些行业面对发展中国家廉价劳动密集型产品的竞争，生存较为艰难。但由于历史上的一些原因，这些行业对政府的政策制定者有较强的影响力，再加上这些行业的劳工组织比较完善，所以这些行业往往能成功地促使政府采取程度较高的保护措施。

此外还有一种情形可以合理地解释贸易保护主义的存在。任何国家的任何政党都不能不顾及民族主义情感。当今世界，尽管各国之间的相互依赖程度在逐步加强，但是各国也还是要力争体现本民族的特点，并以本国生产的产品来展示自己的经济实力。当一国在世界面前没有这种有代表性的产品，或者这种代表性产品只是代表了本民族经济发展落后的一面时，一种民族自强意识会被唤起，促人自强自立。同样地当本国市场上充斥着大量的外国产品时，特别是代表先进技术的产品大都是外国产品时，民族的自强自立之心会突出化。例如当日本的产品大量涌入美国市场时，美国的舆论惊呼，如果美国不设法保护本国市场，总有一天制造星条旗的布也要从日本进口！显然，当经济利益的取得（廉价进口品）以民族自豪感的丧失为代价时，各国的民族主义会强化起来。政府或政党常常会夸大或利用这种民族情绪，大力宣传贸易保护主义对本民族利益的重要性，从而给本国消费者造成一种错觉，使贸易保护政策较之自由贸易政策更容易被国民所接受。

①　根据博弈论的观点，人数越多越难以达成合作结果，因为如果只是一部分人组织院外活动，那其他人既可以不负担任何代价，又可以享受到院外活动所带来的好处，这便是所谓的"免费搭车"（free rider）现象。"免费搭车"的存在会破坏合作行为。

本章小结

本章介绍了几种主要的贸易保护论点，这些论点大都在一些特殊的条件下才成立，并不具有普遍意义，然而现实中信之者比比皆是。其中，最佳关税论从静态角度出发，认为在大国情况下，征收关税可改善本国的贸易条件，只要贸易条件效应能抵消关税的保护成本，那么征收关税就能改善本国的福利。在零关税和禁止性关税之间，对应于使本国福利达到最大的那个关税称为最佳关税，最佳关税的条件可表示为关税的边际收益等于关税的边际成本。幼稚产业论则从动态角度提出了保护具有潜在优势的新兴产业的观点，但这种保护只能是一种暂时性的。判定幼稚产业的标准主要有三种，其中，穆勒标准强调将来的竞争优势；而巴斯塔布尔标准认为不仅应强调将来的竞争优势，而且将来的预期收益的现值须能抵消现在的保护成本；坎普标准则更为注重外部规模经济的重要性。战略性贸易政策理论是在"新贸易理论"的基础上提出的，这一理论又称为"利润转移论"，因为它们都有一个共同的特征，就是在政府干预下在寡头垄断的市场结构下争夺有限的垄断租金。贸易政策的政治经济学与其他贸易政策理论一个最大的区别是，这一流派是以实证分析方法而不是规范分析方法来讨论贸易政策的制定，因而它所讨论的问题不再是什么样的做法是最佳的，而是为什么会存在这样的做法。贸易政策的政治经济学认为利益集团的院外活动会直接影响到政策的制定以及保护水平的高低。

即测即评

请扫描右侧的二维码，您可在线自测并查看答案。

练习与思考

1. 最佳关税收入的来源有哪些？最佳关税应如何确定？

2. 试评价幼稚产业的三种判定标准。

3. 试析幼稚产业论对发展中国家经济发展的意义。

4. 如果自由贸易下国内市场完全由外国厂商垄断，那么征收关税除了可抽取一部分外国厂商的垄断利润外，是否还可导致国内的一些潜在厂商（或投资者）进入市场？为什么？

5. 战略性贸易政策是怎样改变市场结构的？

6. 在完全竞争和规模收益不变的情况下，进口保护能否使某一行业由进口替代部门转变为出口部门？为什么？

7. 试根据贸易政策的政治经济学，解释出口补贴政策的制定过程。

8. 根据幼稚产业论，新兴产业在成长壮大之后应取消保护，但为什么现实中一些产业在成长壮大之后仍然继续享受保护？

9. 假设现有三种政策可供选择：进口保护、出口鼓励、进口保护与出口鼓励同时使用，你认为哪一套政策出台的可能性比较大？为什么？

第九章
经济一体化与关税同盟理论

　　毫无疑问，贸易保护对世界福利是一种损害。但如何才能消除贸易壁垒实现自由贸易呢？我们在前一章已经指出，寄希望于各国自觉采取单边贸易自由化是行不通的，必须各国达成共识，一起采取行动，才能最终实现自由贸易。但是根据博弈论的观点，国家数目越多，达成合作就越困难；反之，当国家数目较少时，就比较容易达成合作。从实践来看，全球性和区域性的贸易自由化都在消除贸易壁垒方面发挥了重大作用。第二次世界大战之后，世界经济出现了两个重大发展趋势：一是在全球多边贸易体制的推动下，多边贸易自由化所涉及的范围和领域不断扩大与深化；二是以优惠性的贸易协议或安排（preferential trade agreement/arrangement）为宗旨的区域经济一体化（regional economic integration）发展势头迅猛。两相比较，区域经济一体化往往可以更快地实现局部的自由贸易，但这种做法与多边贸易自由化的不同之处是具有歧视性或排他性。本章我们着重介绍经济一体化的形式与相关理论，关于多边贸易自由化的情况将在下一章介绍。

第一节　经济一体化的形式

　　经济一体化是指两个或两个以上的国家、经济体通过达成某种协议所建立起来的经济合作组织。国际经济一体化组织有五种形式，即自由贸易区、关税同盟、共同市场、经济联盟和完全的经济一体化。

一、自由贸易区

　　自由贸易区（free trade area）是指两个或两个以上的国家或行政上独立的经济体之间

通过达成协议，相互取消进口关税和与关税具有同等效力的其他措施，而形成的区域经济一体化组织。

自由贸易区的一个重要特征是，在该一体化组织参加者之间相互取消了商品贸易的障碍，成员经济体内的厂商可以将商品自由地输出和输入，真正实现了商品的自由贸易。但是它严格地将这种贸易待遇限定在参加国或成员国之间。

自由贸易区的另一个重要特点是，成员经济体之间没有共同的对外关税。各成员经济体之间的自由贸易，并不妨碍各成员经济体针对非自由贸易区成员国（或第三国）采取其他的贸易政策，因此，自由贸易区成员经济体之间没有共同的对外关税。

随之而来的问题是，在执行自由贸易政策时很难分清某种产品是来自伙伴国，还是来自非成员国。因此容易出现这样一种情况：来自非成员国的产品从对贸易区外国家关税较低的成员国进入自由贸易区市场后，再进入关税水平较高的成员国，从而造成高关税成员国的对外贸易政策失效。为了解决这一问题，通常采取"原产地原则"。这一原则的基本内容是，只有产自成员经济体内的商品才享有自由贸易或免进口税的待遇。一般来说，所谓的原产地产品是指成品价值的 50% 以上是在自由贸易区内各成员国生产的产品。有的区域经济一体化组织对某些敏感产品的原产地规定更加严格，认为产品价值的 60% 甚至 75% 以上产自成员国时才符合原产地原则的规定。

二、关税同盟

关税同盟（customs union）是指在自由贸易区的基础上，所有成员对非成员国采取统一的进口关税或其他贸易政策措施。因此关税同盟与自由贸易区的不同之处在于，成员国在相互取消进口关税的同时，设立共同对外关税，成员经济体之间的产品流动无须再附加原产地证明。

关税同盟规定成员国之间的共同对外关税，实际上是将关税的制定权让渡给区域经济一体化组织。它不像自由贸易区那样，只是相互之间取消关税，而不作权利让渡。因此关税同盟对成员经济体的约束力比自由贸易区大。

从区域经济一体化的角度看，关税同盟也具有某种局限性。随着成员国之间相互取消关税，各成员国的市场将完全暴露在其他成员国厂商的竞争之下。各成员国为保护本国的某些产业，需要采取更加隐蔽的措施，如非关税壁垒。尽管关税同盟成立之初，已经明确规定了要一致取消非关税壁垒，然而对非关税壁垒措施很难有一个统一的判定标准。因此关税同盟包含着鼓励成员国增加非关税壁垒的倾向。同时，关税同盟只解决了成员国之间边境上的商品流动自由化问题。当某一成员国商品进入另一个成员国境内后，各种国内限制措施仍然构成了自由贸易的障碍。因此有人提出，解决这一问题的最好办法是向"共同市场"迈进。

三、共同市场

共同市场（common market）是指各成员国之间不仅实现了自由贸易，建立了共同对外关税，而且还实现了服务、资本和劳动力的自由流动。可以说共同市场是比自由贸易区和关税同盟更高一级的区域经济一体化形式。

共同市场的特点是，成员国之间不仅实现了商品的自由流动，还实现了生产要素和服务的自由流动。服务贸易的自由化意味着成员国之间在相互提供通信、咨询、运输、信息、金融和其他服务方面实现了自由，没有人为的限制；资本的自由流动意味着成员国的资本可以在共同体内部自由流出和流入；劳动力的自由流动意味着成员国的公民可以在共同体内的任何国家自由寻找工作。为实现这些自由流动，各成员国之间要实施统一的技术标准、统一的间接税制度，并且协调、统一各成员国之间同一产品的课税率，协调金融市场管理的法规，以及成员国学历的相互承认等。

共同市场的建立需要成员国让渡多方面的权利，主要包括进口关税的制定权，非关税壁垒特别是技术标准的制定权，国内间接税率的调整权，干预资本流动权等。这些权利的让渡表明一国政府干预经济的权利在削弱，而区域经济一体化组织干预经济的权利在增强。然而由于各成员国经济状况有差别，统一的干预政策往往难以奏效，所以超国家的一体化组织的干预能力也是有限的。

四、经济联盟

经济联盟（economic union）是指不但成员国之间废除贸易壁垒，统一对外贸易政策，允许生产要素的自由流动，而且在协调的基础上，各成员国采取统一的经济政策。

经济联盟的特点是，成员国之间在形成共同市场的基础上，进一步协调它们之间的财政政策、货币政策和汇率政策。当汇率政策的协调达到建立成员国共同使用的货币或统一货币的程度时，这种经济联盟又称为经济货币联盟。

经济联盟意味着各成员国不仅让渡了为建立共同市场所需让渡的各项权利，更重要的是成员国让渡了使用宏观经济政策干预本国经济运行的权利。而且成员国不仅让渡了制定干预内部经济的财政政策和货币政策，以保持内部平衡的权利，而且让渡了制定干预外部经济的汇率政策，以维持外部平衡的权利。这些政策制定权的让渡对共同体内部形成自由的市场经济，发挥"看不见的手"的作用是非常有意义的。

五、完全的经济一体化

完全的经济一体化（perfectly economic integration）是指成员国在实现了经济联盟目标的基础上，进一步实现经济制度、政治制度和法律制度等方面的协调，乃至统一的经济一体化形式。如果说其他四种形态是区域经济一体化过程的中间阶段的话，那么完全的经济一体化就是区域经济一体化的最终阶段。

完全的经济一体化的特点是，就其过程而言是逐步实现经济及其他方面制度的一体化；从结果上看，它是类似于一个国家的区域经济一体化组织。就完全经济一体化的形式看，主要有两种：一是邦联制，其特点是各成员国的权利大于超国家的区域经济一体化组织的权利。二是联邦制，其特点是，超国家的区域经济一体化组织的权利大于各成员国的权利。联邦制的区域经济一体化组织类似于一个联邦制的国家。

自由贸易区、关税同盟、共同市场、经济联盟和完全的经济一体化是处在不同层次上的区域经济一体化组织，根据它们让渡国家主权的程度不同，一体化组织也从低级向高级排列；但是这里不存在低一级的区域经济一体化组织向高一级区域经济一体化组织升级的必然性。它们在经过一段时期的发展后，可以根据成员国的具体情况决定是停留在原有的形式上，还是向高一级区域经济一体化组织过渡。关键的问题是各成员国需要权衡自己的利弊得失。

第二节　关税同盟理论

关税同盟是经济一体化的典型形式，除自由贸易区外，其他形式的经济一体化都是以关税同盟为基础逐步扩大其领域或增加内涵而形成的。所以，在理论上，关于经济一体化的经济影响效果的分析，大都以关税同盟为例。

一、关税同盟的静态效应

如上所述，关税同盟的重要特点是"对内自由、对外保护"。关税同盟在扩大区域内贸易的同时，也减少了区域内成员国与区域外国家之间的贸易往来，因此它对国际贸易有很大的影响。这种贸易上的影响可进一步区分为贸易创造（trade creation）效应和贸易转移（trade diversion）效应。

（一）贸易创造与贸易转移

贸易创造是指成员国之间相互取消关税和非关税壁垒所带来的贸易规模的扩大。贸易规模的扩大产生于相互贸易的便利，以及由取消贸易障碍所带来的相互出口产品价格的下降。相应地，成员国相互贸易的利益也会增加。贸易转移是指建立关税同盟之后成员国之间的相互贸易代替了原来成员国与非成员国之间的贸易，从而造成贸易方向的转移。以下我们通过图 9-1 来说明两种效应。

假设世界上有 A、B、C 三个国家，都生产某一相同产品，但三国的生产成本各不相同。现以 A 国为讨论对象。在图 9-1 中，S_A 表示 A 国的供给曲线，D_A 表示 A 国的需求曲线。假设 B、C 两国的生产成本是固定的，图 9-1 中 P_B、P_C 两条直线分别表示 B、C 两国的生产成本，其中 C 国成本低于 B 国。

在组成关税同盟之前，A 国对来自 B、C 两国的商品征收相同的关税 t。假设 A 国是一小国，征收关税之后，B、C 两国的相同产品若在 A 国销售，价格分别为 P_B+t、P_C+t（$<P_A$）。很显然，B 国的产品价格要高于 A 国，故 A 国只会从 C 国进口，而不会从 B 国进口。此时，A 国国内价格为 P_C+t，国内生产为 Q_1，国内消费为 Q_2，从 C 国进口为 Q_1Q_2。

假设 A 国与 B 国组成关税同盟，组成关税同盟后的共同对外关税假设仍为 t，即组成关税同盟后，A 国对来自 B 国的进口产品不再征收关税，但对来自 C 国的进口产品仍征收关税 t。如图 9-1 所示，B 国产品在 A 国的销售价格现为 P_B，低于 P_C+t，所以 B 国取代 C 国，成为 A 国的供给者。由于价格的下降，A 国生产缩减至 Q_3，Q_3Q_1 是 A 国生产被 B 国生产替代的部分，此为生产效应。另一方面，价格的下降引起 A 国消费的增加，消费由原来的 Q_2 升至 Q_4，消费的净增部分 Q_2Q_4 为关税同盟的消费效应。

组成关税同盟后，A 国的进口由原来的 Q_1Q_2 扩大到 Q_3Q_4，新增部分即是贸易创造效应。如图 9-1 所示，贸易创造效应＝生产效应＋消费效应＝$Q_3Q_1+Q_2Q_4$。除去贸易创造部分，剩下的 Q_1Q_2 部分原来是从关税同盟外（C 国）进口的，但组成关税同盟后，则改由同盟内其他成员（B 国）进口，即贸易方向了发生转移，故贸易转移效应＝Q_1Q_2。

（二）关税同盟的福利效应

组成关税同盟后，A 国消费者福利改善，而生产者福利则降低。如图 9-1 所示，消费者剩余增加 $a+b+c+d$，生产者剩余减少 a。另外，原来从 C 国进口的关税收入 $c+e$（e 为矩形 $EFGH$ 的面积）现因改从同盟国进口而丧失。综合起来，关税同盟对 A 国的净福利效应＝$(a+b+c+d)-a-(c+e)=(b+d)-e$。

$b+d$ 为贸易创造的福利效应，其中 b 表示因同盟内成本低的生产（B 国）替代了国内成本高的生产而导致的资源配置效率的改善，d 表示同盟内废除关税后因进口价格下降、国内消费扩大而导致的

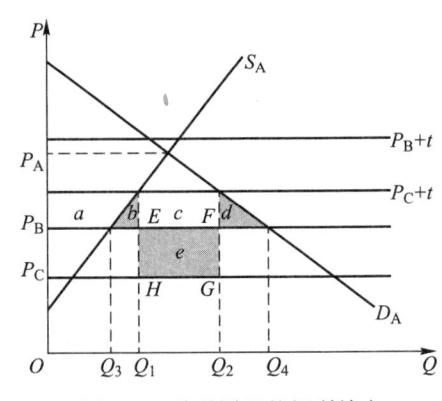

图 9-1　关税同盟的福利效应

消费者福利的净增加；e 则表示贸易转移的福利效应，因贸易转移意味着同盟内成本高的生产替代了原来来自同盟外成本低的生产，故 e 表示这种替代所导致的资源配置扭曲，即贸易转移对 A 国的福利不利。这样，关税同盟对 A 国福利的净影响可表示成贸易创造的福利效应减去贸易转移的福利效应。加入关税同盟对 A 国究竟是否有利，取决于贸易创造的福利效应是否能抵消贸易转移的福利效应。

以上考虑的是关税同盟对 A 国福利的影响。至于对 B、C 两国的影响，具体情况如下：对 B 国而言，组成关税同盟后，出口增加，生产扩张，所以对 B 国有利；对 C 国来说，在 A、B 组成关税同盟前，C 国是 A 国的供给者，但现在因贸易转移，其出口减少，所以 C 国福利必然因其贸易规模缩减而下降。

根据以上的讨论，我们可以判断出关税同盟的福利效应受以下几种因素的影响：

第一，A 国的供需弹性越大，贸易创造的福利效应就越明显。在图 9-1 中，A 国的供给曲线和需求曲线越平坦，则 b、d 的面积就越大；

第二，组成关税同盟前，A 国的关税水平越高，则组成同盟后贸易创造的福利效应就越大，而贸易转移的福利效应就越小；

第三，B、C 两国的成本越接近，则贸易转移的福利损失就越小。

综上所述，关税同盟并不一定能够增进福利。既然这样，为什么有些国家还是希望结成关税同盟呢？事实上，除了上述的静态效应外，关税同盟还有其他的一些利益，如下面所讨论的两种情况。

二、关税同盟的扩大出口效应

我们在前面分析关税同盟的经济影响时，只是讨论了一国加入关税同盟对进口方面的福利影响。实际上，无论进口增加给该国带来多大的好处，总是有一个现实的问题存在着，那就是进口的增加所带来的贸易收支问题。因为在该国商品的出口量不变的情况下，进口量的增加将可能使该国出现贸易收支逆差。在现实中，一国参加关税同盟不仅能够带来一定的商品进口量的增加，还会带来出口的增加。对于一个希望参加关税同盟的国家（特别是小国）而言，它的加入往往并非看重该关税同盟能给它带来多少进口的好处，更多的是看重其产品的出口市场。总体来看，关税同盟将给参加国带来更大的出口机会，从而带来更多的福利。具体情况我们可通过图 9-2 来说明。

在图 9-2 中，左图为 A 国的生产、消费和出口情况，右图为 B 国的生产、消费和进口情况。假设 C 国的生产成本固定不变，在组成关税同盟之前，世界价格为 P_w，等于 C 国的生产成本。B 国对来自所有国家的进口商品一律征收关税，征税后的价格为 P_t，此时 A 国的出口为 fg，B 国的进口为 ab，其中一部分来自 A 国，从 A 国进口的数量为 ac，即 $ac=fg$，而剩下的部分则从 C 国进口，进口量为 cb。

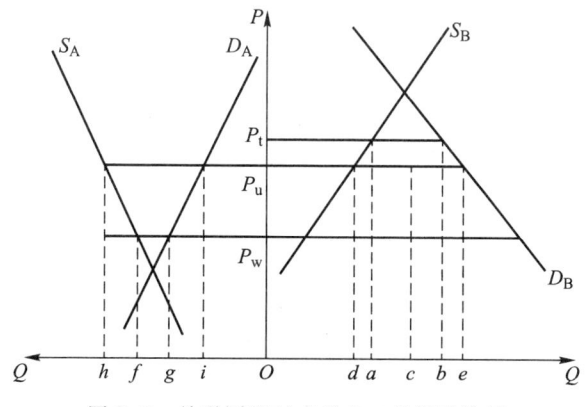

图 9-2 关税同盟对成员出口的促进作用

A、B 两国组成关税同盟后，由于 B 国对 A 国的进口商品免征关税，而对 C 国的进口商品仍征收关税，故在 B 国国内市场上 A 国商品的价格要低于 C 国同样商品的价格，于是 B 国转而只从 A 国进口。但 A、B 两国间关税刚一撤除时，B 国对进口的需求大于 A 国的出口供给（对应于 P_w），所以 A 国的出口商品价格要上升，出口扩大。当价格升至 P_u 时，A、B 两国的贸易达到平衡，A 国的出口等于 B 国的进口，即 $hi = de$。

由此可见，加入关税同盟对 A 国来说，可以达到扩大出口、增加出口收入的目的。这一点对于那些国内市场狭小的国家来说无疑有很重要的现实意义，加入关税同盟，利用区域内市场扩大出口，带动经济发展，对这些国家来说不失为一种好的选择。

三、关税同盟的动态效应

关税同盟不仅会给参加国带来静态影响，还会给它们带来某些动态影响。有时，这种动态效应比其静态效应更为重要，对成员国的经济增长有重要的影响。

关税同盟的第一个动态效应就是大市场效应（或规模经济效应）。关税同盟建立以后，在排斥第三国产品的同时，为成员国之间产品的相互出口创造了良好的条件。所有成员国的国内市场组成了一个统一的区域性市场。这种市场范围的扩大促进了企业生产的发展，使生产者可以不断扩大生产规模，降低成本，享受到规模经济的利益，并且可进一步增强同盟内的企业对外，特别是对非成员国同类企业的竞争能力。因此关税同盟所创造的大市场效应引发了企业规模经济的实现。这种效应与幼稚产业论有某些相似之处，因而比较适合于一些国内市场狭小或比较依赖对外贸易的国家。

第二，关税同盟的建立促进了成员国之间企业的竞争。在各成员国组成关税同盟以前，许多部门已经形成了国内的垄断，几家企业长期占据国内市场，获取超额垄断利润，因而不利于各国的资源配置和技术进步。组成关税同盟以后，由于各国市场的相互开放，各国企业面临着来自于其他成员国同类企业的竞争，谁在竞争中取胜，谁就可以享受大市场带来的规模经济的利益，否则就会被淘汰。各企业为在竞争中取得有利地位，必然会纷纷改善生产经营，增加研究与开发投入，增强采用新技术的意识，不断降低生产成本，从而在同盟内营造一种浓烈的竞争气氛，提高经济效率，促进技术进步。

第三，关税同盟的建立有助于吸引外部投资。关税同盟的建立意味着对来自非成员国产品的排斥，同盟外的国家为了抵消这种不利影响，可能会将生产点转移到关税同盟内的一些国家，在当地直接生产并销售，以便绕过统一的关税和非关税壁垒。这样客观上便产生了一种伴随生产转移而生的资本流入，吸引了大量的外国直接投资。

当然，关税同盟的建立还会产生某些负面影响。首先，关税同盟的建立促成了新的垄断的形成，如果关税同盟的对外排他性很大，那么这种保护所形成的新垄断又会成为技术进步的严重障碍。除非关税同盟不断有新的成员国加入，从而不断有新的刺激，否则由此产生的技术进步缓慢现象就不容忽视。其次，关税同盟的建立可能会拉大成员国不同地区之间经济发展水平的差距。关税同盟建立以后，资本逐步向投资环境比较好的地区流动，如果没有促进地区平衡发展的政策，一些国家中的落后地区与先进地区的差别将逐步拉大。

本章小结

经济一体化是指两个或两个以上的国家或成员经济体通过达成某种协议而建立起来的经济合作组织。经济一体化由低到高可分为五种形式：自由贸易区、关税同盟、共同市场、经济联盟和完全的经济一体化。关税同盟对国际贸易和区域内外的国家以及世界福利都会产生影响。其对贸易的影响可区分为贸易创造和贸易转移两种效应。其中贸易创造是指由于成员国之间相互取消关税和非关税壁垒所带来的贸易规模的扩大；贸易转移则是指建立关税同盟之后成员国之间的相互贸易代替了原来成员国与同盟外国家之间的贸易。从静态利益看，加入关税同盟的利弊取决于贸易创造的福利效应和贸易转移的福利效应的对比，若前者大于后者，关税同盟可改善成员国的福利和世界福利，但因贸易转移的存在对非成员国的福利则有不利影响。现实中，加入关税同盟对一些国内市场狭小的国家来说，可利用同盟内的统一市场，达到扩大出口、增加国民收入的目的。此外，关税同盟对成员国的经济增长还会带来很多好处，这种动态利益主要包括市场扩大效应（或规模经济效应）、竞争效应以及外来投资促进效应等。

即测即评

请扫描右侧的二维码，您可在线自测并查看答案。

练习与思考

1. 试比较各种经济一体化形式之间的差异。

2. 结合实际，试析区域经济一体化组织的建立通常需要具备哪些条件。

3. 共同对外关税的高低对关税同盟的福利效应有什么影响？

4. 既然区域经济一体化在消除贸易壁垒方面与贸易自由化是一致的，那么为什么它并不一定能增进世界福利？

5. 新成员不断加入关税同盟对关税同盟的贸易转移效应有什么影响？

6. 组成关税同盟后，规模经济利益的实现对同盟内企业在同盟外市场上的竞争力有什么影响？

7. 关税同盟对那些垄断程度较高的停滞产业有什么影响？

*8. 根据图 9-1，假设 A 国不与 B 国组成关税同盟，而是采取削减关税的做法，将关税降低到使进口商品价格加关税之后正好等于 P_B，试判断这种做法的净福利效应。与关税同盟相比，哪一种方式更好？为什么？

第十章
贸易政策的历史实践

前几章我们从理论上探讨了贸易政策的一般效果和政策制定。在现实中，我们发现，不同时期人们对待国际贸易的态度和做法往往不同，甚至截然相反；即使在同一时期，不同国家采取的贸易政策也有很大的差别。一般来说，贸易政策的运用会受到经济发展水平和国际经济环境这两大因素的影响。为了对贸易政策有更加全面的认识，本章专门考察历史上不同时期贸易政策的实践与特点。首先我们分别就发达国家和发展中国家的贸易政策加以总结，然后简要讨论一下多边贸易自由化和区域经济一体化的发展。

第一节　发达国家的贸易政策

一、发达国家的自由贸易政策

在前面的论述中，我们已经指出，自由贸易政策从本质上讲对各国都有利。但在现实中，绝对的自由贸易从来就没有真正实现过，只是在历史上某些阶段，一些国家，特别是一些发达国家曾对国际贸易持一种相对开明的态度。

（一）早期的自由贸易政策

在15世纪到18世纪中叶的重商主义时代，各国为获取金银等贵金属、增加本国财富，纷纷采取了高度的贸易保护政策。它们通过关税、配额、禁运、国家垄断以及其他一些政策措施对对外贸易进行管理和控制。古典经济学家（如亚当·斯密和大卫·李嘉图）批判了重商主义的观点，提出并发展了比较优势理论。在这一理论的指引下，发达国家在19世纪中叶开始转向实行自由贸易政策。英国是发达国家中自由贸易政策的领导者。以

1846年《谷物法》的废除为标志，英国进入了实行自由贸易政策的时期。在英国政府看来，自由贸易政策更有利于本国出口自己的工业品，比较廉价地进口当时纺织工业所需要的棉花以及可以降低工资水平的谷物，因此有利于发挥本国生产工业制成品的比较优势，而放弃本国处于比较劣势的农产品和工业原材料的生产。到1850年，英国取消了几乎所有的关税和其他限制进口的措施。同时，英国还利用自己的经济实力和外交手段，通过签订不平等条约的方式迫使许多殖民地和附属国不断降低关税和其他贸易限制措施。在英国的带领下，丹麦、荷兰和其他许多欧洲国家也采取了自由贸易政策，大幅度降低了关税水平。

自由贸易政策的潮流在1870年达到了顶峰，之后开始逆转。面对来自英国发达工业和美国谷物出口的竞争，德国、法国、意大利和其他欧洲国家为保护本国的新兴工业和农产品，纷纷采取了提高关税等保护贸易政策。发达国家的关税水平在19世纪末期不断攀升。在主要的发达国家中，只有英国和荷兰还倾向于采取自由贸易政策。

（二）第二次世界大战后的贸易自由化

美国在19世纪没有参与贸易自由化，从1789年到1934年，关税税率一直由国会法案确定，始终维持在很高的水平。如美国1930年通过的《斯穆特-霍利关税法案》（The Smoot-Hawley Tariff Act）中实行的平均关税税率超过了50%。经过两次世界大战后，美国在世界经济中居于绝对优势地位。为了营造一个各国经济恢复和发展的良好环境，在美国的带动下，发达国家相继实行了贸易自由化的政策。贸易自由化就是逐步削减各国的贸易壁垒措施，实现贸易政策的中性化。各发达国家通过签订双边贸易协定和参与GATT/WTO主持的多边谈判，相互削减对进口商品的关税和非关税壁垒，为相互贸易提供方便条件。经过各发达国家的努力，各国的平均进口关税水平从1947年的40%左右，降到目前的平均3%左右，而且这种趋势还会继续下去。

发达国家的自由贸易政策不仅仅限于各自之间相互提供贸易便利，而且对发展中国家也实行某种程度的贸易便利，如发达国家对发展中国家提供普惠制（generalized system of preferences，GSP）待遇。这种待遇意味着发达国家对来自发展中国家的产品提供普遍的、非对等的优惠待遇。这种待遇使得发展中国家在将产品出口到发达国家时可以享受比发达国家相互给予的优惠关税还要低的进口关税，因而可以起到鼓励发展中国家产品出口的作用。欧洲联盟给予非洲、加勒比和太平洋地区各联系国的贸易优惠待遇（《洛美协定》）是发达国家给予发展中国家贸易优惠待遇的另一典型事例。然而应该看到，正是因为发展中国家在主要工业品的生产上难以与发达国家竞争，发达国家才会比较慷慨地对发展中国家采取更自由的贸易政策。

二、发达国家的贸易保护主义

发达国家的贸易保护政策可分为三种情况：一是发达国家早期的贸易保护；二是发达国家的新贸易保护；三是战略性贸易政策。

（一）发达国家早期的贸易保护

发达国家的贸易保护政策最早应追溯到重商主义时代。根据重商主义的观点，一国金银货币的拥有量是其财富多寡的唯一表现形式，一国为增加其财富数量，应当通过对外贸易多出口、少进口来实现。因此在 15 世纪到 18 世纪中叶重商主义占统治地位时期，各国为获取金银等贵金属、增加本国财富，纷纷采取了关税、配额、禁运和国家垄断等高度的贸易保护政策。后来在古典比较利益贸易理论的指引下，以英国为首的发达国家在 19 世纪中叶开始转向实行自由贸易政策。

随着幼稚产业保护论的提出，美国和德国等发达国家在经济发展的初期普遍采取了贸易保护政策。美国的第一任财政部长亚历山大·汉密尔顿就坚决主张实行保护贸易政策。他于 1791 年 12 月向国会提交了《关于制造业的报告》，提出了对美国制造业实行关税保护的政策。当时由于古典自由贸易理论在美国占主流地位，所以汉密尔顿的主张遭到了很多人的反对。之后，随着英法等国产业革命的不断进展，美国工业面临越来越大的竞争压力，汉密尔顿的主张逐步在美国贸易政策上得到了反映。1816 年，美国提高了制造业产品的进口关税；1828 年，美国再次加强关税保护，工业制成品的平均关税水平提高到 49%。美国制造业的关税保护政策开创了后起国家保护新兴幼稚产业的先河。在欧洲，面对英国廉价产品的竞争，法国、德国等国家也相继采取了贸易保护政策。德国经济学家弗里德里希·李斯特在 1841 年出版的《政治经济学的国民体系》一书中系统提出了幼稚产业保护理论。该理论对德国保护贸易政策的制定产生了很大影响。1879 年，德国提高钢铁、纺织品、化学品的进口关税，并与法国、奥地利和俄国等展开关税竞争。1898 年，德国又通过关税修正法，对贸易进行高度保护。德国通过保护关税政策促进了本国工业的发展，对经济实现起飞和快速发展起到了重要的推动作用。

发达国家传统的贸易保护一般都是一种临时性的政策措施。当西方世界发生经济衰退或经济危机时，各国为了保证本国市场不受外部冲击，会纷纷采取贸易保护政策，将大部分进口产品拒之门外。各国都采取这种"以邻为壑"的政策，导致了贸易战的爆发。这一点在1929—1933 年的经济大危机中表现得尤为突出。1930 年，美国通过《斯穆特-霍利关税法案》，将平均关税税率提高到 50% 以上。这一贸易保护政策引发了关税和贸易战，先后有 45 个国家提高了关税，许多国家还实施进口配额、进口许可证和外汇管制等措施限制进口。

（二）新贸易保护主义

第二次世界大战以后，在国际贸易逐步走向自由化的形势下，尽管总的趋势是走向自由贸易，但是各发达国家从自身的经济利益出发，采取了新的贸易保护主义做法。根据凯恩斯主义，从需求面看，一国国民收入水平的稳定和提高，有赖于出口需求的增加和进口需求的减少，因此奖励出口、限制进口就成为凯恩斯主义有效需求理论的重要内容之一。因此，在各国原有的保护本国工业的传统贸易政策之下，又出现以保证国民收入的稳定增长、实现充分就业为目标的新贸易保护主义，这种政策又被称为"新重商主义"或者"管理贸易政策"（managed trade policy）。在现实中，发达国家多数接受了这一贸易保护政策。但是在多边贸易自由化的背景下，各国改变了传统的限制进口、奖励出口的政策措施或干预形式，转而由以关税为主要干预手段逐步向以非关税措施为主要干预手段过渡。因而非关税壁垒几乎成为各国干预外贸、限制商品进口的主要政策措施。

（三）发达国家的战略性贸易政策

战略性贸易政策源于不完全竞争的市场结构。现实中，发达国家的企业面临着不完全竞争的市场结构，在很多学者看来，当其他国家普遍采取贸易保护主义时，单个国家采取自由贸易政策将不利于本国的经济利益。因此他们鼓励本国政府采取一系列贸易政策，改变企业的战略行为，使本国企业在国际竞争中占据优势地位。目前来看，发达国家的战略性贸易政策主要表现为战略出口政策、战略进口政策和保护本国进口以促进出口的政策。

实行战略性贸易政策的典型国家是日本，以及 20 世纪 90 年代以来的美国。日本一直是西方国家所指责的封闭市场、鼓励本国出口的典型国家。自 20 世纪 70 年代起，日本通过战略性贸易政策（主要是进口保护以促进出口）鼓励其汽车工业、半导体工业及通信电器业的发展，结果其相应工业迅速发展起来，不但减少了进口，还占领了美国等一些传统出口国的市场。著名经济学家保罗·克鲁格曼曾经以此提醒美国采取战略性贸易政策。1994 年美国专门提出了"国家贸易战略"，该方案提出在未来的一段时间内，需要对美国的传统市场和新兴市场分别采取不同的出口战略。同时为保护本国市场，美国也不断引用其国际贸易修正案中的"301 条款"和"超级 301 条款"，以公平贸易的名义迫使别国开放市场，并以反补贴、反倾销为理由，限制他国商品进入本国市场。这种带有战略性贸易政策色彩的措施实施后收到了良好的效果，使美国的出口有明显的增加。当然这些贸易保护的政策也受到一些发达国家和一些发展中国家的指责，它们试图在多边框架下抑制美国以"公平贸易"为借口所采取的贸易保护政策。

第二节　发展中国家的贸易政策

20 世纪五六十年代开始，许多经济发展水平比较低、收入水平也比较低的民族和地区相继独立。这些取得了政治上独立的国家和地区认识到，经济独立是政治独立的根本保证。从历史经验看，一国发展经济的途径是国民经济的工业化，而国际贸易是一国经济发展的重要推动力。根据理论和实际经验的总结，发展中国家参加国际贸易至少可以从三个方面得到好处：一是可以从比较利益方面获得利益；二是可以从规模经济效果中获得利益；三是可以从贸易和由贸易引起的投资中获得本国生产技术水平提高的利益。世界银行在其 1987 年发展报告中特别指出了对外贸易对发展中国家的重要性。因而选择适当的贸易政策是发展中国家制定经济发展战略的主要议题之一。

一、发展中国家的界定

发展中国家一般是指那些经济尚比较落后，面临经济发展的艰巨任务，处在发展过程中的国家和地区。根据世界银行 1997 年的标准，发展中国家是指人均国内生产总值低于 9 656 美元的国家和独立行政区。

发展中国家又进一步分为：① 高收入的发展中国家，其人均国内生产总值在 3 125～9 655 美元之间；② 中等收入的发展中国家，其人均国内生产总值在 785～3 125 美元之间；③ 低收入的发展中国家，其人均国内生产总值在 785 美元以下。[①]

从更广泛的意义看，发展中国家不仅仅是指人均国内生产总值比较低，还涉及生活的质量标准。按照质量标准（如预期寿命、营养摄取量、成人识字率、基尼系数等），尽管一些石油输出国人均收入水平比较高，但是从生活质量看，它们的得分并不高，仍属发展中国家之列。

还有一些国家出于多方面的考虑，尽管其人均收入水平已经很高了（如新加坡），但仍然称自己为发展中国家。

另外，东欧剧变、苏联解体后的许多东欧国家也属于发展中国家，它们与其他发展中国家有许多共同点，但也面临着自身特有的问题，其中最根本的任务是由以前高度集中的计划经济向市场经济转变，因而这类国家通常被称为转型经济体。

二、发展中国家走工业化道路的原因

一般而言，发展中国家大都是从传统的农业社会起步的。从经济发展规律和各国的经济实践看，发展中国家实现经济发展的唯一道路就是工业化。

首先，固守农业难以获得劳动生产率的持续增长。农业部门常常受到自然条件的制约，特别是土地报酬递减规律的制约。因为从生产要素的存量看，农业中的专门生产要素——土地难以持续增加，因此任何其他生产要素在农业上的持续投入不但不会带来丰厚的报酬，反而会造成报酬的递减，从而阻碍了农业的技术进步和生产手段的不断更新。相反，在工业部门，由于工业中使用的各种生产要素均能够持续增长或积累，因此多数部门或产业能够通过各种手段提高自身的劳动生产率。

其次，社会对农产品和工业品的需求弹性是不同的。一般而言，农产品的需求弹性是比较低的，这一点很好理解，人们一般不会因农产品价格的下降而吃更多的粮食，因为人们对食物的消费量是有限的。相反，人们对工业品的需求弹性就比较大。这种需求弹性的差异意味着不同产品增加生产的潜力以及与这种生产潜力相对应的生产者的报酬不同。农业显然存在着生产发展的市场潜力问题。

再次，农业部门难以像工业部门那样形成垄断或不完全竞争。我们知道，不完全竞争

[①] 目前，世界银行是按人均国民总收入（GNI）对世界各国（地区）的经济发展水平进行分组。2014 年的最新收入分组标准为：人均国民总收入低于 1 045 美元为低收入国家，在 1 046～4 125 美元之间为中等偏下收入国家，在 4 126～12 735 美元之间为中等偏上收入国家，高于 12 735 美元为高收入国家。世界银行将低收入和中等收入国家（地区）称为发展中经济体。

或垄断能够带来"垄断利润"或额外利润。这种利润有利于企业扩大生产，实现规模经济，获取最大限度的利润。然而在农业部门由于生产经营的特点和自然条件的限制，很难形成卖方不完全竞争或垄断，因而不可能有自主的产量控制和"垄断利润"。

基于上述三点理由，发展中国家要想发展经济，提高收入水平，赶超发达国家，必然要经历工业化阶段。

三、扩大初级产品出口与稳定价格

由于发展中国家的经济发展水平较低，依照传统的比较优势理论，发展中国家大都以出口初级产品为主，但历史实践告诉我们，除少数石油输出国外，其他的非燃料初级产品的出口都未能导致一些发展中国家经济的迅速、稳定发展。主要原因是发展中国家在初级产品出口中面临两个方面的问题：一是初级产品的贸易条件不断恶化；二是初级产品的价格不稳定。为消除这些问题，发展中国家作出了很多努力。

（一）初级产品的出口与价格水平

对于一个希望发展本国经济、但苦于无任何可供交换的产品的国家而言，资源的出口或初级原材料的出口可能是比较现实的选择。因而从发展中国家经济发展的历史看，只要一国拥有某种自然资源，那么出口这些资源是换取经济发展所需资金的重要手段。

依靠资源出口发展经济是有条件的，其中初级产品价格的稳定或提高可能是非常重要的条件。否则可能陷入"悲惨的增长"。

然而，一些学者经过一系列的考察发现，发展中国家的贸易条件总是在不断地恶化。这意味着相对于制成品而言，初级产品的价格是偏低的。20世纪50年代初，阿根廷经济学家劳尔·普雷维什等认为：

（1）发展中国家从贸易中所得到的利益少于工业化国家；

（2）初级产品出口国贸易条件较差，且在继续恶化；

（3）扩大初级产品的出口可能导致悲惨的增长。

另外一些西方学者认为，初级产品的价格是随世界经济发展与波动而变化的。它既不是直线下降，也不会直线上升。大萧条促成了初级产品价格的下降，但是朝鲜战争又导致初级产品价格的上升。尽管如此，一些初级产品的价格确实是持续下降的。据统计，1920—1970年，天然橡胶的价格几乎是直线下降的。

发展中国家认识到，初级产品价格的下降不利于其经济的持续发展，难以提高自身的福利水平。因此，发展中国家提出要支持、稳定初级产品的价格，以利于其收入水平的稳定。

然而到目前为止，没有哪一个工业国响应这一号召。因为直观的看，保持或提高初级产品价格无异于资助或援助发展中国家。但是直接的援助方式可能更容易使发展中国家"知恩图报"。

（二）稳定初级产品价格

初级产品价格不稳定是发展中国家经济持续发展的障碍。从经济学的角度看，初级产品价格不稳定源于两个方面的原因：一是需求的变动；二是供给变动。要保持初级产品价格的稳定，需要有相对稳定的供给量和需求量。

1. 需求变动与价格稳定

所谓需求变动引起的价格变动，是指由于对某种初级产品需求变动所带来的需求量的变化，从而造成的价格波动。具体情况可用图10-1加以说明。

在图 10-1 中，曲线 D 和 S 分别表示某种初级产品的需求和供给曲线。如图 10-1 所示，均衡价格为 P_1。现在假定由于某种外界原因，需求增加，图中需求曲线 D 右移至 D'，相应的初级产品价格升至 P_2，需求量也由 Q_1 增加到 Q_2。初级产品的价格从较低的水平跃升到较高的水平，从短期看，对产品的供应者是一件好事。但是从长远看，如果本次价格的上升带来下一轮的价格下降，那么发展中国家的出口收入就很难稳定。只有保持市场价格的稳定才更有助于发展中国家经济的长远发展。

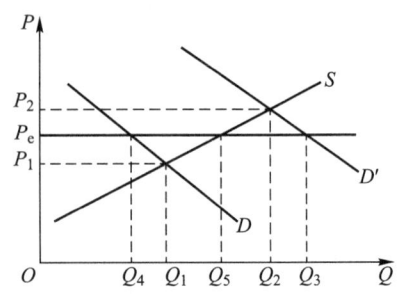

图 10-1　需求波动对价格的影响及价格稳定的作用

如果要保持价格的稳定，就需要确定一个合理的目标价格。该价格既有利于需求方以相对低的价格获得原材料或食品，又有助于供应方获得稳定的收入。目标价格一般要高于最低价格，低于可以预见到的市场变动所能造成的最高价格。在图 10-1 中，假设目标价格定为 P_e，在此情况下，如果是第一种供求情况，目标价格高于市场价格，那么需求与供给之间的差额 Q_4Q_5，需要有关价格干预机构来买进。在第二种供求情况下，目标价格低于市场价格，供求之间存在 Q_5Q_3 的差额，此时为维持价格的稳定，干预机构要卖出这么多的产品，以满足市场的需要，否则市场价格还会上升。

2. 供应变动与价格稳定

当供给发生变动时，同样会引起初级产品价格的波动。要保持初级产品价格的稳定，也需要借助干预机制。其方式与上面讲述的相同，这里不再具体说明。

3. 谁从稳定价格中获利

维持稳定的初级产品价格对买卖双方是否有利呢？对此学者们的看法有所不同。一些学者认为，维持价格稳定当然对供应方更有利；而另一些学者认为，需求方（假设需求方是生产者，即其生产需要一些原材料的投入）可以减少生产成本方面的风险，当然对需求方有利；还有一些学者认为，价格干预会扭曲价格机制，影响资源的有效分配。从干预的目的来看，价格稳定或价格干预有助于初级产品生产的发展，从而有助于处于起步阶段的发展中国家获得稳定发展的外部环境。

4. 谁承担干预所需资金

尽管许多学者认为，国际价格干预机制利大于弊，但是建立这样一个机制需要一笔可观的资金。特别是，谁来承担那部分买进商品、储存商品并且以较低的价格售出商品的费用呢？对此，发达国家与发展中国家持有不同看法。发展中国家认为，应该由发达国家来承担；但是发达国家认为，既然是发展中国家切身感到价格稳定的重要性，因此这笔资金应该由发展中国家承担。

比较合理的原则是根据造成初级产品价格波动的原因来确定干预资金的承担者。即当价格变动主要是由供给方造成的时，由供给方出资；当价格变动主要是由需求方造成的时，由需求方出资。但这在实际操作中极为困难。

初级产品支持价格机制难以长期贯彻的另一个重要原因是，价格支持会造成生产或供应无限增长的趋势。因为稳定的价格将刺激厂商不断增加产品的生产，而不顾及商品是否能够销售出去。随之而来的是被支持的初级产品长期地供过于求，因而需要不断地注入干预资金，因而可能造成干预机构及有关国家不堪重负，从而最终放弃价格支持机制。所以就目前而言，世界上几乎还没有初级产品价格干预机制的成功经验。

四、发展中国家贸易与经济发展战略

发展中国家的对外贸易政策与其经济发展战略是密切相关的。各国根据自己的具体情况，借鉴别国的成功经验，制定自己的经济发展战略，并随着经济发展水平的提高而不断调整其贸易政策。第二次世界大战后，发展中国家的贸易发展战略可分为两种：进口替代战略（有时又称为内向型经济）和出口导向战略（有时又称为外向型经济）。

（一）进口替代工业化战略

进口替代（import substitution）是指通过发展本国的工业，实现用本国生产的产品逐步代替进口品满足国内需求，以期节约外汇、积累经济发展所需资金的战略。

1. 进口替代战略的理论依据

进口替代战略的理论依据主要由两位来自发展中国家的经济学家普雷维什（Prebisch）和辛格（Singer）提出的"普雷维什-辛格假说"（Prebisch–Singer Hypothesis）。20 世纪 60 年代中期，阿根廷经济学家普雷维什率先提出，传统的比较优势理论并不适合发展中国家。他认为基于比较优势的贸易利益更多地表现为静态利益，而规模经济等动态利益则较少体现，所以对发展中国家经济发展作用不大，甚至会带来不利后果（如"悲惨增长"）。普雷维什更进一步将整个世界分为两类国家，一类是处于"中心"地位的经济发达的国家，另一类是处于"边缘"地位的发展中国家。边缘国家是中心国家经济上的附属，为中心国家的经济增长服务。中心国家通过不等价交换剥削了边缘国家，使发展中国家本身难以发展。因此他提出发展中国家应该摆脱这种不合理的国际分工体系，走独立自主的发展经济的道路。

采取进口替代战略的另一个理由是某些国家的二元经济结构。所谓二元经济是指在一个发展中国家内，比较先进的、资本密集型且工资水平相对较高的工业部门和传统的落后农业并存的经济结构。二元经济的一般特点是：

（1）比较先进的工业部门的劳动生产率比其他部门高；

（2）工业部门的高产出率使该部门的工资率明显地高于其他部门；

（3）尽管工资率较高，但工业部门的资本报酬率相对较低；

（4）工业部门的资本密集度高于其他部门，与其他发达国家的工业部门有相近的生产设备；

（5）城市中的高工资与大量失业并存。

正因如此，发展中国家的企业家希望在政府的保护之下，排除来自先进国家企业的竞争，独占本国市场。同时整体经济发展水平的落后又需要本国的工业部门带动国民经济的发展。

当然，重商主义的贸易保护理论、幼稚产业保护理论以及凯恩斯主义的国家干预经济理论也是发展中国家实施进口替代战略的理论依据。

2. 进口替代战略的实施阶段

进口替代工业化大体可以分成两个阶段。第一个阶段是用国内生产的非耐用消费品代替进口的同类产品。一般情况下，发展中国家比较容易进入这个阶段，而且成功的把握也比较大。因为，发展非耐用消费品的生产避开了发展重工业需要大量资金的难题，另一方面，这些产品的技术含量比较低，可以进行较小规模的生产，且对劳动力的素质要求不高。所以从比较利益的角度看，工资水平相对比较低的发展中国家可以较低成本生产出这类产品，进而代替同类的进口产品。这类产品包括纺织品原料、服装、鞋类以及其他劳动密集型产品。

进口替代的第二个阶段是用国内生产的耐用消费品、重工业产品和化工产品代替进口品。一般而言进入这一阶段需要发展中国家有一定的工业基础。

3. 实施进口替代战略的国家的特点

选择进口替代战略并且取得成功的国家大都具有如下特点：首先，国内市场比较大。较大的国内市场可以为其工业的发展提供较有保障的市场，以便使这些行业迅速实现规模经济，较快地成长起来。其次，国内拥有一定的自然资源和丰富的劳动力供应。再次，经济发展处于"二元经济"时期，因为二元经济可以为工业发展奠定基础，也为现代工业的发展提供了相对廉价的劳动力。

4. 配合进口替代战略实施的政策措施

发展中国家实施进口替代战略常常需要贸易保护政策予以配合，具体政策措施包括：

（1）进口关税和非关税壁垒。主要目的是为了保护国内工业的发展，避免外国工业品的竞争；

（2）外汇管制。主要目的是将有限的外汇资源集中用于本国的进口替代部门；

（3）本币汇率高估。主要目的是降低进口替代部门的成本，使其获得发展所必需的技术和设备。

5. 进口替代战略的实施效果

进口替代战略的成效如何一直是学者们争论的一个大问题。实践是最有力的论据。现实中，采取或曾经采取过进口替代战略的国家主要有拉丁美洲的阿根廷、巴西、墨西哥以及亚洲的印度等。韩国也曾经采取过类似的发展战略，后来作了调整。从总的情况看，一些采取进口替代战略的国家，其轻纺工业、钢铁工业和化学工业逐步发展起来了。例如巴西，在实行进口替代战略的时期，发展了本国的汽车装配和制造业、飞机制造业、钢铁工业。印度的重化工业也有了较大的发展。在采取进口替代战略的国家中，出现了一些新兴的工业化或准工业化国家，如巴西、墨西哥、阿根廷、智利等。

然而，进口替代战略的实施也给发展中国家带来一系列的问题和进一步发展的困难：首先，进口替代战略的实施与当初的愿望相反，对国内产业的高保护导致国内企业竞争意识不强，生产成本过高，当遇到外部冲击时，自然的反应就是寻求政府的保护，保护代价越来越高；其次，加重了外汇短缺，20世纪70年代采取进口替代战略的国家多数都出现了严重的债务危机；再次，进口替代战略存在着自给自足的倾向，而这种将自己封闭起来的战略不利于借助外部的资源和技术发展自身的经济。一些学者认为，进口替代战略的核心问题在于，它违背了比较利益原则，通过人为的干预将资源或生产要素转向自己处于比较劣势的部门或产业，因而经济发展的速度不但不会加快，反而会减缓。

（二）出口导向战略

出口导向（export-oriented）战略是指发展中国家通过促进本国产品的出口，积累发展资金，发展经济的战略。

1. 出口导向战略的理论基础

出口导向战略是建立在比较优势理论基础上的。比较优势理论认为，无论一国处在何种发展水平上，总有某种比较优势，按照比较优势参与国际分工，总能获得贸易利益。发展中国家通常具备廉价劳动力的优势，借助这种优势，发展中国家可以出口劳动密集型产品或原材料，以获取经济发展的资金。出口导向战略注重劳动密集型的制成品的出口。

以劳动密集型产品出口为主要特征的出口导向战略对发展中国家的经济发展有多方面的积极作用：首先，从比较利益论的角度看，可获得资源再配置的经济效果，这种效果能够将本国的资源优势充分发挥出来，最大限度地利用资源，有助于经济的迅速发展；其次，出口导向将产生一系列的产业间关联效应，进而带动整个经济的发展；再次，出口导向也有助于一国经济逐步实现工业化，因为在经济发展的初期，发展劳动密集型产业可节约资金，避免在工业化的初期就投入大量资金发展重化工业而可能带来的资源配置的扭曲；最后，发展劳动密集型产业还有利于创造较多的就业机会，从而能够较快地提高国民的收入水平，进而提高消费水平，消费水平的提高又反过来促进耐用消费品和其他产品生产的发展，从而有助于本国的某些工业部门达到适度的经济规模。

2. 实施出口导向战略的国家的特点

一般而言，选择出口导向战略的国家或地区有三个特点：一是内部市场相对比较狭小；二是劳动力比较便宜，因而具有廉价劳动力的优势；三是自然资源比较稀缺，需要靠自然资源或原材料的进口才能生产制成品。总之，这类国家和地区的国内市场都比较小，如果将自己封闭起来，很难使本国工业达到规模经济水平。对这些国家而言，封闭就意味着放弃本国的工业化，放弃本国的经济发展。

3. 配合出口导向战略实施的政策措施

由于采取出口导向战略的国家和地区需要外部市场，往往大进大出，所以需要有相对稳定和便利的市场环境。具体到贸易政策，主要表现为自由贸易政策，包括：① 较低的进口关税和非关税壁垒；② 广泛使用出口补贴或其他出口鼓励措施；③ 通过货币贬值促进出口；④ 放松外汇管制。

4. 出口导向战略的实施效果

从总的情况看，实行出口导向战略的国家和地区在促进本国和地区经济发展上是比较成功的。20 世纪 60 年代中期以后，一些发展中国家和地区相继采取了出口导向战略，结果这些国家和地区经济出现了迅速的发展。

现在许多发展中国家也开始仿效出口导向战略，以求得本国经济的迅速发展。

然而，采取出口导向战略也并非有百利而无一害。除了我们在前面已经提到的初级产品贸易条件恶化之外，出口导向战略的成败还有赖于出口品市场的发展状况。而出口市场状况决定于多种因素：首先，经济发达国家对进口产品的需求波动可能给发展中国家制成品和原材料的出口造成冲击，从而影响到这些国家经济正常、持续地发展；其次，发达国家贸易保护政策的实施，可能切断发展中国家借助国外市场或需求带动本国经济发展的渠道；再次，如果所有的发展中国家同时选择相同的商品出口，势必造成激烈的市场竞争，在市场规模有限的情况下，这种竞争必然有失败者，甚至两败俱伤。

五、发展中国家的贸易自由化

在 20 世纪 80 年代初，由于实行出口导向战略的一些发展中国家和地区的成功经验的示范作用，以及世界银行等一些国际经济组织的大力推荐，大多数发展中国家纷纷放弃进口替代的工业化战略，转而实行更加开放的贸易政策，从而拉开了发展中国家贸易自由化的序幕。根据世界银行的观点，发展中国家要从贸易保护走向贸易自由化，需要进行以下三方面的工作。

第一项工作就是取消商品进口的数量限制，以关税作为贸易保护的唯一手段。正如我们已经讲到的，数量限制是一种比较严厉的贸易保护措施。在数量限制下，无论出口商如何降低成本或价格，都难以打进该进口国的市场，增加商品的销售，因为进口的数量是一定的。所以用关税代替数量限制是一国贸易自由化的首要步骤。

第二项工作是改革关税制度。所谓关税制度改革包括两方面的内容：一是降低进口关税的总水平；二是缩小不同商品间关税率的差异幅度。根据各国的经验，降低关税水平的操作方法主要有四种：

（1）等比例地削减所有商品的关税，即将每种商品的关税都降低同样的比例；

（2）等比例地削减某个指标之上的高关税；

（3）较大幅度地削减较高水平商品的关税；

（4）上述方法的结合运用。

世界银行推荐的方法是"蛇腹式"削减关税的方法。即先将某个上限的关税降到这个上限以下，然后重新设定一个较低上限，再将在这个新上限以上的关税降到这个上限以

148

下，依此不断进行下去。许多专家认为，这种方法带来的调整成本最低，同时还能够保持原有的贸易保护结构。

第三项工作是努力保持贸易收支平衡。贸易自由化必须建立在扩大出口的基础上，因为随着本国市场的逐步开放，必然有大量的商品流入本国市场，如果在进口不断增加的同时，没有出口的增加，进口国为进口所需要的资金会不断增加，造成入不敷出。在这种情况下，该国政府往往不得不限制进口，从而中断贸易自由化的连续性。另一方面，商品的大量进口可能挤垮国内竞争力比较弱的企业或产业，结果失业人数可能增加。当这些失业人口不能被出口行业的扩展所吸收时，退回到保护贸易的呼声或社会压力就会增高。为了使贸易自由化能够成为一个持久的政策选择，政府应该在实施贸易自由化的过程中尽可能减缓自由化带来的冲击，因此在实行贸易自由化的过程中，要配合一些其他的鼓励出口、限制进口的政策措施。在这类措施中，最简便的是本国货币对外贬值。

当然，对于转型经济体来说，在贸易自由化过程中还需要逐步取消价格管制，减少政府干预，明晰产权，赋予中央银行独立执行货币和汇率政策的权力，加快资本和金融市场改革，不断提高经济的市场化程度，从而为贸易自由化和经济的快速稳定发展奠定基础。

第三节　多边贸易体制的发展

国际贸易体系是调整各国之间经济贸易关系的组织和制度。第二次世界大战以后，各国为重建国际贸易秩序，希望建立一个调整各国贸易关系的组织，以便各国能够在比较宽松的环境下开展国际贸易。经过循序渐进的方式，在签订多边贸易协定的基础上，经过多年的不懈努力，建立了世界贸易组织，形成了比较完整的国际贸易体系。多边贸易体制在推动战后全球性的多边贸易自由化方面发挥了巨大作用。

一、关税与贸易总协定的产生

关税与贸易总协定（The General Agreement on Tariff and Trade，GATT）是调整各国关税与贸易关系的多边国际协定。由于关税与贸易总协定特殊的签订背景，以及它多年运行的特点，使它成为带有制度性和组织性的多边贸易协定。

早在第二次世界大战结束之前，美国和英国在商讨建立战后国际经济新秩序时就设想重建国际贸易秩序。它们认为，20 世纪 20 年代中期以后，各国相继实行的以邻为壑的贸易政策，是导致 1929—1933 年经济大危机的原因之一，至少它加重了当时的经济危机。甚至有人认为，第二次世界大战的原因之一就是国与国之间相互封闭市场。因此在它们看来，比较宽松的国际贸易环境是世界和平的重要保证。因此它们倡导建立一个"国际贸易组织"（international trade organization）。

1945 年 12 月 6 日，美国政府单方面提出《扩大世界贸易和增加就业的建议》，主张在这个建议的基础上制定国际贸易组织宪章，以重建国际贸易秩序。美国在提出这些建议的同时，照会各国政府，提出召开世界贸易和就业会议，在美国提出的方案的基础上进行多边贸易谈判，实施关税减让。经过讨论，一个有 23 个国家代表签字的《国际贸易组织宪章》产生了。其宗旨是：通过促进国际贸易的发展，稳定生产和就业，鼓励落后地区的经济发展，为在世界范围内提高生活水平作出贡献。

为做好贯彻《国际贸易组织宪章》的准备工作，23 个国家的代表在日内瓦进行关税减让谈判，并将此内容的贯彻与《国际贸易组织宪章》今后的执行相联系，签订一个临时性文件或协议，一旦《国际贸易组织宪章》被各国国会正式批准，这个临时性协议就完成了自己的历史使命。在这 23 个国家中，澳大利亚、比利时、加拿大、法国、卢森堡、荷兰、英国和美国于 1947 年 10 月 30 日签署了《关贸总协定临时议定书》。中国等 15 个国家也相继在该临时议定书上签了字。1947 年 11 月，在哈瓦那召开的联合国世界贸易和就业会议审议并通过了《国际贸易组织宪章》，即《哈瓦那宪章》，同意成立世界贸易组织。因此最初的关贸总协定是临时性或过渡性的协议，只有《国际贸易组织宪章》才是建立国际贸易组织的基石。

然而，1950 年美国突然宣布，它不打算寻求国会批准《哈瓦那宪章》。实际上国际贸易组织的建立就此夭折了。由于各国仍然希望有一个比较自由的贸易环境，在经临时协定缔约国讨论并修改之后，决定继续执行“临时议定书”。因而，关税与贸易总协定也就“临时了”47 年之久。

虽然关税与贸易总协定是临时性协定，但是它一直作为协调多边贸易与关税关系的、对缔约国具有约束力的文件，并且它类似一个组织，安排缔约国之间的旨在追求贸易自由化的谈判，因而在 1947 年以后的 47 年的时间里，它对形成一个比较自由的国际贸易环境作出了重要贡献。

二、关税与贸易总协定的宗旨和基本原则

关税与贸易总协定（简称关贸总协定）是以贸易自由化为基本目标的，因此，其宗旨和原则总体上是以推进贸易自由化为内容的。当然考虑到一些实际情况，关贸总协定也接受了现实中的许多例外情况。

（一）关贸总协定的宗旨

关贸总协定明确指出，缔约国政府认为，在处理它们的贸易和经济事务的关系方面，应以提高生活水平，保证充分就业，保证实际收入和有效需求的增长，促进世界资源的充分利用以及发展生产和交换为目的。并期望通过达成互惠互利的贸易协议，促进进口关税和其他贸易障碍的大幅度削减，取消国际贸易中的歧视待遇。

由此可以看出，关贸总协定的基本目的是通过达成相互贸易协议，削减关税，实行公平贸易，以实现下述目标：

（1）提高生活水平；

（2）提高就业水平；

（3）保证实际收入和有效需求的增长；

（4）促进世界资源的充分利用；

（5）发展商品的生产和交换。

可见，关贸总协定积极倡导贸易自由化的倾向是十分明显的。

（二）关贸总协定的基本原则

关贸总协定规定了八个方面的原则，即自由贸易原则、非歧视原则、关税减让原则、一般禁止数量限制原则、公平贸易原则、自我保护原则、透明度原则和磋商调解原则。具体来说：

1. 自由贸易原则

关贸总协定的内容中处处体现着以市场经济为基础，开展自由贸易的原则。它规定，关贸总协定的缔约国应该是市场经济国家，并以市场经济的竞争为基础，开展自由贸易。

2. 非歧视原则

非歧视原则是关贸总协定的重要原则。它规定，缔约国之间的贸易要平等互惠，避免歧视和差别待遇。它主要包括两个方面的内容：一是最惠国待遇；二是国民待遇。

最惠国待遇是指缔约国一方现在和将来给予任何第三个缔约国的一切贸易特权、优惠和豁免，也应同样无条件地给予其他缔约方。其适用范围包括：

（1）一切与进出口货物有关的关税和费用；

（2）与进出口货物有关的对国际支付转账所征收的关税及费用；

（3）征收上述关税和费用的办法；

（4）进出口的规章手续；

（5）与进出口货物有关的国内税与国内规章制度方面的国民待遇等。

国民待遇是指缔约国一方保证缔约国另一方的公民、企业、船舶及产品在本国境内享受与本国公民、企业、船舶、产品同等的待遇。

3. 关税减让原则

关税减让原则主要包括：

（1）关税保护原则。关贸总协定规定，缔约国只能用关税作为保护国内工业的唯一手段，而不能用关税以外的其他办法来保护。

（2）关税减让原则。关贸总协定规定，在确定关税作为唯一保护手段的基础上，各缔约国要逐步降低本国的关税水平。

（3）关税稳定原则。关贸总协定规定，各国制定关税水平之后，不能借故重新提高关税。

4. 一般禁止数量限制原则

就一般地取消数量限制而言，关贸总协定反对以关税以外的办法保护本国经济。但是它只是一般的原则，实际上也有一些例外。关贸总协定从实际出发，也允许某些国家采取关税以外的贸易保护措施，但必须遵循非歧视原则。

5. 公平贸易原则

关贸总协定提倡缔约国之间进行公平、平等和互惠的贸易，反对不公平贸易，或人为地干预贸易，改变自由竞争的基本格局。因此关贸总协定反对倾销和补贴。

6. 自我保护原则

在自我保护方面，关贸总协定指出，各国如果因为加入关贸总协定、执行关贸总协定的各项条款和原则，而给它们带来了损失，可以实施自我保护。这主要指以下三种情况：

（1）保护幼稚工业。关贸总协定允许发展中国家对某些幼稚工业实施保护，以利其经济发展。

（2）保障条款。关贸总协定规定，当一缔约国承担了关贸总协定的义务而导致某一产品进口激增时，受到严重伤害或威胁的国内同类产品的生产者，可以要求政府采取紧急措施，撤销或修改已承诺的进口关税减让。

（3）利用关贸总协定中规定的各种例外条款。这些条款包括：① 国际收支平衡例外；② 关税同盟和自由贸易区例外；③ 安全例外等。

7. 透明度原则

关于透明度原则，关贸总协定要求，各国凡应公布的贸易条例，应该提前予以公布。关贸总协定明确规定，缔约国海关对产品的分类、税费、进出口限制以及影响进出口贸易货物销售、分配、运输、保险、仓储、检验、展览、加工的法律，一般引用的司法判断及行政决定都应迅速予以公布，以使各国政府和贸易商熟悉它们。但是要以不泄露国家机密为界限。

8. 磋商调解原则

关于磋商调解原则，关贸总协定规定，一旦缔约国之间发生争端，首先在总协定范围内由当事国双方进行磋商，如果磋商不能解决问题，交由专门的工作组解决，并向关贸总协定理事会报告。如果理事会作出的决定有一方拒绝执行，理事会可以授权另一方进行报复。

三、关税与贸易总协定的多边贸易谈判

自关税与贸易总协定签字以来，在其组织下进行了 8 轮多边贸易谈判。就谈判所要解决的主要问题而言，可以分为三个阶段，即以进口关税减让为主的阶段、以非关税减让为主的阶段和一揽子解决多边贸易体制根本性问题的阶段。

（一）以关税减让为主的阶段

在关贸总协定的安排下，以关税减让为目的的谈判共进行了六轮。

第一轮谈判是从 1947 年 4 月至 10 月举行的日内瓦回合（Geneva Round），23 个缔约国参加了该轮谈判，达成双边减税协议 123 项，占当时资本主义国家进口总值 54% 的商品平均降低关税 35%。

第二轮谈判是于 1949 年 4 月至 10 月举行的安纳西回合（Annecy Round），33 个国家

参加，达成 147 项关税减让协议，使占进口总值 56% 的商品平均降低关税 35%。

第三轮谈判是于 1950 年 9 月至 1951 年 4 月举行的托奎回合（Torquay Round），有 38 个国家参加，达成关税减让协议 150 项，占进口总值的 11.7% 的商品平均降低关税 26%。

第四轮谈判是于 1956 年 1 月至 5 月举行的日内瓦回合（Geneva Round），共有 26 个国家参加，使工业品的进口关税下降了 15%。

第五轮谈判是于 1960 年 9 月至 1961 年 7 月举行的狄龙回合（Dillon Round），共有 62 个国家参加，使工业品的进口关税下降了 35%。在这次谈判中，第一次涉及非关税壁垒问题，通过了第一个反倾销协议。

第六轮谈判是于 1964 年 5 月至 1967 年 6 月举行的肯尼迪回合（Kennedy Round），有 102 个国家参加了此次的关税和某些反倾销措施的谈判。

（二）以消除非关税壁垒为主的阶段

以消除非关税壁垒为主的关贸总协定谈判是 1973 年 9 月至 1979 年 4 月的第七回合，有 123 个国家参加此次谈判。这次谈判是在日本东京举行的部长级会议上发起的，所以称为东京回合（Tokyo Round）。在 1979 年谈判结束时达成一揽子大范围的关税减让和一系列的限制非关税壁垒措施、新协议以及对关贸总协定的法律框架的修改意见。

就关税方面而言，总协定的一揽子协议规定，经过 8 年的时间，使世界 9 个主要工业国家制成品的加权平均进口关税从 7% 降到 4.7%。

在非关税壁垒方面，针对政府采购和其他公共机构提供的采购合同达成一致原则；规定了作为贸易壁垒的技术标准、证书及其检验制度的实施纪律；规定了进口许可程序不得被用作制止贸易的手段；提出了要建立公平、统一和公正的海关估价制度。

在这次谈判中，参加国还签署了关于补贴和反补贴措施的新协议，并且修改了反倾销守则。总之，在这次谈判中共达成 9 项反对非关税壁垒的协议。当然，并非每个国家都在文件上签了字。

（三）一揽子解决多边贸易体制问题的阶段

关贸总协定的第八轮谈判是 1986 年 9 月在乌拉圭埃斯特角城发动的，称为乌拉圭回合（Uruguay Round），128 个国家和地区派代表参加了谈判。

参加谈判的各国部长们达成了总体的政治承诺，共两大部分：

（1）货物贸易的谈判。其目标是促成国际贸易的进一步自由化，加强关贸总协定的作用，改善多边贸易体系，增强关贸总协定对不断变化的国际经济环境的适应性，鼓励合作，以促进世界经济增长，加强成员国间经济政策的联系。

（2）概述了服务贸易规则新框架的目标。

这些承诺的具体谈判事宜包括 15 个议题，即关税问题、非关税壁垒、热带产品问题、自然资源产品、纺织品和服装、农业、关贸总协定条款、保障条款、多边贸易谈判协议和安排、补贴和反补贴措施、争议的解决、与贸易有关的知识产权、与贸易有关的投资措施、关贸总协定体系的作用、服务贸易。

乌拉圭回合谈判原定 1990 年 12 月在布鲁塞尔贸易委员会的部长会议上结束，期望在部长会议之前和期间，在许多领域都有明显的进展，但是未能达成最终一致意见。经过多方努力、讨价还价，乌拉圭回合最后文件于 1993 年 12 月 15 日草签。这些文件经各国议会通过后，于 1994 年 4 月正式签署。

（四）关贸总协定下多边贸易谈判的主要成就

尽管关贸总协定在执行过程中遇到了多方面的困难，但是在它的组织下，从 1947 年到 1994 年 47 年间所取得的成就是十分显著的。

首先，通过关贸总协定组织的八轮谈判，使各缔约国的进口关税水平都有明显的下降。发达国家的平均关税从 1947 年的 40% 左右下降到 4% 左右，发展中国家的平均关税也下降到 13% 左右。因而保证了战后的国际贸易能够在一个比较自由的贸易环境下展开。据统计，1913—1938 年间，世界贸易的年平均增长率仅为 0.7%，而 1948—1973 年间，世界贸易的增长率为 7.8%。1950 年时，世界贸易总额为 603 亿美元，而 1994 年时，世界贸易总额已达到 5 万多亿美元，年平均增长率达 6%。从而为各国经济增长创造了良好的条件。

其次，关贸总协定创造了良好的国际贸易秩序。尽管关贸总协定还不是真正意义上的国际贸易组织或国际贸易体系，但是由于它的存在，使国际贸易能够有一个比较公认的法律或规章制度，从而能够规范国际贸易朝着自由化的正确方向发展。

再次，作为具有组织性的关贸总协定，其吸引力越来越大。由于关贸总协定在很大程度上符合世界上大多数国家自身的经济利益，而且这种利益大于由执行关贸总协定带来的损失，所以它的吸引力逐渐增强，关贸总协定的缔约国从最初的 23 个增加到 128 个（1994 年年底）。

四、世界贸易组织的成立

世界贸易组织（World Trade Organization，WTO）建立于 1995 年 1 月 1 日，其机构设在日内瓦，现有成员国 164 个（2016 年 7 月）。世界贸易组织是约束各成员国之间贸易规范和贸易政策的国际贸易组织。世界贸易组织的各种协定是国际贸易制度运行和各成员国贸易政策制定的法律基础。它继承了关贸总协定的主要原则，但比关贸总协定约束的范围更广泛，它是一个真正意义上的国际贸易组织。

（一）世界贸易组织的基本原则

在世界贸易组织建立的协定中，明确指出了五个基本原则，即非歧视原则、通过谈判逐渐推行贸易自由化原则、可预见性原则、促进公平竞争原则、鼓励发展和经济改革的原则。

国际贸易中的非歧视原则在关贸总协定中已经作了明确的规定，就是要贯彻最惠国待遇和国民待遇。在世界贸易组织建立的基本原则中重新明确这一重要原则的意义，不仅在于重申本身，还在于这一原则适用的范围更广。它不仅适用于成员国之间的商品贸易，还适用于服务贸易以及与贸易有关的知识产权问题。世界贸易组织同时重申这种非歧视原则也有例外，如它不适于世界贸易组织的非成员国，也不适用于对那些实行不公平贸易政策的国家采取报复行动的国家。

贸易自由化原则是指通过减少贸易障碍，促进贸易的扩大。这些贸易障碍不仅是指进口关税，还包括各种数量限制、政府的某些限制进口的规定及汇率政策等方面的限制措施。这就要求世界贸易组织的成员国根据组织的要求加以调整。世界贸易组织允许各国采取渐进的方法实现贸易自由化。而且从实际出发，发展中国家可能需要的时间相对要长一些。

可预见性原则是指各成员国在其贸易政策或规定执行以前，要对成员国公开并通知世界贸易组织。世界贸易组织认为，各成员国不应重新人为地增加贸易障碍，以保证国际贸易环境的稳定。因此，一方面世界贸易组织反对重新提高贸易障碍的行为，另一方面也反对使用除关税以外的其他保护措施。从制度上，世界贸易组织要求各成员国把它们要执行的贸易政策和措施尽快公布，并上报世界贸易组织。该组织将对此作出评估，以确定其可能给贸易自由化带来的影响。

促进公平竞争原则是指世界贸易要在公开、公正和不受干扰的情况下开展。因而世界贸易组织反对倾销、补贴及政府的歧视性采购等不公平贸易行为。

鼓励发展和经济改革的原则是指对发展中成员国的经济发展和改革进行鼓励的原则。由于世界贸易组织的3/4成员国是发展中国家，因此对它们的经济发展和市场经济改革应给予特别的关注。世界贸易组织规定，发展中成员国在执行协定的时间方面应该具有某种灵活性，即允许它们经过较长的时间达到世界贸易组织的要求。世界贸易组织给了发展中成员国调整与世界贸易组织规定不相适应方面的过渡期。

（二）世界贸易组织的职能

世界贸易组织的基本职能是：监督执行世界贸易组织的各项协定；组织国际贸易谈判，并提供成员国进行贸易谈判的场所；解决成员国之间的贸易纠纷；指导各成员国制定对外贸易政策；向发展中国家提供技术帮助和培训；与其他国际组织进行合作。

监督执行世界贸易组织成员国所签署的多边国际协定是该组织的首要任务。在建立世界贸易组织的谈判中，成员国签署了一系列旨在推进商品和服务贸易自由化、国际贸易中的知识产权的保护以及与贸易有关的投资问题等方面的协定。这些协定有赖于在世界贸易组织的监督下加以贯彻、执行。

组织成员国之间进行多边贸易谈判，并为此提供谈判的场所是致力于贸易自由化的世界贸易组织的重要职能。在关贸总协定之下，组织了八轮贸易谈判，在推进贸易自由化方面取得了很大的进展。在世界贸易组织之下，这一职能不会削弱，反而会加强。

指导各成员国制定对外贸易政策，是指各国制定的对外贸易政策不应与世界贸易组织的有关条款相抵触。因此成员国任何与世界贸易组织有关条款不相一致的政策规定都是不允许的。

与其他国际组织的合作主要是指世界贸易组织与联合国、国际货币基金组织和世界银行以及地区性的经济一体化组织进行多方面的合作，以保证组织之间的协调性。

（三）世界贸易组织与关贸总协定的区别

从总体看，关贸总协定在国际贸易组织未能建立起来的条件下，起到了组织和维持国际贸易秩序的作用，但是，它还不是一个国际贸易组织，因此与世界贸易组织有着本质的区别。

第一，它们的性质不同。关贸总协定是一个多边的国际协定，而世界贸易组织则是一个合法的国际经济组织。前面已经讲过，关贸总协定是一个多边贸易协定，尽管其初衷是要建立一个国际贸易组织，而且试图起到国际贸易组织的作用，但是从国际法的角度看，它是不具备组织的法律基础的。而世界贸易组织则是建立在国际法基础之上的规范的国际组织，各国政府代表本国在加入世界贸易组织的协定上所签署的文件均得到了各国立法机关的认可。

第二，关贸总协定是临时性的协定，尽管它持续了47年的时间，但是其性质是多边的临时协定。而世界贸易组织则是具有法律基础的长期性的国际组织。

第三，对参加者的称谓不同。关贸总协定的签字国被称为缔约国，而其实体被称为"缔约国全体"，表明了它的协定特征。而世界贸易组织的成员被称为"成员国"，其实体是"世界贸易组织"，表明它的组织性特征。

第四，它们各自约束的范围不同。关贸总协定只约束缔约国之间的商品贸易，而世界贸易组织的约束范围不仅包括成员国的商品贸易，还包括服务贸易及与贸易有关的知识产权问题。世界贸易组织第一次将商品、服务和知识产权问题统一纳入一个国际组织的约束范围之内。

第五，争端解决机制的运转速度不同。世界贸易组织在解决贸易纠纷的速度上更快，且内在机制运行比较顺畅，特别是其纠纷解决的最终判决具有权威性，在很大程度上要强制执行。关贸总协定没有强大的约束力，且争端解决颇费时日。

然而，世界贸易组织是关贸总协定的继续，它继承了关贸总协定所倡导的许多原则和基本精神。另一方面，世界贸易组织代替了关贸总协定，发挥着更大的调节世界贸易，特别是成员国之间贸易关系的作用。

1995年1月1日，世界贸易组织正式取代关贸总协定发挥其国际贸易组织的作用，使世界真正具有了一个组织形式和运行机制合为一体的国际贸易组织。

1996年在世界贸易组织的主持下，在新加坡举行了该组织成立以来的第一次部长级会议，并取得了一系列贸易自由化的进展（如知识产权保护、通信和信息产品贸易自由化等）。2001年11月，在卡塔尔首都多哈举行的世界贸易组织第四次部长级会议上启动了新一轮多边贸易谈判，新启动的多边贸易谈判称为"多哈发展议程"（The Doha Development Agenda）或"多哈回合"（Doha Round）。该轮谈判确定了8个谈判领域，即农业、非农产品市场准入、服务、知识产权、规则、争端解决、贸易与环境以及贸易和发展问题。"多哈回合"按计划应在2005年1月1日前结束。但2003年9月在墨西哥坎昆举行的世界贸易组织部长级会议上，由于各成员国在农业等问题上没有达成一致意见，会议无果而终，"多哈回合"谈判陷入僵局。之后，经过各方积极努力，世界贸易组织147

个成员于 2004 年 8 月 1 日就"多哈回合"的主要议题达成框架协议。框架协议内容涉及农业、非农产品市场准入、服务贸易、贸易便利化和发展等领域。框架协议达成后，世界贸易组织成员在此基础上继续就谈判模式和具体内容进行磋商，计划于 2006 年年底前最终完成"多哈回合"谈判。

但是，2006 年 7 月 24 日，世界贸易组织 6 个主要成员——美国、欧盟、日本、澳大利亚、巴西和印度结束了为期两天的部长级会议，由于未能打破在取消农业补贴和非农产品市场准入等问题上的僵局，会谈以失败告终。当天，世界贸易组织总干事拉米在瑞士日内瓦世界贸易组织总部主持贸易谈判委员会非正式会议，正式建议全面中止已持续近 5 年之久的多哈回合全球贸易谈判，并表示不为恢复谈判设定任何时间表。世界贸易组织总理事会会议于 2006 年 7 月 27 日正式批准了总干事拉米提出的全面中止多哈回合谈判的建议，多哈回合全球贸易谈判由此进入了"休眠"状态。2008 年 7 月 29 日，旨在寻求多哈回合谈判关键性突破的世界贸易组织小型部长级会议未能就多哈回合农业和非农产品市场准入等争议问题取得突破，特别是世贸组织重要成员在发展中国家农产品特殊保障机制上难以达成一致，谈判最终破裂。多哈回合谈判的破裂和中止使得世贸组织遭遇了自成立以来最重大的挫折和重创，陷入了非常尴尬的境地。

2009 年年初以来，为共同应对全球金融危机，各国领导人多次重申对多哈回合谈判的承诺，呼吁早日完成谈判。2009 年 9 月 4 日，在印度新德里举行的世界贸易组织小型部长会议就重启贸易谈判达成共识，并重申多哈回合谈判应在 2010 年内结束。9 月 15 日，主要世界贸易组织成员高官会议在日内瓦重启谈判，并就一项旨在推动谈判取得进展的工作计划达成一致。9 月 26 日，在美国匹兹堡举行的二十国集团领导人会议承诺，各方将共同反对贸易保护主义，致力于在 2010 年成功完成多哈回合谈判，但缺乏具体落实细节。2009 年 11 月 30 日，世界贸易组织第七次部长级会议在日内瓦召开，会议重申了在 2010 年完成多哈回合谈判的目标。

2015 年 12 月 15 日至 19 日，世界贸易组织第十届部长级会议在肯尼亚内罗毕举行，经过谈判，世界贸易组织成员首次承诺全面取消农产品出口补贴，其中发达经济体承诺将立即取消其大部分农产品出口补贴，发展中经济体则将在 2018 年取消，同时世界贸易组织扩大《信息技术协定》产品范围谈判也达成了全面协议。

第四节　区域经济一体化的发展

最早的区域经济一体化组织要追溯到 1241 年成立的普鲁士内部各城邦之间建立的"汉撒同盟"。现代的区域经济一体化组织是在第二次世界大战以后逐步兴起，并且成为现代经济发展中的重要国际经济现象的。

根据区域经济一体化组织成员国的经济发展水平，大体可将区域经济一体化组织分为三种主要类型：发达国家之间的区域经济一体化组织、发展中国家之间的区域经济一体化组织、发达与发展中国家之间的区域经济一体化组织。

一、发达国家之间的区域经济一体化组织

第二次世界大战以后，发达国家之间的第一个区域经济一体化组织是西欧的三个小国——比利时、卢森堡和荷兰通过达成协议建立起来的经济联盟——荷比卢联盟。三国商定，建立共同对外关税、协调经济政策，比卢两国还将它们的货币确定为等值，可以在对方国家流通。

发达国家之间区域经济一体化的典型代表是1958年1月1日正式生效、建立的欧洲经济共同体。20世纪50年代初，欧洲各国为防止第三次世界大战的爆发及欧洲再次成为战争的策源地，由法国倡导，联邦德国、意大利、比利时、卢森堡和荷兰一起响应，决定建立欧洲煤钢共同体，以便将各国战略物资的生产紧密地结合在一起，由一个共同的、超国家的经济一体化组织来管理。由于欧洲煤钢共同体在恢复各国经济、发展生产方面成效显著，各成员国提出，扩大经济一体化的领域。在此推动下，1957年3月25日六个成员国签订了建立欧洲经济共同体条约和建立欧洲原子能共同体条约，于1958年1月1日起正式生效。因这两个条约在意大利首都罗马签订，也称这两个条约为《罗马条约》。1967年7月1日，欧洲煤钢共同体、欧洲原子能共同体和欧洲经济共同体的主要机构合并，统称为欧洲共同体（European Communities，EC）。

欧洲共同体成立后，在内涵和外延两个方面都有明显的发展。在外延方面，欧洲共同体的成员国不断增加。1973年，英国、爱尔兰和丹麦加入欧洲共同体，1981年，希腊成为欧洲共同体的第十个成员国，1986年，西班牙和葡萄牙加入欧洲共同体。1995年，瑞典、奥地利和芬兰加入欧洲联盟（欧洲共同体在1993年11月改名为欧洲联盟）。2004年5月1日中东欧十国（波兰、匈牙利、捷克、斯洛伐克、斯洛文尼亚、爱沙尼亚、拉脱维亚、立陶宛、塞浦路斯、马耳他）加入欧盟。2007年1月，罗马尼亚和保加利亚加入欧盟。2013年7月，克罗地亚加入欧盟。目前欧盟成为拥有28个成员国和近5亿人口的区域经济一体化组织。2016年6月23日，英国举行全民公投，决定退出欧盟，欧盟的发展面临考验。

在成员国不断增加的同时，欧洲共同体也不断提高经济一体化的层次，从一个关税同盟逐步过渡到了目前的经济和货币联盟。1968年，欧洲共同体实现了对内取消关税、设置共同对外关税的目标，建立了关税同盟。同时在经济政策协调方面，建立了共同农业政策，以支持农产品价格，调整农业生产结构，实现绝大多数农产品的自给有余。从而使欧洲共同体一开始就具有经济联盟的性质。1979年，欧洲共同体经过多年酝酿，建立了欧洲货币体系，实现成员国间保持可调整的钉住汇率制度[①]，建立共同干预基金和储备基金，

---

① 关于汇率制度的某些知识，我们将在后面的章节再作详细说明。

对外则采取联合浮动汇率制度，从而使其经济一体化的程度向前迈进了一步。1985 年欧洲共同体又提出新的动议，决定于 1992 年年底以前，将欧洲共同体建成共同市场，实现商品、服务、资本和劳动力的自由流动。经过 7 年的过渡，这一目标也顺利实现了。1991年，各个成员国首脑又集会于荷兰的马斯特里赫特，决定修改原来的《罗马条约》，在修改后的条约中，明确提出，将欧洲共同体向前推进，经过一段时间的过渡，建立欧洲经济和政治联盟。1992 年 2 月 7 日，成员国正式签署了一系列的条约，称为《马斯特里赫特条约》（简称《马约》）。该条约由两部分组成：一是《经济和货币联盟条约》，另一个是《政治联盟条约》。《经济和货币联盟条约》的基本目标是，经过三个阶段的过渡，经济上各成员国要实行统一的财政和货币政策，建立统一的欧洲货币"欧元"，建立欧洲联盟的中央银行。《政治联盟条约》的基本目标是建立共同外交、防务和社会政策等方面"更为紧密的国家联盟"。1993 年 11 月 1 日，《马约》经各成员国批准后正式生效，欧洲共同体正式改名为欧洲联盟（European Union，EU）。1999 年 1 月 1 日，欧洲统一货币开始启动；2002 年 1 月 1 日，欧洲联盟发行"欧元"开始在市场上正式流通，代替加入欧元区的成员国的货币；2002 年 7 月 1 日之前，加入欧元区的各成员国货币正式退出流通。欧洲联盟要求各成员国必须具备一系列的条件①，才能成为欧元区的成员。到目前为止，欧元区有19 个成员国。

二、发展中国家之间的区域经济一体化组织

早在 20 世纪 60 年代，发展中国家的区域经济一体化组织就已经产生了。1960 年，中美洲的萨尔瓦多、危地马拉、洪都拉斯和尼加拉瓜 4 国签署了《中美洲经济一体化总条约》；1962 年，哥斯达黎加加入，5 国共同签署了《中美洲共同市场条约》，并正式成立了中美洲共同市场。根据该条约，对内各成员国实行完全的自由贸易，90% 的对外贸易产品实行共同关税。其基本目标是通过经济一体化平衡本地区经济发展，实现工业化。由于其内部市场规模有限，合作领域较少，进展一直比较缓慢。1990 年 6 月，5 国总统举行会晤并达成协议，决定设立一种地区支付手段，确定统一的对外贸易关税率，简化本地区海关和移民手续，加强地区的经济合作，并为促进这种合作提供便利。1990 年 8 月 5 日，5国又决定逐步取消关税壁垒，经过两年的过渡，1992 年成立中美洲自由贸易区。1993 年建立了关税同盟。

拉丁美洲自由贸易协会成立于 1960 年，1980 年改名为拉丁美洲一体化协会。它的成员国有阿根廷、巴西、智利、墨西哥、巴拉圭、秘鲁、乌拉圭、哥伦比亚、厄瓜多尔、委

---

① 《马约》规定了加入欧洲经济货币联盟的 5 项"趋同标准"：通货膨胀率不能超过通货膨胀率最低的三个国家平均水平的 1.5 个百分点；长期利率不能超过利率水平最低的三个国家的平均利率的 2 个百分点；汇率必须在加入前两年的时间里保持在汇率机制允许的波动范围内；政府财政赤字不能超过 GDP 的 3%；公共债务不能超过 GDP的 60%。

内瑞拉和玻利维亚。由于该一体化组织成员比较多，经济发展水平差异较大，因而在贸易自由化方面难以取得一致步调。

安第斯集团是1969年5月成立的。其创始国有玻利维亚、哥伦比亚、智利、厄瓜多尔和秘鲁。1973年委内瑞拉加入，1976年智利退出。该组织的基本宗旨是取消成员国之间的关税壁垒，组成共同市场，加速经济一体化进程，以充分利用本地区的经济资源，促进成员国经济的平衡发展。在其成立以后的20多年里，由于各国采取比较封闭的经济发展战略，一体化进展又比较缓慢，区域经济一体化的收效并不明显。1989年以来，成员国加强合作的意识明显加强。1989年成员国举行首脑会议，决定建立安第斯自由贸易区，提出自1990年起，经过5年的过渡，成员国分阶段削减关税。此后在1990年11月的政府首脑会议上，又将建成自由贸易区的时间提前到1991年年底。1993年起安第斯集团开始实行共同的对外关税（当时秘鲁除外），成为世界上第一个由发展中国家组成的自由贸易区。1994年秘鲁恢复其成员国地位。1996年3月，第8届首脑会议决定成立安第斯共同体。1999年5月，第11届首脑会议确定了最迟在2005年建立共同市场的目标。2002年1月，5个成员国就2003年12月31日前开始实行统一对外关税、实行共同农业政策、进一步协调对外政策等达成协议。2007年6月，安第斯共同体宣布接收智利为联系国。2010年2月，玻利维亚、哥伦比亚、厄瓜多尔和秘鲁等4个安第斯共同体成员国的外交部长和外贸部长举行会议，通过了安第斯地区一体化进程指导方针及加强地区合作的战略议程。

南方共同市场是20世纪90年代酝酿建立的区域经济一体化组织。1991年3月26日，当时的阿根廷总统梅内姆、巴西总统科洛尔、乌拉圭总统拉卡列和巴拉圭总统罗德里克签订了《亚松森条约》，决定1994年年底建立南方共同市场。它规定，在1994年12月31日以前的过渡期内，各成员国将相互取消关税和非关税壁垒，实现商品和服务的自由流动，确立共同对外关税，制定共同的贸易政策，并且还协调各国的宏观经济政策以及工农业、税收、货币、汇率等方面的政策及有关的立法。目前该一体化组织发展势头良好。

在亚洲，东南亚国家联盟（以下简称东盟）的发展特别突出。1967年8月8日，印度尼西亚、马来西亚、菲律宾、新加坡和泰国等5个国家的外交部长在曼谷签署建立东盟的宣言，正式宣告东盟的成立。东盟建立的宗旨是在经济、社会、文化、技术、科学和行政管理等领域内促进共同有利的事业的积极合作和互助。然而在东盟最初成立的9年里，经济合作并未见诸行动。20世纪70年代中期以后，东盟各国加强了相互间的经济合作，成立了一系列的促进经济合作的组织机构。20世纪80年代中期以后，随着地区贸易保护主义的抬头，东盟各国认为，有必要加强内部的经济合作，提高合作的层次和水平，扩大合作的领域。1992年1月28日的东盟首脑会议发表了《1992年新加坡宣言》《加强东盟经济合作的框架协议》和《有效普惠关税协议》，决定从1993年1月1日起，将成员国制成品、农业加工品和生产设备三大类15种商品的关税逐步降低，在15年内建立自由贸易区。此后这个过渡期几次提前，1994年又提出在5年内建立自由贸易区的目标，称为"亚洲自由贸易区"。不仅如此，由于近年来东盟各国经济发展较快，对外贸易迅速发展，因而其内部合作的扩大对周围国家构成较强的吸引力。文莱、越南、老挝、柬埔寨和缅甸等相继加入，使其成为有 10 个成员国的区域经济一体化组织。2008 年 12 月 15 日，《东盟宪章》正式生效，标志着东盟各国向着建立东盟经济共同体的战略目标迈出了坚实的一步。

2001 年 11 月，在文莱召开的第五次中国和东盟"10+1"领导人会议上，中国与东盟一致同意在 10 年内建成中国-东盟自由贸易区。2002 年 11 月，中国和东盟领导人签署了《中国与东盟全面经济合作框架协议》，正式启动了建立中国-东盟自由贸易区进程，计划于 2010 年建成中国-东盟自由贸易区。2004 年 1 月 1 日，中国与东盟"早期收获计划"正式实施，双方开始下调农产品关税，计划于 2006 年农产品实现零关税；2004 年 6 月，中泰两国水果蔬菜零关税协议扩展到中国、泰国和新加坡三国，中国与东盟贸易自由化进程逐步加快。中国与东盟分别于 2004 年 11 月、2007 年 1 月和 2009 年 8 月签署了自由贸易区《货物贸易协议》《服务贸易协议》和《投资协议》。从 2010 年 1 月 1 日起，中国东盟自由贸易区正式建立，中国与印度尼西亚、马来西亚、泰国、菲律宾、新加坡、文莱等东盟 6 个老成员国之间，将有超过九成的产品实行零关税，中国对东盟的平均关税降至 0.1%；中国与东盟的 4 个新成员（缅甸、柬埔寨、老挝、越南）也在 2015 年实现 90% 的产品零关税。

受欧洲共同体的影响，许多非洲国家愿意加入某种形式的经济一体化组织之中。非洲的区域经济一体化组织主要有：

西非经济共同体，成立于 1975 年，成员国有贝宁、布基纳法索、佛得角、科特迪瓦、冈比亚、加纳、几内亚、几内亚比绍、利比里亚、马里、毛里塔尼亚、尼日尔、尼日利亚、塞内加尔、塞拉利昂和多哥。

中非经济与货币共同体，成立于 1999 年，其前身是成立于 1966 年的中非关税与经济同盟，成员国有喀麦隆、中非共和国、乍得、刚果（布）、赤道几内亚和加蓬。

东非合作组织，成立于 1999 年，其前身是成立于 1967—1977 年的东非共同体，成员国有肯尼亚、坦桑尼亚、乌干达、布隆迪和卢旺达。

阿拉伯马格里布联盟，成立于 1989 年，成员国有阿尔及利亚、利比亚、毛里塔尼亚、摩洛哥和突尼斯。

西非经济货币联盟，成立于 1994 年，其前身是成立于 1962 年的西非货币联盟，成员国有贝宁、布基纳法索、科特迪瓦、马里、尼日尔、多哥、几内亚比绍和塞内加尔。

南部非洲关税同盟，成立于 1969 年。它的前身是 1910 年的关税同盟协议，是非洲大陆最早的区域性经济合作组织之一。成员国包括南非、博茨瓦纳、莱索托、斯威士兰和纳米比亚。

东部和南部非洲共同市场，成立于 1994 年，是非洲地区最大的经济合作组织之一。其前身为 1981 年成立的东部和南部非洲优惠贸易区。现有成员国 20 个，即安哥拉、布隆迪、科摩罗、刚果（金）、吉布提、埃及、厄立特里亚、埃塞俄比亚、肯尼亚、马达加斯加、马拉维、毛里求斯、卢旺达、塞舌尔、苏丹、斯威士兰、乌干达、赞比亚、津巴布韦和利比亚。

南部非洲发展共同体，成立于 1992 年，是非洲大陆较成功的一个区域性经济发展实体。其前身是 1980 年成立的南部非洲发展协调会议。现有 15 个成员国，即安哥拉、博茨瓦纳、刚果（金）、莱索托、马拉维、莫桑比克、纳米比亚、斯威士兰、坦桑尼亚、赞比亚、南非、塞舌尔、毛里求斯、马达加斯加和津巴布韦。

在阿拉伯国家之间，也有一些区域经济一体化组织。阿拉伯共同市场成立于 1964 年，其成员国有埃及、伊拉克、约旦、叙利亚、利比亚、苏丹、也门、黎巴嫩和毛里塔尼亚。该组织原计划经过 10 年的过渡，完全取消内部贸易的障碍，对外共同关税也要在 20 世纪 80 年代建立，但是出于多方面的原因，该目标未能实现。

海湾阿拉伯国家合作委员会成立于 1981 年 5 月，成员国有阿拉伯联合酋长国、阿曼、巴林、卡塔尔、科威特和沙特阿拉伯。自成立以来，各成员国积极促进彼此间的经贸合作，于 2003 年 1 月和 2008 年 1 月先后启动关税同盟和海湾共同市场，并计划在 2010 年 1 月启动海湾货币联盟，发行统一货币，进一步推动经济一体化进程。但由于全球金融危机和其他原因，货币联盟计划被推迟。

三、发达国家与发展中国家之间的区域经济一体化组织

20 世纪 80 年代以来，发达国家与发展中国家之间的经济一体化组织也相继萌芽，且发展很快。最典型的经济一体化组织是北美自由贸易区（North American Free Trade Area, NAFTA）。

北美自由贸易区发端于 1988 年美国与加拿大签订的美加自由贸易协定，并从 1989 年 1 月 1 日生效。该协定的主要内容是经过 10 年的过渡，逐步取消相互关税，同时在投资方面实现自由化。对此墨西哥的反应是加快了与美国实现自由贸易的谈判。在此背景下，三国领导人于 1991 年在多伦多举行第一次会议，决定建立美加墨自由贸易区。经过一系列谈判，1992 年 8 月 12 日正式签订了建立北美自由贸易区的协定，1993 年 7 月又签订了建立北美自由贸易区的补充协定，决定建立北美自由贸易区。协定明确规定，从 1994 年 1 月 1 日起，经过 15 年的过渡，三国相互取消关税，实现商品和服务的自由流动。

北美自由贸易区的建立开创了发达国家与发展中国家之间组成区域经济一体化组织的先例。

四、区域经济一体化的经验与教训

根据世界贸易组织的统计，当今世界大约有 200 多个各种类型的区域经济一体化组织。从各类区域经济一体化组织的成败来看，比较成功的是发达国家之间建立的区域经济一体化组织，不大成功的是发展中国家之间建立的区域经济一体化组织，发达与发展中国家之间的经济一体化组织目前尚在发展之中，从其发展的势头来看，成功的把握是比较大的。

162

发达国家之间的区域经济一体化组织成功的原因主要有三点。

首先，各成员国经济发展水平的差异较小。各成员国经济发展水平的接近不致使某个成员国成为其他成员国的负担。不仅如此，成员国经济发展水平较高且相互接近，有助于成员国开展产业内贸易，因而较少竞争优势的相互冲突，有利于实现各成员国企业的规模经济。

其次，各成员国对内部市场的依赖性的加强，有助于增加区域经济一体化组织的凝聚力。因为一个区域经济一体化组织中各成员国对区内市场的依赖性越强，各国越是珍惜一体化组织的稳定与发展，因而合作的愿望以及加强合作的愿望越强烈。成员国间经济相互依赖的加强，特别是对内部市场依赖的加强，是一体化组织升级的重要动力。相反，如果一个区域经济一体化组织各成员国对内部市场的依赖性较弱，一体化组织的凝聚力就相对较小。

再次，发达国家之间的区域经济一体化总是从市场一体化入手，这与它们的经济制度密切相关。因为在市场经济条件下，政府只能通过间接手段干预经济，所以发达国家之间的区域经济一体化是以区际贸易的一体化为出发点，推动经济一体化发展的。

发展中国家之间的区域经济一体化组织发展缓慢，甚至失败的原因主要也有三点。

首先，成员国经济发展水平较低，因而缺乏进行贸易合作的物质基础。一方面，各国的经济发展水平都比较低，这决定了它们经济结构相类似，因而难以形成产业间贸易。另一方面，各国经济发展水平不高还决定了它们没有进行产业内贸易的基础。因为产业内贸易是以需求的多层次和差异化为前提的，发展中国家收入水平普遍偏低，那么各国就不存在相互贸易的需求结构。

其次，一些国家参加某种区域经济一体化组织的目的是在封闭的市场内寻求经济的发展，然而当各成员国市场都比较狭小时，区域经济一体化不会给各国带来足够的市场规模。由此一些成员国就需要在共同体以外寻找出路，从而造成一体化组织内部凝聚力的减弱。

再次，对于那些实行开放经济的国家，它们在参加区域经济一体化组织的同时，也倾向于与发达国家开展贸易，以促进经济发展。在此情况下，如果发达国家市场的吸引力超过区域经济一体化组织内部市场，那么该国的离心倾向是不可避免的。因此，尽管一些发展中国家的区域经济一体化组织名义上的一体化程度较高，但多数名不副实。

由此我们得出的结论是，发展中国家之间区域经济一体化组织的存在与发展需要具备下列条件：

（1）各成员国经济需要有一定程度的发展，以便为区域经济一体化提供必要的条件。

（2）发展中国家间的区域经济一体化组织的前途有赖于内部市场的扩大和经济互补性的增强。

（3）发展中国家间的区域经济一体化组织的建立不能脱离发展中国家的特点，一切组织模式的选择都要有助于各国经济的工业化。因此，发展中国家间的区域经济一体化组织发展的模式似乎应当是区域市场一体化与产业部门一体化的结合，既要市场的统一，又要求产业发展上成员国之间的协议分工，以加强内部的相互依赖性。当然，具体模式的选择应以各成员国经济的发展和工业化为前提。

从目前看，发达与发展中国家之间的区域经济一体化组织还是一种新现象。参加一体化组织的两类国家都可以从中得到相应的利益。从发达成员的角度看，通过参加这种一体化组织，可以充分利用发展中成员国的市场，在一体化市场内部有优于其他国家的竞争力，在一体化市场外部，也可因为使用伙伴国低廉的劳动力而降低某些产品的成本。同时，发达国家还可以利用区域经济一体化的便利重新配置资源，将资本投向能够最有效使用的地区。从发展中成员的角度看，可以获得较有保证的劳动密集型产品的市场，同时在引进外资的竞争中，取得一定的优势地位，也可创造一系列产业部门的就业机会，还可以获得比较先进的生产技术，从而有利于自己的工业化。

五、区域经济一体化的新模式——开放的地区主义

开放的区域经济一体化是一种新型的区域经济合作形式。所谓开放是指成员间的所有优惠性的措施或安排也适用于非成员经济体。这一点与传统的区域经济一体化组织的排他性有本质上的差异。

这种区域经济一体化的典型形式是亚洲与太平洋地区经济合作组织（Asia-Pacific Economic Cooperation，以下简称亚太经合组织或APEC）。亚太经合组织成立于1989年11月，最初成员有12个，即美国、加拿大、澳大利亚、新西兰、日本、韩国、新加坡、马来西亚、泰国、菲律宾、印度尼西亚和文莱。1991年中国以主权国家身份，中国台北和中国香港以地区经济名义正式加入；1993年墨西哥和巴布亚新几内亚加入；1994年智利加入；1998年秘鲁、俄罗斯和越南加入。目前APEC成员有21个，其中发达成员有5个，发展中成员有16个。从成员间的差距来看，该组织是差异最大的区域一体化组织。

亚太经济合作组织作为区域性的经济合作组织，与传统的实行"对内自由、对外保护"经济政策的排他性区域经济集团有着本质的区别。它充分考虑到各成员体之间在政治、经济、文化等方面的巨大差异，采取了独特的运行方式，即承认多样化，强调灵活性、渐进性、开放性，遵循协商一致、自主自愿、单边行动与集体行动相结合的原则，形成了别具一格的"APEC方式"。根据这一方式，APEC成员就贸易投资自由化、便利化及经济技术合作问题进行协商一致的结果是非约束性和非强制性的，不具有法律效力，是在单边自愿基础上的承诺。而且APEC奉行"开放的地区主义"，即APEC成员内部贸易投资自由化的成果，可以适用于APEC以外的任何国家和地区，也就是说，非APEC成员可以分享APEC内部成员之间的任何关税减让以及非关税壁垒减少和消除所带来的利益和好处。

开放的地区主义与GATT/WTO的基本原则——非歧视原则是一致的，它标志着区域经济一体化实践上的一次创新，同时也是对传统的区域经济一体化理论的一次挑战。开放的地区主义实际上反映了经济全球化对区域经济一体化的一种积极影响。它之所以出现在

亚太地区，与东亚国家或地区（包括东南亚）的经济全球化倾向的迅速发展有很大关系。

亚太经合组织成立之初，关于其性质和模式曾有很大争论，即亚太经合组织是否应成为制度性和排他性（或封闭性）的组织。除日本外的发达成员希望亚太经合组织成为类似于欧盟的排他性、制度性的集团，例如美国曾提出将亚太经合组织建设成亚太地区共同体（The Asia-Pacific Community）。美国之所以提出这样的主张，是因为它想将亚太经合组织作为与欧盟相抗衡的"堡垒"，所以它希望亚太经合组织也成为一个排他性的区域组织。另外美国希望将亚太经合组织制度化，以便更好地打开亚太其他国家，尤其是东亚国家或地区的市场，以及在区域框架下，解决它与东亚国家或地区之间的贸易摩擦。但日本和东盟反对亚太经合组织成为制度性、排他性的区域组织。这些国家一方面担心制度化后受美国等发达国家的制约，另一方面也是更重要的，是这些国家长期以来走的是外向型经济道路，出口增长曾经是或现在仍是这些国家的经济增长发动机，所以这些国家不希望亚太经合组织成为排他性的区域贸易集团，担心这样做的结果会损害其对外贸易的发展和在全球市场上的竞争力，特别是如果形成两大区域集团对垒的局面，有可能会引发全球贸易战，从而使自己的经济发展受到严重影响。经过近三年的争论，最终亚太经合组织当时的12个成员（5个发达成员、6个东盟成员和韩国）达成共识，自此，开放的地区主义就成为亚太经合组织的一面旗帜。

贸易投资自由化和便利化与经济技术合作通常被称为APEC运行的两个"车轮"。其中，贸易投资自由化和便利化是APEC的长远目标，但由于APEC成员经济发展水平存在巨大差异，在实现自由化目标的具体步骤上，APEC采取了区别对待的方式。1994年在印度尼西亚茂物举行的APEC领导人非正式会议通过的《茂物宣言》制定了两个时间表，即APEC发达成员不迟于2010年实现贸易投资自由化，发展中成员不迟于2020年实现贸易投资自由化。1995年在日本大阪举行的APEC领导人非正式会议上，将经济技术合作与贸易投资自由化和便利化并列为APEC的两个"车轮"，确立了APEC经济技术合作的三个基本要素，即政策共识、共同活动和政策对话，同时制定了APEC经济技术合作的行动议程，确定了合作的目的、原则、合作方式及13个合作领域。1996年在菲律宾苏比克举行的APEC领导人非正式会议上，通过了第一个专门为经济技术合作制定的文件——《APEC加强经济合作与发展框架宣言》，即《马尼拉框架》。该文件为APEC经济技术合作规定了目标和原则，并确定了人力资源开发、基础设施、资本市场、科学技术、环保和中小企业等6个优先合作领域。《马尼拉框架》的制定，标志着APEC经济技术合作进入了新的发展阶段。

在2005年11月举行的APEC韩国釜山会议上，审议并通过了关于"茂物目标"进展的中期报告和旨在实现"茂物目标"的"釜山路线图"。建立亚太自由贸易区（Free Frade Area of the Asia-Pacific，FTAAP）成为APEC讨论的焦点议题之一。

2006年在越南河内召开的APEC第14次领导人非正式会议，将亚太自由贸易区列为长期目标，提出"将通过一系列务实、渐进的步骤研究亚太自由贸易区的前景和选项"。2014年，APEC北京领导人非正式会议就《亚太经合组织推动实现亚太自由贸易区北京路线图》达成了共识，同意启动并全面系统地推进亚太自由贸易区进程。

本章小结

    国际贸易政策演变的历史也是不同发展程度的国家采取有利于本国经济发展政策的历史。发达国家的贸易政策在不同时期有不同的特点。第二次世界大战后发达国家率先推行了贸易自由化，但当本国或国际经济环境恶化时，发达国家的贸易保护主义就会重新抬头，非关税壁垒成为发达国家贸易保护的主要手段，如反倾销、反补贴。第二次世界大战后发展中国家的贸易发展战略可分为进口替代和出口导向两种。历史经验表明，后者要优于前者。自20世纪80年代初起，大多数发展中国家走上了贸易自由化之路。第二次世界大战后国际贸易政策的另一个显著特点是各国贸易政策的合作性越来越明显。其中关贸总协定是以推进贸易自由化为原则的多边贸易协定，它实际发挥着类似国际组织的作用，它通过8轮多边贸易谈判推动了多边贸易自由化的发展。乌拉圭回合之后，世界贸易组织取代了关贸总协定，继续发挥对国际贸易的协调作用。在多边贸易体制发展的同时，区域经济一体化也出现了并行不悖的发展态势。

即测即评

    请扫描右侧的二维码，您可在线自测并查看答案。

练习与思考

    1. 试述发达国家自由贸易政策的演变过程。

    2. 发达国家在什么情况下会采取贸易保护政策？试举例说明。

    3. 战略性贸易政策在发达国家的实践中取得了哪些成功？这种政策对发展中国家是否适用？

    4. 进口替代战略与出口导向战略各有什么优缺点？

    5. 为什么发展中国家需要进行工业化？

    6. WTO 与 GATT 有何区别和联系？

    7. 如何理解开放的地区主义？你认为其前景如何？

第十一章

国际要素流动

　　和商品在国际流动一样，生产要素在国际的流动也是国际分工的重要组成部分，并且其相对地位随国际分工的发展而日显突出。本章探讨国际要素流动的若干基本原理。这对于进一步理解国际分工和国际的经济联系是必要的，因为要素的流动不仅直接或间接地对国际贸易产生影响，而且它本身就作为联系各国经济的重要渠道发挥着作用。

第一节　国际资本流动

　　本书在讨论国际资本流动时，经常使用国际投资这一概念。实际上，正是投资者的对外投资行为，才造成了资本的国际流动。因此，当我们不是特别强调投资主体的行为时，这两个概念完全叼以互换使用。按照投资者对所投资项目的实际控制程度，国际投资可分为直接投资和间接投资。所谓直接投资，是指投资者对所投入的资金的实际运行过程具有足够的影响力和控制权的投资。比如，在国外投资建立独资企业，便是典型的例子。但不是所有的直接投资都要求有 100% 的股权，实际上由于现代公司所有权的极度分散，往往只持有一小部分股权便可形成实际控制权，所以许多西方国家在统计上把拥有 10% 的股权作为区分直接投资和间接投资的标准。关于直接投资的分析是下一章的任务。我们这里在不涉及投资主体和企业行为的情况下讨论资本的国际流动问题，也就是间接投资问题。所谓间接投资就是指投资者不直接操纵或影响资金的实际运行过程的投资。比如，投资者购买了国外某独立企业的债券，投资者只是作为一个债权人，至于他所投入的资金在企业中怎样使用则与他没有直接关系，他所关心的只是投资的回报率，他所能决定的只是是否进行这项投资。所以，我们将把间接投资作为纯金融资产的流动来对待，并把它放在这一章，作为抽象意义上的要素流动问题进行讨论。

一、资本流动纯理论

在经济学原理中，把投资视为一种推迟消费的行为，或者说，进行投资就是用目前的消费去换取未来的（通常是更多的）消费。根据这一解释，也可以把国际投资看作是一种国际交换，但不像国际贸易理论所描述的是用一种商品交换另一种商品，而是用现在的商品去换取未来的商品。这样，便可以用我们所熟悉的相对价格原理来分析资本流动的发生机制了。

（一）相对价格与资本流动

现在假设有两个生产者（同时也是消费者），为简单起见，我们分别称这两人为甲和乙，他们都生产一种商品 X，生产活动可以有选择地在两个时期进行，即今年或明年。如果某人选择今年生产商品，我们就说他在生产"现在商品"（present goods）——为满足现在消费的商品，如果他选择明年生产这种商品，我们就说他在生产"将来商品"（future goods）——为满足将来消费的商品。我们再进一步假设，每个人都拥有一定规模的有形资本，如果他增加这一资本存量，意味着他愿意放弃现在商品的生产，而增加未来商品的生产，并减少现在商品的供应。

我们以一个独立经营的农场主为例加以分析。根据前面的假设，他可以通过改变其有形资本存量的办法来改变他的现在商品和未来商品的供应量。最明显的表现就是，他可以将今年产的谷物的一部分作为种子保存起来，增加有形资本的存量，这会增加明年的生产和消费。当然这种跨期的选择还可以通过其他方式表现出来。比如他把时间、精力或其他资源用于现有作物的田间管理，或者是用于改良土壤、增强地力等基本建设，这些都可以改变产出量在两个时期的分配。实际上所有的工商企业，包括一些大公司也都面临着同样的选择，他们必须考虑如何在现在用途和将来用途之间分配其资源的问题。下面用图 11-1来分析甲和乙所面临的选择。

图 11-1 中，纵轴表示将来商品 C_1 的数量，横轴表示现在商品 C_0 的数量，生产可能性曲线 KK' 表示现在商品和将来商品的转换关系，无差异曲线族 I_i（$i=1$，2）表示效用水平，当然它们表示的是两个时期的消费组合而成的效用水平，而不是两种商品组合而成的效用水平，但分析方法没有什么不同。如果甲、乙两人之间不存在交换关系的话，他们将分别在图 11-1（a）的 A 点和图 11-1（b）的 B 点达到各自的效用最大化的均衡。通过 A、B 两点与 KK' 和无差异曲线相切的直线的斜率（绝对值），分别表示无交换条件下现在商品和将来商品的"相对价格"，但通常用"利率"来表示这种"相对价格"。比如，如果在 A 点处，放弃 1 单位现在商品可以换得 1.2 单位将来商品，或者说 1 单位现在商品值1.2 单位将来商品，那么实际利率便是 20%。也就是说，在这个例子中，实际利率等于以明年商品表示的今年商品的价格减 1。

熟悉上述图形的读者一定会发现，由于 A、B 两点处的实际利率不同，因此甲乙两人拥有不同的相对优势。因为 A 点的斜率（绝对值）大于 B 点的斜率（绝对值），这意味着

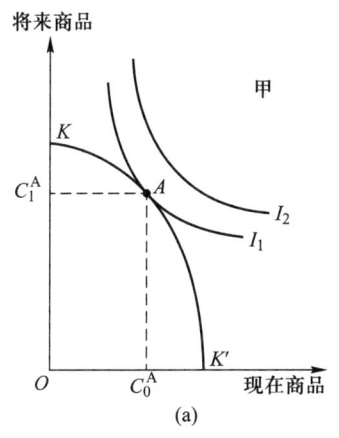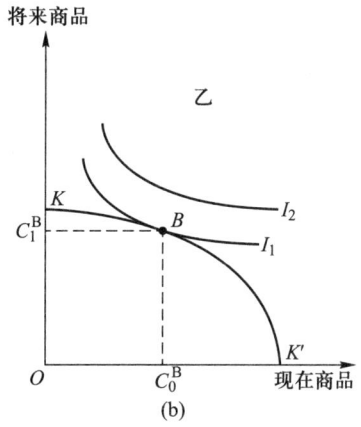

图 11-1　跨时选择

甲所面临的以将来商品表示的现在商品的价格高于乙，所以甲在将来商品上拥有相对优势，也就是说，他可以牺牲较少的现在商品以生产较多的将来商品。乙则在现在商品上拥有相对优势，即他每放弃 1 单位将来商品，便可享有较多的（与甲相比）现在商品。这里显然存在一种"贸易"的机会。根据比较优势原则，甲可以"出口"将来商品，"进口"现在商品，乙则相反。但是仅仅从图 11-1 中，我们还无从知道贸易和贸易条件是怎样决定的，因此需要进一步分析储蓄和投资的关系，并将其纳入上述分析中去。

（二）储蓄与投资

为了完成从相对价格的差异到资本流动的过渡，我们在甲的生产可能性曲线图中加入有关储蓄和投资的分析，如图 11-2 所示。

图 11-2 中的 KK' 曲线仍表示甲的生产可能性边界。假如给定一有形资本存量，甲最初生产现在商品 Y_0，生产将来商品 Y_1，这一组合由 E 点表示。现在商品 Y_0 便是甲当前的收入。但如果给出反映甲在现在商品和将来商品之间的偏好的无差异曲线 II'，我们立即就会发现，E 点并不是最佳的均衡点，沿 KK' 曲线向 A 点移动会提高甲的效用水平。在没有交换的条件下，A 点将是甲实现效用最大化的均衡点。与 E 点相比，向 A 点移动意味着甲将放弃生产现在商品 C_0Y_0，而增加将来商品的生产 Y_1C_1。因为 Y_0 是甲的当前收入，因此减少当前商品的生产 C_0Y_0 实际上就是他将这部分资源从现在转移到将来，那么 C_0Y_0 就可理解为

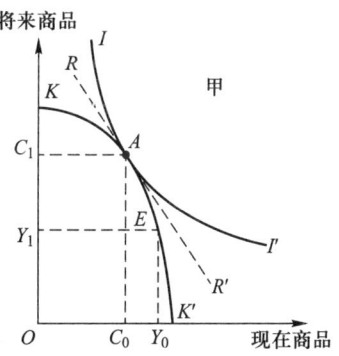

图 11-2　无交换下的储蓄与投资

当前收入的储蓄和对未来生产的投资，在量上储蓄和投资是相等的。换言之，C_0Y_0 是在由 RR' 线所表示的实际利息率为 r（RR' 线的斜率的绝对值）的情况下甲的储蓄和投资水平。

需要指出的是，上述无交换条件下的实际利率 r 实际上是由甲自己的生产可能性曲线

169

和他的无差异曲线共同决定的，也就是说甲自己的行为决定了两个时期商品的相对价格。现在我们放弃这一假设，把甲看作一个价格接受者，那他就只能根据市场利率来决定他的储蓄与投资，这样我们便可根据市场条件来推导他的储蓄与投资水平。图 11-3 是存在交换时的储蓄与投资的决定。

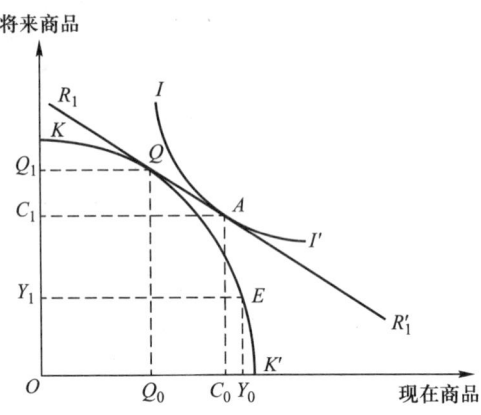

图 11-3 存在交换时的储蓄与投资

图 11-3 中的 R_1R_1' 线的斜率（绝对值）r_1 表示由市场确定的实际利率水平，它比图 11-2 中的 r 低，也就是说，在该图中以将来商品表示的现在商品的价格比先前要低。根据新的相对价格水平，甲将选择在 Q 点生产，因在该点生产可使他实现总财富最大化。我们用 W 表示他的总财富，因为 W 点和 Q 点所表示的产出组合在价值上是相等的，也就是说，Q_0W 表示的是将来商品 Q_1 的现值（以现在商品表示的价值）。注意，由于我们并没有声明横轴和纵轴的度量单位是统一的，所以虽然从坐标图上看 R_1R_1' 线的斜率（绝对值）小于 1，但这并不意味着实际利率是负数。这样，甲可以根据市场利率水平沿 R_1R_1' 线以将来商品交换现在商品（因为他在将来商品的生产上拥有相对优势）。交换使他获得新的商品组合，并随之提高其效用水平，直到达到 A 点处。在这一点，R_1R_1' 线与他的最高的一条无差异曲线 II' 相切，此时，甲便实现了其效用最大化。整个这一过程意味着甲用将来商品 C_1Q_1 换取了现在商品 Q_0C_0。在 r_1 的利率水平下，现在商品的生产减少了 Q_0Y_0，以增加生产将来商品 Y_1Q_1，那么 Q_0Y_0 也就是对将来生产的投资。但是根据前面的分析，Y_0 是甲当前的收入，而他的消费（对应于 A 点）却是 C_0，也就是说，他的储蓄仅为 C_0Y_0。比较 C_0Y_0 和 Q_0Y_0，可发现他的储蓄低于投资，这个差额如何弥补呢？其实答案已经隐含在上面的分析当中了。甲在出售将来商品时，实际上出售的不是别的，而是一种对将来商品的要求权（claim）。这种要求权通常是以股票、债券等金融资产的形式存在的，出售这些金融资产所获得的资金便可弥补甲在储蓄和投资之间存在的差额。换一个说法，就是甲出售将来商品的过程也就是他引进"外资"的过程。这样，我们便完成了对资本流动的初步解释。当然也可以用同样的方法推导出乙的储蓄与投资水平的决定过程。

如果一个社会只由甲乙两个人组成，便可以通过二者的储蓄和投资函数来最终确定交换的条件和交换的规模。注意，这里所说的交换或贸易，是指现在商品和将来商品的交换，在这种交换的背后则是资本的流动。

图 11-4 分别给出甲乙两人的储蓄函数曲线 SS' 和投资函数曲线 II'。在没有交换的情况下，实际利率分别由各自的储蓄曲线与投资曲线的交点决定。因此 r_A 和 r_B 的利率水平分别对应于图 11-1 中的 A、B 两点的利率水平。

对甲来说，如果实际利率低于 r_A，便会出现现阶段储蓄小于投资的情况。在图 11-3 中，这种情况具体表现为 C_0Y_0 小于 Q_0Y_0。当然，对于乙来说，类似的情形也会发生。假如实际利率高于 r_B，那么乙的储蓄便会大于他的投资。如果利率介于 r_A 和 r_B 之间，那么乙将减少将来商品的生产而增加现在商品的生产，甲则正好相反。这一调整过程怎样才能完成呢？或者说市场利率最终将确定在什么水平呢？

现在将图 11-4 中的（a）（b）合二为一，把（a）图沿横轴旋转 180° 与（b）图合并，如图 11-5 所示。为了简便起见，假设甲乙两人仍为完全竞争市场上的价格接受者，在没有交换的条件下，利率分别为 r_A 和 r_B。由于 r_A 高于 r_B，因此甲在将来商品的生产上拥有相对优势。如果不存在交易成本，不存在"贸易"管制，那么交换过程将导致相对价格（即利率）趋向一致，比如 r。如果 r 所示的利率水平恰好使甲乙两人储蓄与投资的差额（绝对值）相等，则 r 便是存在交换时的均衡利率水平。

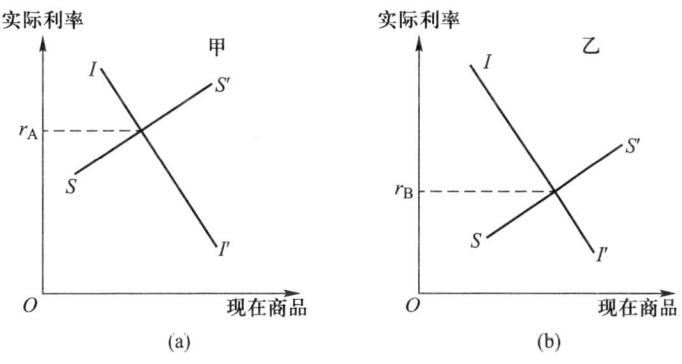

图 11-4　交换前利率的决定

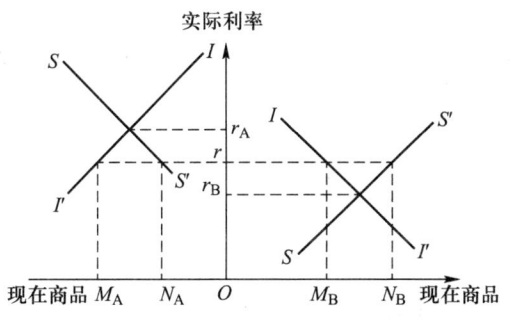

图 11-5　交换后利率的决定

通过交换，甲购买 $N_A M_A$ 现在商品，为此他要支付 $(1+r) \times N_A M_A$ 将来商品，乙购买 $(1+r) \times M_B N_B$ 将来商品，用 $M_B N_B$ 现在商品来支付。当然甲所购买的现在商品 $N_A M_A$ 必须等于乙所出售的现在商品 $M_B N_B$。在贸易理论中，分析两种商品交换时，一种现在商品的购买可以用另一种现在商品来支付。但在这里，我们假设只有一种现在商品和一种将来商品，所以购买现在商品必须以将来商品支付。这样我们实际上避开了对贸易收支差额的分析，而直接将商品流动和资本流动统一起来了。

上述交换行为如果用国际金融术语来表达，就可以表述为，甲由于购买现在商品而造成的贸易逆差是由其资本账户的顺差来弥补的，他是商品的净购买者，同时也是证券（对将来商品要求权）的净出售者。乙则相反，他用贸易账户的盈余来弥补资本账户的赤字，或者说他用贸易顺差支持其资本输出。无交换条件下的实际利率的差别促使乙向甲出售现在商品，并用所获得的资金从甲那里购买对将来商品的要求权（金融证券）。如果不存在交易成本及其他障碍的话，这一过程将一直进行到甲乙的实际利率相等为止。

到现在为止，我们一直在讨论甲乙两人之间的交换行为，但如果把这种分析扩展到两个国家间的资本流动，也不存在什么问题。如果甲是美国人，乙是日本人，那么分别把这两个国家所有个人的储蓄曲线和投资曲线沿水平方向加总起来，便可以得到两国的总储蓄曲线和总投资曲线，当然，个人生产可能性边界和个人无差异曲线也可用社会生产可能性边界和社会无差异曲线来代替。这样，对甲乙两人的行为所做的分析便可以直接用来解释美日两国资本流动的发生机制。

二、资本流动的效果

（一）总效用水平的提高

在分析资本流动的发生机制时，我们曾提到，通过现在商品和将来商品的交换，交易双方都可以实现比没有交换时更高的效用水平。这就是说，资本流动可以带来净利益。现在我们再进一步分析这种净利益是怎样产生的。

微观经济学的基本原理告诉我们，随着消费的增加，消费者所获得的总效用水平也随之增加（至少在未达到消费饱和点之前如此），但总效用增加的速度却越来越慢，也就是存在着边际效用递减的规律。在几何图形上，这一现象表现为，总效用曲线在其上升阶段，斜率越来越小（见图11-6）。现在我们假定不存在资本流动，一国的消费完全取决于本国的产出，并且消费倾向是稳定的，那么产出多时消费也多，产出少时

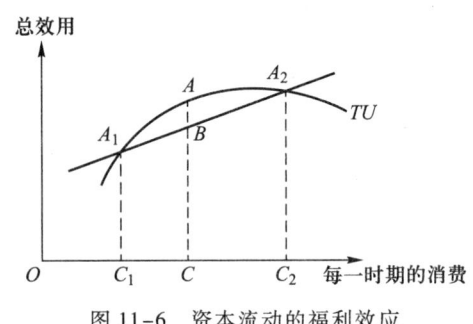

图11-6 资本流动的福利效应

消费也少，也就是说，消费水平在各个时期随产出的波动而波动。

在图11-6中，横轴表示单位时间内（如1年）的消费水平，纵轴表示总效用水平，

TU 为总效用函数。那么，在没有国际资本流动时，根据假设，在经济不景气的时期，该国的消费较低，为图 11-6 中的 C_1。而在经济情况较好的时期，该国的消费水平较高，为图 11-6 中的 C_2。这样，两个时期的效用水平分别为 C_1A_1 和 C_2A_2。如果我们把两个时期作为一个完整的过程来分析，那么这两个时期该国消费者的平均总效用水平为 $(C_1A_1 + C_2A_2)/2$。根据平面几何原理可知，如果 C 是线段 C_1C_2 的中点的话，那么 $(C_1A_1 + C_2A_2)/2 = CB$。也就是说，不存在资本流动时，两个时期所实现的平均效用水平为 CB。

现在假设存在国际资本流动，那么一国通过现在商品和将来商品的交换就可以平抑消费水平在不同时期的波动。例如，如果经济不景气，该国便可以借入资金，即出售将来商品以换取现在商品，从而使消费水平保持在 C，这样消费者获得的总效用就为 CA；如果经济高涨，该国就可以借出资金，即出口现在商品并进口将来商品，也可以使其消费水平保持在 C，总效用同样也是 CA。因此，不论产出量如何波动，两个时期的平均效用水平都为 CA，与没有资本流动时的平均效用 CB 相比，高出了 BA 部分。因此，BA 便是资本流动提高的效用水平，也就是资本流动带来的净利益。当然，这里是从静态的角度，强调经济波动时通过资本流动而将消费稳定在一个静止的水平。当我们讨论动态过程时，上述结论仍是有意义的，也就是说，当消费水平随经济的发展而增长时，稳步增长要比有波动的增长更可取。

（二）资本流动与资本的边际产出

在前面的分析中，我们可以看到资本的流动是从报酬率较低的国家流向报酬率较高的国家。因为决定一种要素价格的是这种要素的边际产出，所以资本流动必然是资本从边际产出较低的国家流向边际产出较高的国家的过程。在其他条件相同时，决定资本边际产出的因素主要是资本的丰裕程度。那么资本从较丰裕的国家流向较稀缺的国家是如何影响资本的边际产出的呢？回顾一下要素价格均等化原理，这个问题便可迎刃而解。在没有要素流动的情况下，通过商品的流动可以间接地实现要素价格的均等化。而如果生产要素可以直接流动，那么流动的结果自然是使同质生产要素的价格趋于一致。这一过程将使世界总产出水平提高，当然消费的可能性也就因此而提高，这是资本流动能带来福利水平提高的基本原因。我们用图 11-7 说明这一过程的机理。

在图 11-7 中，假定投资国和受资国都是完全竞争的市场经济国家，资本的报酬完全由资本的边际产出决定，同时国际资本流动不受任何限制。O_1 为投资国的原点，O_2 为受资国的原点，横轴表示两国的资本存量，纵轴表示各自的资本边际产出。O_1O_2 的距离表示两国的总资本存量。图 11-7 中的 MN 曲线是投资国的资本边际产出曲线，这条负斜率的曲线同时也代表这个国家的资本需求；mn 是受资国的资本边际产出曲线，它与 MN 具有同样的性质。在国际资本流动发生之前，投资国利用 O_1Q 量的资本生产 O_1MTQ 单位产量；受资国则用 O_2Q 的资本生产 O_2mUQ 单位的产量。投资国的资本边际产出为 QT，而受资国的资本边际产出为 QU，前者低于后者，由此引发资本从投资国向受资国流动。当两国的资本边际产出相等时（P 点），资本流动过程便停止。这时有 SQ 资本从投资国流向受资国，两国的资本边际产出同为 $SP = O_1E = O_2e$。

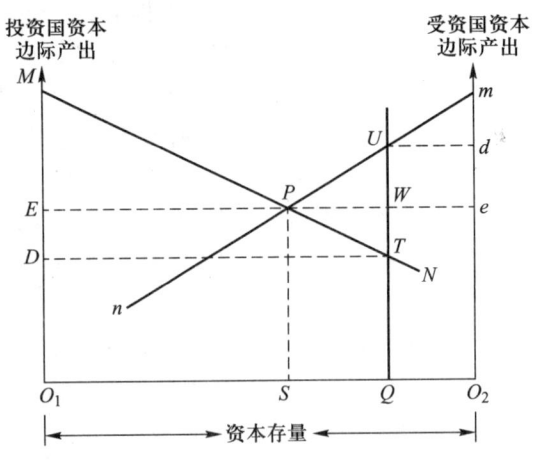

图 11-7　国际资本流动对母国和东道国福利的影响

在 P 点，投资国的产量为 O_1MPS，受资国的产量为 O_2mPS，与资本流动前两国的总产量相比，国际资本流动使两国总产量净增加了 PUT。这说明，资本流动通过提高资本的边际产出从而增加了世界总产出水平。投资国的国内产量虽然减少了，但其国民收入却增加了 $SPWQ$，大于其产值损失 $SPTQ$。同时，受资国的收入也净增加了 PWU。这说明通过资本流动的自由化，在世界总产量增加的同时，投资国和受资国也得以分享这一净福利增量。

当然资本流动过程也会对其他要素产生影响。根据边际产出分配理论，随着资本的流出，投资国劳动的边际产出将下降，而受资国劳动的边际产出将上升，这使得两国劳动的边际产出受到的影响与资本边际产出的方向相反。另外还需要注意的是，尽管投资国的资本收益增加会增加其国民收入，但这部分资本收益是汇回国内还是用于继续在国外追加投资，对本国的福利水平也有不同的影响。

（三）资产组合与资本流动

用相对价格原理解释资本流动，资本流动的合理性及利益来源于资本流动可以提高世界范围内资本的边际产出，但这种分析是以交易过程不存在风险和成本为前提的。因此当观察现实中所发生的情况时，很容易为下列一些问题所困扰：相对价格上体现出来的比较优势最终是以利率差别的形式起作用的，既然利率差别是资本流动的原因，那么一个直接的推论便是资本的流动将使这种差别缩小，直至消失。但实际情况却是，虽然世界各国间存在着资本流动，但其利率的差别却依然存在。另一个更具有挑战性的问题是，根据相对价格机制，资本从报酬率（通常用利率表示）较低的国家流向报酬率较高的国家，因此，容易解释资本的单向流动。但发生在现实世界中的实际情况却是当一部分美国人把钱借给欧洲人的同时，另一部分美国人可能正从欧洲人那里借钱。换言之，现实生活中存在着大量的各国间资本相互流动的现象。看来，尽管相对价格原理对于帮助我们认识资本流动的某一方面是有意义的，但它没有对现实中的一切都做出令人满意的解释。

在上述困扰我们的两个问题中，第一个问题是可以在原有框架内得到解决的。资本流动没能使各国间资本的报酬率完全均等化，就像国际贸易并没有使各国商品的价格完全均等化一样，这是因为存在着交易成本的缘故。另外对资本流动来说，风险也起着重要作用。简单地说，虽然各国间存在着利率差别，但如果这种差别在投资者看来不足以补偿交易成本和风险的话，资本就不会简单地从利率较低的国家流向利率较高的国家。

至于第二个问题，则需要引入新的分析方法来回答。这种新的分析方法就是资产组合分析法。资产组合的分散化可以成为解释国际资本流动的一个很重要的因素。

我们知道，除了投资的收益，投资者还关心投资的风险。对于一个理性的投资者来说，收益的增加或风险的降低都会使他享有更高的效用水平。因此，解释国际资本流动不仅需要从收益率的高低去寻找原因，还需要从风险的影响上去寻找原因。

从一个例子入手有助于我们理解和把握资产组合分析法的基本原理。西方人常说这样一句话，"不要把所有的鸡蛋放在一个篮子里"。精明的投资者也往往不把所有的预算都投资于一种金融资产上，就像有的带现金出差的人不把所有的钱都放在一只口袋里一样。现在假设一个投资者打算将 100 美元投资于金融资产。他可以投资于资产 X 或资产 Y。当然这两种资产都是有风险的。为了简便起见，我们假定这两种资产的收益和风险都相同，每一种资产的年收益率都是 20%，然而实现这一收益率的概率只有 50%，另有 50% 的可能性是分文无收。换言之，每一种资产的预期收益率只有 10%。如果这位投资者将他所有的 100 美元全部投资于一种资产 X 或 Y，那么他的预期收益便是 10 美元，因为他得到 20 美元和分文无收的可能性都是 50%。但假如说，他将 100 美元分别投资于 X 和 Y（各 50 美元），即同时购买两种金融资产，那么情况就不同了。现在他的预期收益仍将是 10 美元，但投资于两种资产组成的资产组合，他有望获得三种可能的结果：一是两种资产都不带来收益，那么他的收益为 0；二是一种资产带来收益而另一种资产不带来收益，那么他的收益将是 10 美元；三是两种资产都给他带来收益，那么他的收益是 20 美元。其中第一和第三结果的概率为 0.25，第二种结果的概率为 0.5。从这个例子我们发现，投资者虽然都是投资 100 美元，并获得 10% 的预期收益率，但通过资产分散化，他的风险降低了。这就是投资资产分散化的好处。

当然，我们也不能指望通过分散化的过程来消除投资中的所有风险。这种不能被分散化过程所消除的风险被称为系统风险。在一个封闭的经济中我们容易看到，不同的产业甚至不同的企业在经营绩效上并不会完全同步。当一些部门或企业的利润在增加时，另一些部门或企业可能很不景气。若将要发生的情况是不确定的，那么资产组合的分散化就会降低风险。但系统风险是各产业和企业都要遇到的，即使在分散化的资产组合中也存在。系统风险产生于所有企业共同经历的事件，比如国内周期性的经济波动便是造成这种系统风险的一个十分明显的因素。

如果将投资选择扩展到国际范围，那么国内投资中难以避免的系统风险便可大为减少。这是因为各国国内的经济周期性波动并不是完全同步的，一个国家经济衰退时，另一个国家的经济可能正在迅速增长。这样通过扩大投资范围，就国内而言的系统风险就会转化为非系统风险，从而可以被分散过程所消除。可以认为，投资者不仅可以通过在国内各产业间分散化投资降低风险，而且可以通过在各国间的分散化来获得额外的收益。

由于投资者资产组合的规模在扩大，于是为了维持必要的分散度，他要根据已经持有的比例来购买更多的资产。这就意味着随着财富的增加，投资者为了维持这些最优的资产组合，总会让资本在各国之间流动。所以即使国际利率不发生变化，但随着国际财富的增加，仍可观察到资本的相互流动。

第二节　国际劳动力流动

国际劳动力的流动是十分复杂的问题。美国著名经济学家巴格瓦蒂（J. N. Bhagwati）认为，在商品、资本和劳动力三者的国际流动中，劳动力的国际流动是最困难的，特别是大规模的劳动力流动，如移民，在现代条件下已经难以像大规模资本流动那样容易地进行了。劳动力的国际流动是多种因素作用的结果，但起主要作用的还是经济因素。因而这种流动也随着经济状况的不同而在流动方向上有所变化，其中政府政策越来越成为劳动力流动的调节力量。劳动力的流动会对劳动力市场产生影响，进而影响一国经济的发展。我们这里主要分析国际劳动力流动对有关国家劳动力市场的影响。

为方便起见，假定世界上只有两个国家，一个是移民移出国（乙国），另一个是移民移入国（甲国）。劳动力从移出国进入移入国会引起两国劳动力市场上劳动力供应的变化，从而使劳动力的价格或工资发生变化。我们可以借助图11-8来分析这种变化。

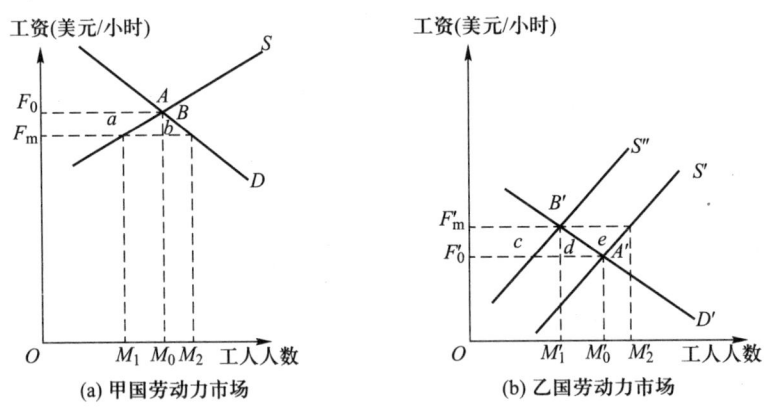

图11-8　工资水平差异与劳动力国际流动的影响

图11-8给出了两国劳动力供给变动对市场价格的影响。图11-8（a）表示甲国的劳动力供求状况，图11-8（b）表示乙国劳动力的供求变动状况。在图11-8中，横轴表示劳动力的供求数量，纵轴表示劳动力的价格，S（S'）表示劳动力的供给曲线，D（D'）表示劳动力需求曲线。在图11-8（a）中，在封闭的劳动力市场条件下，供求的均衡点为

A，此时均衡价格（工资）为 F_0，均衡的劳动力供求量为 M_0。在图 11-8（b）中，在封闭条件下，劳动力市场的均衡点为 D' 曲线与 S' 曲线的交点 A'，此时均衡价格为 F_0'，而均衡的供求量为 M_0'。显然两国的工资水平有明显的差异，其差异为 $F_0 F_0'$。如果劳动力可以在各国间自由流动，那么这种工资水平上的差异就会很自然地成为劳动力流动的动力，乙国的劳动力就要流向甲国。我们假设这种情况可以成为现实，那么甲国大量的劳动力流入就会引起其劳动力市场上供求的不平衡。与原有的情况相比，劳动力的供给显然大于需求，这就迫使劳动力的价格下降，假设降至 F_m 点，此时甲国原有劳动力的供给从 M_0 减少到 M_1。在工资水平下降的情况下，需求量增加到 M_2，供求之间有 $M_1 M_2$ 的差别，这一缺口由移入的劳动力来补充。在此情况下，甲国本国的工人供给者剩余减少了 a 的部分，而甲国的雇主或劳动力的需求者剩余增加了 $a+b$ 部分。在乙国的市场上，劳动力的移出使其国内劳动力的供给量减少了，在图 11-8（b）中表现为劳动力的供给曲线从 S' 移到 S''。劳动力供给量的减少使国内劳动力的供求发生了变化，劳动力的国内供给量由原来的 M_0' 减少到 M_1'。在新的均衡价格 F_m' 下，乙国国内劳动力的供给量由原来的 M_0' 增加到 M_2'，但国内只需要 M_1'，这样就出现了 $M_1' M_2'$ 的供求缺口。这一供大于求的量正好移入甲国，这一移出量又恰好等于甲国国内供不应求的数量，即 $M_1 M_2 = M_1' M_2'$。结果在劳动力市场开放的情况下，甲国和乙国的劳动力市场都达到了新的均衡状态。在乙国劳动力市场上，留在乙国的工人所得利益（供给者剩余）为 c，移出的工人所得利益为 $d+e$。在这里我们不是按移民从甲国实际所得工资计算移民的利益，而是按移出国现有工资水平计算其利益的，主要原因是移民的移出无论在经济上还是在心理上都要付出代价。例如他们因离开世代居住的故土而忍受背井离乡的痛苦，他们不得不处理掉自己的不动产，可能会受到甲国人的歧视，他们会惦记自己的亲属而省吃俭用，他们还会因移居的大量路费和安家费而负债累累。总之，这一系列的代价足以使移民的实际所得低于他们在异国他乡的工资所得。因此在估价移民所得时不能只注重其工资所得。而乙国雇主的需求者剩余则减少了 $c+d$ 部分。现将劳动力国际流动的损失和利益进行总结，如表 11-1 所示。

表 11-1　劳动力流动的损失和利益

集　团	经济利益或损失（+，-）
移民	+ $(d+e)$
留在乙国的工人	$+c$
乙国的企业主	- $(c+d)$
甲国的工人	$-a$
甲国的企业主	+ $(a+b)$
净效果	+ $(b+e)$

　　由表 11-1 可知，劳动力的国际移动使劳动力市场上不同的经济利益集团受到的影响不同。在乙国或移民移出国是劳动力需求方受损失，而供给方获利，该国的净利益为 e；在甲国或移民移入国，劳动力的原供应方——甲国本土的工人受损失，而雇主获利，该国

的净利益为 b。从全世界的角度看，劳动力的流动给整个世界带来利益，净利益为 $b+e$。

以上分析是纯理论性的，尽管我们也顾及了移民成本这一隐含的问题，但它仍然是理论性的。美国国家经济研究局的学者就移民对劳动力市场的影响进行了实证考察，发现移居美国的移民在获得工资收益上有这样五个特点：

（1）移民在某一移民比较集中的地区工资水平要高于移民比较稀少的地区；

（2）移民时间比较长者工资水平高于较短者；

（3）移民受教育程度高的比受教育程度低的工资水平要高；

（4）白种人移民比其他肤色移民收入水平高；

（5）一般而言，移民的工资水平低于原居民的工资水平。也就是说，比较而言，在美国这样的移民国家，移民的第二代人比第一代的工资水平要高。

因此实际上在移入国家，移民的工资水平远不是完全统一的。

*第三节　生产要素流动与商品贸易的关系

生产要素的流动和商品的流动之间的相互影响是一个比较复杂的问题。在不同的假设前提下，二者之间的相互关系亦有不同的表现。在这一节中，我们首先就不同的假设条件讨论要素流动和商品流动的替代关系和互补关系。这一讨论主要以资本流动为例进行，当然同样的原理也适用于对劳动力流动的分析。

一、要素流动与商品流动的相互替代

既然商品流动和要素流动都会对要素的边际产出产生影响，从而改变商品和要素的相对价格，使其趋于均等，那么人们自然会联想到，商品流动或要素流动只要其中有一项能充分实现的话，另一项就没有必要发生，因为它们的作用是一样的。这就引出了所谓投资和贸易的替代关系的讨论，从更一般的意义上讲，是要素流动和商品流动的替代关系问题。

在这个问题上作出突出贡献的是美国经济学家、1999 年诺贝尔经济学奖获得者罗伯特·蒙代尔（Robert Mundell）。他在要素禀赋理论的假设前提下严格证明了投资和贸易的相互替代关系。

假设两个国家 A 和 B，生产两种商品 X 和 Y，其中 X 为资本密集型商品，而 Y 为劳动密集型商品；两国在生产过程中只使用两种生产要素——资本和劳动，并且两国的生产函数完全相同；A 国资本相对丰裕，而 B 国劳动相对丰裕。在这样的前提下，投资和贸易的替代关系可以通过图 11-9 分析。

根据要素禀赋理论，在没有贸易壁垒的情况下，两国可以通过商品贸易达到资源的最优配置。其过程是 A 国向 B 国出口商品 X，并从 B 国进口商品 Y。在图 11-9 中，横轴为

商品 X 的数量，纵轴为商品 Y 的数量。如图 11-9 所示，A 国出口 P_AQ_A 单位商品 X，而进口 Q_AC_A 单位商品 Y，在 MM' 线所表示的相对价格下实现贸易均衡。而 B 国进口 C_BQ_B 单位的 X 商品，出口 P_BQ_B 单位的 Y 商品，由于三角形 $P_AQ_AC_A$ 与三角形 $C_BQ_BP_B$ 全等，所以在 A 国实现均衡的同时，B 国也可实现均衡。此时两国的资源实现了最有效率的利用，并且两国的福利水平也达到了最大化，所以要素流动的动因并不存在。

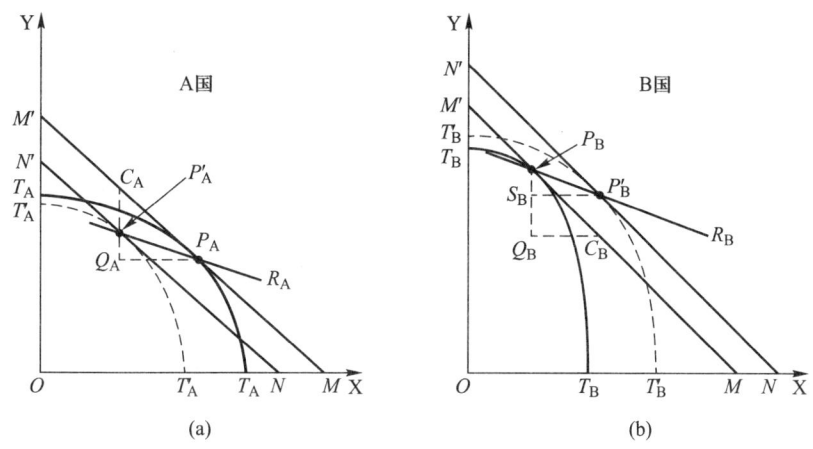

图 11-9 要素的流动与贸易替代关系

假如这时出现贸易壁垒，要素流动将代替商品流动来实现上述同样的目的。例如，B 国对进口商品 X 征收关税，这会通过国内物价水平的上涨刺激 B 国 X 商品生产的增加。由于 X 是资本密集型商品，所以其产量的增加势必导致资本价格上涨。根据资本流动的基本机制，这会吸引 A 国的资本流动到 B 国。假设劳动不发生相反方向的流动，由于资源的流出，A 国的生产可能性边界将由 T_AT_A 收缩至 $T'_AT'_A$，而 B 国的生产可能性边界将由 T_BT_B 扩展到 $T'_BT'_B$。在原来的相对价格水平下，两国分别在 P'_A 点和 P'_B 点达到均衡。但比较两种均衡结果，我们发现二者并没有实质上的区别，世界总产量水平没有发生变化，所以世界总福利水平也没有发生变化。所不同的是，现在 A 国的产量减少了，而 B 国的产量增多了。那么这是否会造成福利分配上的差别呢？不会的。因为 B 国产量虽然增加了，但其中相当于 $M'N'$ 单位的商品 Y，或者相当于 MN 单位的商品 X，是要以资本报酬的形式支付给 A 国的。B 国在支付了资本报酬后的余额和在自由贸易下在 P_B 点生产、在 C_B 点消费的情况完全相同，A 国也是如此。由此可见，在严格的要素禀赋理论的框架下，要素流动和商品流动具有完全的替代性。

需要指出的是，这一模型可以说是在严格假设下的一种精密的思想实验。人们根据对现实问题的观察有时会提出相反的看法，比如国际投资的迅速增加不仅没有替代贸易，反而进一步促进了商品贸易的增加。这些问题需要在另外的假设和理论框架下探讨。在蒙代尔模型中的资本流动是一种纯粹的要素流动，它不涉及任何诸如企业在全球范围进行资源重组和技术扩散等方面的因素，以及随着直接投资活动而发生的资本品和产出品在母国和东道国之间的流动等现象。

二、要素流动与商品流动的互补关系

蒙代尔模型中要素流动和商品贸易的替代关系是在严格的要素禀赋理论的假设下发生的，其中重要的一条是生产的技术条件相同。现在我们考虑另一种情形，假设贸易是由生产技术方面的差异引起的。我们假定 A 和 B 两个国家在生产商品 Y 时使用完全相同的技术，但在商品 X 的生产上，A 国拥有更先进的技术。为了简便起见，我们进一步假定 A 国 X 商品的等产量线和 B 国该商品的等产量线形状完全相同，不同的是 A 国的每一条等产量线比 B 国的对应的等产量线都代表更高的产出水平。这意味着，在 A 国同样的投入会生产出更多的产出。

这种情况下的均衡过程可以用图 11-10 和图 11-11 来描述。上述前两个假设意味着两个国家的生产和交换的均衡可以用图 11-11 中完全相同的埃奇沃思盒状图来表示，并且两国的契约线也完全相同。但它们的生产可能性边界却不同，如图 11-10 所示。图 11-10 中，$\overline{YX}_B$ 表示 B 国的生产可能性边界；A 国商品 Y 的最大产出量与 B 国相同，但它可以生产出更多的商品 X，所以 A 国的生产可能性边界用 $\overline{YX}_A$ 表示。

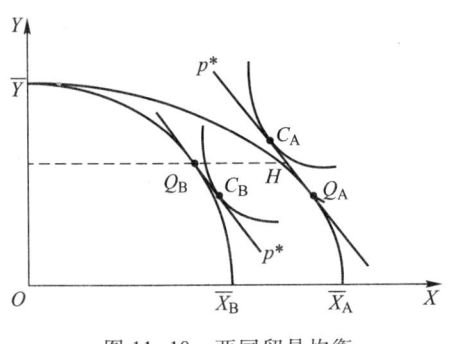

图 11-10　两国贸易均衡　　　　　图 11-11　两国要素禀赋配置

假设在图 11-10 和图 11-11 中 Q_B 表示 B 国在自由贸易条件下的均衡产出水平。如果 A 国以同样的方式配置其要素，对应于图 11-11 中的 Q_B 点，A 国就将在图 11-10 中的 H 点进行生产，得到同样数量的 Y 但更多数量的 X。这显然不可能是 A 国的均衡状态，因为在 A 国生产 X 的边际成本比 B 国低。从图 11-10 中可以看出，从 Q_B 点和 H 点开始每增加一单位 X 的生产所需追加的要素在 A 国要少于 B 国，这是由于 A 国在商品 X 的生产上效率更高。所以 A 国的均衡点就必须在两图中 Q_A 的位置。

如果两国分别生产 Q_B 和 Q_A，如图 11-10 和图 11-11 所示，那么我们可以得出两个结论：第一，A 国必须出口 X 而进口 Y；第二，工资-租金比率在 A 国更高，因为 A 国的资本-劳动比率更高。在这种情况下每个国家中出口部门所密集使用的要素的价格相对较高。

如果允许要素流动的话，那么劳动将向 A 国流动，而资本将向 B 国流动。

　　要素流动的结果使得每个国家出口部门所密集使用的要素的存量都会增大。这反过来会强化要素禀赋理论中贸易发生机制的基础。因为每个国家都从要素流动中获得了更多的可供生产出口品的要素，于是商品贸易的规模将扩大而不是减小。最终结论是：在生产技术条件存在差异的情况下，要素流动和商品流动之间不仅不是相互替代的，而且是互补的，生产要素的国际流动会促进贸易规模的扩大。

本章小结

　　从改善世界范围内资源配置的效率的角度看，生产要素在国际流动与商品流动的功能是相同的。它们最终都有利于实现要素价格均等化这一资源配置最优化的标准。在定义较宽的三种基本要素中，土地不存在跨地域流动的可能性，流动性最强的一种要素是资本。本章中集中讨论的资本流动限于间接投资。对这种形式的资本流动，其基本运行机制可以从边际产出的差异中获得解释，这一点与商品流动的发生机制是一致的，只不过它来得更直接。除了由边际产出所决定的报酬差异以外，分散风险的考虑也是理解资本流动的一个重要因素。资本流动的结果是可以在提高资本边际产出的同时提高和改善世界的产出水平和福利水平，并在严格的理论假设下，起到替代商品流动的作用。劳动力的跨国移动是一个复杂的社会经济现象，从纯经济意义上讲，它与资本的流动在改变要素边际产出方面有着相似之处。但它同时会更直接地影响到收入分配，并与众多社会问题密切相关。

即测即评

　　请扫描右侧的二维码，您可在线自测并查看答案。

练习与思考

　　1. 如何用跨时期选择的方法分析资本移动现象及其对相关国家均衡调整过程的影响？

　　2. 资本流动如何增进相关国家的国民福利？

　　3. 为什么资产组合分散化可以降低风险？如何运用这一原理解释资本跨国移动现象？

　　4. 劳动力的跨国移动如何影响各利益集团的福利水平？

　　5. 资本的流动与劳动力的流动是否存在相互替代的关系？

　　6. 根据蒙代尔模型，要素流动和商品流动的替代关系是怎样发生的？而你可能已观察到现实生活中贸易与投资存在着相互促进的关系，这是否意味着蒙代尔模型完全失灵？如何协调理论和现实之间的矛盾？

　　7. 资本流动和劳动力国际流动在要素价格均等化过程中所起的作用有哪些差异？

　　8. 有人认为，随着经济全球化的发展，各国经济发展的同步性在增强，在这种情况下，通过资产组合的国际化来降低和分散风险的机制在弱化。你对这一看法有何评论？

附录

资产分散化的证明

本章中关于资产分散化能够带来利益这一结论可以严格地证明如下。

设 X、Y 为两种金融资产，它们的实际收益率分别为 i_X 和 i_Y，两种资产收益的期望值分别为 μ_X 和 μ_Y；σ_X 和 σ_Y 分别为两种资产收益率的标准差，在这里用来作为衡量两种资产风险大小的指标（这一点并不难理解，一种资产收益的变动程度大，则意味着这种资产风险大，反之则风险较小）。此外，我们还假设 P_X 和 P_Y 分别表示投资于资产 X 和资产 Y 的比例，μ 表示整个资产组合收益率的期望值，σ 表示整个资产组合的风险。

根据上述假设，我们知道资产组合的预期收益率取决于两种资产的预期收益率以及它们在资产组合中所占的比重，即

$$\mu = P_X\mu_X + P_Y\mu_Y \tag{11.1}$$

若资产组合中只有 X 和 Y 两种资产，那么，资产组合的风险则取决于三个因素：两种资产各自的风险、两种资产在资产组合中的比重以及两种资产的相关程度，即

$$\sigma = \sqrt{E\left[\left(P_X i_X + P_Y i_Y\right) - \mu\right]^2}$$
$$= \sqrt{P_X^2\sigma_X^2 + P_Y^2\sigma_Y^2 + 2P_X P_Y \text{cov}\left(i_X, i_Y\right)} \tag{11.2}$$

若用 r_{XY} 表示两种资产收益率的相关系数，则根据定义有

$$r_{XY} = \frac{\text{cov}\left(i_X, i_Y\right)}{\sigma_X\sigma_Y} \qquad \left(-1 \leqslant r_{XY} \leqslant 1\right) \tag{11.3}$$

这样我们便可以根据两种资产相关性来讨论资产组合的风险情况。根据 (11.3) 式可将 (11.2) 式重新写作

$$\sigma = \sqrt{P_X^2\sigma_X^2 + P_Y^2\sigma_Y^2 + 2P_X P_Y r_{XY}\sigma_X\sigma_Y} \tag{11.4}$$

当 $r_{XY} = 1$ 时，有

$$\sigma = P_X\sigma_X + P_Y\sigma_Y$$

也就是说，当两种资产收益率的变动情况完全正相关的时候，资产组合的风险是两种资产风险的加权平均数。

当 $r_{XY} < 1$ 时，有

$$\sigma < P_X\sigma_X + P_Y\sigma_Y$$

这意味着，当两种资产的收益变动情况不是完全正相关的话，资产组合的风险小于两种资产风险的平均水平。这正是我们要的结果，并且两种资产的相关系数越低越好。

当 $r_{XY} = -1$ 时，有

$$\sigma = P_X\sigma_X - P_Y\sigma_Y$$

这表示两种资产的风险会部分地抵消。

总结上面的分析，我们得到的结论是：只要两种资产不是完全正相关，那么投资于这样的资产组合，可望获取两种资产预期收益的平均值，承担的风险却低于两种资产风险的平均水平。

第十二章
国际直接投资与跨国公司

在上一章分析国际要素流动时，我们讨论了纯资本流动的发生机制。在资本流动的过程中，资本连同对它的实际控制权一同转手，交易过程不管通过什么环节和中介机构来进行，最终大都表现为资金的借出和借入。投资者（债权人）所关心的只是其投资的报酬，除此以外并无其他要求和权利。我们把这种投资定义为间接投资或证券投资（portfolio investment）。但在国际资本流动中，也有很大一部分是采取另一种方式进行的，这便是国际直接投资。它的一个显著特征是投资者在以资本流动的方式转移资源的同时，还获得了对投资对象的直接控制权。当一个跨国公司在国外建立分支企业后，分支企业不仅对母公司承担纯金融上的义务，而且它本身也成为其母公司整个组织结构的一部分。正是从这个意义上讲，国际直接投资便不再只是一个资本流动的问题，它同时也是个企业组织的问题。

自20世纪50年代以来，有关跨国公司和国际直接投资的理论，随着实践一起获得了迅速的发展，迄今已形成流派纷呈的局面。在这一章中，将主要介绍其中的基本原理，以便为读者进一步学习有关理论和理解实践中的相关问题提供一个基本框架。

第一节 企业优势、交易成本及内部化

现代跨国公司理论的出现，首先是为了解释第二次世界大战后美国企业的对外投资行为，特别是对西欧的投资。由于当时的投资多集中于制造业，所以理论研究的侧重点也是制造企业的对外投资行为。这一理论研究的先驱者首先碰到的是这样一个问题，即对外投资的企业在自己所不熟悉的环境下组织生产和经营，与当地的竞争对手相比，要承担一定的附加成本。这些成本可能是由于文化、法律、制度和语言差别以及缺少对当地市场的了解所引起的，也可能是因为远距离的经营活动所带来的通信开支和误解的增加所引起的。

因此，外来企业必须具有某种当地企业所不具备的优势，才能在竞争中立于不败之地。因此，研究跨国公司的特有优势，便成为国际直接投资和跨国公司理论的一个出发点。

一、垄断优势的获得和实现

企业的特有优势的获得和维持只有在非完全竞争的市场上才能实现。因此，市场不完全竞争假设作为一个重要的理论前提，把国际直接投资同一般的国际资本流动严格地区分了开来。在这一前提下，跨国公司的优势主要来自以下四个方面。

（一）对某种技术的垄断

这里我们是在广义上使用技术这一概念的，它既包括了生产过程中所实际运用的具体的技术，也包括了诸如知识、信息、诀窍等以无形资产形式存在的技术。所有这些都是跨国公司特有优势的重要来源。

（二）产业组织形式的寡占特点

跨国公司的行业分布情况表明，国际直接投资与行业集中程度有着密切的关系。世界上400家或500家最大的企业几乎都已成为跨国企业。这是因为规模经济对通过研究与开发而获得技术上的优势具有十分重要的作用。同时，在对已经获得的优势的维持和保护方面，由规模因素而形成的垄断也是十分重要的。

（三）企业家才能或管理能力的"过剩"

卓越的管理才能作为企业优势的一个重要来源是显而易见的。但更重要的是，管理能力在其发展的某些阶段常出现利用不足的现象。这种管理能力的"过剩"是推动企业不断扩大其规模并进而发展为跨国公司的重要动力源泉。因此，它比资本过剩论的解释力更强。

（四）具备获取廉价的原材料和资金的渠道

具有跨国公司需要的特殊原材料，可能使东道国具有特有优势，成为跨国公司选择投资区位的重要决定因素。但是如果跨国公司已经获得特殊原材料或矿山的特权，那么它就成了企业特有优势。这种优势的产生基于这样一个基本事实：一般说来，一个已经建立市场购销体系的企业，比一个在工业国没有市场渠道的当地企业，可能会从开发外国原材料中获取更多的利润。与获取原材料同样重要的是进入资本市场的能力。跨国公司的母公司由于上述提及的各种优势，特别是与其规模优势相联系的资金实力和信用等级，能使跨国公司子公司在当地筹资中得到较优惠的条件。

当然，跨国公司优势的来源也可以从其他角度或方面进行概括。这里需要特别指出的是，企业优势的获得总是与其生存发展的环境有着密切的关系。因此，考察企业特有优势就必须考察国家特有优势。国家特有优势在贸易理论中占有重要地位，要素禀赋论便是其中一例。但这里所强调的国家特有优势，主要着眼于一国的经济环境对该国企业成长的影响。因为企业的特有优势是在特定的环境下形成的，一个企业的对外投资活动很大程度上受其国内经验的影响。众所周知，在企业所表现出来的技术优势方面，美国显然在有利于节约劳动的技术上独领风骚，而欧洲企业则多以节约原材料的技术见长。日本企业的成功当然也与他们将西方的技术与本国国情恰当地结合起来有关，他们不仅在节约能源、原材料方面成就卓著，而且有效地节约空间也是日本技术优势的重要表现之一。所有这一切无不同各有关国家和地区独特的资源条件、市场结构，乃至文化背景等条件密切相关。所以，只有将国家特有优势与企业特有优势结合起来，才能更加清楚地认识跨国公司垄断优势的来源。

二、市场交易内部化

如果说企业所拥有的特殊优势是它成功地进行对外投资的必要条件，那么拥有优势并不意味着必须对外投资，或者说拥有优势还不能构成对外直接投资的充分条件。因为，如果一个企业拥有某种垄断优势，并希望在国外市场实现其价值，那么它至少有三种途径可供选择：① 在国内生产，将这种优势凝结在商品中并以出口的方式进入国外市场，使企业的优势通过商品竞争力表现出来并实现其价值；② 通过向国外独立企业发放许可证的方式将其技术优势（包括其他以无形资产形式存在的特殊优势）有偿转让出去，直接在技术市场上实现其价值；③ 可以选择我们正在讨论的这种方式，即通过直接投资到国外设立分支企业，在当地生产并就地销售，把它拥有的优势就地市场化。

现在问题是，跨国公司为什么选择上述最后一种方式而不是前两种呢？这里，我们再一次体会到市场不完全性假设的重要意义。商品市场的不完全性在国际市场的表现已经是众所周知的事，如关税和非关税壁垒等，同时还由于要素市场的不完全性，使要素价格均等化还只是一个理论上的推论。这就造成了各区位间成本水平的差异，这些方面的市场失灵连同运输成本等因素一起，对解释企业进行直接投资，选择成本较低的区位进行生产有重要意义，而且它还可以作为企业在出口和就地生产之间进行选择的依据。

但这并没有回答向国外企业发放许可证为什么被排除在跨国公司的选择之外。显然我们必须从中间产品市场的不完全性上寻找答案。这正是内部化理论的基础。这里所说的中间产品，是指在基本投入和最终产品之间，为生产过程所不可缺少的所有中间投入，其中尤其重要的是上面已经提到的以无形资产形式存在的技术、信息（渠道）、诀窍、营销方式和经验等。正是在这些方面所存在的优势，把成功的企业同一般的企业区别开来。

由于中间产品市场是不完全的，所以这些无形资产通过市场交易很难实现价值。原因有以下三方面：

第一，无形资产在某种程度上都具有"公共物品"的性质。一旦某个地方发明并应用了一种新"主意"（或知识），那么在另一个地方使用它的边际成本很低甚至为零，并且也并不减少原产地所能使用的这种"主意"的数量。从社会的观点看来，有效地配置这种资源的条件是根据其边际成本定价，那么这种无形资产的价格就该为零或接近于零。这样便会出现两种情况：要么这种无形资产没有人愿意提供；要么定价不合乎效率原则。

第二，无形资产的定价受信息不对称现象的困扰。通过一个简单的例子很容易说明这一现象。假如某人对你说，"我有一项技术，我确信对你很有用"，并且通过描述这项技术的一般性特点和大略的机理使你相信他的话。但无论如何，在你付钱之前他不会将该项技术的全部细节向你公布，否则便等于让你免费得到该项技术。于是你们俩之间便存在信息不对称问题。他会根据他掌握的全部情况向你索取某一价格，为了获得这一价格他不肯预先公布他掌握的全部信息；而对你来说，如果不了解有关细节，又如何准确地判断这一价格是否合理并接受它呢？这个例子说明，无形资产的交易或者难以成交，或者要付出较高的交易成本。在交易成本过高的情况下，无形资产的持有人便倾向于自己使用这种资产来实现其价值。

第三，不确定性的存在也使上述的不对称现象难以克服。假如在上面的例子中，对方打算向你出售的是制造一种新型蛋糕的技术，他可以让你亲口尝一尝用这种技术所制造的蛋糕，并且告诉你如果购买并恰当地使用这项技术的话，你也可以制造出同样的产品来。但谁能保证你能真正恰当地使用这项技术呢？特别是涉及诀窍之类的技术转让时，问题就更为复杂。这种不确定性的存在无疑会减少成交的可能性。

上述情况如果发生在两个企业之间，转移这种技术的最好办法就是两个企业合而为一，共同分享这项技术。换言之，在一个企业内部转移和使用这种无形资产，比通过外部市场来解决这一问题要更有效率。显然，把这一逻辑再引申一步，如果上述交易涉及的是两个不同国家的企业，那么最有效的解决办法便是直接投资而不是发放许可证，来完成这一无形资产的转移。

以上分析表明，市场不完全性导致许多交易无法通过外部市场达成，或即使达成也要承担较高的交易成本。所谓交易成本，从狭义上说是指通过市场进行交易时必须付出的代价。它包括寻找相应价格的成本，确定成交条件、签约、履约以及为避免对方违约而付出的成本等。由于交易成本的存在，企业作为一种组织便具备了一定意义上替代市场的功能。只要企业内部交易的成本低于市场交易的成本，企业便获得了扩张的动力，这种扩张跨越国界便产生了跨国企业。而企业创造其内部"市场"的过程，便是所谓的内部化过程。

内部化理论的核心原理可以用图 12-1 加以进一步解释。假设每一个市场交易关系的建立都需要付出一定的固定成本，比如建立交易双方联系的渠道等所必须付出的成本。同时双方每一笔交易的谈判和履约还需付出追加的可变成本。这种可变成本独立于每次交易的规模，因为谈判过程所需要的费用不会因为交易额是 100 万元还是 10 万元而有所不同。同时，我们还假设每次成交额有一个最高限额，受仓储和分销能力的限制。为了分析的方便，假定这一最高成交限额非常小，因此交易额的扩大直接表现为交易次数的增多。这样交易中所发生的总可变成本的水平就直接与交易量成正比关系。

考虑一种把生产过程的两阶段联系起来的中间产品市场。每一个生产阶段由一家独立的工厂来完成，并且市场上不存在阻碍厂商联合或合并的障碍，市场的均衡条件要求这两家工厂的联合利润（joint profit）实现最大化。如果卖方厂家的成本函数和买方厂家的成本及收益函数给定，我们便可以得到中间产品交易对联合利润的贡献的曲线，即图 12-1 中的 AA' 曲线。它在 B 点达到最高点，这一点所对应的交易量 q_0 便是在没有交易成本的情况下，使联合利润最大化的中间产品交易量。

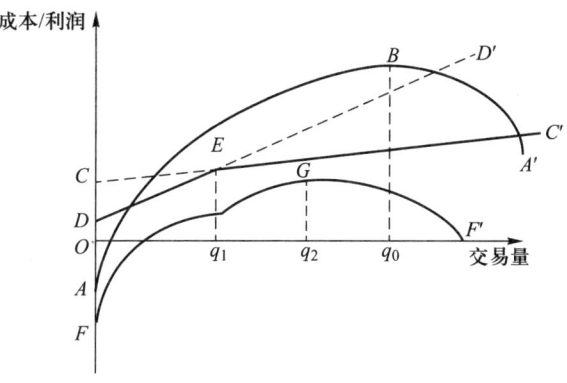

图 12-1　交易成本与内部化的决定

现在再假定企业通过内部化过程建立内部"市场"的固定成本比建立外部市场交易渠道的固定成本高。这一假定显然是符合实际情况的，因为建立内部市场的过程就是这两家工厂合并并建立一体化的控制系统的过程，这一过程的成本当然要比两家企业在外部市场上建立业务联系的成本要高得多。但是内部"市场"建立以后，随后发生的企业内部交易所需追加的可变成本则要比外部市场的交易成本低，因为在一家厂商内部不会产生违约等问题。这样我们用图 12-1 中的 CC' 代表内部市场的交易成本曲线，用 DD' 代表外部市场的交易成本曲线。根据上面的假定，CC' 线的截距比 DD' 大，而斜率则比 DD' 小。

图 12-1 中的 CC' 线和 DD' 线相交于 E 点。在 E 点以左，外部市场的交易成本较低，最低交易成本水平由 DE 段表示；在 E 点以右，内部市场的交易成本较低，成本水平由 EC' 表示。因此随着交易量的增长，最低交易成本沿 DEC' 线延伸。E 点对应的交易量为 q_1。那么，当交易量低于 q_1 时，中间产品的交易将通过外部市场进行，两个企业为相互独立的实体；当交易量超过 q_1 时，两个企业将合而为一，中间产品的市场将被内部化。

上述分析表明，交易究竟是在内部市场还是在外部市场发生，关键取决于交易的规模，而交易的规模最终取决于通过交易而实现的利润最大化的均衡点的位置。图 12-1 中，AA' 曲线与 DEC' 线的垂直距离表示交易对利润的贡献与交易成本之差，各交易水平所对应的上述差额由 FF' 曲线上各点的纵坐标给出。在图 12-1 中，FF' 曲线的最高点 G 对应的交易量为 q_2，$q_2 > q_1$，所以在 q_2 的交易规模下，市场将被内部化。

这一理论的一个重要推论是，内部化的倾向随着交易规模的扩大而增强。但需要指出的是，这一结果实际取决于同较大交易规模相联系的通过外部市场进行交易的频率。从前面的假设条件中我们知道，交易成本同重复出现的交易次数有关，而与每次交易的规模无关。这样，通过签订长期合同或者进行一次性的大规模交易都会降低交易成本，从而弱化企业内部化的动机。

据此推论，可以直接对跨国公司的许多特点作出解释。例如，当把这一理论应用于技术诀窍等交易过程时，我们立即可以断定，那些具有大规模研究与开发能力且能连续推出创新成果的企业，比那些研究与开发能力较低、偶尔有创新成果的企业具有更强的内部化的动机。因为对于前者来说，研究与开发工作的高产出率决定了对外出售其成果的较高频率，这意味着它通过外部市场实现这种交易要承担较高的交易成本。此判断与实际经济生活中对外直接投资与研究开发正相关的事实相吻合。一般来说，具有大规模研究与开发实力的企业更多地采用对外直接投资的方式在企业内部转移和使用创新成果这种无形资产，而研究与开发实力较弱的企业则更倾向于采用发放许可证的方式来实现这种无形资产的价值。

此外，对于那些生产和销售名牌产品的企业来说，为了保证产品的质量和商誉，对生产中投入品的选择往往是严格和苛刻的，因此它们多倾向于同信誉较好的原材料供应者建立长期的联系，彼此间的交易频率较高。而对于那些生产非名牌产品的企业来说，它们更倾向于在世界市场上物色出价较低的供应商，因为即使由于投入品的质量问题而影响其产品质量，对其信誉所造成的损失也并不像前一种企业那么明显。这样名牌厂家由于同其供应者的交易频率较高，为节约交易成本，往往有较强的动机采取后向一体化的方式进行内部化。这一点表现在国际直接投资上，就是我们经常看到的，名牌厂家往往在世界各地拥有自己控制下的原材料和中间产品的供应网络。

第二节　国际生产的方式选择

我们从内部化理论的基本原理中了解到，企业进入国外市场的方式的选择，受制于各种进入方式本身隐含的成本，但同时也发现并不是任何时候对外直接投资都是成本最低的方式，否则便无法解释现实生活中三种方式并存的事实。其实无论哪一种方式，其隐含的成本是随着时间的推移而变化的。跨国公司也是从国内公司成长起来的，它的海外扩张活动也往往开始于出口贸易。因此了解一个企业进入国外市场的动态过程是必要的。

一、出口、投资与许可证

在这里，我们的分析仍然是建立在传统的利润最大化的假设基础上的。在此前提下，一个企业选择什么方式进入国外市场，当然要对各种方式的收益和成本进行比较。我们利用简化了的净现值（NPV）方法来概括市场进入方式对企业利润的影响。

设 R 为企业使用其特有优势（无形资产）所生产出来的最终产品的销售收入，C 为国内劳动、资本以及其他常规投入的总成本，C^* 为国外劳动、资本和其他常规投入的总成本，M^* 为出口营销成本，比如了解国外市场行情的信息成本等，A^* 表示用直接投资方式进入国外市场的附加成本，D^* 为企业特有优势的流失所造成的损失。这样，选择不同方式进入国外市场的企业的净现值就可以分别表示为下列形式，即

出口 $$NPV_{E} = \sum \frac{R_t - C_t - M_t^*}{(1+r)^t} \qquad (12.1)$$

直接投资 $$NPV_{\text{FDI}} = \sum \frac{R_t - C_t^* - A_t^*}{(1+r)^t}$$ （12.2）

许可证 $$NPV_{\text{L}} = \sum \frac{R_t - C_t^* - D_t^*}{(1+r)^t}$$ （12.3）

其中，t 表示时间，r 为选定的贴现率。我们还假定随着时间的推移，各种市场进入方式所特有的成本 M^*、A^* 和 D^* 都将下降。那么选择哪一种方式占有国外市场就取决于下列条件：

（1）如果 $NPV_{\text{E}} > \max$（NPV_{FDI}，NPV_{L}），则企业将选择出口的方式；

（2）如果 $NPV_{\text{FDI}} > \max$（NPV_{E}，NPV_{L}），则企业会选择国外直接投资方式；

（3）如果 $NPV_{\text{L}} > \max$（NPV_{E}，NPV_{FDI}），则企业就会选择向国外企业发放许可证。

一般而言，企业只是在某一时点上选择了某种对外扩张的方式，这种选择并不是一成不变的，其改变与否取决于同各种方式相联系的专项成本的变化。通常我们假定，在发展海外业务的初期，M^* 要低于 A^*，因为前者只包含了解国外商品市场的信息成本，而后者不仅包括了解商品市场的信息成本，而且包括在国外进行生产必须了解的要素市场的信息成本。如果将 A^* 和 D^* 做一比较会发现，尽管发放许可证可以避免由于从事国外生产所造成的附加成本，但我们有理由认为，在拓展海外业务的初期，D^* 是三种成本中最高的一项。这是因为，企业的垄断优势就体现在它独特的无形资产上，把它转让出去，等于从根本上削弱企业的实力。

上述分析可以引出如下结论，即当 $t = 0$ 时，

$$M^* < A^* < D^*$$ （12.4）

那么，随着时间的推移，上述三项成本将发生怎样的变化呢？首先，我们将 M^*、A^* 和 D^* 与时间变量 t 的关系假定如下，即

$$M_t^* = a - bt^c$$
$$A_t^* = e - ft^g$$
$$D_t^* = h - qt^p$$ （12.5）

为保证 $t = 0$ 时，（12.4）式成立，a、e、h 需满足以下关系：

$$a < e < h$$ （12.6）

这样，M^*，A^*，D^* 的变化便取决于 c，g，p 了。我们从实际中可以了解到，随着企业涉外经营活动的增多和对外国环境的了解，在国外从事生产的附加成本会迅速地降低。而且如果在国外设有分支企业，更加接近国外市场的信息源，A^* 的下降速度会超过 M^* 的下降速度。同时，随着时间的推移，一个企业初期所拥有的技术优势和其他形式的无形资产，在达到了标准化阶段后，对企业的价值会迅速降低，因而它的流失的代价 D^* 也会大幅度降低。上述变动趋势可以表示为

$$c < g < p$$ （12.7）

对应于成本的上述变化趋势，三种方式的利润变化曲线如图 12-2 所示。其中 π_{E} 表示出口的利润，π_{F} 表示直接投资的利润，π_{L} 表示发放许可证的利润。

图 12-2 中三条利润曲线显示，在 S_1 对应的时点以前，出口是最佳选择；在 S_1 和 S_2 对应的时点之间，直接投资更为合理；在 S_2 点之后，就可以向国外企业发放许可证了。一般情况下，企业的海外扩张过程也正是按照出口、直接投资和对外发放许可证的顺序进行的。从这个顺序中也可以看出，从大跨国公司手中直接以许可证方式购进最先进技术的设想，与它的扩张战略往往是不相一致的，因此要实现这一设想也是十分困难或代价高昂的。

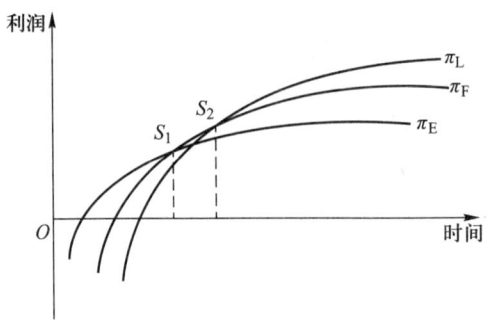

图 12-2　三种市场进入方式的利润变化

二、国际生产综合论

现代跨国公司理论发展到现在，所涉及的领域已越来越广。20 世纪 80 年代开始逐渐居于主导地位的国际生产综合理论，把跨国公司的活动视为国际生产的一种方式，它既涉及本国企业在国外从事生产的活动，也包括外国企业对本国生产的参与和控制。由跨国公司的发展所引起的国际生产格局的变化，不仅取决于企业特有优势，而且在很大程度上与各国（包括母国和东道国）区位优势有关。因此，国际生产综合理论也就在市场不完全性假设的基础上，将企业所有权优势同区位优势相结合，并将其纳入企业内部化过程的分析中，从而完成了对跨国公司的国际生产活动的一般性解释。

根据这种综合理论，一个国家的企业在供应国外市场时，面临着出口或去当地生产两种选择。不仅如此，对于一个国际化的企业来说，它供应国内市场也可以有两种方式：一是在国内生产和销售；二是到国外生产再进口。作出这种选择的能力和愿望首先取决于我们前面已经讨论过的企业特有权势，它体现在一切可以增加企业收益的资产上。这种优势被称为所有权优势，是因为它与企业的所有权相联系，并且具有一定的排他性。但是一种以有形或无形的资产形式存在的优势，往往与特定的区位相关，被在这一区位中的所有企业所共享。这就是所谓的区位优势，它不仅包括要素禀赋，而且还包括文化、法律、政治及制度环境等诸多方面。区位优势的存在既是市场不完全的原因，也可以看作市场不完全的表现形式。正因为存在区位优势的差异，才使企业有必要比较和选择特定的生产地点。因此组织国际生产的过程实际上就是将企业与某一国家特定的区位优势相结合的过程。这一过程之所以由同一个企业通过跨国经营的方式来完成，原因可以从市场内部化过程的必要性中获得解释。

国际生产综合理论的基本原理可以集中概括为所有权优势、内部化优势和区位优势分析的有机结合。具体说来，一个企业从事国际生产的水平和结构取决于在多大程度上满足下列四个条件：

第一，就进入某一市场而言，企业必须具有其他国家的企业所不具备的与所有权相联系的特殊优势。这种优势能够提高企业的盈利和增加企业资产的净现值。

第二，当第一条满足时，企业进行国际生产还取决于企业内部转移和使用所有权优势必须比通过外部市场转移这种优势更有利可图，这叫企业的内部化优势。它反映的是企业内部管理结构的效率。

第三，假设第一条和第二条都得到满足，企业国际生产的水平和结构就取决于企业的整体利益在多大程度上能够通过在国外市场创造和使用其所有权优势而有所提高。换言之，只有当国外的区位优势同企业的所有权优势相结合，才能同时提高这两类优势的生产力。

第四，当一个企业所面临的所有权、区位及内部化优势给定时，只有当国际生产与企业的长期管理战略相一致时，它才会考虑组织国际生产。

运用上述原理分析跨国公司的对外投资行为，可直接得出这样的结论：在任一既定的时点，一个国家的企业——相对于别国企业而言——拥有所有权优势越多，它越是具有较强的内部化动机；国外的区位优势越明显，它越是倾向于选择到国外生产的方式。如果一个国家具有这两方面的条件，它就会对外国的跨国公司具有较强的吸引力。因此，一个国家对外直接投资地位的变化，是由企业优势和区位优势的相对变化同时决定的。总的说来，国际生产综合理论是迄今为止对国际直接投资和跨国公司的诸多解释中较为全面的一种，因而被许多学者称为跨国公司的一般理论。然而，正像经济学中的其他许多理论一样，这一理论也仍然需要在回答实际中不断出现的新问题的过程中不断地充实和发展。

*第三节　国际生产与国际分工的深化

从商品的国际流动到要素的跨国移动，无论从历史上还是从逻辑上看都是经济生活国际化和国际分工进一步深化的表现。换言之，从商品流动发展到要素流动，实际上使要素价格均等化的过程更加直接了。这可视为在国际范围内改善资源配置效率的一种进步。这一变化的合理性实际上已经隐含在李嘉图对比较利益原理的分析中。

一、从商品的交换到生产要素的重新组合

在李嘉图的经典例子中，英国和葡萄牙两国分别在毛呢和葡萄酒的生产上拥有比较优

势，在要素不能跨国移动但可以在国内完全自由流动的严格假设下，实现这一比较利益的唯一途径便是通过商品贸易。

在阐述比较利益原理时，李嘉图并没有明确说明开展贸易前两国国内分工发展的程度。但根据分工发展的阶段性特点，我们可以在不改变其结论的情况下补充上这一假设，即在开展贸易前，毛呢和葡萄酒的生产是在两国国内分工的基础上进行的。这当然要比两国全体国民同时生产这两种商品要更有效率。但是当英国发现了它与葡萄牙之间存在着由比较利益所提供的贸易机会时，这种国内分工则有可能成为一种阻碍国际分工的负担。因为根据比较利益法则，英国需要将其部分生产要素从葡萄酒的生产中撤出，转而生产毛呢，而葡萄牙则需要进行相反方向的调整。这样我们可以从中发现，两国贸易能否顺利开展，很大程度上取决于生产要素在国内各行业之间转移的难易程度，或者更具体地说，取决于转移过程中成本的高低。当然这一问题在完全竞争的国内市场假设下是不存在的。

另外假定要素在国际不能自由流动，这也是理论分析的逻辑起点，同时它也为分工还不够发达的历史条件所允许。在李嘉图时代，"有种种因素阻碍着资本移出，比方说，资本不在所有者的直接监督下时将会使他发生想象的或实际的不安全感；并且每一个人自然都不愿意背井离乡，带着已成的习惯而置身于异国政府和新法律下。这种感情使大多数有产者都不愿到外国去为自身的财富寻找更为有利的用途，而宁愿满足于本国的较低的利润率；我个人是不希望这种感情淡漠下去的"。[①] 这是国际分工发展的初级阶段的特点，以此为前提的比较利益理论就把实现国际分工的另一种可行的途径忽略掉了。如果英国用于生产葡萄酒的要素不是转移到另一个行业去生产毛呢，而是转移到葡萄牙去继续生产葡萄酒，而葡萄牙将其生产毛呢的要素转移到英国去继续从事其"本行"，这便出现了国际分工的另一种形式。它与经典分工模式的主要区别在于，要实现这种分工，生产要素不仅可以选择跨行业移动，而且还可以选择跨地域乃至跨国移动。这也正是现代国际分工的重要特点之一。

生产要素跨国移动的合理性首先在于它更直接地推动了生产要素价格均等化的进程。尽管要素价格均等化由于种种条件的限制，最终也未必能够完全实现，但依据现代标准经济学的解释，任何朝向这一方向的努力总是有利于改善资源配置效率的。同时我们也应该看到，虽然要素流动具有如此积极的意义，但各种要素受自身特点决定，其流动性有着很大的差异。以古典的三要素的划分来看，土地当然没有地理上的流动性可言。虽然这并不意味着土地不可能通过市场机制进行跨国交易，但它的特点在于，当交易发生时，实际上发生跨国移动的是其他要素（如资本）。目前能够支持劳动大规模跨国移动的国际劳动力市场还远远没有发展起来。就普通的要素市场而言，资本市场是相对来说发展最为完善的，这使它部分地解决了国际分工发展过程所提出的要素流动问题。这便使国际投资的重要性随着国际分工的发展而日益突出。它把国际分工从简单的商品交换扩展到生产要素的

---

① 李嘉图. 政治经济学与赋税原理. 北京：商务印书馆，1983：115.

国际重新组合。

二、克服资产专用性的约束

要素跨国移动的合理性还与资产专用性的增强有关。这里所说的资产专用性，是指一种资产一旦投资形成就很难改作他用，除非在转移过程中蒙受巨大的价值损失和生产力损失。资产专用性是随着分工的发展而不断增强的。正如亚当·斯密早已精辟指出的那样："人们天赋才能的差异，实际上并不像我们感觉的那么大。人们壮年时在不同职业上表现出来的极不相同的才能，在多数场合，与其说是分工的原因，不如说是分工的结果。"①专业化和分工的发展，使传统意义上被经济学家视为均质的各种生产要素，程度不同地被塑造成各种具有专门用途的专用性资产。资产专用性越强，彼此替代的难度就越大，从而使依靠要素跨行业移动来支持的国际贸易和国际分工的古典模式面临着越来越明显的障碍。这种障碍发生在生产领域，但它们最终以关税和非关税壁垒的形式在流通领域表现出来。这就是为什么自由贸易的好处几乎尽人皆知，而贸易自由化的努力却如此艰难的重要原因之一。

可以说，在现代国际分工条件下，要提高生产力、增进资源配置的效率，一个很重要的途径就是将生产要素从"专用性"的约束下解放出来。通过提高要素在地域上的流动性，来抵消其跨行业移动的困难，是一个重要方向。从这个角度看，要素的跨国移动对改善资源配置的效率的贡献主要表现在两方面。其一，它避免了专用性资产（人力资产和实物资产）在转移到其他行业时必须放弃其原来所获得的技艺、经验以及所进行的专门性投资的价值；其二，它节省了在另一场合塑造同类专用性资产所必须的专用性投资。所以说，与商品流动相比，要素跨国移动代表着国际范围内资源配置方式的一种重要的变化和国际分工的进一步深化。

三、从简单的要素流动到全球化生产

资本流动作为要素流动的一种具体形式并不是很新鲜的事情。在 19 世纪及 20 世纪的早期，资本就已成为各国间转移的重要资源，而适当的资本市场的存在也促进了证券投资以及各种形式的间接投资的发展。但第二次世界大战以后，对企业来说，资本、技术和管理已经成为紧密联系的一揽子资源了。由于知识市场的不完全，由于紧密结合的资源的价值比单个资源相加的价值总和更大，因此直接投资就成为国际范围内转移资源的更为有效的方式。而跨国公司正是作为以这种方式转移资源的主体而迅速成长和发展起来的。

在经济不断全球化的背景之下，企业，特别是跨国企业，作为与市场机制并行的一种

---

① 亚当·斯密. 国民财富的性质和原因的研究. 北京：商务印书馆，1981：15.

制度安排，把原本发生在市场上的交易内部化，从而减少了交易成本对协调国际分工的阻力。随着科层制企业的成长和扩大，自觉协调的分工的范围拓宽了，市场自发力量的作用得到了修正。跨国公司由于具备强大的对经济活动的计划能力，代表着组织国际交换的方法的一种跃进。在跨国公司的全球战略下，企业将生产和销售活动按最有利的区位分布于世界各地，使每一个分支机构及其所联系的企业在职能专门化的条件下统一成一个一体化的网络。这样，国际分工与协作越来越转变为企业内部的分工与协作。可以说，活跃在世界经济舞台上的跨国公司正像一只只"看得见的手"一样，消除着国际生产的"无政府状态"，并带来范围更广、更具生产力的国际分工，因而释放出巨大的经济潜能。

本章小结

企业特有优势的形成与其所处的区位和行业结构特点有关，但要维持一种所有权优势需要以市场不完全为前提。市场的不完全也使企业以内部化的方式实现其优势成为必要。内部化的过程有利于减少交易成本，这为分工的发展提供了新的余地。内部化过程超越国界，便产生了跨国公司和以直接投资为主要推动力量的生产国际化进程。跨国公司的国际扩展过程和格局是由所有权优势、内部化优势和区位优势的相互作用共同决定的。跨国公司对国际生产的协调，使国际分工进入了一个新的时期。企业的跨国经营活动既是国际分工发展的必然结果，也是促进国际分工不断深化的重要力量。

即测即评

请扫描右侧的二维码，您可在线自测并查看答案。

练习与思考

1. 为什么说体现在企业所有权优势中的核心资产具有"公共物品"的特点？它对交易方式产生了什么影响？

2. 根据企业进入国际市场的不同方式，讨论发展中东道国在利用外资时应注意的问题。

3. 信息不对称现象对企业的决策过程会产生哪些影响？现实生活中还有哪些情况可以用这一原理加以说明？

4. 跨国公司对外扩张的动态过程与产品生命周期理论有哪些异同？

5. 为什么研究与开发能力强的企业更具有跨国经营的动机？

6. 跨国公司的国际生产方式对收入分配会产生何种影响？

7. 结合经济全球化的现实趋势讨论跨国公司对世界资源配置效率的影响。

8. 传统经济学理论对企业行为的分析有哪些主要缺陷？微观经济学领域的最新发展对克服这类问题有哪些帮助？

第二篇
国际金融与开放条件下的宏观经济政策

第十三章
国际收支

　　从本章开始我们进入国际经济学的宏观部分——国际金融与开放条件下的宏观经济政策的学习。本章着重介绍国际收支的基本概念及其基本内容，主要内容包括国际收支的概念及国际收支平衡表所包括的具体内容、国际收支差额指标和国际收支失衡的原因及类型、国际收支差额的宏观经济含义等。

第一节　国际收支的概念和统计

　　宏观经济学主要研究的是一国国内生产总值 GDP（或国民收入）的决定。国内生产总值是指一国在一定时期内（通常为一年）所生产的全部最终商品和劳务的市场价值总和。经济学家和统计学家根据最终商品和劳务的不同可能用途，通常将其分为四种：消费（国内居民私人消费）、投资（国内居民私人投资）、政府购买和净出口（又称经常项目余额）。事实上在学习西方经济学的宏观部分时，我们已经涉及了本章的有关内容，如即将介绍的经常项目的主要组成部分就是宏观经济学中的净出口。国际收支账户无非是在国民收入账户的基础上进一步延伸而已，它是对经常项目的组成以及相关金融业务的详细记录。

一、国际收支的概念

　　国际收支（balance of payments）是在一定时期内（通常为一年）一国居民与世界其他国家居民之间的全部经济交易的系统记录。进行国际收支统计的主要目的是使政府当局了解本国（地区）的对外经济交往状况，从而为制定相应的经济管理政策提供信息和依据。

在国际收支的定义中，首先需要理解"居民"（resident）的概念。居民是指一个国家（地区）的经济领土（economic territory）内具有经济利益的经济单位。居民既可以是自然人，也可以是政府机构和法人。对于一个经济体来说，它的居民单位主要是由两大类机构单位（institutional units）组成：家庭和组成家庭的个人；法定的实体和社会团体，如公司和准公司、非营利机构和该经济体中的政府。具体来说，一个国家（地区）的居民包括：

（1）个人居民：① 长期居住在本国的自然人；② 移民属于其工作所在国的居民；③ 逗留时间超过一年的留学生、旅游者属于所在国的居民；④ 官方外交使节、驻外军事人员属于所在国的非居民。

（2）企业居民：在一国境内注册登记的企业即为该国居民。

（3）非营利私人团体居民属于所在国居民。

（4）政府居民：各级政府都属于所属国居民。

（5）国际性机构：联合国、国际货币基金组织、世界银行以及其他国际性组织不属于任何国家的居民。

国际收支定义中的"经济交易"（economic transfer）是指经济价值在不同经济活动者之间的转移，它包括实际转移（real transfer）和金融转移（financial transfer）两类。实际转移是指经济物品和经济服务在不同经济活动者之间的转移；金融转移是指金融资产的转移，包括新的金融资产的创造和现存金融资产的注销。同时，经济交易既包括双边转移（bilateral transfer），也包括单边转移（unilateral transfer）。双边转移是指经济价值的转移者会从受让者那里得到相应的经济价值作为补偿；单边转移是指经济价值的转移者不能从受让者那里得到经济价值的补偿。

二、国际收支平衡表

在现代经济中，一国居民在一定时期内从事的国际经济交易是大量的、多种多样的，为了对本国国际收支状况及其变化有一个系统的了解，必须对这些交易信息进行收集、整理，并编制国际收支平衡表（balance of payments account）。国际收支平衡表是以复式记账法系统记录一国居民在一定时期（通常为一年）内所从事的全部国际经济交易的统计表格。如表 13-1 所示，依据国际货币基金组织 2008 年 12 月发布的《国际收支和国际投资头寸手册》（第六版），① 在国际收支平衡表中，国际收支项目主要分为经常项目、资本项目、金融项目和净误差与遗漏项目。（有关国际收支平衡表的具体内容详见本章第二节。）

---

① 国际货币基金组织于 1948 年首次颁布了《国际收支手册》（Balance of Payments Manual），阐释其编制《国际收支统计年鉴》（Balance of Payments Statistics Yearbook）的具体方法和依据。以后又分别于 1950 年、1961 年、1977 年和 1993 年颁布了补充修改后的《国际收支手册》第二版至第五版。2008 年 12 月国际货币基金组织发布了第六版手册，更名为《国际收支和国际投资头寸手册》（Balance of Payments and International Investment Position Manual），即 BPM6。

表 13-1　国际收支平衡表的主要项目

	贷方	借方
经常项目 （一）商品和服务 （二）主要收益 （三）次要收益		
资本项目 （一）非生产性、非金融性资产的获取和放弃 （二）资本转移		
金融项目 （一）直接投资 （二）证券投资 （三）金融衍生品和员工股票期权 （四）其他投资 （五）储备资产		
净误差与遗漏		

按照复式记账原理，每一笔国际经济交易都要分别记录在国际收支平衡表的借方和贷方。记入借方的国际收支称为借方项目，用"－"号来表示；记入贷方的国际收支称为贷方项目，用"＋"号来表示。原则上，贷方项目总和最终必须与借方项目总和一致，即平衡表中所有记录的净差额应等于零。凡是涉及外国居民向本国居民支付的交易（包括商品和服务的出口、获取收益、资产的减少以及负债的增加）属于贷方项目，记入国际收支平衡表的贷方；反之，凡是涉及本国居民支付的交易（包括商品和服务的进口、支付收益、资产的增加以及负债的减少）属于借方项目，记入国际收支平衡表的借方。

 **专栏 13-1**

国际收支平衡表复式记账原理举例

例1　一国居民向非居民出口价值 100 万美元的商品，该居民在国外存款相应增加 100 万美元，则对于出口方的国际收支平衡表记录为

	贷方（+）	借方（-）
商品出口	100 万美元	
本国在国外银行存款		100 万美元

例2　一国居民到国外旅游花费 1 万美元，该笔费用从其国外存款账户中扣除，则该国国际收支平衡表记录为

	贷方（+）	借方（-）
服务进口		1 万美元
本国在国外银行存款	1 万美元	

例 3 一国向外国灾区提供价值相当于 100 万美元的物资援助，同时动用 100 万美元的外汇储备向国外提供援助，则该国国际收支平衡表记录为

	贷方（+）	借方（-）
商品出口	100 万美元	
官方储备	100 万美元	
经常转移		200 万美元

例 4 一国某企业在国外直接投资获取利润 1 000 万美元，其中 500 万美元用于再投资，300 万美元购买外国商品运回本国，其余 200 万美元汇回国内结售给官方换取本币，则该国国际收支平衡表记录为

	贷方（+）	借方（-）
国外投资利润收入	1 000 万美元	
对外长期投资		500 万美元
商品进口		300 万美元
官方储备		200 万美元

三、国际投资头寸表

国际收支平衡表是对一国国际收支流量的记录，而国际投资头寸表（international investment position）则是一国对外资产与负债的存量统计表，它反映一国在某一时点上对外资产与负债的价值及其构成。根据国际货币基金组织发布的《国际收支和国际投资头寸手册》（第六版），国际投资头寸表包括的主要项目，如表 13-2 所示。

表 13-2 国际投资头寸表的主要项目

	资产	负债
国际投资头寸净额		
一、直接投资 （一）股权和投资基金份额 （二）债务票据		
二、证券投资 （一）股权和投资基金份额 （二）债务证券		
三、金融衍生品（官方储备除外）和员工股票期权 （一）金融衍生品（官方储备除外） （二）员工股票期权		
四、其他投资 （一）其他股权 （二）货币和存款 （三）贷款		

	资产	负债
（四）保险、养老金和标准担保项目		
（五）贸易信贷		
（六）其他可收付项目		
（七）特别提款权		
五、储备资产		
（一）货币黄金		
（二）特别提款权		
（三）在国际货币基金组织中的储备头寸		
（四）其他储备资产		
资产或负债总计		

根据流量与存量之间的转化关系，国际收支变化必然会导致国际投资头寸的变化，而国际投资头寸的变化也会对将来的国际收支产生影响。我们可以通过表13-3美国国际投资头寸的变动来简单考察国际投资头寸与国际收支之间的相互影响关系。

表13-3　1976—2014年美国国际投资头寸的变动（选定年份的年末值）

单位：10亿美元

年份	1976	1980	1989	1990	2000	2010	2014
美国国际投资头寸净额	80.539	296.862	−33.713	−149.523	−1 536.826	−2 511.788	−7 019.699
美国资产 其中：	371.424	839.083	2 447.740	2 415.654	7 641.748	21 767.827	24 595.547
直接投资	136.743 4	297.349	929.965	853.331	2 934.570	5 486.391	7 124.034
证券投资	4.157	78.028	395.727	425.538	2 556.158	7 160.366	9 572.539
金融衍生品 　（储备除外）	—	—	—	—	—	3 652.313	3 224.535
其他投资	146.430	292.294	953.334	962.121	2 022.620	4 980.084	4 240.188
储备资产	44.094	171.412	168.714	174.664	128.400	488.673	434.251
美国负债 其中：	290.885	542.221	2 481.453	2 565.177	9 178.574	24 279.615	31 615.246
直接投资	44.158	99.867	632.239	661.170	3 023.792	4 099.097	6 228.795
证券投资	153.067	242.620	958.808	946.844	4 008.473	11 869.262	16 917.146
金融衍生品 　（储备除外）	—	—	—	—	—	3 541.931	3 150.688
其他投资	93.660	199.734	890.406	957.163	2 146.309	4 769.325	5 318.617

资料来源：U. S. Bureau of Economic Analysis（http：//www. bea. gov/international/index. htm#iip）.

众所周知，第一次世界大战之前美国是净债务国，而一战后美国迅速转变成为世界领先的债权国。尤其是第二次世界大战之后的几十年中，美国以名义美元计价的对外债权不断攀升。如表13-3所示，美国国际投资头寸净额于1980年年末达到顶峰，为2 968.62亿美元。由于美国在20世纪80年代出现了巨额国际收支经常项目逆差，客观上要求其必须不断通过国际借贷进行融资。因此到1989年，美国再次成为净债务国，国际投资头寸净额为-337.13亿美元。之后美国对外净负债不断增加，2014年年末美国国际投资头寸净额达-7.02万亿美元。

 专栏13-2

中国国际投资头寸表

表13-4　中国国际投资头寸表（选定年份的年末或月末值）　单位：亿美元

项目	2004年	2010年	2014年	2015年3月
净头寸	2 764	16 880	17 764	14 038
资产	9 291	41 189	64 087	63 808
1　直接投资	527	3 172	7 443	9 858
1.1　股权	—	—	—	8 058
1.2　关联企业债务	—	—	—	1 800
2　证券投资	920	2 571	2 625	2 487
2.1　股权	0	630	1 613	1 591
2.2　债券	920	1 941	1 012	896
3　金融衍生工具	—	—	—	175
4　其他投资	1 658	6 304	15 026	13 439
4.1　其他股权	—	—	—	1
4.2　货币和存款	553	2 051	5 541	3 324
4.3　贷款	590	1 174	3 747	4 319
4.4　保险和养老金	—	—	—	170
4.5　贸易信贷	432	2 060	4 677	4 501
4.6　其他应收款	83	1 018	1 061	1 124
5　储备资产	6 186	29 142	38 993	37 848
5.1　货币黄金	41	481	401	401
5.2　特别提款权	12	123	105	100
5.3　在国际货币基金组织的储备头寸	33	64	57	47
5.4　外汇储备	6 099	28 473	38 430	37 300
负债	6 527	24 308	46 323	49 769
1　直接投资	3 690	15 696	26 779	27 515

项 目	2004 年	2010 年	2014 年	2015 年 3 月
1.1　股权	—	—	—	25 388
1.2　关联企业债务	—	—	—	2 127
2　证券投资	566	2 239	5 143	9 679
2.1　股权	433	2 061	3 693	7 396
2.2　债券	133	178	1 449	2 283
3　金融衍生工具	—	—	—	150
4　其他投资	2 271	6 373	14 402	12 424
4.1　其他股权	—	—	—	0
4.2　货币和存款	381	1 650	5 030	4 365
4.3　贷款	880	2 389	5 720	4 581
4.4　保险和养老金	—	—	—	80
4.5　贸易信贷	809	2 112	3 344	3 123
4.6　其他应付款	200	222	308	179
4.7　特别提款权	—	—	—	96

注：从 2015 年一季度开始，按照国际货币基金组织《国际收支和国际投资头寸手册》（第六版）标准进行编制和列示，往期数据未进行追溯调整。

资料来源：中华人民共和国国家外汇管理局网站。

第二节　国际收支平衡表的主要内容

本节主要依据国际货币基金组织发布的《国际收支和国际投资头寸手册》（第六版），对国际收支平衡表中的经常项目、资本项目、金融项目以及净误差与遗漏等项目及其所包含子项目的内容进行系统介绍。

一、经常项目

经常项目（current account）主要包括商品和服务、主要收益、次要收益等账户，是国际收支的重要组成部分。

（一）商品和服务

商品和服务账户（goods and services account）系统记录了居民与非居民之间的商品和服务贸易。具体的项目主要包括：

1. 商品

商品（goods）项目分为一般商品、转口贸易商品和非货币黄金。

（1）一般商品（general merchandise）。一般商品是指居民与非居民之间发生所有权变更的商品，但不包括转口贸易商品、非货币黄金以及归入旅游、建筑和政府提供的商品和服务中的商品。

（2）转口贸易商品（goods under merchanting）。转口贸易商品是指居民从非居民处购买进而又转售给其他非居民的商品。

（3）非货币黄金（nonmonetary gold）。非货币黄金包括所有官方作为储备资产持有的货币黄金之外的黄金。非货币黄金可以是金块、金条、金粉以及其他未加工的或半制成品的形式。但镶金的首饰、手表等则不属于非货币黄金，而是属于一般商品。

2. 服务

服务（services）项目的内容比较复杂，主要包括加工贸易服务，维修保养服务，运输，旅游，建筑，保险和养老金服务，金融服务，知识产权使用费，通信、计算机和信息服务，其他商业服务，个人、文化和娱乐服务，政府服务等方面的内容。

（1）加工贸易服务（manufacturing services on physical inputs owned by others）。在加工贸易服务中，加工方不拥有原材料投入和制成品的所有权，只是对原材料投入进行加工、装配、包装、加贴标签。加工方收取的加工费计入该项目。加工费也包括加工方采购原材料的成本。

（2）维修保养服务（maintenance and repair services）。该项目包括居民对非居民所拥有的商品或者非居民对居民所拥有的商品提供的维修保养服务。对船舶、飞机及其他运输设备的维修保养计入该项目，但运输设备的保洁服务、建筑的维修保养以及计算机的维修保养则分属于运输服务、建筑服务和计算机服务，不包含在该项目中。

（3）运输（transportation）。运输项目包括居民与非居民间相互提供的货运和客运服务，以及其他支持性和辅助性服务。邮政和快递服务也包括在内。

（4）旅游（travel）。旅游项目包括旅游者在其他国家和地区旅游期间出于商业目的和个人使用目的在当地获得的商品和服务。不管滞留的时间长短，留学生和国外就医者购买的商品和服务都包含在该项目中，但军事和使馆人员的开支则属于"政府服务"项目。

（5）建筑（construction）。建筑项目包括居民和非居民之间相互提供的建筑和安装活动。建筑项目的管理也包括在内。

（6）保险和养老金服务（insurance and pension services）。保险和养老金服务是指居民与非居民间相互提供的人身保险、财产保险、货运保险、再保险以及养老金服务。

（7）金融服务（financial services）。金融服务是指居民与非居民间进行的金融中介服务和辅助性服务（不包括与保险和养老金有关的服务），这些服务通常由银行或其他金融机构提供。该项目包括存贷款、信用证、信用卡、金融租赁相关的佣金和费用、福费廷等服务，也包括金融咨询、金融资产管理、并购、风险评估、信用评级以及信托服务等。

（8）知识产权使用费（charges for the use of intellectual property）。知识产权使用费是指居民和非居民因使用知识产权而发生的费用，包括使用诸如商标、版权、专利、工序设计等知识产权和经过授权许可而复制或分销诸如书稿、计算机软件、电影胶片、唱片及相关权利而发生的费用。

（9）通信、计算机和信息服务（telecommunications, computer, and information services）。通信、计算机和信息服务是指居民与非居民间发生的通过电话、电报、电传、卫星、电邮等传输的声音、图像、数据及其他信息的通信服务，与计算机硬件和软件相关的服务和数据处理服务，向媒体提供新闻、照片、封面文章等新闻机构服务等。

（10）其他商业服务（other business services）。其他商业服务是指居民与非居民间相互提供的研发服务、专业和管理咨询服务、技术性服务以及与贸易有关的商业服务等。

（11）个人、文化和娱乐服务（personal, cultural, and recreational services）。个人、文化和娱乐服务包括视听及相关服务、健康服务、教育服务以及诸如与图书馆、展览馆及其他文体活动相关的个人、文化和娱乐服务。

（12）政府服务（government goods and services）。政府服务包括所有与政府部门（诸如使馆、领事馆、军事基地及相关人员）、国际组织有关的、不能列入上述其他项目的服务。

（二）主要收益

主要收益账户（primary income account）记录居民与非居民之间主要收益的状况，具体包括：

1. 雇员报酬（compensation of employees）

雇员报酬是指居民和非居民间雇佣劳动力获取的现金或类似现金形式的工资、薪金和其他利得。

2. 投资收益（investment income）

投资收益包括直接投资、证券投资、其他投资以及储备资产投资所获取的利息和收益。

3. 其他主要收益（other primary income）

其他主要收益包括租金、产品和生产的税收及补贴等。

（三）次要收益

次要收益账户（secondary income account）记录居民与非居民之间的经常转移，包括收入和财富的税收、社会保障和福利、个人转让以及政府之间国际合作的转移支付等。该账户具体分为政府（general government），金融公司、非金融公司、家庭以及服务家庭的非营利组织（financial corporations, nonfinancial corporations, households, and NPISHs），养老金权益变化的调整（adjustment for change in pension entitlements）等三个子账户。

二、资本项目

资本项目（capital account）记录居民和非居民之间非生产性和非金融性资产的转移以及资本转移，具体包括：

（一）非生产性、非金融性资产的获取或放弃

非生产性、非金融性资产的获取或放弃（gross acquisitions/disposals of nonproduced nonfinancial assets）是指自然资源（土地、矿权、林权、水等）、无形资产（作为经济资产的契约、租约、许可协议等）以及营销资产（商标、品牌、标志、域名等）的交易。

（二）资本转移

资本转移（capital transfers）包括债务豁免、（数额特别大的）非寿险索赔、固定资产投资的补贴、一次性无偿担保以及资本转移税等。

三、金融项目

金融项目（financial account）反映了居民与非居民之间金融资产和负债的变化，具体包括直接投资、证券投资、金融衍生品（官方储备除外）和员工股票期权、其他投资以及储备资产等账户。

（一）直接投资

直接投资（direct investment）是指直接投资者对直接投资企业施加一定程度控制、影响和管理的投资。直接投资交易可细分为直接投资者对直接投资企业的投资、直接投资企业对其直接或间接投资者的反向投资以及居民与非居民关联企业之间的投资等。

（二）证券投资

证券投资（portfolio investment）包括股票和债券、票据等债务凭证的交易。与直接投资不同，证券投资者对所投资企业不能施加控制，没有企业管理决策权。

（三）金融衍生品（除官方储备外）和员工股票期权

金融衍生品（除官方储备外）和员工股票期权（financial derivatives（other than reserves）and employee stock options）记录除官方储备之外的金融衍生品（如远期合同、期权等）的交易。金融衍生品和员工股票期权以市场价格估值计入，若市场价格不可得，则使用其他合理估值方法（如期权定价模型和现值法）。

（四）其他投资

其他投资（other investment）是指不包含在其他金融项目中的股票、货币和存款、贷款（包括使用国际货币基金组织信用、从国际货币基金组织贷款）、贸易信贷、特别提款权的分配（特别提款权的持有归入储备资产）以及其他可收支项目。

（五）储备资产

储备资产（reserve assets）是指一国货币当局所拥有的可用于平衡国际收支、干预外汇市场或其他用途（如维护人们对货币和经济的信心）的资产，包括货币黄金、特别提款权、在国际货币基金组织中的储备头寸以及其他外汇资产（如现金、存款、证券、金融衍生品和债权等）。

四、净误差与遗漏

按照复式记账原则，国际收支平衡表的借贷双方的净差额应该等于零。但在实际中并非如此。原因是在统计国际收支有关数据时会发生遗漏，存在走私商品、民间货币收付以及携带现钞出入境等官方监控以外的国际交易，资料来源和口径不同造成的误差。以商品进口为例，其数据来源于海关根据过关的商品数额记录，而与之相对应的货币支付数据很可能不同。这种现象在延期付款或预付货款的商品贸易中比较明显。货款预付后，这笔交易在银行中便有了记录，从而增加了本期国际收支贷方数额，而海关要到下一个时期商品入关时才会将它记录下来，从而增加下一期国际收支借方数额。为了解决这一问题，就人为地设立了一个平衡项目——净误差与遗漏（net errors and omissions）。当经常项目、资本项目和金融项目总计贷方数额大于借方数额，从而出现贷方余额时，则在净误差与遗漏项下的借方记入与该余额相同的数额；反之，当出现借方余额时，则在净误差与遗漏项下的贷方记入相同数额。这样就保证了国际收支平衡表的账面平衡。

 专栏 13-3

中国和美国的国际收支平衡表

表 13-5　中国国际收支平衡表　　　　　　　　　　　单位：亿美元

项目	2010 年	2014 年	2015 年第一季度
1. 经常账户	2 378	2 197	756
贷方	17 959	27 299	6 134
借方	−15 581	−25 102	−5 378
1. A　货物和服务	2 230	2 840	738
贷方	16 039	24 758	5 387
借方	−13 809	−21 917	−4 649
1. A. a　货物	2 464	4 350	1 189
贷方	14 864	22 438	4 836
借方	−12 400	−18 087	−3 647
1. A. b　服务	−234	−1 510	−451
贷方	1 175	2 320	551
借方	−1 409	−3 830	−1 002
1. A. b. 1　加工服务	251	213	50

项目	2010 年	2014 年	2015 年第一季度
贷方	252	214	50
借方	-1	-1	0
1. A. b. 2　维护和维修服务	0	0	4
贷方	0	0	7
借方	0	0	-3
1. A. b. 3　运输	-290	-579	-101
贷方	342	382	97
借方	-633	-962	-199
1. A. b. 4　旅行	-91	-1 079	-450
贷方	458	569	129
借方	-549	-1 649	-579
1. A. b. 5　建设	94	105	18
贷方	145	154	43
借方	-51	-49	-25
1. A. b. 6　保险和养老金服务	-140	-179	-7
贷方	17	46	10
借方	-158	-225	-17
1. A. b. 7　金融服务	-1	-4	0
贷方	13	45	5
借方	-14	-49	-5
1. A. b. 8　知识产权使用费	-122	-219	-40
贷方	8	7	5
借方	-130	-226	-45
1. A. b. 9　电信、计算机和信息服务	64	94	29
贷方	105	202	54
借方	-41	-107	-24
1. A. b. 10　其他商业服务	5	155	53
贷方	-176	689	147
借方	182	-534	-94
1. A. b. 11　个人、文化和娱乐服务	-2	-7	-2
贷方	1	2	2
借方	-4	-9	-4

项目	2010 年	2014 年	2015 年第一季度
1. A. b. 12　别处未提及的政府服务	−2	−10	−4
贷方	10	11	2
借方	−11	−20	−7
1. B　初次收入	−259	−341	17
贷方	1 424	2 130	651
借方	−1 683	−2 471	−634
1. B. 1　雇员报酬	122	258	77
贷方	136	299	92
借方	−15	−42	−14
1. B. 2　投资收益	−381	−599	−62
贷方	1 288	1 831	557
借方	−1 669	−2 429	−619
1. B. 3　其他初次收入	0	0	2
贷方	0	0	2
借方	0	0	0
1. C　二次收入	407	−302	0
贷方	495	411	95
借方	−88	−714	−95
2.　资本和金融账户	−1 849	−795	−179
2.1　资本账户	46	0	2
贷方	48	19	2
借方	−2	−20	−1
2.2　金融账户	−1 895	−795	−181
资产	−6 536	−5 120	78
负债	4 641	4 325	−259
2.2.1　非储备性质的金融账户	2 822	383	−983
资产	−1 819	−3 942	−725
负债	4 641	4 325	−259
2.2.1.1　直接投资	1 857	2 087	505
2.2.1.1.1　直接投资资产	−580	−804	−236
2.2.1.1.1.1　股权	−622	−997	−230
2.2.1.1.1.2　关联企业债务	43	193	−6

项目	2010 年	2014 年	2015 年第一季度
2.2.1.1.2　直接投资负债	2 437	2 891	740
2.2.1.1.2.1　股权	2 256	2 576	643
2.2.1.1.2.2　关联企业债务	181	315	97
2.2.1.2　证券投资	240	824	−81
2.2.1.2.1　资产	−76	−108	−252
2.2.1.2.1.1　股权	−84	−14	−133
2.2.1.2.1.2　债券	8	−94	−119
2.2.1.2.2　负债	317	932	170
2.2.1.2.2.1　股权	314	519	62
2.2.1.2.2.2　债券	3	413	108
2.2.1.3　金融衍生工具	0	0	−8
2.2.1.3.1　资产	0	0	−10
2.2.1.3.2　负债	0	0	2
2.2.1.4　其他投资	724	−2 528	−1 398
2.2.1.4.1　资产	−1 163	−3 030	−227
2.2.1.4.1.1　其他股权	0	0	0
2.2.1.4.1.2　货币和存款	−580	−1 597	−200
2.2.1.4.1.3　贷款	−210	−738	−185
2.2.1.4.1.4　保险和养老金	0	0	−27
2.2.1.4.1.5　贸易信贷	−616	−688	176
2.2.1.4.1.6　其他应收款	244	−8	8
2.2.1.4.2　负债	1 887	502	−1 171
2.2.1.4.2.1　其他股权	−3	52	0
2.2.1.4.2.2　货币和存款	603	814	−342
2.2.1.4.2.3　贷款	791	−343	−580
2.2.1.4.2.4　保险和养老金	0	0	6
2.2.1.4.2.5　贸易信贷	495	−21	−221
2.2.1.4.2.6　其他应付款	0	0	−34
2.2.1.4.2.7　特别提款权	0	0	0
2.2.2　储备资产	−4 717	−1 178	802
2.2.2.1　货币黄金	0	0	0
2.2.2.2　特别提款权	−1	1	0

209

项目	2010 年	2014 年	2015 年第一季度
2.2.2.3 在国际货币基金组织的储备头寸	-21	10	7
2.2.2.4 外汇储备	-4 696	-1 188	795
3. 净误差与遗漏	-529	-1 401	-577

资料来源：中华人民共和国国家外汇管理局网站。

表 13-6 1960—2014 年美国国际收支平衡表　　　　　　　单位：亿美元

	1960 年	1970 年	1980 年	1990 年	2000 年	2010 年	2014 年
一、经常项目							
1. 商品和服务出口	259.39	566.40	2 718.35	5 352.34	10 753.21	18 536.06	23 432.05
（1）商品	196.50	424.69	2 242.50	3 874.01	7 849.40	12 902.73	16 326.39
（2）服务	62.89	141.71	475.85	1 478.33	2 903.81	5 633.33	7 105.65
2. 获取主要收益	46.16	117.48	726.05	1 768.94	3 588.22	6 849.15	8 233.53
3. 获取次要收益	—	—	—	—	373.90	922.78	1 400.16
4. 商品和服务进口	-224.33	-543.85	-2 912.42	-6 160.98	-14 478.37	-23 482.63	-28 515.29
（1）商品	-147.58	-398.66	-2 497.50	-4 984.38	-12 317.22	-19 389.50	-23 741.01
（2）服务	-76.75	-145.19	-414.92	-1 176.60	-2 161.15	-4 093.13	-4 774.28
5. 支付主要收益	-12.38	-55.14	-425.33	-1 483.45	-3 396.43	-5 072.54	-5 853.69
6. 支付次要收益	-40.61	-61.56	-83.49	-266.54	-948.08	-2 172.42	-2 592.02
二、资本项目							
贷方	—	—	—	0	0.35	0	0
借方	—	—	—	-72.20	-0.36	-1.57	0.45
三、金融项目							
1. 美国获取金融资产净额（不包括金融衍生品）	-40.99	-93.36	-869.68	-1 039.85	-5 893.15	-9 634.49	-7 921.45
2. 美国对外负债净额（不包括金融衍生品）	22.94	72.26	620.36	1 621.09	10 670.16	13 863.45	9 774.21
3. 金融衍生品（不包括储备）净额	—	—	—	—	—	-140.76	-543.72
四、统计误差	-10.19	-2.19	226.14	280.66	-669.44	51.46	1 499.23

资料来源：U. S. Bureau of Economic Analysis（http：//www. bea. gov/international/index. htm#bop）。

第三节　国际收支平衡与失衡

本节主要研究国际收支的平衡与失衡问题，重点介绍国际收支差额指标和国际收支不平衡的类型。

一、国际收支的平衡问题

由于采用复式记账原则，国际收支平衡表上借贷双方总额是相等的。既然如此，为何还会出现所谓的国际收支恶化、国际收支失衡问题呢？为回答这一问题，首先应将国际收支项目分为自发交易项目（autonomous transactions）和调整交易项目（accommodating transactions）。自发交易项目又称事前交易项目（ex ante transactions），是企业或个人出于经济利益或其他动机进行的国际交易，与国际收支调整无关。经常项目和资本项目都属于自发交易项目。调整交易项目又称补偿项目或事后交易项目（compensatory or ex post transactions），是指以调整国际收支为目的的交易项目。国际收支中的官方结算是主要的调整项目，当一国自发性交易产生的外汇需求大于外汇供给时，为平衡供求，金融当局就需动用本国的黄金、外汇等官方储备，或通过外国中央银行、国际金融机构融通资金，以弥补自发性交易带来的收支差额。错误和遗漏也是调整项目，它可以使国际收支平衡表最终在账面上达到平衡。

由此可见，国际收支的账面平衡是通过调整项目来实现的，真正能反映国际收支状况的是自发项目，通常意义上讲的国际收支状况实际上指的就是自发项目收支的平衡或失衡。

二、国际收支差额

我们可以通过不同的国际收支差额指标来了解一国不同交易项目的收支平衡状况。较常使用的国际收支差额指标包括以下五种。

（一）商品贸易差额

商品贸易差额（trade balance）是一定时期内一国商品出口总额与进口总额之差。如果出口大于进口，则称商品贸易顺差；如果进口大于出口，则称商品贸易逆差；如果进口等于出口，则称商品贸易平衡。

（二）商品和服务贸易差额

商品和服务贸易差额（goods and services balance）是一定时期内一国商品和服务出口总额与进口总额之差，也可分为顺差、逆差和平衡三种情况。

（三）经常项目差额

经常项目差额（current account balance）是一定时期内一国商品、服务、收入和经常转移项目上借方总值和同期商品、服务、收入和经常转移项目上贷方总值之差。当贷方总值大于借方总值时，经常项目顺差；反之，则为经常项目逆差。经常项目差额是国际收支平衡表中最重要的收支差额。如果出现经常项目顺差，则意味着由于有商品、服务、收入和经常转移的贷方净额，该国的国外资产净额增加，即经常项目顺差表示该国对外净投资增加。

（四）基本收支差额

基本收支差额（basic balance）是一定时期内经常项目与长期资本金融项目借方总额与贷方总额之差。由于经常项目差额和长期资本流动主要受该国生产率长期变化、生产要素有效配置、消费者偏好以及预期资本利润率等基本经济因素的影响，因此基本收支差额一般表示的是一国国际收支的长期趋势，也有顺差、逆差和平衡三种情况。

（五）总差额

总差额（overall balance）是指在基本差额的基础上，再加上私人和官方短期资本项目差额以及错误和遗漏项目净额所形成的差额，这个差额最终由官方储备的增减来平衡，因而也称为官方结算差额（official settlements balance）。如果官方结算差额为顺差，则官方储备增加或官方对外国的流动负债减少；如果官方结算差额为逆差，则官方储备减少或官方对外国的流动负债增加。

 专栏 13-4

美国和中国的国际收支差额

表 13-7　1960—2014 年美国的国际收支差额　　　　单位：亿美元

项目	1960 年	1970 年	1980 年	1990 年	2000 年	2010 年	2014 年
商品贸易差额	48.92	26.03	−255.00	−1 110.37	−4 467.83	−6 486.78	−7 414.62
服务贸易差额	−13.85	−3.48	60.93	301.73	742.66	1 540.20	2 331.38
经常项目差额	28.25	23.31	23.18	−789.69	−4 107.56	−4 419.61	−3 895.26

资料来源：U. S. Bureau of Economic Analysis（http：//www. bea. gov/international/index. htm#bop）.

表 13-8　2008—2014 年中国的国际收支顺差结构　　　　单位：亿美元

项目	2008 年	2009 年	2010 年	2011 年	2012 年	2013 年	2014 年
国际收支总差额	4 607	4 417	5 247	4 016	1 836	4 943	2 579
经常项目差额	4 206	2 433	2 378	1 361	2 154	1 482	2 197
占总差额比重	91%	55%	45%	34%	117%	30%	85%
资本和金融项目差额	401	1 985	2 869	2 655	−318	3 461	382
占总差额比重	9%	45%	55%	66%	−17%	70%	15%

资料来源：中华人民共和国国家外汇管理局网站；《2014 年中国国际收支报告》。

三、国际收支不平衡的类型

一国国际收支失衡的产生有不同的原因，根据这些不同的原因，国际收支不平衡可分为四种不同的类型。

（一）周期性不平衡

经济周期对一国国际收支有着重要影响。在经济衰退阶段，收入减少，有效需求下降，从而导致进口下降，因此可能引起贸易收支顺差；但经济的衰退也可能造成资本外逃，从而可能引起资本项目逆差。相反，在经济景气阶段，由于收入迅速上升，有效需求增加，从而导致进口需求扩张，同时部分出口产品转向内销，由此可能引起贸易收支逆差；但经济景气也可能吸引国外投资，从而引起资本项目顺差。在各国经济联系日益密切的今天，国际收支周期性不平衡会使各国的经济周期波动相互传递、相互影响。

（二）结构性不平衡

结构性不平衡是因国内生产结构变动不能适应国际市场的变化而引起的国际收支不平衡。例如一些发展中国家出口以初级产品为主，进口以制成品为主，由于初级产品通常需求缺乏弹性，因而随着世界经济发展和各国收入水平的提高，这些发展中国家的贸易条件可能趋于恶化，从而导致国际收支上的困难。

（三）价格性不平衡

在汇率一定的情况下，一国物价普遍上升，通货膨胀高于其他国家，则会导致该国产品竞争力下降，出口减少，进口增加，国际收支发生逆差；反之，如果一国物价普遍低于其他国家，则会发生相反的情形，从而导致国际收支顺差。这就是价格性不平衡。它表明在货币对外比价一定的情况下，通货膨胀和通货紧缩会导致国际收支不平衡。

（四）收入性不平衡

收入性不平衡是指由于国民收入的变动引起国际收支失衡的情形。国民收入变化包括周期变化和长期增长。周期变化引起的国际收支失衡实际上就是周期性不平衡。而收入长期增长则可能会导致持久性的不平衡，即如果一国收入增长速度长期高于其他国家，则可能会导致进口需求的增长超过出口需求的增长，从而使该国的国际收支出现逆差，造成国际收支收入性不平衡。

第四节　国际收支差额的宏观经济含义

在一个开放的经济中，国际收支的均衡与否对宏观经济的均衡发展有着深刻的影响。通过分析国际收支差额与一些主要的宏观经济变量之间的基本关系，可以更好地理解国际收支的变动对宏观经济的影响作用，并且为后面国际收支调整理论的探讨奠定基础。

一、经常项目差额的宏观经济含义

经常项目差额具有如下几个方面的宏观经济含义。为分析问题方便，我们假定一国存在经常项目顺差。经常项目顺差首先意味着该国商品、服务、收益和经常转移等项目的出口额大于进口额，或者说经常项目上贷方总值大于借方总值。

由于国与国之间进行交换的无非是商品、服务、收益、经常转移以及金融资产，如果国际收支项目所有贷方与借方相等，则商品、服务、收益和经常转移的顺差（即经常项目顺差）一定等于对外投资净额（I_f），也就是说，一国经常项目差额（CA）等于该国的对外投资净额，即

$$CA = I_f \tag{13.1}$$

这一关系实际上将一国的经常项目差额与该国的储蓄、投资和国民收入联系在一起。因为一国的储蓄（S）可用于两个方面：进行国内投资（I_d）或进行对外投资（I_f），即

$$S = I_d + I_f \tag{13.2}$$

换个角度来看，这就意味着一国的对外投资净额等于该国储蓄和国内投资的差额，即

$$I_f = S - I_d \tag{13.3}$$

因此，一国经常项目差额等于该国储蓄中没有用于国内投资的部分，即

$$CA = S - I_d \tag{13.4}$$

根据宏观经济学基础知识，一国商品和劳务总产出（Y）等于总需求，即

$$Y = C + I_d + G + X - M \tag{13.5}$$

其中，C 为国内居民消费；I_d 为国内投资；G 为政府支出；X 为出口；M 为进口。一国对商品和劳务的总支出（E，也称吸收）等于消费、投资和政府支出之和，即

$$E = C + I_d + G \tag{13.6}$$

因此，国内产出等于该国总支出加上净出口，即

$$Y = E + (X - M) \tag{13.7}$$

换个角度来说，该国经常项目差额（近似等于该国净出口[①]）等于国内商品和劳务产出与国民对商品和劳务支出之间的差额，即

$$CA = X - M = Y - E \tag{13.8}$$

将上述等式合并在一起可以得到

$$CA = I_f = S - I_d = Y - E \tag{13.9}$$

根据这些等式，如果一国经常项目顺差，则意味着该国对外投资净额是正的（即该国是其他国家的净贷款供给国或净投资国），该国的储蓄大于国内投资，该国的产出（收入）高于其对商品和劳务的支出（即吸收）。相反，若一国经常项目存在逆差，则意味着

---

① 在忽略收益和单边转移支付的简单化情况下，经常项目差额等于净出口。

该国是净对外借款国，该国储蓄少于国内投资，支出超过产出（或收入）。

从实践上来看，上述关于经常项目差额与宏观经济变量之间的等式，有助于我们明确为改变经常项目收支状况应当努力的方向和采取的措施。例如，假定一国寻求减少经常项目逆差，就必须提高国内产出（Y）相对于国民支出（E）的水平。若国内产出不能大幅扩张，则国民支出就必须减少，以便减少进口或扩大本国产品的出口。

同时，上述等式也有助于我们理解可能会引致经常项目差额变动的原因。以美国经常项目差额的变动为例，第二次世界大战后直到 20 世纪 60 年代，美国经常项目差额和贸易差额都是顺差，美国当时成为净出口国和贷款国主要是由于第二次世界大战后欧洲和日本的恢复和重建急需美国的商品和贷款。从 20 世纪 70 年代直到 1981 年，美国成为商品和劳务净进口国，但由于以前对外投资所产生的利息和利润收益，美国经常项目仍大致保持平衡。1982 年以后，美国出现了巨额的贸易和经常项目赤字，从而成为世界上最大的借款国。出现这一变化的主要原因在于：美国联邦政府的财政赤字导致美国储蓄率（S/Y）的下降速度大大超过国内投资（I_d/Y）的下降速度，从而使得美国从日本和其他国家大量借债（$-I_f/Y = -CA/Y$）。美国经常项目赤字在 20 世纪 80 年代末期有所下降，甚至在 1991 年出现了盈余（美国 1991 年的经常项目盈余主要是因为在当时针对伊拉克的"沙漠风暴行动"中盟国向美国进行了大量的转移支付）。但 1991 年后美国经常项目赤字再次持续大幅攀升。2014 年美国经常项目赤字高达 3 895.26 亿美元。

另一方面，依据上述国民收入等式（13.5），在该式右边减去税收 T，得到可支配收入 Y_d 的表达式

$$Y_d = C + I_d + G + X - M - T \tag{13.10}$$

由于国内私人储蓄 S 等于可支配收入减去消费，即 $S = Y_d - C$，代入（13.10）式并进行整理，可得

$$X - M = (S - I_d) + (T - G) \tag{13.11}$$

（13.11）式表明，经常项目顺差意味着国内私人净储蓄（即私人储蓄大于投资）或者政府预算盈余（即政府税收大于支出），而国际收支逆差则意味着国内私人负储蓄（即私人储蓄小于投资）或者政府预算赤字（即政府税收小于支出）。

 专栏 13-5

经常项目差额与国内储蓄和政府预算的关系

表 13-9　美、日、德、英四国经常项目差额与国内储蓄和政府预算的关系　单位：%

年份	美国			日本			德国			英国		
	CA	$S-I_d$	$T-G$	CA	$S-I_d$	$T-G$	CA	$S-I_d$	$T-G$	CA	$S-I_d$	$T-G$
1980	+0.1	+1.5	-1.4	-1.0	+3.4	-4.4	-1.6	+1.3	-2.9	+1.2	+4.6	-3.4
1982	-0.4	+3.1	-3.5	+0.6	+4.2	-3.6	+0.8	+4.1	-3.3	+1.7	+4.2	-2.5
1984	-2.6	+0.4	-3.0	+2.8	+4.9	-2.1	+1.7	+3.6	-1.9	+0.5	+4.4	-3.9

年份	美国			日本			德国			英国		
	CA	$S-I_d$	$T-G$	CA	$S-I_d$	$T-G$	CA	$S-I_d$	$T-G$	CA	$S-I_d$	$T-G$
1986	-3.4	+0.1	-3.5	+4.3	+5.2	-0.9	+4.6	+5.9	-1.3	-0.2	+2.2	-2.4
1988	-2.4	+1.2	-3.6	+2.7	+1.6	+1.1	+4.1	+6.1	-2.0	-4.2	-4.7	+0.5
1990	-1.4	+2.8	-4.2	+1.5	-0.6	+2.1	+2.9	+4.9	-2.0	-4.0	-2.4	-1.6
1992	-0.8	+5.0	-5.8	+2.9	+2.1	+0.8	-1.0	+1.6	-2.6	-2.1	+4.6	-6.5
1994	-1.7	+1.9	-3.6	+2.7	+5.1	-3.8	-1.4	+1.0	-2.4	-1.0	+5.8	-6.8
1996	-1.5	+0.7	-2.2	+1.4	+6.5	-5.1	-0.6	+2.8	-3.4	-0.9	+3.3	-4.2
1998	-2.4	-2.8	+0.4	+3.0	+8.5	-5.5	-0.6	+1.6	-2.2	-0.5	-0.6	+0.1
2000	-4.2	-5.8	+1.6	+2.5	+10.0	-7.5	-1.4	-2.7	+1.3	-2.5	-6.3	+3.8
2002	-4.5	-0.7	-3.8	+2.8	+10.7	-7.9	+2.1	+5.8	-3.7	-1.7	0	-1.7
2004	-5.7	-1.3	-4.4	+3.5	+10.0	-6.5	+3.3	+7.2	-3.9	-2.2	+1.0	-3.2
2006	-6.4	-2.2	-4.2	+3.7	+10.0	-6.3	+4.7	+7.4	-2.7	-2.2	+1.1	-3.3

注：表格中数字为各国经常项目差额（CA）、私人储蓄与投资差额（$S-I_d$）、政府预算盈余或赤字（$T-G$）占 GDP 的比重。

资料来源：Pilbeam K. International Finance. New York：Palgrave Macmillan. 2006：43.

二、国际收支总差额的宏观经济含义

如前所述，国际收支总差额或官方结算差额（B）等于经常项目差额（CA）与私人资本金融项目差额（KA）之和[①]，即

$$B = CA + KA \tag{13.12}$$

由于国际收支所有项目差额之和等于 0，因此官方结算差额必须通过官方储备（OR）的变动予以平衡，即

$$B + OR = 0 \tag{13.13}$$

如果一国国际收支总差额顺差，意味着该国官方储备资产增加或者外国作为官方储备持有的该国的资产减少；相反，如果一国国际收支总差额逆差，就意味着该国官方储备资产减少或者外国作为官方储备持有的该国的资产增加。官方储备是一国基础货币或高能货币的组成部分，它的变化会对许多宏观经济变量，如货币供给量、汇率、利率、私人金融资本的流动、国内资本形成、国内生产以及商品和劳务的进出口等产生重要影响，因而国际收支总差额也就具有了非常重要的宏观经济含义。我们可以以国际收支总差额对货币供给量产生的影响为例来进行具体分析。

在开放经济条件下，一国的货币供给（M_s）包括两个部分：国内创造部分（D）和来

---

① 忽略净误差与遗漏项目。

自国外部分（R）。国内创造部分就是通过本国银行体系所创造的货币；而来自国外部分是指经过国际收支获得的盈余（外汇储备）所创造的货币。例如，如果一国某出口商收到外币付款，他会将该笔付款送到一家商业银行兑换成本国货币，并存入其银行账户，从而引起基础货币的扩张。如果这家商业银行暂时不需要外币，则会将该笔外汇资金送到中央银行兑换成本币，于是中央银行增加了外汇储备。这表明，外国货币会转化为本国外汇储备，形成高能货币，在货币乘数的作用下导致本国货币供给量成倍增加。由于国际收支总差额意味着官方储备的增减，所以它的变动就会对一国的货币供给量产生重要的影响。因此，可以说，国际收支总差额实际上可以看作是与货币供求相联系的一种货币现象，它是一国货币供给的自动调节机制。而通过货币供给量的变动，国际收支总差额又会进一步对其他宏观经济变量如汇率、利率、私人资本的流动、国内投资、生产以及进出口等产生重要的影响。

本章小结

国际收支记录了一国与世界其他国家进行的商品、服务和金融资产的交易活动。国际收支平衡表是一种以复式记账法为基础的、记录一定时期内所有这些国际交易流量的统计表。国际投资头寸表则是一国对外资产与负债的存量统计表，它反映一国在某一时点上对外资产与负债的价值及其构成。国际收支平衡表所记录的引起国际支付和收入的交易主要包括经常项目、资本项目和金融项目。国际收支状况指一国经常项目、资本项目和金融项目中自发性收支的平衡或失衡。在开放条件下，国际收支平衡是整个宏观经济均衡的重要组成部分。宏观经济是否均衡决定了一国对外经济的发展状况，而国际收支的平衡与否反过来对其国内宏观经济也有着深刻的影响。本章首先介绍了国际收支的概念及国际收支平衡表所包括的具体内容，然后分析国际收支差额指标和国际收支失衡的原因及类型，最后阐述了国际收支差额的宏观经济含义。

即测即评

请扫描右侧的二维码，您可在线自测并查看答案。

练习与思考

1. 为什么说国际收支平衡表总是平衡的？

2. 请说明在复式记账法下，以下国际交易如何记入 A 国的国际收支平衡表中。

（1）A 国一位居民从 B 国一居民那里进口了价值 1 000 美元的商品，并同意半年后付款。

（2）半年后，该居民用他在 B 国的银行存款余额付款。

（3）若这些交易发生在同一年，其对 A 国国际收支平衡表的净影响如何？

3. 请说明在复式记账法下，以下国际交易应如何记入 A 国的国际收支平衡表：一位 B 国投资者购买了 500 美元的 A 国债券，并且用其在 A 国银行的存款支付；债券到期后，该投资者得到本利和 550 美元，并存入 B 国的银行账户。

4. 国际收支平衡表和国际投资头寸表有何关系？

5. 何为国际收支不平衡？国际收支失衡的原因有哪些？

6. 国际收支差额的指标有哪些？

7. 试述经常项目差额的宏观经济含义。

8. 国际收支总差额的变动对一国宏观经济有何影响？

附录

BPM6 的新变化

国际货币基金组织于 2008 年 12 月发布了《国际收支和国际投资头寸手册》（Balance of Payments and International Investment Position Manual, BPM6）。BPM6 充分考虑了近年来经济全球化以及金融创新的新发展，在概念上尽可能地与 2008 年发表的《国民账户体系》（System of National Account, 2008SNA）和《OECD 对外直接投资标准定义》（OECD Benchmark Definition of Foreign Direct Investment）统一起来。总结起来，BPM6 与《国际收支手册》第五版（Balance of Payments Manual, BPM5）相比的主要变化体现在以下三个方面：

第一，修订了关于加工贸易和转口贸易的账户归属。按照 BPM5 制定的标准，加工贸易归属于商品贸易项下；而在 BPM6 中，加工贸易被定义为不涉及所有权转移的贸易，因而记入了服务贸易中的加工贸易服务（manufacturing services on physical inputs owned by others）项下。BPM5 将转口贸易（merchanting）归在服务贸易项下；而按照 BPM6 的标准，由于转口贸易中货物所有权发生了转移，因而将其记入商品贸易中的转口贸易商品（goods under merchanting）项下。

第二，重新阐述了直接投资的记录原则。为了和《OECD 对外直接投资标准定义》相一致，BPM6 采用扩展的方向原则（extended directional principle），即对直接投资首先区分对内和对外直接投资，并根据资金的最终来源地对直接投资者和直接投资企业之间，以及属于同一个最终投资者的关联企业之间的资产和负债分别进行记录。

第三，修订了金融项目的相关内容。主要包括：金融项目的"贷记和借记"（credits and debits）改为"金融资产的净获取和负债的净发生"（net acquisitions of financial assets and net incurrence of liabilities）；金融项目中各个账户不再使用"资本"（capital）这个词语，以避免和资本项目里的账户相混淆；将"再投资收益"（reinvested earnings）改为"收益再投资"（reinvestment of earnings），以避免和收益项目里的术语相冲突；特别提款权的分配（allocation of SDRs）被归入金融项目里的"其他投资"（other investment）账户；将金融衍生品和员工股票期权的统计单独列出，以反映金融创新的发展等。

第十四章
外汇与外汇市场

本章主要介绍外汇市场的基本知识，包括外汇和汇率的基本概念、外汇市场的概况、外汇市场上的即期和远期外汇交易以及汇率制度和外汇管制等内容。

第一节　外汇与汇率

在现代经济活动日益国际化、国际贸易持续增长、经济全球化的趋势也日益明显的今天，外汇和汇率正在成为理论研究和实际操作的重要内容之一。本节重点介绍外汇和汇率的基本概念，这是了解外汇市场的基础。

一、外汇

国际债权债务的清偿，必然要产生国际货币兑换。这是因为世界上的每一个国家都有自己独立的货币和货币制度，各国货币相互之间不能流通使用，所以必须按照一定的比率进行兑换。正如盖伊丹·皮诺（Gaetan Pirou）所说，"国际主义的贸易与国家主义的货币"的共存产生了外汇。

（一）外汇的概念

外汇（foreign exchange）这一概念有动态的和静态的两种表述形式，而静态的外汇又有广义和狭义之分。

外汇的动态含义，是指一个国家的货币，借助于各种国际结算工具，通过特定的金融机构，兑换成另一个国家的货币，以清偿国际债权债务关系的一个交易过程。其实，最初的外汇概念就是指它的动态含义，只不过现在人们提到外汇时，更多的是指它的静态含义。

广义的静态外汇概念，通常用于国家的管理法令之中。它是指一切用外币表示的资产。如我国2008年8月修订颁布的《中华人民共和国外汇管理条例》规定，外汇是指以外币表示的可以用作国际清偿的支付手段和资产，包括：① 外币现钞，包括纸币、铸币；② 外币支付凭证或支付工具，包括票据、银行存款凭证、银行卡等；③ 外币有价证券，包括债券、股票等；④ 特别提款权；⑤ 其他外汇资产。

在这里必须指出，国际货币基金组织曾对一国国际清偿力项下的外汇即外汇储备也下过一个定义："外汇是货币行政当局（中央银行、货币管理机构、外汇平准基金及财政部）以银行存款、财政部债券、长短期政府债券等形式保有的，在国际收支失衡时可以使用的债权，其中包括中央银行之间与各国政府之间协议而发生的不在市场上流通的债券，而不论它是以债务国货币还是以债权国货币表示。"这一定义是指外汇储备，并不完全等同于我们所说的外汇，因为很明显，除货币行政当局以外的个人或机构持有的上述资产也是外汇。

狭义的静态外汇概念是指以外币表示的可用于进行国际结算的支付手段。按照这一概念，只有存放在国外银行的外币资金以及将对银行存款的索取权具体化了的外币票据，才构成外汇。具体来看，外汇主要包括以外币表示的银行汇票、支票、银行存款等。人们通常所说的外汇就是指这一狭义的概念。

（二）外汇的特点

由此看来，外汇有三个特点：

（1）国际性，即外汇必须是以外币表示的国外资产。

（2）可偿性，即外汇必须是在国外能得到清偿的债权，拒付的汇票和空头支票不是外汇。

（3）可兑换性，即外汇必须能兑换成以其他货币表示的支付手段。

（三）外汇的种类

按照不同的标准，可以把外汇分成不同的种类。

根据是否可以自由兑换，外汇可分成自由外汇和记账外汇。自由外汇是指不需要经过货币发行国允许，就能在市场上自由买卖、自由兑换或自由用于对第三方支付的外汇。记账外汇是指不经货币发行国批准，不能自由兑换成其他货币或对第三方支付的外汇，这种外汇只能在一定条件下作为两国经济交往中的清算工具。

根据外汇的来源和用途，外汇可分为贸易外汇和非贸易外汇。贸易外汇是指通过出口有形商品取得的外汇。非贸易外汇是指通过出口无形商品而取得的外汇。

根据外汇管理的对象，外汇可分为居民外汇和非居民外汇。

二、汇率

在国际经济交往中，债务人（如进口商）往往要购买外汇，而债权人（如出口商）

则往往需要出售外汇。对外汇的买卖使外汇和普通商品一样有了价格，即汇率。汇率（exchange rate）是以一国货币表示的另一国货币的价格，或把一国货币折算成另一国货币的比率，也称汇价、外汇牌价或外汇行市。

（一）汇率的标价方法

汇率通常有两种不同的标价方法——直接标价法（direct quotation）和间接标价法（indirect quotation）。直接标价法是以一定单位的外国货币作为标准，用本国货币来表示其价格。间接标价法则是以一定单位的本国货币为标准，用外国货币来表示其价格。例如，在我国，美元的汇率若采用直接标价法为1美元兑换6.82元人民币，若采用间接标价法则为1元人民币兑换0.15美元。

 专栏 14-1

我国和美国的汇率标价方法

表 14-1　中国人民银行授权中国外汇交易中心公布的人民币汇率中间价

日期	美元	欧元	日元	港元	英镑	林吉特	卢布	澳元	加元	新西兰元	新加坡元
2015年7月13日	611.33	682.59	5.006 1	78.868	950.75	61.041	910.86	455.3	481.51	411.77	454.32
2015年7月14日	611.65	673.68	4.965 5	78.905	949.39	61.405	913.81	453.71	479.27	409.8	451.36
2015年7月15日	611.52	674.27	4.975 8	78.891	959.01	61.426	912.18	456.6	480.15	411.23	451.04
2015年7月16日	611.73	671.43	4.956 6	78.924	959.87	61.16	919.69	452.15	473.18	402.88	449.5
2015年7月17日	611.92	667.27	4.944 9	78.948	957.3	61.347	920.04	454.55	471.72	400.11	449.43

注：人民币对林吉特、卢布汇率中间价采取间接标价法，即100人民币折合多少林吉特、卢布。人民币对其他9种货币汇率中间价采取直接标价法，即100外币折合多少人民币。

资料来源：中华人民共和国国家外汇管理局网站。

表 14-2　美联储公布的美元对其他货币的汇率

国家/地区	货币单位	2015年7月6日	2015年7月7日	2015年7月8日	2015年7月9日	2015年7月10日
澳大利亚	DOLLAR	0.752 1	0.743 5	0.744 5	0.743 8	0.742 7
巴西	REAL	3.145 4	3.190 5	3.231 9	3.213 0	3.183 4
加拿大	DOLLAR	1.262 3	1.274 2	1.272 4	1.272 7	1.271 3
中国	YUAN	6.208 9	6.209 7	6.208 7	6.208 6	6.209 2
丹麦	KRONE	6.738 2	6.814 0	6.739 9	6.767 8	6.692 6
欧元区	EURO	1.107 6	1.095 2	1.107 2	1.102 5	1.115 0

国家/地区	货币单位	2015年7月6日	2015年7月7日	2015年7月8日	2015年7月9日	2015年7月10日
中国香港	DOLLAR	7.752 8	7.755 3	7.751 9	7.751 1	7.751 0
印度	RUPEE	63.240 0	63.510 0	63.470 0	63.310 0	63.330 0
日本	YEN	122.530 0	122.160 0	120.540 0	121.220 0	122.750 0
马来西亚	RINGGIT	3.807 1	3.806 1	3.805 6	3.794 5	3.792 5
墨西哥	PESO	15.743 0	15.833 0	15.811 0	15.794 0	15.730 5
新西兰	DOLLAR	0.670 3	0.666 2	0.674 1	0.672 7	0.669 9
挪威	KRONE	8.060 4	8.215 4	8.254 1	8.131 5	8.002 3
新加坡	DOLLAR	1.348 8	1.356 8	1.350 8	1.351 2	1.349 7
南非	RAND	12.398 5	12.509 0	12.522 5	12.519 0	12.463 0
韩国	WON	1 125.580 0	1 133.750 0	1 131.750 0	1 133.690 0	1 127.290 0
斯里兰卡	RUPEE	133.790 0	133.780 0	133.590 0	133.550 0	133.550 0
瑞典	KRONA	8.446 8	8.548 3	8.467 1	8.495 6	8.437 5
瑞士	FRANC	0.943 2	0.948 2	0.945 8	0.949 5	0.941 1
中国台湾	DOLLAR	30.910 0	31.080 0	31.010 0	31.040 0	31.030 0
泰国	BAHT	33.820 0	33.970 0	33.940 0	33.920 0	33.920 0
英国	POUND	1.561 9	1.544 3	1.535 3	1.537 5	1.550 3
委内瑞拉	BOLIVAR	6.284 2	6.284 2	6.284 2	6.284 2	6.284 2

注：对澳元、欧元、新西兰元和英镑的汇率是1单位上述货币兑换的美元数量；对其他货币的汇率是1美元兑换其他货币的数量。

资料来源：美联储网站（http：//www.federalreserve.gov/releases/h10/current/）。

（二）汇率的种类

如同外汇一样，汇率也可依据不同的标准划分为不同的类型。

1. 买入汇率、卖出汇率和中间汇率

从银行买卖外汇的角度进行划分，汇率可分为买入汇率（purchasing rate or bid rate）、卖出汇率（selling rate or offer rate）和中间汇率（mid point）。买入汇率是银行买进外汇时使用的汇率，又称买入价；卖出汇率是银行卖出外汇时使用的汇率，又称卖出价；银行买入汇率与卖出汇率的平均值称为中间汇率，也称中间价。

2. 基本汇率和套算汇率

从制定汇率方法的角度，汇率可分为基本汇率（basic rate）和套算汇率（cross rate）。基本汇率是指本国货币与本国的关键货币之间的汇率。所谓关键货币是指本国在国际收支中使用最多、外汇储备中所占比例最大，同时又是可自由兑换、被国际社会普遍接受的货币。套算汇率是本国货币与本国的非关键货币之间通过基本汇率套算出来的汇率。

 **专栏 14-2**

套算汇率的计算

假定 1 美元的人民币买入价为 6.826 5 元，卖出价为 6.829 8 元；同时，1 美元的瑞士法郎买入价为 1.027 6 瑞士法郎，卖出价为 1.031 8 瑞士法郎。瑞士法郎和人民币的套算汇率为

1 瑞士法郎的人民币买入价为 6.826 5/1.031 8 = 6.616 1 元；

1 瑞士法郎的人民币卖出价为 6.829 8/1.027 6 = 6.646 4 元。

3. 即期汇率和远期汇率

从外汇买卖的交割期限的角度，汇率可分为即期汇率（spot exchange rate）和远期汇率（forward exchange rate）。即期汇率是指买卖外汇的双方在成交的当天或第二个交易日进行交割时所使用的汇率。远期汇率是指买卖双方成交后签订外汇交易合同，按约定的时间进行交割所使用的汇率。买卖远期外汇的期限一般有 1，3，6，9，12 个月等。远期汇率与即期汇率之间的差额有三种情况：如果远期汇率高于即期汇率，则称远期升水（forward premium）；如果远期汇率低于即期汇率，则称远期贴水（forward discount）；如果远期汇率等于即期汇率，则称平价（at par）。

4. 名义汇率、实际汇率和有效汇率

从经济研究的角度，汇率可分为名义汇率（nominal exchange rate）、实际汇率（real exchange rate）和有效汇率（effective exchange rate）。

名义汇率是指外币的本币价格。通常所说的用一国货币表示的另一国货币的价格实际上都是名义汇率。

实际汇率是对名义汇率进行物价因素调整之后的汇率，用公式表示为

$$e_\mathrm{r} = \frac{eP}{P^*} \tag{14.1}$$

其中 e_r 和 e 分别表示实际汇率和名义汇率（间接标价法），P 和 P^* 分别表示本国和外国的物价指数。

有效汇率是各种双边汇率的加权平均，通常以一国的主要贸易伙伴在其对外贸易总额中所占比重作为权数。有效汇率可分为名义有效汇率（nominal effective exchange rate）和实际有效汇率（real effective exchange rate）。

$$A \text{ 国货币的名义有效汇率} = \sum_{i=1}^{n} A \text{ 国货币对 } i \text{ 国货币的汇率} \times \frac{A \text{ 国同 } i \text{ 国的贸易额}}{A \text{ 国的全部对外贸易额}} \tag{14.2}$$

实际有效汇率是用本国和国外物价水平对名义有效汇率进行调整之后的有效汇率，反映一国在世界市场上成本或价格竞争力的变动。实际有效汇率的计算公式为

$$XR_r = \frac{XR_n \times P}{P^*} \qquad (14.3)$$

其中 XR_r 和 XR_n 分别表示实际有效汇率和名义有效汇率，P 为本国价格水平，可用本国消费者价格指数或批发价格指数度量，P^* 为世界其他国家的价格水平，可用本国主要贸易伙伴物价水平以贸易份额为权数的加权平均值表示。如果实际有效汇率上升，则意味着本国的成本竞争力下降，因为在考虑了名义有效汇率的变化后本国物价上涨比贸易伙伴高，这就导致本国出口困难而进口会增加。

另外，按照汇率决定方式的不同，汇率可分为官方汇率和市场汇率；按汇率是否统一划分，汇率可分为单一汇率和复汇率；从银行营业时间角度，可以把汇率分为开盘汇率和收盘汇率等。

 **专栏 14-3**

名义有效汇率和实际有效汇率

表 14-3　2015 年 1—6 月一些国家（地区）货币的名义和实际有效汇率指数

2010 = 100

国家/地区	2015 年 1 月		2015 年 2 月		2015 年 3 月		2015 年 4 月		2015 年 5 月		2015 年 6 月	
	名义	实际	名义	实际	名义	实际	名义	实际	名义	实际	名义	实际
澳大利亚	93.6	94.95	91.03	92.02	91.74	92.51	91.26	92.07	92.68	93.46	91.22	92.08
巴西	77.84	87.98	73.47	83.57	66.95	76.72	68.91	79.29	68.03	78.58	67.16	77.99
中国	123.13	128.74	123.58	130.42	126.07	131.65	125.94	130.82	124.86	129.03	125.95	130.08
英国	109.54	111.97	112.44	114.59	113.07	114.68	112.7	114.38	114.35	115.97	115.22	116.86
中国香港	107.48	119.31	108.11	120.9	109.69	121.92	108.92	119.83	108.27	119.01	109.00	119.81
印度	79.06	90.65	79.96	90.34	80.67	91.01	79.98	90.31	77.78	88.31	78.06	89.02
日本	76.66	70.92	77.01	70.69	76.82	70.63	76.75	70.81	75.48	69.72	74.09	68.29
美国	111.04	106.64	112.58	108.01	114.67	110.25	113.83	109.59	112.83	109.02	113.69	109.95
欧元区	97.07	91.5	95.37	90.08	92.51	88.13	91.29	87.02	93.35	88.97	94.52	90.04

注：实际有效汇率是用各国（地区）消费者物价指数（CPI）对名义有效汇率进行调整。表中各月的名义有效汇率指数和实际有效汇率指数是当月的平均值。

资料来源：国际清算银行网站（http://www.bis.org/statistics/eer/index.htm）。

第二节　外汇市场概述

国际一切经济往来必然伴随着货币的清偿和支付，而要实现国际清偿和货币支付，就要进行国际货币兑换或外汇买卖活动。外汇市场就是为了适应各种货币的兑换或买卖的需要而产生的，其实质是一种货币商品的交换市场，市场上买卖的是不同国家的货币。

一、外汇市场的定义及分类

外汇市场（foreign exchange market）是指进行外汇买卖的交易场所或网络，是外汇供给者、外汇需求者以及买卖外汇的中介机构所构成的买卖外汇的交易系统。它在实现购买力的国际转移、避免和防止外汇风险的发生、提供国际性的资金融通和国际清算方面发挥着重要的作用。

外汇市场按组织形式，可以划分为抽象市场和具体市场。抽象市场又叫无形市场，它没有具体的交易场所，没有统一的交易时间，买卖双方也不是面对面地交易，所有交易都是通过电话、电报、电传及其他通信工具进行的。英国、美国、加拿大、瑞士等国家的外汇市场均采取这种方式，因此这种方式被称为英美体制。它是外汇市场的主要组织形式。具体市场又叫有形市场，外汇交易者于每个营业日规定的营业时间集中在交易所进行交易。是德国、法国、荷兰、意大利等国遵循的传统的国际汇兑方式。由于这种方式只流行于欧洲大陆，因而被称为大陆体系。这种方式的外汇市场其交易目的非常有限，主要用于调整即期的外汇头寸，决定对顾客交易的公平汇率，所以不是外汇市场的主要组织形式。

外汇市场按经营范围不同，可分为国内市场和国际市场。国内市场的外汇交易仅限于国内银行彼此之间或国内银行与国内居民之间，不允许国外银行或其他机构参与，当地中央银行的管制较严，在市场上使用的货币亦仅限于本币与少数几种外币。国际市场的特点是各国银行或企业按规定均可参与外汇交易，而且交易的货币种类较多，交易规模较大，市场网络的辐射面较广。其中，纽约、伦敦、东京、法兰克福、新加坡、中国香港等外汇市场就属于国际外汇市场。

外汇市场按外汇买卖双方性质的不同，可以划分为外汇批发市场和外汇零售市场。外汇批发市场是特指银行同业之间的外汇交易市场，包括同一市场上各银行之间的外汇交易，不同市场上各银行之间的外汇交易，中央银行同商业银行之间的外汇交易，各国中央银行之间的外汇交易。外汇零售市场是指银行同一般客户之间的外汇交易市场。

二、外汇市场的参与者

（一）外汇银行

外汇银行（foreign exchange bank）又叫外汇指定银行，是指经过本国中央银行批准，可以经营外汇业务的商业银行或其他金融机构。外汇银行可以分为三种类型：专营或兼营外汇业务的本国商业银行，在本国的外国商业银行分行，其他经营外汇买卖业务的本国金融机构（如信托投资公司等）。

外汇银行在外汇市场上既可以代客户进行外汇买卖，目的是对客户提供尽可能全面的服务并从中获得利益；也可以用自身的外汇资金或银行信用在外汇市场上直接进行买卖，目的主要在于调整本身的外汇头寸或进行外汇投机买卖，使外汇资产保持在合理的水平上或赚取投机的利润收入。

（二）外汇经纪人

外汇经纪人（foreign exchange broker）是指为外汇交易双方介绍交易以获得佣金的中间商人。其主要任务是利用已掌握的外汇市场的各种行情和与银行的密切关系，向外汇买卖双方提供信息，以促进外汇交易的顺利进行。外汇经纪人一般有以下三类：

（1）一般经纪人，即那些既充当外汇交易的中介又亲自参与外汇买卖以赚取利润者；

（2）跑街经纪人，即那些本身不参与外汇买卖而只充当中介以赚取佣金的经纪人；

（3）经纪公司，指那些资本实力较为雄厚，既充当商业银行之间外汇买卖的中介又从事外汇买卖业务的公司。

（三）中央银行

各国政府为了防止国际短期资金大规模流动对外汇市场的猛烈冲击，往往通过中央银行对外汇市场进行干预，即在市场外汇短缺时大量抛售，外汇过多时大量买入，从而使本币汇率不至发生过于剧烈的波动。因此中央银行不仅是外汇市场的参与者，而且是实际操纵者。

（四）进出口商及其他外汇供求者

进出口商从事进出口贸易活动，是外汇市场上外汇主要的和实际的需求者和供给者。出口商出口后要把外汇收入卖出，进口商则要为进口支付而购买外汇，这些都要在外汇市场上进行。其他的外汇供求者是指银行、进出口商之外的客户，主要指由运费、保险费、旅费、留学费、赠款、外国有价证券买卖、外债本息收付、政府及民间私人贷款以及由其他原因引起的外汇供给者和需求者。

三、外汇市场的功能

（一）国际清算

国际经济交易的结果需要债务人向债权人进行支付，若债务人以其所在国货币支付，则债权人需要在外汇市场上兑换成本国货币；若债权人只接受本国货币，则债务人需要先将其所在国货币在外汇市场上兑换成债权人所在国货币再进行支付。由此可见，外汇市场为这种国际清算提供了便利。

（二）套期保值

进出口商从签订进出口合约到实际支付或收款，通常都要经过一段时间。由于外汇市场中汇率的易变性，因此，外币债权人和债务人都要承担一定的风险。例如计价货币汇率下跌会使收款人遭受损失，而计价货币汇率上升则会使付款人蒙受损失。他们若不愿投机，只想免受损失，就需要对这些货币资产进行套期保值（hedging），以确保该项资产没有净头寸。具体地说，套期保值就是通过卖出或买入等值远期外汇，轧平外汇头寸来保值的一种外汇业务。例如，收款人可以卖出远期外汇，而付款人则可以买入远期外汇。

（三）投机

外汇投机（speculation）是指根据对汇率变动的预期，有意保持某种外汇的多头或空头，希望从汇率变动中赚取利润的行为。它的主要特征是，投机者进行外汇交易，并没有商业或金融交易与之相对应。外汇投机具有不确定性，当投机者预期准确时可以赚取利润，但预期失误则要蒙受损失。例如，若某投机商预期两个月以后某种货币汇率将会下跌，就在期货市场上卖出该种货币的两个月期汇。两个月以后，该货币汇率若果真下跌，则投机商可以用低价补进现汇以交割期汇，获取利润；但如果该货币汇率不降反升，则要蒙受损失。

四、世界主要外汇市场

目前世界上大约有 30 多个国际性的外汇市场，其中比较重要的有欧洲的伦敦、法兰克福、苏黎世，美国的纽约，亚洲的东京、新加坡、中国香港。这几个外汇市场各具特色，联系紧密，在营业时间上又互相衔接，构成了一个庞大的、统一的世界外汇市场体系。

（一）伦敦外汇市场

伦敦外汇市场是世界上出现得最早，也是目前最大的外汇市场。英国作为最早实现工业化的国家，19 世纪曾号称"世界工厂"，英镑成为国际贸易中使用最广泛的货币，伦敦的票据汇兑业务也很发达，促成了伦敦外汇市场的形成，并使其成为世界上最重要的外汇市场。两次世界大战使英国的经济实力下降了许多，英镑的地位也大不如前，外汇管制则有所加强，所有这些都使伦敦外汇市场的作用受到了影响。1951 年 12 月 11 日，英国政府宣布重新开放外汇市场，汇率不再由市场决定，英格兰银行根据国际货币基金组织的规定，把英镑汇率的波动限制在很小的范围内。此后随着经济的恢复和发展，特别是 20 世纪 50 年代后期欧洲货币市场的形成和发展，伦敦外汇市场的地位才得到恢复。1972 年英镑实行浮动汇率制，外汇买卖不再受汇率波动幅度的限制，汇率完全由市场决定。1979 年英国政府又宣布取消外汇管制，进一步促进了伦敦外汇市场的发展。据伦敦国际金融服务公司统计，目前伦敦外汇市场的交易占据了全球外汇交易成交量的 36%，远远高于排名第二的纽约外汇市场（所占比重为 14%）。

从地理上看，伦敦居于世界时区适中位置，外汇市场在一天的营业时间里和世界其他重要外汇市场都能衔接。伦敦上午 8 时是东京的下午 5 时和香港的下午 4 时，伦敦外汇市场可与东京、中国香港等远东外汇市场的尾市衔接，而开盘不久，便可与中东、非洲以及欧洲大陆的外汇市场进行外汇交易。伦敦下午 3 时正是纽约的上午 10 时，又可与纽约外汇市场交易。由此确定了伦敦外汇市场的重要地位。

伦敦外汇市场由经营外汇业务的银行及美国、日本等国银行的分行、外汇经纪商和一般金融商号构成。伦敦外汇市场有 300 家外汇指定银行，它们都领有英格兰银行的执照。在伦敦外汇市场上，被批准经营外汇业务的外汇指定银行、外汇经纪商和其他金融机构之间拥有十分完善的网络、电子通信设备，可以迅速灵活地处理各种外汇买卖。伦敦外汇市场上的外汇交易主要是现汇交易和远期交易，1982 年开始经营外汇期货交易。

（二）纽约外汇市场

纽约外汇市场的历史要比伦敦外汇市场短，它的形成和发展是与两次世界大战中美国的政治、经济、军事实力的急剧增长联系在一起的。特别是随着布雷顿森林体系的建立，美国登上了世界金融霸主的宝座，美元取代英镑成为世界上最主要的货币。加之美国奉行的外汇开放政策，使得纽约外汇市场成为世界上仅次于伦敦的第二大外汇市场。

纽约外汇市场也是一个无形市场，外汇交易通过现代化电子通信网络进行，其货币结算都可通过纽约地区银行同业清算系统和联邦储备银行支付系统进行。由于美国没有外汇管制，对银行经营外汇的业务没有限制，所以几乎所有的美国银行和金融机构都可以经营外汇业务。目前纽约外汇市场主要包括美国联邦储备体系的成员银行、非成员银行，外国银行在纽约的分支机构，外国银行建立的代理行和代办处，以及一些人寿保险公司和外汇经纪商。纽约外汇市场有 8 家经纪商，其业务不受任何监督，对其安排的交易不承担任何经济责任，只是在每笔交易完成后向卖方收取佣金。

纽约外汇市场交易量虽很大，但和进出口贸易相关的外汇交易量却很小，远远不及伦敦外汇市场和远东外汇市场。因为在美国的进出口中大多数以美元计价结算，出口商得到美元，进口商支付的也是美元。不仅美国如此，世界商品贸易的 70% 都是以美元计价支付的。世界各国的美元买卖，包括欧洲美元和亚洲美元交易在内，最终都必须在美国，主要是在纽约的商业银行的账户上办理收付、划拨和清算。因此，纽约外汇市场也就成为全世界美元交易的清算中心。

由于美元在国际贸易、国际金融、国际清算等诸多领域扮演重要角色，所以许多国家的中央银行将其部分外汇储备存放在美国。再加上美元极其频繁的流动是任何其他货币都难以比拟的，因此美元汇率不稳定将对世界经济产生极其不利的影响。所以在纽约市场上，对美元汇率的干预，除以美国联邦储备体系为主体，委托纽约联邦储备银行具体执行外，有时西方主要发达国家的中央银行与纽约联邦储备银行也会采取联合行动，进行共同干预。

（三）东京外汇市场

东京外汇市场是在 20 世纪 50 年代末发展起来的。历史上日本是一个外汇管制严厉的国家，20 世纪 50 年代以后才逐渐放松。1964 年，日本加入国际货币基金组织，日元成为可兑换货币，东京外汇市场原则上不再实行外汇管制，外汇交易也逐步走向了自由化。20 世纪 70 年代下半期以来，日元国际化取得了极大的进展。1980 年，日本政府废除了旧的外汇法，颁布、执行新的外汇法，放宽了银行经营外汇业务的限制，由过去只有经政府批准的外汇银行和经纪商才可以经营外汇业务转为所有银行都可以在国内经营一般的外汇交易，因而东京外汇市场迅速发展起来，成为与伦敦和纽约的外汇市场地位相当的世界三大外汇市场之一。

东京外汇市场的参与者包括 5 种：东京银行（日本的外汇专业银行）、可经营外汇业务的日本本国银行和外国银行在东京的分支机构、日本银行（日本的中央银行）、8 家外汇经纪商、一般客户。

但是，东京外汇市场仍有一些不足之处：

首先，东京外汇市场受地理位置的限制，与其他主要的外汇市场基本是隔绝的，它同纽约外汇市场根本不交叉，同欧洲也只在每个交易日的最后一两个小时有交叉。不能与纽约和伦敦的外汇市场同时交易，使其大受影响。

其次，虽然日本大力推进日元的国际化，但至今日元仍未成为真正意义上的可自由兑换货币，日本政府对东京外汇市场的外汇管制仍未彻底解除。

再次，由于日本是一个典型的出口加工国，东京外汇市场受进出口贸易收支的影响较大，使得东京外汇市场的外汇交易带有明显的季节性特点。

（四）中国香港外汇市场

我国香港是 20 世纪 70 年代以后发展起来的国际性外汇市场。1973 年以前，香港实际上有两个外汇市场：一个是法定的外汇市场，参加者是外汇指定银行，汇率以法定平价为基础，波动幅度有限；另一个是自由外汇市场，由非指定银行和一些证券商组成，汇率完全由外汇的供求决定，和法定市场的汇率差异很大。1972 年年底香港取消了外汇管制，两个市场合二为一。1974 年 11 月，港元开始实行浮动汇率，之后，香港外汇市场以较快的速度发展起来。进入 20 世纪 80 年代，港元对美元汇率曾一度下跌，为了稳定经济金融秩序，香港当局于 1983 年 10 月开始实施港元联系汇率制，港元与美元挂钩，1 美元 = 7.8 港元，港元与美元同升同降，发钞银行每发行 7.8 港元就要向外汇基金上交 1 美元作为发行准备。这种汇率制度有力地推动了香港外汇市场的发展。

中国香港外汇市场也是无形市场，没有固定的交易场所或正式的组织，是一个由从事外汇交易的银行、其他金融机构以及外汇经纪人组成，由电话、电传等通信工具联结起来的网络。比较主要的从事外汇交易的银行有 100 多家，分别属于汇丰银行集团、美资银行、日资银行、中银集团等。中国香港外汇市场上有 10 家外汇经纪商，它们都是香港外汇经纪协会的会员。香港外汇市场上的交易大多数是即期交易，远期交易和掉期交易约占 20%。香港外汇市场上的交易可以分为两类：一类是港币和外币的兑换，其中以与美元兑换为主；另一类是美元兑换其他外币的交易。

第三节　外汇市场交易

外汇市场交易主要包括即期交易、远期交易、掉期交易、外汇期货和期权交易等类型。

一、即期交易

即期交易（spot transaction）是指买卖双方在成交的当天或第二个交易日内办理交割

的外汇交易。即期外汇市场交易主要有以下三种情况。

（一）银行同业拆放

银行为了避免经营外汇业务的风险，每天都需轧平头寸，卖出某种外汇的多余头寸，买进某种外汇的短缺头寸。由于这种业务一般是在银行间进行的，所以称为银行同业拆放。目前银行同业拆放在即期外汇市场交易中占据了很大比重。

（二）国际贸易结算

国际贸易结算主要是银行和进出口商客户之间因为国际贸易支付而发生的即期外汇买卖。

（三）套汇

套汇（arbitrage）是指人们利用不同外汇市场的汇率差异，通过买进和卖出，赚取汇率差价的行为。套汇可分为直接套汇和间接套汇。直接套汇是指利用两个外汇市场上外汇汇率的差异，在某个市场上低价买进而在另一个市场上高价卖出同一种外汇，以赚取差价的行为。间接套汇是指利用三个或三个以上的外汇市场上汇率的差异，在这些市场之间转移资金，赚取汇率差价的行为。在同一标价方法的情况下，若汇率的连乘积等于1，说明没有套汇机会，市场汇价是平的；反之，若汇率的连乘积不等于1，说明存在套汇机会。

 **专栏 14-4**

套汇的条件

假定在纽约外汇市场上 1 英镑 = 1.593 8 美元；

在伦敦外汇市场上 1 港元 = 0.075 6 英镑；

在我国香港外汇市场上 1 美元 = 7.831 8 港元。

将三个市场上以直接标价法给出的汇率相乘

$$1.593\ 8 \times 0.075\ 6 \times 7.831\ 8 = 0.94 \neq 1$$

说明存在套汇机会。套汇者可在纽约外汇市场上卖出 1 美元，可得 0.627 4 英镑，将英镑在伦敦市场卖出，可得 8.299 4 港元，将港元在香港市场卖出，可得 1.06 美元。这样以 1 美元套汇，最后可获得 0.06 美元的收益。

二、远期交易

远期外汇市场的主要功能是使涉及国际交易的经济行为人能够避免因即期汇率未来的可能变化而引起的汇率风险。如果经济行为人在某一时刻所拥有的以某种外币表示的外汇债权大于外汇债务，则称多头（long position）；如果外汇债权小于外汇债务，则称空头（short position）；如果外汇债权等于外汇债务，则称零头寸（covered position）。多头和空头都称为头寸暴露（position exposure）。通常经济行为人会在远期外汇市场上采取不同方式来避免汇率风险发生，或者希望从汇率的波动中获利。因此远期外汇市场上的交易按照交易目的不同可以分为套期保值和投机两种。

（一）套期保值

在即期汇率不断随时间变化的条件下，要避免外汇风险的发生，经济行为人就必须保证在任何时刻他在任何外汇资产或负债上都没有暴露的头寸。套期保值就是这样一种交易安排，它使得经济行为人在任一时刻在任何外汇上都保持零头寸。假定一位英国进口商1年后要支付从美国进口的价值15 000美元的商品货款。假定即期汇率为1英镑兑换1.60美元，1年期远期汇率为1英镑兑换1.50美元，通过在远期外汇市场上购买美元远期外汇，该贸易商可以保证他只需支付10 000英镑。如果他现在不购买远期外汇，1年后即期汇率可能变成1英镑兑换1.30美元，这就意味着他需要支付11 538英镑。当然，1年后的即期汇率也可能会变得比较有利，比如1英镑兑换2.00美元，这种情况下他只需支付7 750英镑。虽然事后来看是比购买远期外汇合同更有利的，但事先是不可能知道这一情况的。所以通过购买远期外汇合同，该进口商可以固定他需要向出口商支付的英镑数量，从而避免汇率波动的风险。

（二）投机

远期外汇投机是由现在的远期汇率与预期未来远期外汇到期时的即期汇率的差异引起的。投机者希望通过暴露头寸从汇率波动中赚取利润。当投机者预期远期外汇到期时的即期汇率将高于现在的远期汇率时，就会买进远期外汇，等到到期时再在即期市场出售，以赚取投机利润。相反，当投机者预期远期外汇到期时的即期汇率将低于现在的远期汇率时，就会卖出远期外汇，等远期外汇到期时，再在即期市场买进外汇，实现交割。当然，投机者能否赚取利润，取决于他能否正确地预期汇率的走势。例如，假定1年期远期汇率为1英镑兑换1.55美元，某投机者预期1年后英镑的汇率将为1英镑兑换1.40美元。在这种情况下，他可以1英镑兑换1.55美元的价格卖出1 000英镑远期外汇，1年后会获得1 550美元，然后以1英镑兑换1.40美元将其兑换成英镑，可得1 107.14英镑，从而获利107.14英镑。当然，该投机者的预期也有可能是错误的，比如1年后即期汇率变为1英镑兑换1.70美元，这时他的1 550美元只能兑换911.76英镑，从而出现88.24英镑的损失。

三、掉期交易

掉期交易（swap transaction）是指交易者在外汇市场上买进一种货币的同时卖出交割期不同的等额的同一种货币的交易。掉期交易可以是即期对远期（spot-forward swaps），也可以是远期对远期（forward-forward swaps）。即期对远期是指买入或卖出一笔现汇的同时，卖出或买入相同数量的一笔期汇；远期对远期则是指买入或卖出一笔期汇的同时，卖出或买入相同数量但交割期不同的一笔期汇。掉期交易的主要目的也是为了避免汇率波动产生的风险，同时还可以获取一定的差价收益。例如，英镑与美元的即期汇率为1英镑兑换

2.10 美元，若此时卖出 100 万英镑可得 210 万美元，同时在远期外汇市场上按 1 英镑兑换 2.06 美元的汇价买进 3 个月的远期 100 万英镑，这就是一种掉期交易。掉期交易中两笔交易所使用的汇率差价称为掉期率（swap rate）。掉期交易买进和卖出的是同一数量的同一种货币，因而不会改变交易者的外汇持有额，只是持有外汇的时间发生了变化。

四、外汇期货与期权交易

外汇期货与期权（foreign exchange futures and options）是 20 世纪 70 年代和 80 年代国际金融市场上最重要的创新。外汇期货是一种标准的远期合约，它是在有形的交易市场，通过清算所下属的成员清算公司或经纪人，根据成交数量、交割时间标准化的原则，按标准价格购买和出售远期外汇的交易。外汇期权则是指交易双方按协定价格就将来是否购买某种货币或是否出售某种货币的选择权达成的合约，规定期权的卖方给期权的买方一种可以在合约规定的条件下购买或出售某种货币的权利。期权的买方在合约的有效期内，或在规定的合约到期日，可以按照合约规定的汇价行使自己购买或出售某种货币的权利，与期权卖方进行交割，也可以根据市场汇率的实际情况放弃这种权利，使期权合约过期而自动作废，期权买方的损失是预付的期权保费。与前述外汇远期交易一样，投资者可以利用外汇期货与期权交易进行套期保值或者投机。

五、套利及利率平价条件

套利是指在两种货币资金短期利率出现差异的情况下，将资金从低利率货币兑换成高利率货币，赚取利差的外汇交易行为。假设某投资者用 1 元本币在本国投资，本国年利率为 i，则 1 元本币 1 年后的价值是 $1+i$。若在即期外汇市场上以 e（直接标价法）的即期汇率换成外汇，在外国投资，外国年利率为 i^*，同时在远期外汇市场以 f（直接标价法）的远期汇率卖出远期外汇，则最初的 1 元本币 1 年后的价值为 $(1+i^*)f/e$。如果两个未来收益值 $1+i$ 和 $(1+i^*)f/e$ 不同，说明存在套利机会，投资者会将资金投往未来收益大的市场。如果众多投资者纷纷效仿，直到两个市场未来收益完全相等，套利活动才会停止。此时有：

$$1 + i = (1 + i^*)f/e \tag{14.4}$$

即
$$\frac{f - e}{e} = \frac{i - i^*}{1 + i^*} \tag{14.5}$$

当 i^* 较小时，$1+i^*$ 约等于 1，则：

$$\frac{f - e}{e} = i - i^* \tag{14.6}$$

（14.6）式即为抛补的利率平价（Covered Interest Parity，CIP）表达式。它表明，远期汇率升（贴）水率等于两国利差。如果本国利率高于外国利率，则远期外汇升水，本币贴水；如果本国利率低于外国利率，则远期外汇贴水，本币升水。

如果上述投资者在进行套利时没有在远期外汇市场上卖出远期外汇，则将未来国外收益折算成本币时所采用的汇率就不是远期汇率，而是未来的即期汇率。但未来的即期汇率事先作决策时并不知道，所以投资者会根据预期的未来即期汇率 e_e（直接标价法）进行折算。在这种情况下，当套利行为停止时，在两国进行投资的收益相等，即

$$1 + i = (1 + i^*)e_e/e \qquad (14.7)$$

上式经整理可得：

$$\frac{e_e - e}{e} = i - i^* \qquad (14.8)$$

（14.8）式即为无抛补的利率平价（Uncovered Interest Parity，UIP）表达式。它表明，预期的即期汇率变化率等于两国利差，即外汇预期的升水（贴水）率等于本国利率高于（低于）外国利率的差额。

利率平价条件揭示了金融市场中投资者行为背后的一个基本原理，将资本流动与汇率的升降联系在一起，从一个侧面（不同于商品流动）阐述了汇率变化的原因——资本在国际间的流动。它为我们理解金融市场在汇率决定机制中的作用提供了一个很好的框架，对汇率决定理论的发展起到了重要作用，如下一章所介绍的汇率决定资产分析法就是以利率平价条件为基础。

第四节　汇率制度

一国货币汇率的高低，不仅体现了本币对其他货币购买力的相对强弱，而且还涉及资源分配等利益问题。因此如果没有必要的制度约束，各国在确定本币汇率时，常从本国利益出发，趋利避害，损害别国利益，进而引发货币战、贸易战，不利于世界经济和贸易的发展。为了维护各国的共同利益，促进国际贸易和国际金融的持续发展，有必要在世界范围内对汇率的变动作出一些合理的规定，形成各国共同遵守的汇率制度，即国际汇率制度。国际汇率制度反映了国际交易结算的需要和世界经济稳定发展的需要，同时与国际政治经济格局的变化密切相关。

所谓汇率制度，是指一个国家的货币当局对本国货币汇率变动的基本方式所作出的规定。按照汇率变动幅度的大小，汇率制度可分为固定汇率制（fixed exchange rate regime）和浮动汇率制（floating exchange rate regime）。

一、固定汇率制

在固定汇率制下，各国货币当局首先对本币规定一个金平价，然后根据本币与其他货币之间的金平价之比来确定本币的中心汇率，本币的市场汇率只能围绕中心汇率作小幅波

动。国际金本位制下和布雷顿森林体系下实行的就是固定汇率制。在固定汇率制下，一国政府为维持固定汇率通常需要干预外汇市场。

如图 14-1（a）所示，在固定汇率制下，假定一国将本币汇率（间接标价法）确定为由本币需求曲线 D_1 和供给曲线 S_1 的交点所决定的 ER^*。如果对本国货币的需求增加，需求曲线由 D_1 右移至 D_2，会导致本币有升值压力。为避免本币升值，中央银行需要在外汇市场上抛出 Q_1Q_2 数量的本币，购买外币，从而使得本币的供给曲线由 S_1 右移至 S_2。这一干预消除了对本币的过度需求，从而使得汇率保持在固定水平。这一外汇市场干预增加了中央银行的外汇储备，同时增加了流通中的本币数量。同理，如图 14-1（b）所示，本币供给的增加会使得供给曲线由 S_3 右移至 S_4，从而导致本币有贬值的压力。为避免本币贬值，中央银行干预外汇市场，买进 Q_3Q_4 的本币，抛出外币，从而使得需求曲线由 D_3 右移至 D_4。这一干预消除了本币的过度供给，从而使得汇率维持在固定水平，结果导致中央银行的外汇储备下降，同时流通中的本币数量也减少。

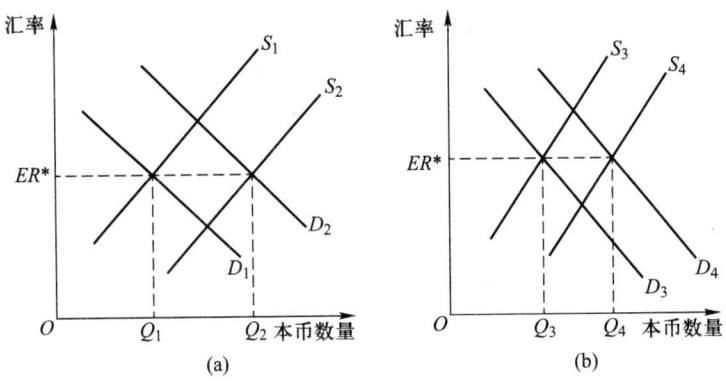

图 14-1　固定汇率制下外汇市场的干预

固定汇率制可分为国际金本位制下的固定汇率制和布雷顿森林体系下的固定汇率制。固定汇率制是在国际金本位制下形成的，因此，国际金本位制下的固定汇率制是典型的固定汇率制。布雷顿森林体系下的固定汇率制与国际金本位制下的固定汇率制有一些区别。在本书最后一章的有关内容中，将做具体讨论。

二、浮动汇率制

1973 年布雷顿森林体系崩溃后，世界各主要工业国家开始实行浮动汇率制。在浮动汇率制下，一国货币当局不再规定金平价，因而也不再有本币对其他货币的中心汇率，本币汇率随外汇市场的供求状况自由浮动，货币当局没有维持本币汇率在一定范围内波动的义务。

如图 14-2（a）所示，最初由本币的需求曲线 D_1 和供给曲线 S 的交点决定的汇率水平为 ER_1，由本国出口增加带来的本币需求的增加会使得本币需求曲线由 D_1 右移至 D_2，本币需求的增加会使得本币升值，汇率由 ER_1 上升至 ER_2。同样，如图 14-2（b）所示，由本国进口需求增加带来的本币供给的增加会使得供给曲线由 S_1 右移至 S_2，从而使得本币贬值，汇率由 ER_3 下降至 ER_4。可以看出，浮动汇率的本质是汇率随外汇市场货币供求的变化而调整。

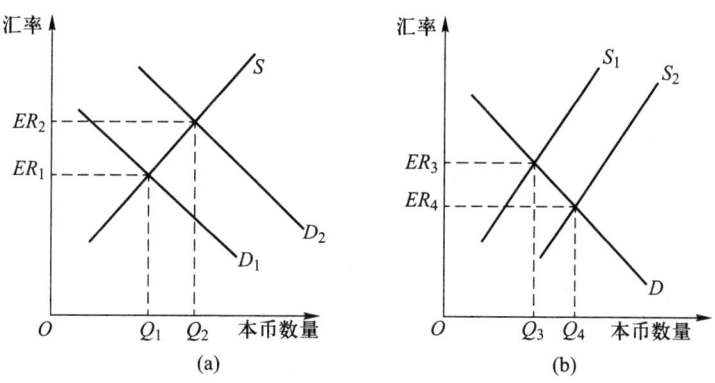

图 14-2　浮动汇率制下汇率的调整

浮动汇率制按照不同的标准，又可分为以下几类：

以货币当局是否干预本币汇率为标准，可分为自由浮动和管理浮动。自由浮动又称为清洁浮动，是指一个国家货币的汇率完全由外汇市场的供求关系决定，货币当局不采取任何干预本币汇率的措施。自由浮动只是一种理论假设的需要，现实中没有一个国家采用。管理浮动又称为肮脏浮动，是指一国货币当局对外汇市场采取一定的干预措施，使本币朝有利于本国的方向浮动。目前，世界上实行浮动汇率制的国家大都属于管理浮动汇率制。

以汇率的浮动形式为标准，可分为独立浮动和联合浮动。独立浮动是指一国货币对其他任何货币的汇率都根据外汇市场的供求关系进行浮动。目前美国、日本、澳大利亚、加拿大和少数的发展中国家实行独立浮动汇率制。联合浮动是指在一个利益集团内部，各成员国货币之间保持固定汇率，而对集团外国家的货币统一实行共同浮动。欧元诞生之前欧洲联盟各成员国实行的就是联合浮动汇率制。

另外需要特别指出的是，国际货币基金组织按照实际分类法（de facto classification system）将各国（地区）实行的汇率制度分为如下八种形式：

（1）无独立法定货币的汇率制度（exchange arrangement with no separate legal tender）。实行这种制度的国家是以其他国家的货币作为法定货币，通常没有本国货币，最多也只是发行一些本国硬币作为补充。采取这种汇率制度安排就意味着放弃了国内货币政策的独立性。

（2）货币局制度（currency board arrangement）。实行这种汇率制度就是用明确的法律形式规定本币和某一特定外币之间以固定比率进行兑换。货币发行量必须依据外汇资金多少来定，并有外汇资产作为其全额保证。

（3）其他传统的固定钉住汇率制度（other conventional fixed peg arrangement）。采取这

种汇率制度的国家将本币与另一种货币或一篮子货币保持固定兑换比率。一篮子货币通常是由主要的经贸伙伴的货币构成，其汇率权重和双边贸易、服务的交易额及资金流量有关。

（4）水平带内的钉住汇率制度（pegged exchange rate within horizontal bands）。这种汇率制度是指本币汇率围绕所钉住的中心汇率有一个至少±1%的波动区间，或者最高和最低汇率之间的波动幅度超过2%。

（5）爬行钉住（crawling peg）。爬行钉住是指本币与外币保持一定的平价关系，但是货币当局根据一系列经济指标频繁地小幅度调整平价。

（6）爬行带（crawling band）。这种汇率制度是指本币汇率围绕中心汇率有一个至少±1%的波动区间，或者最高和最低汇率之间的波动幅度超过2%，同时本币所钉住的中心汇率根据所选择的经济指标做周期性调整。

（7）不事先确定汇率路径的管理浮动（managed floating with no pre-determined path for the exchange rate）。在这种汇率制度中，货币当局不带特定汇率走向和目标去干预汇率。采取汇率干预行动的参考指标很广泛，可以是国际收支状况、外汇储备、平行市场的发展等。汇率干预的方式可以是直接的，也可以是间接的。

（8）独立浮动（independently floating）。这种汇率制度中，一国货币对其他货币的汇率根据外汇市场的供求关系进行浮动。

三、外汇管制

外汇管制（foreign exchange control）是指一国政府为了防止资金外流或流入，改善本国的国际收支和稳定本国货币汇率，授权有关货币金融当局（一般是中央银行或专门的外汇管理机构），对外汇买卖和国际结算所采取的限制性措施。

（一）外汇管制的目的

一国实行外汇管制的目的主要包括以下四个方面：

（1）加强黄金、外汇储备，这是战时外汇管制的主要目的；

（2）维持国际收支平衡，防止资本外逃；

（3）稳定外汇和金融市场，维持汇率稳定，增强本国货币信用；

（4）保护本国国内市场和本国经济的发展。

（二）外汇管制的对象和措施

1. 外汇管制的对象

外汇管制的对象一般分为：

（1）人，包括自然人和法人。根据法人和自然人居住地或营业地的不同划分为居民和非居民。一般来说，对居民的外汇管制较严，对非居民的外汇管制较宽松。

（2）物，是指外汇及外汇等价物，包括纸币、铸币、外币支付凭证、外币有价证券等。有些国家还包括黄金、白银和一些贵金属。

2. 外汇管制措施

外汇管制措施主要体现在对经常项目和国际资本流动的管制上。具体来说主要涉及以下几个方面：

（1）贸易外汇管制，即规定出口所得外汇全部或大部分必须按官方汇率结售给指定银行，以便及时集中到国家手中，通常也制定一定的鼓励措施。而进口所需外汇则要向外汇管制部门申请，批准后才可获得，并制定一些限制措施。

（2）非贸易外汇管制，即规定非贸易活动所得外汇一律出售给国家，而非贸易外汇所需支出则必须经管理当局批准才能汇出，并加以限制。

（3）资本流动管制，一般国际收支逆差国家对资本输出管制较严，而顺差国家对资本输入管制较严。通常采取数量限制和间接的价格或成本管制等措施。

（4）汇率管制，包括多重汇率制，即一国货币对另一国货币存在多种汇率，如管理当局对进出口贸易、非贸易、资本输出、资本输入规定多种形式的复汇率，以实现其鼓励或限制的目的。

（三）外汇管制的成本

实行外汇管制会产生以下成本和代价：

第一，外汇管制干扰了外汇市场功能的有效发挥，从而带来了经济活动的扭曲和资源配置的不当，这是外汇管制所付出的最主要的代价。

第二，与外汇管制相伴而生的是走私、伪造发票和黑市交易等非法交易行为。只要其收益率超过逃避管制所付出的成本或代价，这些行为就会大量滋生。

第三，为了监督外汇管制的执行需要有一整套的官僚机构，这会带来巨大的管理成本。而对于进出口商而言，要遵守或逃避外汇管制，也要支付十分昂贵的法律和会计费用。

第四，外汇管制还容易导致其他国家的报复，这对于世界贸易的发展和国际资源优化配置都是不利的，因而降低了世界整体的福利。

（四）外汇管制的实践

第一次世界大战以前，世界主要国家都实行金本位制，货币可以自由流通、自由兑换和自由进出国境，而且各国大多采用固定汇率制度，因而根本不存在外汇管制。

第一次世界大战爆发以后，西方各国先后停止了金本位制，代之以纸币流通制度。由于战争的影响，各参战国为了筹措战争所需的大量外汇资金，防止资金外流，都取消了外汇的自由买卖，禁止黄金输出，开始实行外汇管制。虽然第一次世界大战以后西方国家进入了暂时的相对稳定时期，先后建立起金块本位制和金汇兑本位制，外汇管制有所放松，但1929—1933年爆发的世界性经济危机又使几乎所有的资本主义国家都陷入了国际收支和货币信用制度的双重危机之中。金本位制彻底崩溃，通货膨胀异乎寻常地严重，各资本主义国家不得不恢复实行全面的外汇管制。第二次世界大战的爆发使得这一趋势有增无减，除了远离战场的美国以外，据统计，在110多个资本主义国家和地区中，1940年只有11个国家没有实行正式的外汇管制，为了应付巨额的战争支出，就连在1929—1933年的世界性经济危机中仍然坚持货币自由兑换的英、法两国也不得不实行外汇管制。尽管有所反复，但从总体上看，在两次世界大战之间和期间，各国普遍实行了外汇管制。

第二次世界大战结束以后的初期，由于各国普遍面临着重建经济需要大量资金和外汇的问题，因而继续实行外汇管制。但是 20 世纪 50 年代末特别是 60 年代以后，随着各国经济状况的好转，积累的外汇数额增多，经济实力增强，外汇管制也随之放宽。从发展趋势上看，各国都在进行金融自由化改革，逐步放宽甚至取消了外汇管制。不过自从 20 世纪 80 年代末以后，国际金融领域的动荡不安，特别是几次影响甚大的金融危机的爆发，使得一些国家在取消外汇管制这一问题上放慢了步伐。

当前，世界各国（地区）按照外汇管制的宽松程度大体可以分为三类。

第一类，实行严格外汇管制的国家和地区。这类国家对国际收支的所有项目（经常项目、资本项目和平衡项目）都实行严格的管制。广大发展中国家均属此类。

第二类，实行部分外汇管制的国家和地区。这类国家对非居民办理经常项目收付原则上不加管制，但对资本项目收支要加以限制。一些比较发达的工业化国家或新兴工业化国家（如澳大利亚、丹麦、瑞典、韩国等）均属此类。

第三类，名义上取消外汇管制的国家和地区。这类国家允许本国货币自由兑换成外国货币，对非居民往来的经常项目和资本项目的收付原则上都不加限制，但事实上对非居民还在实施间接的或变相的限制措施，对居民的非贸易外汇收支也有限制，不过限制的程度比以上两类国家大大减轻。以美国、德国、瑞士等国为代表的发达工业化国家和以沙特阿拉伯、科威特、阿联酋等为代表的石油出口国均属此类。

本章小结

一般而言，外汇是指以外币表示的、可用于进行国际结算的支付手段。而汇率则是以一国货币表示的另一国货币的价格，或把一国货币折算成另一国货币的比率。外汇市场是进行外汇买卖的交易场所或网络，是外汇供给者、外汇需求者以及买卖外汇的中介机构所构成的买卖外汇的交易系统。目前世界上大约有 30 多个国际性的外汇市场，伦敦、纽约、东京、中国香港外汇市场是典型代表。外汇市场具有国际清算、套期保值和投机等若干基本功能。外汇市场上的交易可分为即期交易、远期交易、掉期交易、外汇期货和期权交易等类型。按照汇率变动幅度的大小，汇率制度可分为固定汇率制和浮动汇率制。外汇管制是指一国政府为了防止资金外流或流入，改善本国的国际收支和稳定本国货币汇率，对外汇买卖和国际结算所采取的限制性措施，外汇管制措施主要体现在对经常项目和国际资本流动的管制上。外汇管制干扰了外汇市场功能的有效发挥，扭曲了资源最优配置，降低了世界福利水平。

即测即评

请扫描右侧的二维码，您可在线自测并查看答案。

练习与思考

1. 试述外汇的定义。

2. 汇率根据不同的划分标准可以分为哪些种类？

3. 外汇市场的功能有哪些？

4. 即期外汇市场上的交易包括哪些情况？

5. 远期外汇市场上的套期保值和投机交易有何区别？

6. 什么是抛补的利率平价和无抛补的利率平价？

7. 固定汇率制和浮动汇率制各自有哪些特点？

8. 结合实际，试析外汇管制产生的根源。

第十五章
汇率决定理论

汇率决定理论可以说是外汇理论的核心，也一直是国际经济学中最为活跃的领域之一。随着世界经济的发展和国际货币体制的变迁，汇率决定理论也在不断地发展。本章着重介绍一些比较有代表性的汇率决定理论，包括以商品市场"一价定律"为基础的购买力平价理论、强调货币金融资产市场重要作用的货币分析法和资产组合分析法等，最后对汇率理论的一些后续发展趋势做了简要介绍。

第一节　购买力平价理论

购买力平价理论（The Theory of Purchasing Power Parity，PPP）是汇率决定理论中最具影响力的理论之一。该理论最早的起源应该归功于瑞典经济学家古斯塔夫·卡塞尔（Gustav Cassel）。他在 1922 年发表了《1914 年以后的货币与外汇理论》一书，提出了应以国内外物价对比作为决定汇率的依据，新的均衡汇率应以最初的均衡汇率为基础，通过两国相对通货膨胀率调整而得到。这一理论是在第一次世界大战爆发后、金本位制崩溃、浮动汇率制产生、世界范围内通货膨胀盛行这一背景下提出的。卡塞尔对这一理论的提出以及系统的阐述及验证，不仅为当时实行浮动汇率制的国家恢复汇率稳定提供了理论依据，而且其研究结果为后人进行新的汇率决定理论研究和讨论奠定了基础。如在弗兰克尔（Frenkel）提出的"弹性价格货币模型"中就假设购买力平价在短期内是成立的；而多恩布什（Dornbusch）提出的"黏性价格货币模型"则假设购买力平价是汇率长期均衡的条件。因此，卡塞尔被公认为是购买力平价的主要倡导者和集大成者。

一、购买力平价理论的主要内容

购买力平价理论有两种形式，即绝对购买力平价（absolute PPP）和相对购买力平价（relative PPP）。前者指出两国货币的均衡汇率等于两个国家的价格比率，说明某一时点上汇率决定的基础；而后者指出汇率的变动等于两国价格指数的变动差，说明了某一段时间里汇率变动的原因。购买力平价理论认为长期均衡汇率，即无政府调节的自动实现国际收支平衡的汇率水平，是由购买力平价决定的；而自由浮动汇率条件下的短期均衡汇率将趋于长期均衡汇率水平。

（一）绝对购买力平价

绝对购买力平价理论认为，汇率是两国货币在各自国家里所具有的购买力之比。这是因为任何国家的货币都是按照其各自能代表的价值来进行交换的，而货币的价值是由这种货币的购买力（即单位货币所能购得的商品和劳务的数量）决定的。所以，两种货币的购买力之比，代表其价值量之比，构成两国货币交换的基础。而一国货币购买力的大小是通过该国物价水平的高低表现出来的。货币购买力水平是某一时期物价水平的倒数，因此，绝对购买力平价可用两国物价水平之比来表示：

$$e = \frac{\frac{1}{P_t^*}}{\frac{1}{P_t}} = \frac{P_t}{P_t^*} \tag{15.1}$$

其中，P_t 为 t 时期本国物价水平，$\frac{1}{P_t}$ 则为本国单位货币的购买力；P_t^* 表示 t 时期外国物价水平，同样 $\frac{1}{P_t^*}$ 就是外国单位货币的购买力。因此，e 就是购买力平价决定的汇率水平（直接标价法），即本国货币购买力与外国货币的购买力之比，事实上就是两国的相对物价水平。

需要注意的是，上述公式暗含着一个重要的假设，即两国之间的商品套购活动能使同质、同类商品具有等值的价格。换言之，充分竞争市场上商品的"一价定律"（law of one price）是使绝对购买力平价得以实现或维持的经济机制。"一价定律"可简单地叙述为：若两个物品是完全相同的，则它们必须卖同一个价格。在开放经济条件下，假定贸易是完全自由的、没有运输成本和交易成本，则"一价定律"可以表述为：$P_i = eP_i^*$，即外国第 i 种商品的价格 P_i^* 经过汇率 e（直接标价法）的折算，与本国此类商品的价格 P_i 相等。很显然，若该商品的本国价格 P_i 与其外国价格（eP_i^*）之间存在着差额，即若 $P_i \neq eP_i^*$，在这种情况下，套购者（arbitrager）就会根据贱买贵卖的原则，在价格低的市场上大量采购这种商品，然后在价格高的市场上抛售，以获得套购利润。随着套购活动的进行，价格低的市场上由于商品需求增加价格会提高，而价格高的市场上由于商品供给增加价格会下降，直至两个市场上商品价格相等，套购变得无利可图，市场才会达到均衡状态。

若有 N 种商品存在着"一价定律"，而这 N 种商品的价格水平在本国和外国一般价格水平中的权重均相等，这样便可得到绝对购买力平价最简单的表达式，$e = \dfrac{P}{P^*}$，P 和 P^* 分别表示本国和外国的价格水平，这与（15.1）式是完全吻合的。所以，从这个意义上说，绝对购买力平价是"一价定律"在整体物价水平上的体现。

 专栏 15-1

"一价定律"与购买力平价

表 15-1 《经济学家》杂志（The Economist）2015 年 1 月发布的巨无霸指数（Big Mac Index）

国家/地区	巨无霸汉堡包（Big Mac）价格		与美元的购买力平价汇率	与美元的市场汇率	对美元汇率低估（-）/高估（+）的百分比（%）
	以当地货币计价	以美元计价			
美国	4.79 美元	4.79 美元	1.00	1.00	0.00
阿根廷	28 比索	3.25 美元	5.85	8.61	−32.11
澳大利亚	5.3 澳元	4.32 美元	1.11	1.23	−9.84
巴西	13.5 雷亚尔	5.21 美元	2.82	2.59	+8.70
英国	2.89 英镑	4.37 美元	0.60	0.66	−8.81
加拿大	5.7 加元	4.64 美元	1.19	1.23	−3.14
智利	2 100 比索	3.35 美元	438.41	627.49	−30.13
中国	17.2 元	2.77 美元	3.59	6.21	−42.19
欧元区	3.68 欧元	4.26 美元	0.77	0.86	−10.98
中国香港	18.8 港元	2.43 美元	3.92	7.75	−49.37
印度	116.25 卢比	1.89 美元	24.27	61.62	−60.61
日本	370 日元	3.14 美元	77.24	117.77	−34.41
马来西亚	7.63 林吉特	2.11 美元	1.59	3.62	−55.94
墨西哥	49 比索	3.35 美元	10.23	14.63	−30.07
新西兰	5.9 新西兰元	4.49 美元	1.23	1.31	−6.21
俄罗斯	89 卢布	1.36 美元	18.58	65.23	−71.51
新加坡	4.7 新加坡元	3.53 美元	0.98	1.33	−26.40
南非	25.5 兰特	2.22 美元	5.32	11.48	−53.62
韩国	4 100 韩元	3.78 美元	855.95	1 083.30	−20.99
中国台湾	79 新台币	2.51 美元	16.49	31.49	−47.63
泰国	99 泰铢	3.04 美元	20.67	32.61	−36.61

注：（1）各地巨无霸汉堡包的美元价格是按照市场汇率折算；
（2）美国巨无霸汉堡包的价格是纽约、芝加哥、亚特兰大和旧金山四地的平均价。
资料来源：http://www.economist.com/content/big-mac-index

对于绝对购买力平价，卡塞尔曾做出几点重要的解释：首先，购买力平价是现实汇率水平运动的趋势，尤其在自由贸易情况下，这一假设更为有效；其次，即使贸易不是完全自由的，只要一国对进口和出口的管制程度基本相同，绝对购买力平价仍然适用；再次，由于购买力平价是由两国货币的购买力决定的，因此，在计算货币的购买力时，应以反映所有产品和劳务的总体价格水平为基础。从这种意义上说，我们并不需要"一价定律"在每一种情况下都成立，只要"一价定律"在某一种物品上的偏差能与另一种物品上的偏差相抵消即可。这样我们就可以放宽要求所有商品在价格水平中的权重都相同这一限制条件。

（二）相对购买力平价

除绝对购买力平价外，卡塞尔还提出了相对购买力平价的概念。用 P_t 表示本国在时间 t 的价格指数，P_t^* 为外国在相同时间的价格指数。假设基期的时间为 0，P_o 和 P_o^* 分别表示基期的国内外价格水平，e_0 为基期的汇率水平（直接标价法），则相对购买力平价的公式可写成：

$$e_t = \frac{P_t/P_o}{P_t^*/P_o^*}e_0 \tag{15.2}$$

其中 P_t/P_o 与 P_t^*/P_o^* 分别表示本国与外国价格指数的变化。

显而易见，如果基期汇率水平 e_0 是已知的话，那么当期的购买力平价汇率可以从两国价格指数的变化中推算出来。为了更清楚地表示汇率同物价水平之间的关系，可以将公式（15.2）通过对数求导表示成：

$$\dot{e}_t = \dot{P}_t - \dot{P}_t^* \tag{15.3}$$

其中，符号"·"表示变量的变化率，则 $\dot{P}_t$ 与 $\dot{P}_t^*$ 分别是两国的通货膨胀率。

公式（15.2）与（15.3）都说明了这样一个理论：汇率同两国价格水平的变化保持一致，汇率的变化取决于两国通货膨胀率的差异，若本国的相对价格水平上升，本国货币购买力就会下降，这时市场力量会促使汇率回到购买力平价相一致的水平，本国货币贬值。

相对购买力平价理论亦可用外汇供求关系的变化来表述。图15-1显示的是在给定外国的与本国的物价水平条件下的外汇供给曲线（F）和外汇需求曲线（D）。最初的均衡点 A 是 F_1（P_1^*）和 D_1（P_1）两条曲线的交点。

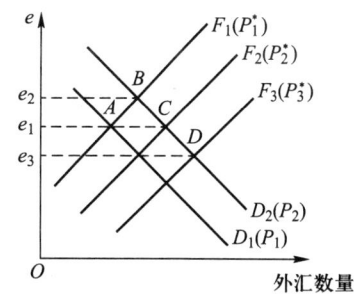

图15-1　相对购买力平价图示

根据图15-1，若本国的物价上涨，本国产品竞争力下降，进口增加，本国居民对外国的货币需求增加，则外汇需求增加，需求曲线上移至 D_2（P_2），新的均衡点为 B，此时确定的新的均衡汇率为 e_2，本币贬值。若外国物价指数也上涨，且幅度与本国相同 $\left(\dfrac{P_2^*-P_1^*}{P_1^*}=\dfrac{P_2-P_1}{P_1}\right)$，则外国的商品价格上升削弱了其竞争能力，而本国商品的出口增加使得外汇供给曲线向右下方移至 F_2（P_2^*）。新的均衡点 C 所确定的汇率与原汇率 e_1 相等，这是因为本国与外国的物价上涨幅度相同所至。而若外国的通货膨胀大大高于本国$\left(\text{即}\dfrac{P_3^*-P_1^*}{P_1^*}>\dfrac{P_2-P_1}{P_1}\right)$，则外汇供给曲线的下移距离拉大，汇率下降至 e_3，本币反而升值。

总而言之，卡塞尔在一定程度上把一国货币的对内价值（物价水平）与对外价值（汇率）联系起来，其理论较合理地体现了汇率所代表的两国货币价值的对比关系，因此具有广泛的适用性。

 专栏 15-2

购买力平价的应用

表 15-2　2014 年部分国家（地区）国内生产总值（GDP）排名

按市场汇率计算			按购买力平价（PPP）汇率计算		
排名	经济体	GDP（百万美元）	排名	经济体	GDP（百万国际美元）
1	美国	17 419 000	1	中国	18 030 932
2	中国	10 360 105	2	美国	17 419 000
3	日本	4 601 461	3	印度	7 393 076
4	德国	3 852 556	4	日本	4 630 941
5	英国	2 941 886	5	俄罗斯	3 745 157
6	法国	2 829 192	6	德国	3 689 840
7	巴西	2 346 118	7	巴西	3 263 866
8	意大利	2 144 338	8	印度尼西亚	2 676 109
9	印度	2 066 902	9	法国	2 571 970
10	俄罗斯	1 860 598	10	英国	2 524 728
11	加拿大	1 786 655	11	意大利	2 131 920
12	澳大利亚	1 453 770	12	墨西哥	2 125 257
13	韩国	1 410 383	13	韩国	1 732 352
14	西班牙	1 404 307	14	沙特阿拉伯	1 603 764
15	墨西哥	1 282 720	15	加拿大	1 566 925
16	印度尼西亚	888 538	16	西班牙	1 566 777
17	荷兰	869 508	17	土耳其	1 459 882
18	土耳其	799 535	18	伊朗	1 280 896
19	沙特阿拉伯	746 249	19	尼日利亚	1 049 102
20	瑞士	685 434	20	澳大利亚	1 031 280

注：国际美元的购买力与美元在美国的购买力相同。

资料来源：世界银行网站（http：//data.worldbank.org/data-catalog/GDP-ranking-table）和（http：//data.worldbank.org/data-catalog/GDP-PPP-based-table）。

表 15-3　2014 年部分国家（地区）人均国民总收入（GNI）排名

按市场汇率计算			按购买力平价（PPP）汇率计算		
排名	经济体	人均 GNI（美元）	排名	经济体	人均 GNI（国际美元）
1	摩纳哥	na	1	卡塔尔	133 850
2	列支敦士登	na	3	中国澳门	118 460
3	百慕大	106 140	5	科威特	87 700
4	挪威	103 050	6	新加坡	80 270
5	瑞士	90 670	7	文莱	71 020
6	卡塔尔	90 420	8	百慕大	66 560
7	中国澳门	71 270	9	挪威	65 970
8	马恩岛	na	11	阿联酋	63 750
9	卢森堡	69 880	12	瑞士	59 600
10	澳大利亚	64 680	14	卢森堡	57 830
11	瑞典	61 600	15	中国香港	56 570
12	丹麦	61 310	16	美国	55 860
13	海峡群岛	na	17	沙特阿拉伯	53 760
14	科威特	55 470	20	荷兰	47 660
15	美国	55 200	21	德国	46 840
16	新加坡	55 150	22	瑞典	46 710
17	法罗群岛	na	23	丹麦	46 160
18	加拿大	51 690	25	加拿大	43 400
19	荷兰	51 210	27	澳大利亚	42 880
20	开曼群岛	na	34	法国	39 720
23	德国	47 640	36	英国	38 370
28	法国	43 080	39	日本	37 920
29	英国	42 690	41	意大利	34 710
31	日本	42 000	42	韩国	34 620
34	中国香港	40 320	54	希腊	26 130
40	意大利	34 280	59	俄罗斯	24 710
42	韩国	27 090	88	墨西哥	16 710
76	俄罗斯	13 210	94	巴西	15 900
80	巴西	11 760	102	泰国	13 950
87	墨西哥	9 980	105	中国	13 130
101	中国	7 380	107	南非	12 700
108	南非	6 800	124	印度尼西亚	10 250
161	越南	1 890	147	印度	5 760
169	印度	1 610	152	越南	5 350

注：na 指 2014 年数据未获取，排名为大致估计。

资料来源：世界银行网站（http：//data. worldbank. org/data-catalog/GNI-per-capita-Atlas-and-PPP-table）。

245

就购买力平价的两种形式而言，本质上二者没有太大差别，都强调现实汇率的变化将最终趋于两国价格所决定的均衡水平。但绝对购买力平价是购买力平价理论最直接的表述形式，而相对购买力平价则在此基础上具体阐述了汇率随价格变动的趋势。在统计上，各国的价格水平通常以指数形式表示，因此，相对购买力平价比绝对购买力平价更具可操作性。在实际应用中，绝对购买力平价多用于理论模型的分析，付诸统计验证的则多为相对购买力平价。

二、关于购买力平价理论的争论

作为一个主要的汇率决定理论，购买力平价理论仍存在着许多有争议的问题。

（一）对购买力平价的两种解释

不论是绝对购买力平价还是相对购买力平价，商品价格指数的选择，是汇率决定的关键因素。一种观点认为，汇率决定理论是以货币的购买力为基础的，因此价格应该使用包括可贸易品和不可贸易品在内的能够反映一国所生产的所有商品和劳务的总体价格水平或指数来计算购买力平价。持这种观点的除卡塞尔本人外，还有凯恩斯、豪梯（Hawtiey）、雅格尔（Yeager）和弗兰克尔等人，他们认为只包括可贸易品的物价指数不具有广泛的代表性。外汇市场所趋向的均衡汇率是总体价格水平的均衡，是货币对内价值和对外价值的统一，只有使用总体物价水平，如消费物价指数或国内生产总值价格缩减指数（隐含指数），才能全面反映汇率的变动趋势。

实际上，主张使用更广泛商品价格指数的人，强调资产（货币）市场的均衡对汇率所起的作用，是以货币数量论为基础的。按其说法，汇率是两种货币的相对价格，汇率取决于两国货币的相对数量，两国货币市场的均衡状态决定汇率水平。由于货币数量决定了国内物价水平，所以两国相对货币数量就间接地决定了汇率水平。因此持货币数量论观点的人认为在计算购买力平价时，价格应有广泛的含义，不仅要包括可贸易品的价格，而且还要包括地租、劳务等非贸易品的价格。

在实际中，利用总体价格水平或指数计算购买力平价时，常常涉及一个内部价格比率（internal price ratio）问题。所谓内部价格比率，是一国的不可贸易品价格（P_N）与可贸易品价格（P_T）的比率（P_N/P_T）。如果将总体价格水平表示成两国不可贸易品与可贸易品的几何加权平均，则按上述观点所确定购买力平价的均衡汇率水平就可表示成：

$$PPP = \frac{P_N^\alpha P_T^{(1-\alpha)}}{P_N^{*\beta} P_T^{*(1-\beta)}} \tag{15.4}$$

其中，α 和 β 分别是本国和外国不可贸易品在其总产品中的比重。若市场汇率近似为可贸易品价格之比：$e = \dfrac{P_T}{P_T^*}$，用购买力平价除以市场汇率可得：

$$\frac{PPP}{e} = \frac{(P_N/P_T)^\alpha}{(P_N^*/P_T^*)^\beta} \tag{15.5}$$

若两国的不可贸易品的权重相同（$\alpha=\beta$），则购买力平价由此确定的汇率同市场汇率 e 相等的前提条件是，两国内部价格比率相等。若本国的内部价格比率低于外国，即 $P_N/P_T < P_N^*/P_T^*$，且两国价格指数的权数不能抵消两国在内部价格比率上的差异，那么市场汇率水平 e 高于购买力平价所确定的汇率水平，本币市场汇率被"低估"。

不同收入水平国家内部价格比率是不同的。由于发展中国家可贸易品部门多采用已经成熟的技术，所以可贸易品劳动生产率的提高速度高于不可贸易品。劳动生产率的差异引起的是要素由低收入水平向高收入水平流动，随之提高可贸易品的价格水平。因此低收入国家的不可贸易品与可贸易品的价格差异会较大。这样就会出现低收入国家的内部价格比率会低于高收入国家。现实汇率与购买力平价所确定的汇率相比（公式 15.5），低收入国家的货币应该升值，而这与大多数发展中国家所应采取的调整政策相去甚远。

对购买力平价的另一种解释是，购买力平价的计算应以可贸易品的价格为基础，如进出口价格指数和批发物价指数等。这一观点是从商品的"一价定律"出发，强调国际间商品套购对汇率所起的决定性作用。"一价定律"在开放经济条件下并不能适用于每一种商品，比如劳务等非贸易品的交易只能发生在一国的国内，而商品套购不能使此类商品的国内外价格趋同。

持这种观点的人认为，商品"一价定律"一般只适用于能进入国际市场的可贸易品，在计算购买力平价时也应只使用包含可贸易品的价格指数。比如安格尔（Angell）和麦金农（McKinnon）等人认为，汇率不是由总体价格指数能反映的货币购买力决定的，而是与同国际收支项目有关的商品价格和数量相联系的。因此，他们多主张采用批发物价指数，因为此类指数一般将劳务排除在外。

然而，以"一价定律"为基础的购买力平价理论同样存在着许多问题。以商品套购的"一价定律"为基础的购买力平价理论受到非常严格的条件限制，其中包括：

（1）所有商品具有充分的可贸易性；

（2）无关税和其他贸易限制，运输成本为零；

（3）商品应具有同质性；

（4）各种商品价格在两国价格指数中的权数相同。

如此严格的条件限制，使许多人认为购买力平价只是在非常长的时期里才会有效，或者根本无效。实际上，以"一价定律"为基础的购买力平价所描述的主要是汇率同可贸易品价格之间所存在的一种长期均衡关系，并不能体现出汇率在宏观经济中的作用，因此这一理论很难成为一个完整的汇率理论。

以上分别介绍了对购买力平价的两种理解，它们各有自己的理论依据，同时自身又存在着诸多矛盾。由此反映出购买力平价理论的定义尚不明确，该理论有待于进一步的完善。

（二）对购买力平价理论中价格与汇率因果关系的争论

从购买力平价的公式中可以看出汇率与价格之间的密切联系。对此有两种理解，一种认为价格决定汇率，购买力平价是一个汇率决定理论；另一种认为汇率作用于价格，价格的变化反映汇率的变化，购买力平价理论是一个汇率决定商品价格的理论。实际上，持以上两种极端观点的人很少，大多数人认为汇率和价格是相互作用的，两者的变化同时受制于其他外生变量的变化。由于两种因素互相作用的程度及时期长短不同，所得出的结论便会完全不同。

多恩布什和克鲁格曼认为，购买力平价在纯货币波动下是有效的，但其他因素如劳动生产率和价格结构的变化也会影响汇率。在出口方面，汇率的变化会影响两国产品的相对价格和其在国际市场上的竞争力；在进口方面，汇率通过进口价格和进口替代品等渠道，会影响一国的通货膨胀。他们认为购买力平价理论只是一种汇率与价格的均衡关系，并未说明汇率同宏观经济的联系。

对此，弗兰克尔等人有不同的理解。他们认为汇率和价格的变化都是由货币供应量决定的。在货币供应量发生变化的情况下，由于资产（货币）市场的调整速度快于商品市场，因此便出现汇率的波动大于价格的现象，出现汇率超调（overshooting）。所以，购买力平价只是研究价格和汇率决定的捷径，不是一个完整的汇率理论，其作用也只是作为长期汇率变动趋势的参考。

然而，雅格尔等人从维护购买力平价的角度出发，认为虽然汇率会影响价格，但其程度远不如价格对汇率的影响，因而购买力平价仍然有效。其原因有二：一方面，货币的购买力取决于货币的供给数量，在国内货币供应量受到控制的情况下，汇率对价格的影响是有限的；另一方面，国际贸易产品通常只占国内市场很小一部分，因而进出口因素的变化对国内价格变化影响不大。有些经济学家进一步补充认为，汇率对价格的影响仅是短期的，而购买力平价所表示的价格是均衡汇率的长期决定因素。

（三）关于相对购买力平价的基期选择问题

相对购买力平价公式（见公式15.2）有基期汇率一项，而公式（15.3）表示成变化率的形式则省去基期。但是要想确定当期汇率水平，必须确定基期的汇率，这是相对购买力平价均衡汇率无法绕过的一个问题。卡塞尔认为，基期应为一正常的时期，或市场汇率处在长期均衡水平的时期。但在实际中，要确定这样一个时期并不是一件容易的事，它不仅要求汇率是自由浮动的，而且市场环境还应比较稳定，各种影响汇率变化的短期因素（如短期资本流动、价格预期以及其他随机因素）处在相对平稳的状态。在实际计算相对购买力平价时，人们通常采用两种方法来确定基期汇率：一是利用绝对购买力平价计算出基础汇率水平，但这一方法对数据的数量和质量的要求都很高；另一种方法是使用所选定的现实市场汇率，这一方法虽省去了数据收集和计算上的许多麻烦，但必须保证所选定的基期汇率是长期均衡的。鉴于基期选择的困难，许多人得出了相对购买力平价不具有实用性的结论。

（四）关于对购买力平价所出现偏差的解释

经济学界为测试购买力平价的偏差程度，给出了实际汇率的形式：

$$q = eP^*/P \tag{15.6}$$

实际汇率是外国商品和劳务相对于本国商品和劳务的相对价格。显然，如果购买力平价理论成立，那么原则上 q 的值应等于1。但学者们进行实证检验的结果是实际汇率不仅变动大，而且具有持久性特征。对此偏差，卡塞尔认为购买力平价虽是重要的汇率决定因素，但并不唯一。其他变量和随机因素的作用也会影响现实的汇率水平。

首先是市场障碍的影响。毫无疑问，对以商品套购的"一价定律"为基础的购买力平价理论来说，运输成本、关税、配额、外汇管制和其他形式的贸易限制会使购买力平价造成严重偏差。例如加入关税后，进口成本便会提高。这样市场均衡时两国商品仍会存在价格的差异。同样，配额的限制也制约了商品套购的规模，使两国价格差异加大。这些市场障碍都会使购买力平价出现持久性的偏差。

尽管按照强调货币的相对购买力的购买力平价理论并不依赖于无市场障碍这一假设的限制，但这一理论仍会受到上述贸易限制因素的影响，这是因为这些因素也会使货币的购买力同完美市场的情况相脱节，其幅度要视限制措施的严重程度而定。在国内市场中存在市场障碍时，市场价格也将不再反映市场供求关系。价格同市场的脱离使货币的购买力难以真实地体现。

其次是国际收支中非贸易项目对购买力平价造成的影响。购买力平价理论反映的是产品和劳务的相对价格对汇率的决定作用。但国际收支中的资本金融项目、利润和利息以及单方面转移等非贸易项目的变化，同样会影响外汇市场的供求关系，从而使购买力平价出现偏差，比如资本的长期的单向流动会长期影响均衡汇率。有人认为购买力平价在此方面有所缺陷是与卡塞尔生活的历史条件有关，当时的国际资本流动无论在规模上还是在复杂性方面都不能与今日同日而语。只将商品的价格作为汇率决定的主要因素，缺乏对外汇投资和资本流动的系统分析，这不能不说是购买力平价理论的一个严重缺陷。

另外，还有人提出不完全竞争、心理预期以及政府在外汇市场的干预等因素也会造成汇率的波动及购买力平价的偏差。

多恩布什将购买力平价可能出现的偏差分成暂时性和结构性两种。他认为由于劳动合同和不充分竞争等因素使得价格和工资的变化呈黏性。如果货币的发行量增加，资产市场的调整速度快于商品市场，出现汇率超调现象，使购买力平价出现暂时性偏差，只有在长期内，货币中性才会使汇率恢复购买力平价水平。而结构性的偏差是现实汇率出现长期偏离购买力平价的原因，如劳动生产率提高、技术进步、消费偏好、人口增长等都是造成结构性偏差的实际因素。

三、对购买力平价理论的验证

针对购买力平价的有效性，学者们进行了大量的统计检验。从历史上看，对20世纪20年代实行浮动汇率制时的许多实证研究结果都表明，购买力平价理论运行良好；但对20世纪70年代以后的浮动汇率制时期的验证却显示出对购买力平价理论不利的结果。在整个20世纪70年代，外汇市场的波动要比购买力平价理论所预测的更为剧烈，购买力平价理论所依据的相对物价指数的变动无法对短期或中期的汇率波动作出合理的解释。对实际汇率的检验结果通常显示，实际汇率的变动不仅大，且具有持久性特征，而且具有同名义汇率大致相同的变化趋势，有些学者的验证结果还得出汇率同股票的价格一样具有随机游走的特征。

总结学者们对购买力平价理论的各种验证结果，可以得出以下几点结论：

（1）购买力平价理论在短期内是失效的；

（2）从长期来看，购买力平价还是比较合适的；

（3）在通货膨胀十分严重的时期，特别是在恶性通货膨胀的情况下，汇率和价格的变化较为明显地趋于一致，购买力平价的有效性较为显著。

总而言之，购买力平价理论在汇率决定理论中有着相当重要的地位。但这一理论无论是从其自身的理论争议来说，还是从其与实际的偏差来说，都不是一个完善的汇率理论。因此，学者们对汇率的决定理论又进行了其他有意义的探索。

第二节　汇率决定的资产市场分析法

资产市场分析法（asset market approach）是从 20 世纪 70 年代中期开始迅速成长起来的汇率决定理论。与传统理论强调贸易流量对汇率决定的重要性不同，该方法强调金融资产市场在汇率决定中的重要作用。由于金融资产交易变化频繁，所以这一方法能比较好地解释汇率的易变性和波动性。

一、资产市场分析法的提出背景和前提假定

资产市场分析法的提出与国际经济发展的两大时代背景密不可分。首先，1973 年布雷顿森林体系的彻底崩溃，导致国际货币制度由固定汇率制走向浮动汇率制，汇率的易变性成为显著的特点；其次，从 20 世纪 60 年代后期开始，大规模的国际资本流动成为国际经济中较为显著的经济现象，国际资本流动已脱离实物经济和国际贸易而独立运动，并对汇率产生了巨大影响。在这种背景之下，能较好地解释汇率易变性的资产市场分析法迅速崛起，逐渐成为占据主导地位的汇率决定理论。

资产市场分析法与传统的汇率决定理论不同，这是因为它扬弃了传统汇率理论中的流量分析法，把关注的目光集中到货币和资产的存量均衡上，其分析更加强调资产市场的存量均衡对汇率的决定性作用。概括来说，资产市场分析法的前提假定包括以下五个方面：

（1）理性预期（rational expectation）是决定汇率的一个十分重要的因素。投资者对某一变量未来值的主观预期，等于以当前所有信息为条件的数学期望值。

（2）资产市场的均衡状态为资产供给与需求的存量相等。资产的流动只反映了资产市场供求的暂时不平衡。

（3）汇率作为一个货币现象，也会受到实际（非货币）因素的影响，但这一影响必

须通过货币需求的变化才能实现。

（4）汇率被视为资产价格，它的波动具有同股票和债券的价格变化相同的特征。

（5）资本具有充分流动性，不存在资本管制或其他资本跨国流动的限制。

货币分析法（monetary approach）和资产组合平衡法（portfolio balance approach）是资产市场分析法的两个主要的分支。它们的区别在于对资本替代性（capital substitutability）的假定不同。货币分析法假定本国同外国债券有充分可替代性，而资产组合平衡法则假定本国同外国债券不具有充分可替代性，因此资产组合平衡法特别强调了债券市场的作用。本节首先介绍资产市场分析法中货币分析法的内容，然后进一步介绍资产组合平衡法的内容。

二、货币分析法

货币分析法中有两种分析模型：一是弹性价格货币模型（flexible-price monetary model）；另一个是黏性价格货币模型（sticky-price monetary model），以下分别讨论弹性价格下和黏性价格下的汇率决定问题，更一般性的模型分析见附录。

（一）弹性价格与汇率决定

弹性价格货币模型是资产市场分析法理论中最早建立、也是最基础的汇率决定模型。其主要代表人物有弗兰克尔（J. Frenkel）、穆莎（M. Mussa）、考瑞（P. Kouri）、比尔森（J. Bilson）等人。它是在 1975 年瑞典斯德哥尔摩附近召开的关于"浮动汇率与稳定政策"的国际研讨会上被提出来的。这里，"弹性价格"系指经济活动中的所有价格变量，如商品价格、工资、汇率等都可以自由地上下变动。

购买力平价理论表明，汇率水平与国家间的物价水平有关，但又是什么因素决定一国的物价水平或通货膨胀率呢？弄清这一问题，会让我们对汇率决定问题有更进一步的认识。货币主义者认为，长期来看，货币供给（货币增长率）决定了一国物价水平（通货膨胀率）。根据这一思想，两个国家的货币相对供给差异，通过物价水平或通货膨胀率，会影响到两国货币的比值即汇率。从实际情况看，一国流通中的货币量越多，其货币就会变得越不"值钱"，那些经历高通货膨胀的国家，其货币往往也跟着贬值。

假设本国和外国的货币需求均取决于各自的价格水平与产出或实际收入（利率因素的作用可参考附录），假设两国的货币需求函数分别为：

$$M_d = kPY \tag{15.7}$$

$$M_d^* = k^* P^* Y^* \tag{15.8}$$

上述两式中，M_d、P、Y 分别表示本国货币需求、国内价格、产出或实际收入；带"$*$"的为相应的外国变量；k、k^* 均为常数。

当两国货币市场均衡时，货币需求等于货币供给，即：$M_s = M_d$，$M_s^* = M_d^*$，分别将这两个均衡条件代入（15.7）、（15.8）两式并进行整理，可得到每个国家价格水平的表达式分别为：

$$P = \frac{M_s}{kY} \qquad\qquad (15.9)$$

$$P^* = \frac{M_s^*}{k^* Y^*} \qquad\qquad (15.10)$$

将（15.9）、（15.10）两式代入购买力平价公式（15.1），可得到汇率水平一个新的表达形式：

$$e = \frac{P}{P^*} = \left(\frac{M_s}{M_s^*}\right)\left(\frac{k^*}{k}\right)\left(\frac{Y^*}{Y}\right) \qquad\qquad (15.11)$$

（15.11）式将汇率与两国的相对货币供给 $\frac{M_s}{M_s^*}$ 以及相对实际收入水平 $\frac{Y^*}{Y}$（外国相对于本国的实际收入）联系在一起。根据公式（15.11），如果本国相对外国的货币供给增长超过了本国相对外国的实际收入增长，那么本国货币将贬值；反之，本国货币升值。如果两国货币供给以相同的速度增加，或两国实际收入等速增长，那么汇率水平将保持不变。由此可见，两国货币供应及实际收入增长速度快慢的差异，将导致汇率变动。货币主义者认为，长期内一国经济将达到充分就业状态，因此，实际收入水平将固定不变，这样一来，从长期看，货币相对供给水平或变化将决定汇率水平或波动。

对于弹性价格货币模型的批评主要在其两个基本的假定上：

（1）购买力平价持续有效。因为购买力平价在 20 世纪 70 年代西方实行浮动汇率制以来一般是失效的，使得弹性价格货币模型建立在非常脆弱的基础之上。

（2）稳定的货币需求函数。许多研究显示，主要的西方国家的货币需求极不稳定，以收入和利率为基础的需求函数不能全面反映实际的货币需求变化。

相对于弹性价格货币模型，后来的黏性价格货币模型与资产组合平衡法都不同程度地对以上的不足进行了弥补。

（二）黏性价格与汇率超调

尽管弹性价格货币模型开创了汇率决定理论的货币分析法的先河，但由于该模型的基本假设决定了它无法解释汇率的易变性，特别是短期易变性这一现象。为此，1976 年多恩布什在《预期与汇率动态》一文中首先提出汇率超调这一思想，其后又由弗兰克尔、布伊特（W. Buiter）和米勒（M. Miller）等人做了进一步发展。

黏性价格货币模型以弹性价格货币模型为基础，继承了其长期的特征，即假定购买力平价长期有效。但在分析汇率的短期波动上，黏性价格货币模型则放弃了前一模型中有关价格灵活可变的假设，而是采用了新凯恩斯主义关于价格黏性的假定。他们认为，在短期内，由于不同市场存在不同的调整速度，商品市场和资产市场并不是同时达到均衡的，资产市场调整快于商品市场调整，使汇率出现超调，这便是短期内汇率容易波动的原因，从而弥补了弹性价格货币模型缺乏短期分析的不足。

图 15-2 对汇率超调的全过程给出了一个简要描述。假设长期均衡汇率由购买力平价决定，初始时刻国内经济处于充分就业的均衡状态，国内外利率相同，均为 i_1。如图 15-2

所示，初始时刻国内货币供应量为 M_1，对应的国内价格及汇率分别为 P_1 和 e_1。假设到了 t_1 时刻，货币当局决定将货币供应量提高 20%，由原来的 M_1 提高到 M_2。从长期看，货币量的增加将导致国内价格同比例上涨 20%，由原来的 P_1 升至 $\overline{P}$。由于长期情况下购买力平价是有效的，所以本国货币将贬值 20%，汇率由原来的 e_1 升至 $\overline{e}$。

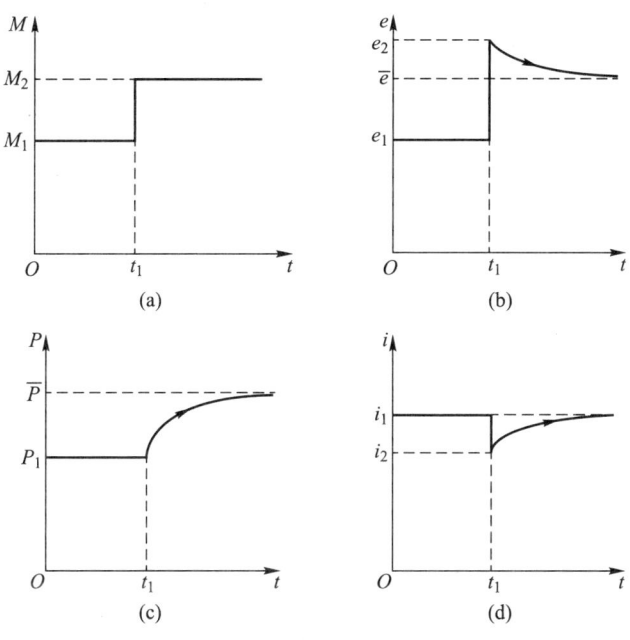

图 15-2　汇率超调图示

但短期内情况并非如此。短期内，由于价格黏性的存在，国内价格仍保持在原来水平 P_1，因此在国内价格不变的情况下，货币供应量的增加意味着货币供给过剩，从而导致国内利率下降。如图 15-2（d）所示，国内利率由原来的 i_1 降至 i_2。在无抛补利率平价有效的前提下，国内利率低于外国利率，这将导致本币贬值。如图 15-2（b）所示，汇率在 t_1 时刻由 e_1 跳升至 e_2，超过了长期均衡汇率 $\overline{e}$。显然，汇率发生超调是因为国内利率下降导致的本币贬值幅度超过了货币供应量的增加幅度（20%）。

在汇率对货币供应量的增加作出初始反应之后，推动经济系统趋向长期均衡的力量开始发挥作用。国内利率降低和本币贬值的一个直接后果便是对国内商品的需求增加，因国内生产已达到充分就业的产出水平，对国内商品的过剩需求推动了国内物价的上涨。外国居民对本国商品需求的增加，导致本国货币升值，汇率由 e_2 回落到 $\overline{e}$。与此同时，国内价格的上涨导致对货币需求的增加，从而引起国内利率上升，直到货币市场达到均衡。随着时间的推移，国内价格最终由原来的 P_1 升至 $\overline{P}$。价格上涨的幅度与货币供应量的增加幅度相同，也等于 20%。达到长期均衡时，根据购买力平价，均衡汇率水平为 $\overline{e}$。最后的结果是汇率也上升 20%，国内利率恢复到原来的水平，如图 15-2（d）所示，与国外利率持平，本币不再有贬值或升值的预期。

由以上讨论不难发现，黏性价格货币模型强调资产市场在短期汇率决定中的重要作用，而商品市场只在长期情况下，才对汇率产生实质性影响。在此之前，经济学家通常从外部随机扰动等方面来解释汇率的波动，往往不能令人满意。而黏性价格货币模型首次将汇率波动与经济系统的内在机制联系在一起，较好地解释了汇率的波动性。另外，根据黏性价格货币模型，我们还可以发现，汇率波动与国际间货币存量或货币政策的变化有很大关系，并且汇率往往要比货币政策具有更大的易变性。

三、资产组合平衡法

无论是弹性价格货币模型，还是黏性价格货币模型，都遵循一个共同假定，即国内与国外的债券具有完全替代性，投资者为风险中性。然而，在现实中国内外资产却存在不完全的替代因素，如政治风险、税赋差别等。从这一实际情况出发，汇率决定理论有了进一步发展，资产组合平衡法因而得以产生。

（一）资产组合平衡法的基本内容

资产组合平衡法最早由布朗森（W. Branson）于 1975 年提出，后来考雷（Kolly）、艾伦（Allen）与凯南（Kenen）、多恩布什、费雪等人也对该理论有进一步的研究。资产组合平衡法放松了货币模型对资产替代性的假设，认为国内外资产之间是不完全替代的。投资者根据对收益率和风险性的考察，将财富分配于各种可供选择的资产，确定自己的资产组合。资产组合达到了稳定状态，国内外资产市场供求也达到了均衡，汇率也就相应地被决定。

资产组合平衡法将一国私人部门（包括个人和企业）持有的财富（W）划分为三种形式：本国货币 M、本国债券 B 和外国债券 F。因为本、外币资产不完全替代，所以无抛补的利率平价条件在此不成立，同时新增了风险报酬（risk premium）因素。投资者根据收益和风险两因素调整资产组合，则当各资产市场达到均衡时，有：

$$W = M + B + eF \qquad\qquad (15.12)$$
$$M/W = m(i,\ i^* + \Delta e^e) \qquad m_1 < 0,\ m_2 < 0 \qquad (15.13)$$
$$B/W = b(i,\ i^* + \Delta e^e) \qquad b_1 > 0,\ b_2 < 0 \qquad (15.14)$$
$$eF/W = f(i,\ i^* + \Delta e^e) \qquad f_1 < 0,\ f_2 > 0 \qquad (15.15)$$

其中，（15.12）式为财富的定义等式，（15.13）~（15.15）式为三个资产市场的均衡条件，e 为直接标价法下的汇率，m、b、f 分别代表各资产的需求函数，m_1、m_2、b_1、b_2、f_1、f_2 代表偏导数，如 m_1 代表货币需求函数 m 对第一个变量（本国债券收益率 i）的偏导数，m_2 代表对第二个变量（按本币计算的外币债券收益率 $i^* + \Delta e^e$，一般假定 i^* 为外部给定）的偏导数，其他依次类推。另外，假设 $b_1 > |f_1|$，$b_2 < |f_2|$，即对本国债券的需求对国内利率变化的反应更灵敏；而对外国债券的需求则对汇率变化的反应更灵敏。（15.13）~（15.15）式的左边代表资产供给，右边代表资产需求，需求是两个收益率的

函数，由于两种债券不完全替代，$i \neq i^* + \Delta e^e$，两者之差是风险报酬 $\lambda = i - i^* - \Delta e^e$。由于三个等式的左边相加等于1，意味着任何两个资产市场达到均衡，第三个市场也必定趋于均衡。

用图形来表示资产组合平衡法的基本内容见图15-3。

首先，在短期内，假定本国货币、本国债券和外国债券的供给量为既定，则各资产市场的均衡由相应资产的需求决定；需求是两个收益率（i，$i^* + \Delta e^e$）的函数，若 i^* 已给定，汇率 e 的变化就决定了第二个收益率（$i^* + \Delta e^e$）的大小。根据等式（15.13）、（15.14）和（15.15），我们在图15-3的（i，e）的坐标系中得到三条不同的曲线：货币市场均衡曲线 MM、本国债券市场均衡曲线 BB 和外国债券市场均衡曲线 FF，三条曲线的斜率分别由每种资产需求函数自变量的两个偏导数决定。三条曲线斜率的不同是由于：对 MM 线来说，

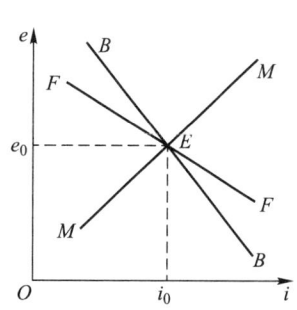

图15-3 资产组合平衡法图示

在某一既定的资产组合水平下，如果汇率 e 上升（本币贬值），则以本币表示的外国资产价值 eF 上升，财富总量 W 上升，W 上升导致对国内货币和债券的需求上升以保持资产组合的均衡。在货币供给不变的条件下，对货币的需求上升导致利息率的提高，国内货币市场才得以均衡。故 MM 线的斜率为正。对 BB 曲线来说，本国债券供给既定的情况下，对本国债券的需求上升将导致债券的价格上升，利息率的下降，故 BB 线斜率为负。而对于 FF 线，国内利率的上升意味着本国债券比外国债券更具有吸引力，所以国内私人部门会抛售外国债券，购进本国债券，从而导致本国货币升值，即汇率 e 降低，直至重新恢复平衡，故 FF 线的斜率为负。BB 线之所以比 FF 线要陡峭些，是因为本国债券需求对国内利息率的反应要灵敏些（$b_1 > |f_1|$），外国债券需求对汇率的反应要灵敏些（$b_2 < |f_2|$）。在三个市场中，只要任意两个市场达到均衡，第三个市场也将处于均衡，即三条线交于一点（E 点）。由此得出短期内的均衡利率为 i_0，均衡汇率为 e_0。

（二）资产供给的变化对均衡汇率的影响

以上分析了在短期内，当资产供给为既定时，通过对不同资产的调整，各个资产市场实现均衡，资产组合达到均衡，由此决定出一个均衡汇率。那么，当资产供给发生变化时，均衡汇率如何被决定呢？对此，资产组合平衡法作了进一步的详细分析，认为汇率正是在资产市场的动态调整从而资产组合的动态平衡过程中被决定的。当资产供给变动时，通过资产市场和资产组合的重新调整，汇率也随之发生变化。具体说，资产供给的变化有两种情况：一是资产供给总量的变化，二是资产存量结构上的变化。

1. 资产供给总量变化的影响

资产供给总量变化可细分为三种情况，它们各自对汇率产生影响的结果是各不相同的。

（1）本国货币供给量增加，这是由于政府增发货币引起的。如图15-4所示，在汇率给定的情况下，本国货币供给量增加会使得利息率下降，这就意味着 MM 曲线向左平移至 $M'M'$。同时，货币供给量增加使私人部门持有的财富总量增加，从而投资者将增加对

255

本国债券和外国债券的购买需求（财富效应）。在汇率和本国债券供给给定的情况下，本国债券需求增加会使债券价格提高，利息率下降，这意味着BB曲线向左平移至$B'B'$。在利率给定的情况下，对外国债券需求的增加会使汇率水平提高（本币贬值），这意味着FF曲线向上平移至$F'F'$。最终，当资产组合重新达到平衡时，三条曲线交于E'，与原来的均衡点E点相比，国内利率下降，汇率水平提高（本币贬值）。

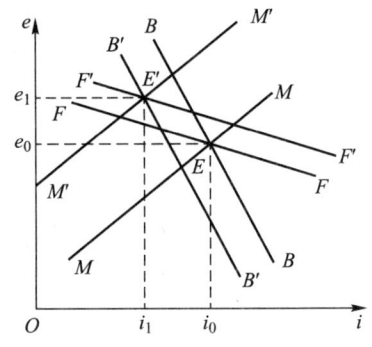

图 15-4　本国货币供给量增加的影响

（2）本国债券供给量增加，这是由于政府增发债券弥补财政赤字的结果。如图15-5所示，在汇率给定的情况下，本国债券供给量增加会使债券价格下降，利息率提高，这就意味着BB曲线向右平移至$B'B'$。同时，本国债券供给量增加使得私人部门持有的财富总量增加，从而投资者将增加对本国货币和外国债券的需求（财富效应）。对本国货币需求增加使得MM曲线向右平移至$M'M'$；而对外国债券需求的增加使得FF曲线向上平移至$F'F'$。最终，当资产组合重新达到平衡时，三条曲线交于E'，与原来的均衡点E点相比，国内利率上升，而汇率水平可能提高，如图15-5（a）所示；也可能下降，如图15-5（b）所示。之所以汇率的变动不确定，是因为本国债券供给量增加产生的财富效应使得外国债券的需求增加，其结果是汇率上升（本币贬值）；另一方面，本国债券供给量增加使债券价格下降，国内利率上升，国内收益率的上升会相对削弱对外币债券的需求，这种替代效应又会导致汇率下降（本币升值）。替代效应的大小与本国和外国债券之间的替代程度有密切的正相关关系，当本国和外国债券的替代程度较低时，则财富效应会超过替代效应，此时本国债券供给增加的结果是汇率上升（本币贬值）；反之，当替代程度较高时，结果是汇率下降（本币升值）。

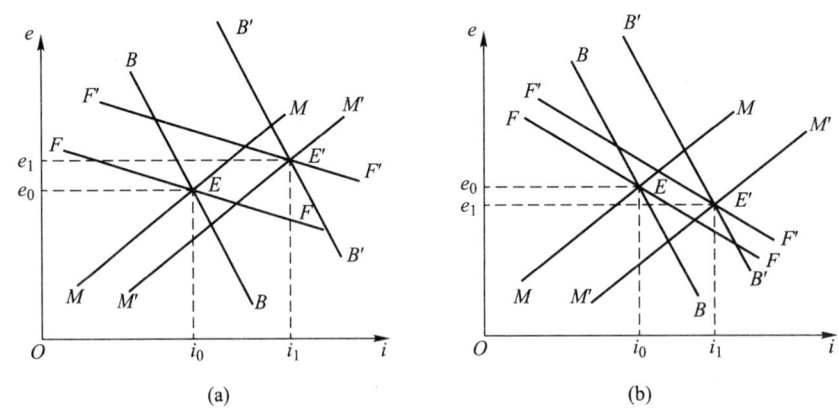

(a)　　　　　　　　　　　(b)

图 15-5　本国债券供给量增加的影响

（3）外国债券供给量增加，这来自于国际收支中经常项目的盈余。如图15-6所示，

256

外国债券供给的增加使外国债券市场出现超额供给，在汇率和外国利率给定的情况下，要使外国债券市场重新恢复均衡，就要求本国利率下降，以便使人们增加对外国债券的需求，这就意味着 FF 曲线向左下方平移至 F'F'。同时，外国债券供给量增加使得私人部门持有的财富总量增加，从而投资者将增加对本国货币和本国债券的需求（财富效应）。对本国货币需求增加使得 MM 曲线向右平移至 M'M'；而对本国债券需求的增加使得 BB 曲线向左平移至 B'B'。最终，当资产组合重新达到平衡时，三条曲线交于 E'，与原来的均衡点 E 点相比，国内利率水平的变动不确定（因为外国债券供给增加和本国债券需求增加使利率下降，而本国货币需求增加则使利率上升），而汇率水平下降（本币升值）。

2. 资产存量结构变化的影响

在资产供给总量不变的情况下，资产存量结构的变化一般由中央银行的货币政策，即公开市场业务引起，这又有两种具体情况。

（1）本国债券与本国货币互换，即 $\Delta M + \Delta B = 0$，这是央行在国内货币市场上的公开市场操作。如图 15-7 所示，当央行用本国货币购买本国债券时，货币供给量的增加使得 MM 曲线向左平移至 M'M'，而对本国债券形成的超额需求使得 BB 曲线向左平移至 B'B'。最终，当资产组合重新达到平衡时，三条曲线交于 E'，与原来的均衡点 E 点相比，国内利率下降，汇率水平上升（本币贬值）。

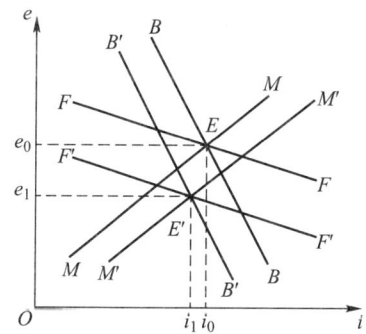

图 15-6　外国债券供给量增加的影响

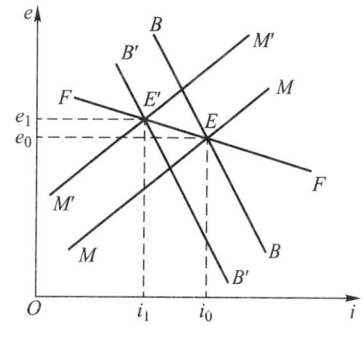

图 15-7　本国债券与本国货币互换的影响

（2）外国债券与本国货币互换，即 $\Delta M + \Delta eF = 0$，这是央行在外汇市场上的公开市场操作。如图 15-8 所示，当央行用本国货币购进外国债券时，货币供给量的增加使得 MM 曲线向左平移至 M'M'，而对外国债券形成的超额需求使得 FF 曲线向右上方平移至 F'F'。最终，当资产组合重新达到平衡时，三条曲线交于 E'，与原来的均衡点 E 点相比，国内利率下降，汇率水平上升（本币贬值）。

比较上述两种公开市场业务的效果我们可以看出，由于 FF 曲线的斜率（绝对值）小于 BB 曲

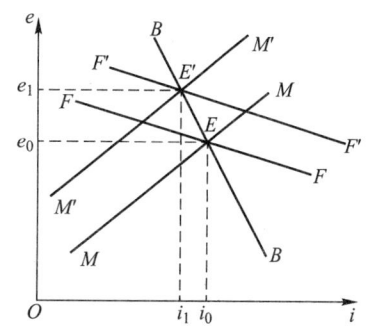

图 15-8　外国债券与本国货币互换的影响

线，所以央行在国内货币市场上的公开市场操作对利率影响程度大，对汇率影响程度小；而央行在外汇市场上的公开市场操作则对利率影响程度小，对汇率影响程度大。这一结论对于中央银行制定和实施利率和汇率干预政策具有非常强的指导意义。

四、对资产市场分析法的评价

以上对资产市场分析法的主流思想作了一个概括性的总结，使我们对资产市场分析法中的货币分析法和资产组合平衡法有了一个总体性的认识，在此基础上，我们对该理论作一个简要的评价。

第一，资产市场分析法视汇率为一种资产价格，把分析的焦点置于资产市场均衡，改变了传统汇率理论把研究重心置于国际收支差额特别是经常项目收支差额的局限性，从根本上改变了研究视角，也使理论研究更加贴近西方经济的现实。我们知道，从 20 世纪 60 年代后期开始，伴随着西方各国实施金融自由化政策，大规模的国际资本流动成为国际经济的一大特征，国际资本流动的原因不仅仅是为弥补国际收支中的经常项目差额而出现的对应变动，更重要的是，它直接产生于对国外货币资产的需求。进入 20 世纪 80 年代以后，国际资本市场上普遍出现了证券化的发展趋势，证券投资成为重要的国际投资形式，这进一步促进了国际资本的迅速成长。据统计，20 世纪 80 年代中期，每年的国际资本交易额已是国际贸易总额的 20 多倍。在这种情况下，资本流动无疑已成为影响汇率的重要因素。因此，资产市场分析法把汇率决定理论分析的重心转向资产市场，及时反映了现实经济的变化，是西方汇率决定理论研究方向上的一次重大转变。

第二，资产市场分析法体现的是一般均衡分析，这克服了传统汇率决定理论局部均衡分析的局限性。传统汇率决定理论如购买力平价理论等基本上都属于局部均衡分析，根据这些理论得出的结论，往往对现实中汇率的实际变动无法作出令人满意的解释。资产市场分析法以资产市场为分析重点，同时将商品市场结合起来进行分析，在一定程度上避免了传统汇率决定理论的片面性，因而能对现实汇率作出一定的解释。

第三，资产市场分析法第一次正式将存量分析方法引入到汇率决定理论中，同时结合流量分析方法，这对传统的单纯的流量分析法是一个重大突破。资产市场分析法从资产这一存量范畴的角度来考察汇率，而存量是即时变动的，那么，资产市场的即时调整，就迅速地表现在汇率的动态变化上。相反，流量是对应于某一时期内的变量，它在考察期内是确定的，因而流量分析法下的汇率必定带有相对稳定性的特征。从 20 世纪 70 年代实行浮动汇率制度以来，汇率的易变性成为国际经济活动中的突出现象。从理论上说，资产市场分析法的存量分析能更好地解释汇率的波动性，这显示了资产市场分析法在研究方法上的进步。

第四，资产市场分析法带有强烈的政策特征，直接为西方国家政府的宏观经济政策提供理论依据。货币分析法把目光关注在货币市场的均衡上，货币政策自然会对汇率产生重要影响，因此货币分析法十分强调货币政策以及各国货币政策的相互协调在影响汇率和稳

258

定汇率上的作用。同样，资产组合平衡法也为货币政策的实施提供了十分有力的理论依据：在资产组合平衡法的分析中，我们可以清楚地看到，央行在货币市场上的公开市场操作对汇率的影响是明确而有效的；相反，政府通过增发债券而实施的财政政策，对汇率的影响却是不确定的。同时，央行在国内货币市场上的公开市场操作对利率影响程度大，对汇率影响程度小；而央行在外汇市场上的公开市场操作则对利率影响程度小，对汇率影响程度大。这些结论对于中央银行制定和实施货币政策具有非常强的现实指导意义。

第五，资产市场分析法中尽管存在不同分支，但它们在基本分析方法上和基本理论思想上是一致的。不同分支只是表明它们是从不同的角度来考察汇率的决定，各自分析的侧重点有所区别，相应地在某些假定上有所不同而已。它们之间不是相互排斥的，而可以看成是相互补充的，在很多观点上，它们是趋于相互融合的。很多经济学家既是货币分析法的支持者，又是资产组合平衡法的研究者。

第三节　汇率理论发展的新趋势

以上我们简要介绍了几种有代表性的、比较成熟的汇率决定理论。实际上，正如前文我们曾提到的那样，20 世纪 70 年代布雷顿森林体系崩溃后，汇率水平持续波动成为外汇市场的常态。而传统的汇率理论往往不能对汇率的易变性和波动性作出令人满意的解释。所以，为了更好地解释现实，汇率理论一直是国际经济学理论和实证研究中非常活跃的领域，处于不断发展和完善的状态。概括来说，汇率理论发展的新趋势主要体现在以下几个方面：

第一，突破传统理论的分析框架，引入新的解释变量。传统汇率理论往往将研究的重心放在均衡汇率的决定上，而一些新的汇率理论则将研究的重点转向汇率决定过程和波动本身，通过对传统汇率理论的前提假定和条件进行修正、扩充和完善，引入预期、信息等基本经济因素之外的变量，对汇率决定过程和波动进行深入研究。例如，有效市场假说（Efficient Markets Hypothesis，EMH）就对传统汇率理论中假定的"外汇市场是有效率的"前提条件进行了深入分析，区分了弱式有效市场（weak form efficiency market）、半强式有效市场（semi-strong form efficiency market）和强式有效市场（strong form efficiency market）三种类型，指出在短期内，由于市场上充斥着各种各样的封闭信息，汇率不能充分反映所有信息，因而外汇市场是无效率的；而在长期，由于信息的传递和扩散，汇率将逐步反映能够获得的所有信息，因此外汇市场接近有效市场，而在有效市场条件下，汇率的变化很可能遵循随机游走（random walk）过程。"新闻"模型（news model）则进一步对信息在汇率变化中的作用进行了深入探讨，指出汇率的变动大部分是由未预期到的信息（即"新闻"）引起的，"新闻"的不可预期性导致了汇率的不可预期性和易变性。这些理论虽然存在一些争论，尚待进一步完善，但都对现实中汇率的波动具有一定的解释力。

第二，新的汇率理论更加重视对外汇市场微观结构和行为的分析。除了像传统汇率理论进行基本宏观经济因素分析之外，新的汇率理论更多地注重通过研究外汇市场结构、外汇市场交易量、外汇市场竞价等微观因素和外汇市场参与者的实际行为来解释和预测汇率的变动。例如，外汇市场微观结构理论认为，汇率波动的直接原因主要不在于宏观经济层面，而是取决于掌握不同信息或对信息有不同理解的外汇交易者在特定交易系统下相互博弈的结果。这一理论从三个微观层面进行分析：一是（私有）信息；二是（市场参与者的）异质性；三是交易系统。该理论强调在非有效的外汇市场上，来自知情交易者订单指令流和出自做市商的买卖差价这两个关键的微观金融指标才是传递和反映私有信息的唯一工具，这些信息汇集在外汇市场的交易过程中，是主导汇率和外汇交易量变化的决定因素。外汇市场行为均衡分析理论则主要探讨了市场信息不对称和交易者行为的异质性（即风险偏好）等因素对交易者的汇率预期产生影响，进而导致市场均衡状态发生变化并造成汇率过度波动的传导机制。

第三，新的汇率理论大量引入新的分析工具和方法。例如，与传统汇率理论往往使用单一方程的简化形式进行分析不同，新的汇率理论越来越多地采用联立方程模型进行研究，可以更好地反映各种变量之间的相互影响，提高对汇率变动的解释力；一些新的汇率理论通过引入自然科学中的混沌模型（chaos model）来模拟、解释和预测汇率走势；还有的运用实验经济学方法来探讨在信息不对称条件下汇率的决定和最优交易机制的设计问题；而国际金融政治经济学理论则利用政治经济学分析方法，将汇率波动问题与汇率制度、汇率政策联系起来，认为汇率关系到各国的经济利益，各国政府都从自己国家利益出发选择对本国有利的汇率制度并制定相应的汇率政策，这一行为不管是单独进行还是国与国之间合作进行，都有可能直接影响外汇市场对汇率形成的预期，从而影响汇率的波动。

本章小结

本章主要介绍一些比较有代表性的汇率决定理论，包括以商品市场"一价定律"为基础的购买力平价理论、强调货币金融资产市场重要作用的货币分析法和资产组合分析法等，最后简要分析了汇率理论发展的新趋势。

购买力平价理论是汇率理论中最具影响力的理论之一。购买力平价有两种形式，即绝对购买力平价和相对购买力平价。前者指出两国货币的均衡汇率等于两个国家的价格比率，说明某一时点上汇率决定的基础；而后者则指出汇率的变动等于两国价格指数的变动差，说明了某一段时间里汇率变动的原因。资产市场分析法扬弃了传统汇率理论的流量分析法，把关注的目光集中到货币和资产的存量均衡上，其分析更加强调资产市场的存量均衡对汇率的决定性作用。货币分析法和资产组合平衡法是资产市场分析法的两个主要的分支。它们的区别在于资产替代性这一假定上。货币分析法假定本国同外国债券有充分可替代性，而资产组合平衡法则假定本国同外国债券不具有充分可替代性，因此资产组合平衡法特别强调了债券市场的作用。货币分析法中也有两个基本的分析模型，一是弹性价格货币模型，另一个是黏性价格货币模型。前者认为汇率水平应主要由货币市场的供求状况决定；后者认为，在短期内，由于不同市场存在不同的调整速度，商品市场和资产市场并不是同时达到均衡的，资产市场调整快于商品市场调整使汇率出现超调，这便是短期内汇率容易波动的原因。资产组合平衡法指出，投资者根据对收益率和风险性的考察，将财富分配于各种可供选择的资产，确定自己的资产组合。当资产组合达到了稳定状态时，国内外资产市场供求也达到了均衡，均衡汇率也相应地被确定；当财富总量（资产供给）发生变化时，通过汇率和利率的共同调节，资产组合达到新的平衡。

通过本章对主要汇率决定理论的介绍，我们可以发现这些占据主流的汇率理论往往是从宏观角度解释汇率决定及变动的。这种分析方法用于判断长期汇率走势似乎是有效的，但对解释现实存在的、与宏观经济理论相悖的无规则汇率运动常常无能为力。目前学者们突破传统理论的分析框架，通过引入新的解释变量、分析工具和方法，将汇率理论研究的重心由宏观分析转向了外汇市场结构、外汇交易行为等微观领域，微观分析已日益成为汇率理论发展的新趋势。

即测即评

请扫描右侧的二维码，您可在线自测并查看答案。

练习与思考

1. 假设英国的年通货膨胀率为 10%，而美国只有 2%。根据相对购买力平价，英镑对美元的汇率将如何变化？

2. 假设预期实际利率在美国为每年 5%，而日本为每年 1%，试说明下一年度美元/日元汇率的变化趋势。

3. 请对以下说法进行评价：当一个国家名义利率的变化是由其预期利率的提高引起时，本币升值；而由其预期通货膨胀率的提高引起时，本币贬值。

4. 什么是汇率"超调"？

5. 试利用资产组合平衡法分析资产供给总量增加对汇率和利率的影响。

6. 试述资产市场分析法的宏观经济政策含义。

7. 请利用主要的汇率决定理论分析 2005 年以来人民币相对于美元升值的原因。

8. 试述汇率理论研究的新趋势。

附录

汇率决定的货币模型

一、弹性价格货币模型

如正文所述，弹性货币分析法的一个基本思想是，汇率是两国货币的相对价格，而不是两国商品的相对价格，因此汇率水平应主要由货币市场的供求状况决定。它的两个重要假设是：（1）稳定的货币需求方程，即货币需求同某些经济变量存在着稳定的关系；（2）购买力平价持续有效。

首先考虑一国货币市场的需求函数，它取决于实际收入（Y），价格水平（P）和利息率水平（i）。

即货币需求 $L_D = L(Y, i)$，而实际货币供给为 M/P。货币供给等于货币需求：

$$\frac{M}{P} = L(Y, i) \tag{15.16}$$

假设货币需求函数为卡甘（Cagan）货币需求函数形式，即：

$$\frac{M}{P} = Ke^{-\lambda i}Y^{\eta} \tag{15.17}$$

其中，η 代表货币需求的收入弹性，λ 代表货币需求的利率准弹性，K 为参数。为简便起见，不妨假定 $K = 1$。对（15.17）式两边取对数，可得：

$$m = p + \eta y - \lambda i \tag{15.18}$$

其中 $m = \ln M$，$p = \ln P$，$y = \ln Y$。

同样，对于外国也有类似的关系式：

$$m^* = p^* + \eta^* y^* - \lambda^* i^* \tag{15.19}$$

假定本国与外国的货币需求方程相同，即 $\eta = \eta^*$，$\lambda = \lambda^*$，则上式可改写为：

$$m^* = p^* + \eta y^* - \lambda i^* \tag{15.20}$$

其次，假定国内货币市场和国外货币市场满足购买力平价。根据购买力平价公式（15.1），并将汇率表示成对数形式，即为：

$$s = \ln e = \ln \frac{P}{P^*} = p - p^* \tag{15.21}$$

将（15.18）和（15.20）式代入（15.21）式可得：

$$s = (m - m^*) - \eta(y - y^*) + \lambda(i - i^*) \tag{15.22}$$

公式（15.22）是弹性价格货币模型的基本形式，它将汇率的决定主要归于三组变量：两国相对货币供给量、相对实际收入和相对利息率。下面分别讨论这三组变量对汇率的影响。

（一）相对货币供给变化

由（15.22）式，在其他因素不变的前提下，如果本国的货币供应量相对于外国增加，则汇率上升，即本币贬值；反之则本币升值。在图15-9中，假定外国的货币供给、实际收入和利率水平不变，由（15.19）式可知外国的价格 P^* 不变。图15-9的第一象限反映的是国内货币市场达到均衡时，货币供求与价格之间的关系，即 $P = M/L(Y, i)$。在某一既定的收入和利率水平 (Y_0, i_0) 下，货币市场均衡线 $P = M/L(Y_0, i_0)$ 是一条从原点出发的直线。

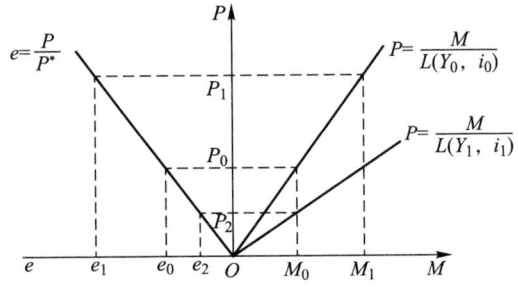

图15-9 弹性价格货币模型图示

当货币供给从 M_0 增加到 M_1 时，国内价格水平同比例上升，由 P_0 上升到 P_1。图15-9的第二象限反映的是购买力平价线 $P = eP^*$。由于 P^* 固定不变，则 $e = P/P^*$ 为一条从原点出发的斜率为常数的直线。当国内货币扩张（$M_0 \to M_1$）导致价格上升（$P_0 \to P_1$）时，汇率就会相应地由 e_0 提高到 e_1，本币贬值。

（二）相对实际收入水平变化

如果本国实际收入水平提高，则对货币需求相应增加。在货币供给量和利率保持不变的情况下，要保持货币市场均衡，必然要求国内价格下降。而国内价格的下降又会反映到汇率的变化上，根据购买力平价，汇率下降，本币升值。同样，外国实际收入水平的上升将导致外国价格下降，为维持购买力平价，本币将贬值。

262

（三）相对利率变化

本国利率的上升（下降）将导致本币贬值（升值）。这是因为利率上升（下降）将引起货币需求的下降（上升），从而导致国内价格的上升（下降），最终导致本币贬值（升值）。

由以上的讨论我们还可以进一步看出，当影响汇率的因素同时发生变化时汇率的变化情况。在图15-9中，当本国实际收入由 Y_0 增加到 Y_1，利率由 i_0 下降到 i_1，使实际货币需求从 $L(Y_0, i_0)$ 增加到 $L(Y_1, i_1)$，第一象限中的货币市场均衡线斜率变小，超额货币需求使价格从 P_0 下降到 P_2。在第二象限的购买力平价关系上则表现为本币升值，如图所示，汇率由 e_0 下降至 e_2。

如果考虑通货膨胀预期的效应，我们可将名义利率分解为实际利率和预期通货膨胀率之和。假设国内外实际利率相同，并且保持固定不变，那么国内外名义利率之差就等于两国的预期通货膨胀率之差 $(\dot{P} - \dot{P}^*)$，于是（15.22）式可改写为：

$$s = (m - m^*) - \eta(y - y^*) + \lambda(\dot{P} - \dot{P}^*) \tag{15.23}$$

（15.23）式反映了通货膨胀预期对汇率的影响。例如，货币供给量增长相对较快的国家，其预期通货膨胀率也相对较高，因此其货币贬值的幅度要比不考虑预期的情形更大。

二、黏性价格货币模型

由多恩布什提出、后经弗兰克尔等人修正的黏性价格货币模型是以小国为考察对象的。在小国情形下，本国经济变化不会对世界市场产生影响，这时国际市场上的利率和价格水平对本国来说都是给定的。黏性价格货币模型假定资本具有充分流动性，短期内商品市场价格存在黏性。

假设长期均衡汇率是既定的。短期内，现实汇率会偏离均衡汇率。现实汇率同长期均衡汇率的偏离将会导致市场短期的调整，调整方程如下所示：

$$\Delta e^e = -\theta(s - \bar{s}) + (\pi - \pi^*) \tag{15.24}$$

（15.24）式中 $\bar{s}$ 和 s 分别表示以对数表示的长期均衡汇率水平和以对数表示的当前汇率水平，π 和 π^* 分别表示本国和外国的预期通货膨胀率，θ 为调整系数（$\theta > 0$）。

假定无抛补利率平价成立，即：

$$\Delta e^e = i - i^* \tag{15.25}$$

由（15.24）式和（15.25）式整理可得：

$$s - \bar{s} = -1/\theta[(i - \pi) - (i^* - \pi^*)] \tag{15.26}$$

其中，$i - \pi$ 与 $i^* - \pi^*$ 分别表示本国和外国的实际利率，二者之差即代表两国的实际利差。（15.26）式表明，当前汇率与长期均衡汇率之差与两国实际利差同比例变动。

与弹性价格货币模型相同，黏性价格货币模型假定长期中购买力平价成立，整个经济系统也趋于稳态，对汇率的预期贬值率就等于两国通货膨胀率之差，则 $\Delta e^e = \pi - \pi^*$。结合（15.25）式可得：

$$\Delta e^e = \pi - \pi^* = i - i^* \tag{15.27}$$

将（15.27）式代入弹性价格货币模型中的基本等式（15.22），可得长期稳态均衡汇率为：

$$\bar{s} = (m - m^*) - \eta(y - y^*) + \lambda(\pi - \pi^*) \tag{15.28}$$

将（15.28）式代入（15.26）式并进行整理，就得到一个包含汇率超调思想的黏性价格货币模型基本表达式：

$$s = (m - m^*) - \eta(y - y^*) + \lambda(\pi - \pi^*) - 1/\theta[(i - \pi) - (i^* - \pi^*)] \tag{15.29}$$

当调整速度 θ 为无限大时，（15.29）式中两国实际利差项的系数为零，此时（15.29）式与弹性价格货币模型的基本等式（15.22）相同。这就是说，弹性价格货币模型可以看成是黏性价格货币模型的一个特例。

第十六章
国际收支调整理论

在经济全球化趋势日益明显的今天，国际收支的均衡与否对一国经济有重要的影响，国际收支的均衡越来越受到人们的关注。

现实中，国际收支失衡经常出现，而且很多时候国际收支往往不能自动恢复平衡[①]，需要借助于外部干预来恢复平衡。有关外部平衡的政策工具将在后面几章里专门讨论，本章专门讨论国际收支的调整机制问题，即国际收支将通过何种渠道恢复平衡。本章介绍三种主要的国际收支调整理论：弹性分析方法、吸收分析方法和货币分析方法。其中，弹性分析方法和货币分析方法属于价格调整机制，即主要通过汇率的变动来调整国际收支，恢复国际收支的均衡；吸收分析方法属于收入调整机制，即主要通过总支出或生产的变动来调整国际收支。

弹性分析方法和吸收分析方法是比较早期的国际收支调整理论，由于在当时的历史条件下，经常项目是国际收支最主要的构成部分，所以这两种方法都以经常项目为对象，讨论国际收支的调整问题。而货币分析方法则讨论包括资本和金融项目在内的国际收支调整问题。

第一节　国际收支调整的弹性分析法

国际收支调整的弹性分析法（elasticities approach to the balance of payments）是指在收入不变动的情况下，运用汇率与价格的变动对经常项目失衡进行调节，由于这一调整机制与进出口商品的供求弹性关系密切，所以被称为弹性分析法。这一理论最先由英国经济学

---

① 可自动恢复平衡的或短期性的国际收支失衡不在我们讨论之列。

家马歇尔（Marshall）提出，后来经过罗宾逊（Robinson）、马克卢普（Machlup）和勒纳（Lerner）等人的进一步发展，成为国际收支调整理论的重要内容之一。

一、商品市场与外汇市场

本节我们引入一个简单的局部均衡模型，通过比较静态的分析方法，来考察汇率调整对国际收支的影响。假设世界由 A 和 B 两个国家组成，两国均生产两种同质商品 X 和 Y，其中 A 国向 B 国出口 X 商品，从 B 国进口 Y 商品。假设 A 国的货币单位为美元（＄），B 国的货币单位为英镑（£）。

根据第一章图 1-11 和图 1-12 的方法，我们可以得出 A 国的出口供给曲线和进口需求曲线，如图 16-1（a）和（b）所示。图中纵坐标是用美元表示的商品价格，出口供给曲线和进口需求曲线分别描述了 A 国关于 X 的出口数量和关于 Y 的进口数量，与用美元表示的商品价格之间的关系。采用同样的方法，可以得到 B 国的进口需求曲线和出口供给曲线，与 A 国的这两条对应曲线唯一的区别是，B 国的商品价格是用其本国货币——英镑表示的。

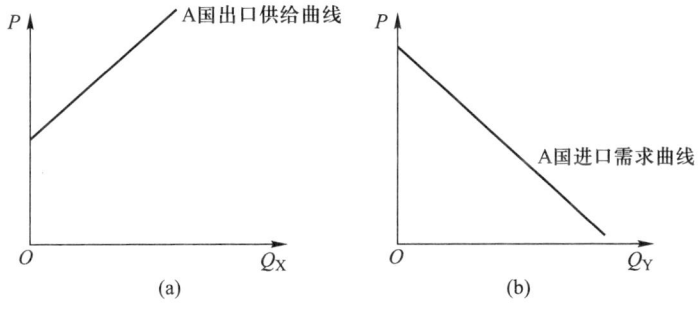

图 16-1　A 国的出口供给曲线和进口需求曲线

根据第一篇所学的知识，给定 A、B 两国的进口需求曲线和出口供给曲线，便可以确定开放经济下的商品市场均衡，均衡条件为 A 国的 X 出口供给＝B 国的 X 进口需求，A 国的 Y 进口需求＝B 国的 Y 出口供给。然后，均衡状态下的进出口分别乘以相应的商品均衡价格，便确定了每个国家的进口支出和出口收入（用美元或英镑计算）。一国出口收入与其进口支出之差便确定了该国的贸易顺差或逆差。

但是由于 A、B 两国使用不同的货币，它们各自的需求和供给曲线中的价格都是以本国货币表示的。因此，要想确定商品市场的均衡，必须将两国的不同货币单位的价格转化成用同一货币表示的价格。这里，不妨将 A 国的价格转化为用英镑来标价。假定美元的汇率为 2，即 1 英镑可兑换 2 美元。将 A 国的进口需求曲线、出口供给曲线中每一商品数量对应的美元价格除以 2，就得到了按英镑标价的进口需求曲线和出口供给曲线。

图 16-2 描述的是统一采用英镑标价后的国际均衡的确定。在图 16-2（a）中，A 国的出口供给曲线与 B 国的进口需求曲线相交于均衡点 E，商品 X 的国际均衡价格是 £50，

均衡数量为 4 000；在图 16-2（b）中，A 国的进口需求曲线与 B 国的出口供给曲线相交于均衡点 F，商品 Y 的国际均衡价格是 £40，均衡数量为 8 000。此时，A 国的出口收入是 £50×4 000＝£200 000（或 $400 000）；进口支出为 £40×8 000＝£320 000（或 $640 000）。在给定的汇率水平下，A 国处于贸易逆差状态（£200 000-£320 000＝-£120 000）。

现在面临的问题是：美元贬值能否降低 A 国的贸易逆差，调整该国的国际收支，使其恢复平衡？

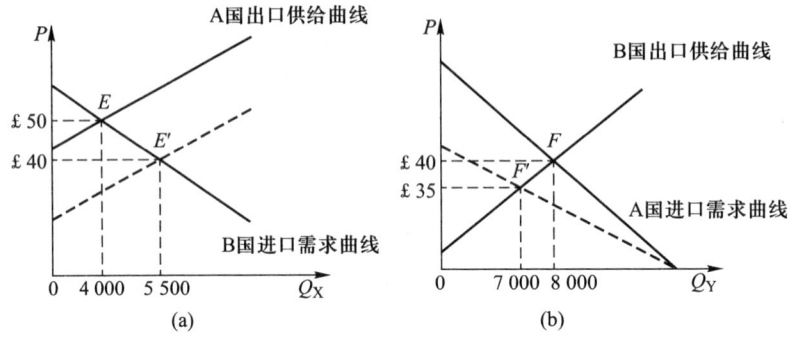

图 16-2　均衡的确定及其变动

对于图 16-2 所对应的情形，如果是在浮动汇率制下，汇率会自动进行调整，直到国际收支达到平衡。也就是说，美元对英镑将自行贬值。如果汇率不能自由浮动，是由货币管理当局控制的，如固定汇率制、可调整的钉住汇率制或有管理的浮动汇率制，则可通过货币管理当局对汇率进行调整这一机制，来消除国际收支的失衡。在弄清汇率调整对国际收支究竟有什么影响之前，我们首先看一看汇率变动所产生的影响。

当美元贬值后，图 16-2 中所描述的均衡将发生变动，这是因为图 16-2 中 A 国的进口需求曲线和出口供给曲线的位置因美元贬值而向下移动。现在，假定美元汇率由原来的 2 变为 3，即 1 英镑现在可兑换 3 美元。图 16-2 中的虚线代表的是美元贬值后 A 国的出口供给曲线和进口需求曲线。图 16-2（a）中的均衡点由原来的 E 移动到 E'，图 16-2（b）中的均衡点由原来的 F 移动到 F'。以下，我们分别考察美元贬值所产生的一些重要影响。

（1）对贸易量的影响。A 国的出口数量增加了，由原来的 4 000 上升至 5 500；A 国的进口数量减少了，由原来的 8 000 降至 7 000。

（2）对商品外币价格的影响。贬值降低了商品外币价格。X 的价格由原来的 £50 降到 £40，Y 的价格由原来的 £40 降至 £35。

（3）对商品本币价格的影响。贬值会导致商品本币价格上涨。图 16-2 虽然未直接给出 X 和 Y 用美元表示的价格，但我们可以很容易地推断出这一结论：由于贬值后 A 国的出口数量增加了，根据图 16-1（a），X 的美元价格必然上升（由原来的 $100 上升为 $120）；贬值后，A 国的进口数量减少，根据图 16-1（b），Y 的美元价格必然上升（由

266

原来的 $80 上升为 $105）。

（4）对外汇供需的影响。贬值会导致外汇需求的减少，这是因为进口数量与价格（英镑表示的）均下降了。在图 16－2（b）中，A 国的进口支出由原来的 £320 000 减至 £245 000。在图 16－2（a）中，贬值后 A 国的出口收入由原来的 £200 000 增加到 £220 000。但在一般情况下，贬值对外汇供给的影响并不能确定，图 16－2 中的结果只是其中可能的一种情形，因为贬值后出口虽增加了，但出口价格（英镑表示的）下降了，所以对外汇供给的最终影响效果无法判断。

（5）对贸易条件的影响。美元贬值对 A 国贸易条件的影响也是不确定的。前面提到美元贬值后，以美元表示的商品价格上涨，以英镑表示的商品价格下跌，这样一来反倒难以判断 A 国贸易条件究竟如何变化。具体来说，A 国贸易条件是改善还是恶化或不变，取决于进出口商品的供给弹性和进出口商品的需求弹性的大小。

除了上述影响之外，我们最为关心的还是美元贬值对 A 国国际收支的影响。在图 16－2 中可以发现，美元贬值后 A 国的贸易逆差由原来的 £120 000 减少到 £25 000。但是（4）中的结论告诉我们，通过贬值来改善一国的国际收支这一设想并不一定在任何情况下都能实现。

二、货币贬值对国际收支的影响：马歇尔－勒纳条件

货币贬值所产生的两个重要效应——价格效应和贸易量效应，结合在一起决定了经常项目收支的变化。那么经常项目收支最终将如何变化？下面我们从进出口商品需求价格弹性的角度，来具体考察一下货币贬值的效果，给出货币贬值改善经常项目收支的一个重要的充分条件，即"马歇尔－勒纳条件"（Marshall-Lerner condition）。

为了得到马歇尔－勒纳条件，假设本国出口商品供给和外国出口商品供给都是完全弹性的，即供给价格弹性为无穷大。对应于本假设，图 16－2 中的进出口供给曲线应为水平的，这一假设意味着需求曲线的移动对价格没有影响。所以两个国家的国内价格（以各自货币表示的）保持不变，贸易条件的变化完全由汇率变化引起。

以本币表示的经常项目差额可表示成如下形式：

$$CA = P_X X - eP_M M \tag{16.1}$$

其中，CA 表示贸易收支差额，P_X 表示出口商品的本币价格，X 表示本国出口量，e 表示汇率（直接标价法），P_M 表示进口商品的外币价格，M 表示本国的进口量。

当本币贬值时，在以外币表示的进口商品价格不变的情况下，以本币表示的进口价格将上升，但由于进口量受本国对进口产品需求弹性的影响，在不同弹性条件下，进口量 M 的减少幅度将有所不同。例如，当进口需求弹性大于 1 时，进口数量减少的幅度就会大于进口价格上涨的幅度，进口支出将减少，从而有利于贸易收支的改善；当进口需求弹性小于 1 时，则进口数量减少的幅度小于进口价格上涨的幅度，进口支出将增加，从而不利于贸易收支的改善。

另一方面，当本币贬值时，虽以本币表示的出口商品价格不变，但换算成外币后在国

外的销售价格将下降，所以出口商品的数量可能要增加。同样在不同的出口需求弹性情况下，出口量 X 的变化也有所不同。例如出口需求弹性等于零时，不管出口价格如何变化，出口量 X 不发生改变，因而出口收入不变；而当出口需求弹性大于零时，贬值后出口量将上升，以本币表示的出口收入也将增加。

那么，在什么样的弹性条件下一国货币的贬值可以起到改善贸易收支的作用呢？下面进行具体推导。

根据（16.1）式，只要 $\dfrac{\mathrm{d}CA}{\mathrm{d}e}>0$，本币贬值就可使贸易收支改善。这一条件也可写作

$$\frac{\mathrm{d}CA}{\mathrm{d}e}=P_{\mathrm{X}}\frac{\mathrm{d}X}{\mathrm{d}e}+\frac{\mathrm{d}P_{\mathrm{X}}}{\mathrm{d}e}X-\left(P_{\mathrm{M}}M+eM\frac{\mathrm{d}P_{\mathrm{M}}}{\mathrm{d}e}+eP_{\mathrm{M}}\frac{\mathrm{d}M}{\mathrm{d}e}\right)>0 \tag{16.2}$$

由于假定以本币表示的出口商品价格和以外币表示的进口商品价格保持不变，即 P_{X} 和 P_{M} 为常数，所以（16.2）式可简化为

$$P_{\mathrm{X}}\frac{\mathrm{d}X}{\mathrm{d}e}-\left(P_{\mathrm{M}}M+eP_{\mathrm{M}}\frac{\mathrm{d}M}{\mathrm{d}e}\right)>0 \tag{16.3}$$

在（16.3）式的两边同乘以 $\dfrac{e}{P_{\mathrm{X}}X}$ 并进行整理，可得

$$\frac{\mathrm{d}X}{\mathrm{d}e}\frac{e}{X}-\frac{eP_{\mathrm{M}}M}{P_{\mathrm{X}}X}\left(1+\frac{e}{M}\frac{\mathrm{d}M}{\mathrm{d}e}\right)>0 \tag{16.4}$$

定义出口产品需求价格弹性和进口产品需求价格弹性分别为

$$d_{\mathrm{X}}=\frac{\mathrm{d}X/X}{\mathrm{d}P_{\mathrm{X}}'/P_{\mathrm{X}}'},\qquad d_{\mathrm{M}}=\frac{\mathrm{d}M/M}{\mathrm{d}P_{\mathrm{M}}'/P_{\mathrm{M}}'} \tag{16.5}$$

（16.5）式中 P_{X}' 和 P_{M}' 分别是出口产品的外币价格和进口产品的本币价格，则

$$P_{\mathrm{X}}'=P_{\mathrm{X}}/e,\ P_{\mathrm{M}}'=eP_{\mathrm{M}} \tag{16.6}$$

将（16.6）式代入（16.5）式并进行整理，可得

$$d_{\mathrm{X}}=-\frac{\mathrm{d}X/X}{\mathrm{d}e/e},\ d_{\mathrm{M}}=\frac{\mathrm{d}M/M}{\mathrm{d}e/e} \tag{16.7}$$

将（16.7）式代入（16.4）式，可得

$$-d_{\mathrm{X}}-\frac{eP_{\mathrm{M}}M}{P_{\mathrm{X}}X}\ (1+d_{\mathrm{M}})\ >0 \tag{16.8}$$

假设本币贬值前贸易收支是平衡的，即 $P_{\mathrm{X}}X=eP_{\mathrm{M}}M$，则（16.8）式可简化为

$$-d_{\mathrm{X}}-\ (1+d_{\mathrm{M}})\ >0 \tag{16.9}$$

（16.9）式经整理，可得

$$|d_{\mathrm{X}}+d_{\mathrm{M}}|>1 \tag{16.10}$$

（16.10）式就是所谓的马歇尔-勒纳条件。该条件表明，在进出口商品的供给弹性趋于无穷大的前提下，如果进出口商品需求弹性之和的绝对值大于1，则货币贬值就能发挥其扭转贸易状况、改善国际收支的作用。

专栏

马歇尔-勒纳条件的实证检验

表 16-1　部分国家和地区进出口产品需求价格弹性估计

国家或地区	进口产品需求弹性	出口产品需求弹性	进出口产品需求弹性之和
美国	−0.92	−0.99	−1.91
日本	−0.93	−0.93	−1.86
德国	−0.60	−0.66	−1.26
英国	−0.47	−0.44	−0.91
加拿大	−1.02	−0.83	−1.85
其他发达国家	−0.49	−0.83	−1.32
发展中国家	−0.81	−0.63	−1.44
OPEC	−1.14	−0.57	−1.71

资料来源：Jaime Marquez. Bilateral Trade Elasticities. Review of Economics and Statistics, 1990, 72（1）：75−76.

表 16-2　15 个发达国家和 9 个发展中国家进出口产品需求弹性（绝对值）

	出口产品需求弹性	进口产品需求弹性	进出口产品需求弹性之和
发达国家			
美国	1.19	1.24	2.43
日本	1.40	0.95	2.35
德国	1.02	0.79	1.81
英国	0.86	0.65	1.51
法国	1.28	0.93	2.21
意大利	1.26	0.78	2.04
加拿大	0.68	1.28	1.96
比利时	1.12	1.27	2.39
丹麦	1.04	0.91	1.95
挪威	0.92	1.19	2.11
瑞典	1.58	0.88	2.46
瑞士	1.03	1.13	2.16
荷兰	1.46	0.74	2.20
奥地利	1.02	1.23	2.25
冰岛	0.83	0.87	1.70
发达国家平均	1.11	0.99	2.10
发展中国家			
韩国	2.5	0.8	3.3
巴西	0.4	1.7	2.1
阿根廷	0.6	0.9	1.5
土耳其	1.4	2.7	4.1

	出口产品需求弹性	进口产品需求弹性	进出口产品需求弹性之和
菲律宾	0.9	2.7	3.6
印度	0.5	2.2	2.7
巴基斯坦	1.8	0.8	2.6
肯尼亚	1.0	0.8	1.8
摩洛哥	0.7	1.0	1.7
发展中国家平均	1.1	1.5	2.6

资料来源：Gylfason. Does Exchange Rate Policy Matter? . European Economic Review, 1987, 31 (1-2)：377.

三、货币贬值的时滞及"J曲线"效应

如同其他大部分经济政策有其政策时滞一样，汇率贬值政策的效应也有时滞问题。货币贬值的时滞效应是指：当一国的货币当局采取使本币贬值的调整政策以后，相关实际部门贸易量的调整不会同步进行，而是需要一个过程，从而在本国汇率变动的瞬间到实际部门进出口数量的调整与随之而来的国际收支均衡的恢复之间产生一个时间上的延滞。贬值后贸易量调整存在的这种时滞效应可用著名的"J曲线"来描述。即一国的货币贬值后，最初只会使国际收支状况进一步恶化，只有经过一段时间以后，才会使贸易收入增加，并改善国际收支状况。如果用横轴表示时间，用纵轴表示贸易收支的变动，那么贸易收支对货币贬值的反应轨迹如图16-3所示。

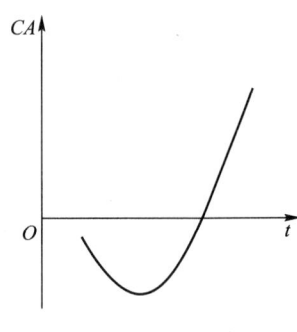

图16-3 J曲线

因为该曲线形状类似英文大写字母J，故名J曲线，呈现先降后升的趋势。

J曲线形状的形成原因可以这样解释：由于货币贬值，汇率上升可以相对降低本国商品在外国市场上的价格，因而在国际贸易中，本币对外贬值经常被用作增强本国出口商品的竞争优势、扩大出口、改善国际收支状况的手段。然而，在通常情况下，一国的货币贬值并不会立即引起贸易收入增加，这是因为，从货币贬值到贸易收支状况改善之间，存在着以下五种时滞：

（1）货币贬值后，本国出口商品的新价格的信息还不能立即为需求方所了解，即存在认识时滞；

（2）供求双方都需要一定时间判断价格变化的重要性，即存在决策时滞；

（3）供给方国内对商品和劳务的供应不能立即增加，即存在生产时滞；

（4）供给方和需求方都需要一定时间处理以前的存货，即存在取代时滞；

（5）把商品、劳务运往国际市场需一段时间，即存在着交货时滞。

因此，货币贬值初期，由于出口价格降低但出口数量却没能同步增加，同时进口价格提高但进口数量却没能同步减少，因而导致国际收支状况会进一步恶化。只有经过一段时间，货币贬值引起的出口价格降低使得出口数量更大幅度上升，同时进口价格提高使得进口数量明显减少，国际收支状况才会逐步改善，货币贬值的效果才能充分发挥出来。

四、弹性分析法的局限性

国际收支调整的弹性分析法的一个重要前提假定是，货币贬值前后以本币表示的出口商品价格和以外币表示的进口商品价格保持不变，即本币贬值只改变贸易双方的相对价格，而不改变其国内的价格。这种假定显然并不合理。因为在实际情况中，本币贬值往往会导致国内价格上涨，从而促使国内生产成本提高，出口竞争力下降。这是因为，随着本币的贬值，那些必须依赖进口的中间投入品和最终产品的本币价格会上升，中间投入品价格上升将直接增加依靠进口中间投入品来生产的厂商的生产成本，从而使得产品价格提高，而进口最终产品价格的上升则直接推动国内物价的上涨。另一方面，本币贬值带来的出口增加会促使资源向可贸易品部门转移，从而减少不可贸易品生产部门的可用资源，随之导致不可贸易品供给量的下降与价格的上升，进而推动社会整体物价水平的上升。

另外，国际收支调整的弹性分析法只考虑了汇率变动对于进出口贸易的影响，将贸易收支看作整个国际收支，没有考虑汇率变动对于资本和金融项目的影响。同时，弹性分析法属于静态的局部均衡分析，没有考虑汇率变化对于社会总收入和总支出的影响，也没有考虑国内货币供给的变化对国际收支的影响。这些局限性在其他国际收支调整理论分析中得到了一定程度的弥补。

第二节　国际收支调整的吸收分析法

国际收支调整的吸收分析法（absorption approach to the balance of payments）是西德尼·亚历山大（Sidney Alexander）于 1952 年任职于国际货币基金组织时提出的。该分析方法提出只有当一国商品、劳务产出的增加超过其吸收能力的增加时，该国的国际收支才能得以改善。这里"吸收"（absorption）一词系指国内居民在商品和劳务上的支出。

这种分析方法的新颖之处，在于当它被运用于分析货币贬值能否改善一国贸易收支这一问题时，要比前面所介绍的弹性分析方法更为完善。这一分析方法实际上就是凯恩斯乘数理论与弹性分析法的综合，它的理论基础源于凯恩斯的国民收入决定理论。

一、开放经济乘数

开放经济的国民收入均衡恒等式可表示成如下形式：

$$Y = C + I + G + X - M \tag{16.11}$$

这个恒等式的左边和右边分别代表国民收入（总收入）Y 和总支出，总支出中，投资 I、政府购买支出 G 和出口 X 为外生变量，消费 C 与进口 M 为内生变量，并且均为国民收入 Y 的线性函数。C、M 的具体表达式分别为

$$C = \bar{C} + cY \tag{16.12}$$

$$M = \bar{M} + mY \tag{16.13}$$

这里的 $\bar{C}$ 为自主性消费，c 为边际消费倾向，为既定的常数，cY 为收入引致的消费量。$\bar{M}$ 为自主性进口，m 为边际进口倾向，是一个既定的常数，mY 为收入引致的进口量。

为便于集中分析恒等式中的国际部分，我们将（16.11）式移项变换为

$$Y - (C + I + G) = X - M \tag{16.14}$$

（16.14）式左边表示国民收入 Y 减去本国居民对所有商品（包括本国的和外国的）的总支出（$C + I + G$），而等式右边则表示本国的进出口差额。

令 $A = C + I + G$，A 为吸收部分，则（16.14）式可重新表述为

$$Y - A = X - M \tag{16.15}$$

由等式（16.15）可知，在均衡时，收入 Y 与本国居民支出（即吸收 A）之差等于出口 X 与进口 M 之差（即贸易差额）。凯恩斯主义的乘数分析可帮助我们理解本国或外国居民的支出变动，如何影响均衡的国民收入，以及国际收支与国民收入的关系。

将（16.12）与（16.13）两式代入（16.11）式，可得

$$Y = (\bar{C} + cY) + I + G + X - (\bar{M} + mY) \tag{16.16}$$

上式经整理变为

$$(1 - c + m)Y = \bar{C} + I + G + X - \bar{M} \tag{16.17}$$

等式两边同除以（$1 - c + m$），得到

$$Y = \frac{1}{1 - c + m}(\bar{C} + I + G + X - \bar{M}) \tag{16.18}$$

（16.18）式即为开放条件下均衡国民收入的表达式。由（16.18）式可推导出 $\frac{\Delta Y}{\Delta E} = \frac{1}{1 - c + m}$，此即为开放经济乘数或对外贸易乘数[①]。在一般情况下，（$1 - c + m$）<1，则乘数 $\frac{1}{1 - c + m}$>1。这表明，支出增加在乘数作用下引起收入成倍增加，会提高收入与吸收之间的差额，从而改善经常项目；而支出减少引起收入成倍减少，则会降低收入与吸收之间的差额，从而恶化经常项目。

由于 $1 - c = s$，即边际储蓄倾向，所以开放经济乘数也可表达为 $\frac{1}{s + m}$。显然与封闭情况

---

① 最早提出对外贸易乘数（foreign trade multiplier）的经济学家是哈罗德（R. F. Harrod）。

相比，$\frac{1}{s+m}<\frac{1}{s}$，即开放经济乘数变小了。这主要由于进口 M 就像储蓄 S 一样也构成收入流量的漏出。虽然（16.18）式中 I、G 及 X 均为外生变量，它们共同决定了一国的国民收入水平，但 I 的变化涉及一国货币政策的调整，而这种调整又会影响价格变动，这不符合凯恩斯模型的初始假设，因此我们这里只讨论 G 与 X 的变化对国民收入进而对贸易收支的影响效应。

假定出口自主增加 ΔX，导致贸易差额 $X-M$ 扩大。但由于出口增加在乘数作用下引起收入增加，而收入增加又会进一步引起进口增加，所以出口增加所引起的贸易差额扩大被收入增加所引起的进口增加部分地抵消，最终贸易差额的扩大小于出口的增加。但是出口增加确实由于乘数作用导致了国民收入的增加和贸易差额的扩大，其影响程度则取决于乘数中 s 与 m 的大小。具体来说，出口增加 ΔX 会引起国民收入增加 $\frac{1}{s+m}\Delta X$，进而引起进口增加 $\frac{m}{s+m}\Delta X$，所以最终贸易差额的变动为 $\Delta X-\frac{m}{s+m}\Delta X=\frac{s}{s+m}\Delta X$。

同样，当政府购买支出扩大时，国民收入在开放经济乘数的作用下也相应增加，且增加量与同等的出口增加量所引起的收入增量相同。但与出口变动不同的是，国民收入增加后又会引起进口增加，而这时出口则不变，所以贸易差额 $X-M$ 降低，可见政府购买支出的增加在乘数作用下引起国民收入增加，但同时降低了贸易差额。具体来说，政府购买支出增加 ΔG 会引起国民收入增加 $\frac{1}{s+m}\Delta G$，进而引起进口增加 $\frac{m}{s+m}\Delta G$，而此时出口没有变化，所以最终贸易差额的变动为 $-\frac{m}{s+m}\Delta G$。

这里对以上讨论作一概括。在假定价格不变，并且经济处于非充分就业的情况下，$Y-A=X-M$ 为国民收入决定的均衡条件。根据此条件，国际收支的调整实际上是通过外生变量的变动，来影响国民收入的变化，进而影响进口及国际收支状况。具体为：如果一国处于贸易顺差，则可通过增加政府开支 G 的办法来增加本国国民收入，进而增加进口量，从而抵消贸易顺差，使国际收支趋于均衡；如果一国处于贸易逆差，则可通过鼓励出口来增加收入并消除逆差。但要注意，这一机制必须在国民收入尚未达到充分就业的水平的前提下方才有效。否则外生变量的改变只会影响价格和利率而不引起国民收入的变化，进而也就不可能调整国际收支。当然一国在贸易存在逆差时，也可以通过紧缩性财政政策来消除逆差；在存在贸易顺差时，也可减少出口来抵消顺差。但这两种情况都会导致国民收入的下降，失业压力将不可避免地上升，所以在政策上并不可取。

最后再来看一下国际影响问题。如果本国进口是外国出口的重要组成部分，由于支出增加引起国民收入进而进口的增加，会影响对主要贸易伙伴国商品的需求，进而影响外国收入，结果又会反馈到外国对本国出口的需求，影响本国的国民收入。这种考虑本国与外国之间反馈效应（repercussion or feedback effect）的开放经济乘数比不考虑时要变大（具体见附录）。

二、吸收分析法的主要内容

如前所述，国际收支调整的弹性分析法所存在的一个重大的缺点是它只考虑了货币贬值对贸易收支的直接影响。而事实上，货币贬值所引起的进出口的变化，不仅直接影响到贸易收支，同时还影响国民收入，而国民收入的变化又会进一步影响到贸易收支。国际收支调整的吸收分析法就比较全面地考察了货币贬值对国民收入和贸易收支产生的这种综合影响。

根据前面的凯恩斯宏观经济模型，我们知道贸易差额可表示成一国的国民收入与其吸收之间的差额，即

$$CA = X-M = Y-A \tag{16.19}$$

（16.19）式涵盖了国际收支调整吸收分析法的基本思想：贸易收支顺差意味着国民收入大于国内吸收，逆差则相反。因此，当一国贸易收支处于失衡状态时，可通过改变国民收入或国内吸收的办法来加以调节。具体地说，若贸易收支出现逆差，增加国民收入或减少国内吸收可消除逆差，而出现顺差时则恰好相反。

对（16.19）式两边进行微分可得

$$d(CA) = dY-dA \tag{16.20}$$

由（16.20）式可知，若采用货币贬值的方法来改善贸易收支，那么货币贬值对贸易差额的影响，取决于其对国民收入和吸收这两部分影响的相对大小。其中货币贬值对吸收的影响可分解为两部分：一是贬值后收入变动对吸收的影响，即收入变动的"引致支出效应"，该效应可表示成 adY，其中 a 为边际吸收倾向，它等于边际消费倾向与边际投资倾向之和；二是除收入变动影响之外的贬值对吸收的直接影响效应，该效应可表示为 dA_d。两种效应之和等于货币贬值对吸收的净影响效应，即

$$dA = adY+dA_d \tag{16.21}$$

将（16.21）式代入（16.20）式并进行整理，可得

$$d(CA) = (1-a)dY-dA_d \tag{16.22}$$

由（16.22）式可知，贬值对贸易差额的影响包括两部分，即贬值产生的收入效应 $(1-a)$ dY 及贬值对吸收的直接影响效应 dA_d。只有当 $(1-a)$ $dY>dA_d$ 时，货币贬值才能使国际收支得到改善。以下对这两种情况分别加以讨论。

（一）货币贬值对国民收入的影响效应

货币贬值对国民收入的影响效应可从以下两个方面来考察。

1. 就业效应（employment effect）或闲置资源效应（idle resources effect）

当一国处于非充分就业、生产要素尚未被充分利用而存在闲置的生产能力时，由货币贬值引起的出口需求上升就可能出现进而引发产量和就业扩大，使国民收入增加。[1] 在这

---

① 这一分析假定马歇尔-勒纳条件成立。

种情况下，货币贬值能否改善贸易收支，取决于贬值的收入效应（1-a）dY 是正还是负，而这又取决于边际吸收倾向。若 a<1，则（1-a）dY>0，国内吸收的增加小于国民收入的增加，贸易收支得到改善；若 a>1，则（1-a）dY<0，国内吸收的增加大于国民收入的增加，于是贸易收支进一步恶化；若 a＝1，则（1-a）dY＝0，货币贬值不产生收入效应，从而不影响贸易收支。

2. 贸易条件效应（terms of trade effect）

一般来说，由于货币贬值提高了进口品的本币价格，而出口品的价格没有相应提高，因而货币贬值往往会带来贸易条件恶化①，进而使国民收入下降。此时，货币贬值能否改善贸易收支仍然取决于边际吸收倾向的大小。若 a<1，则（1-a）dY<0，国内吸收的下降小于国民收入的下降，贸易收支恶化；若 a>1，则（1-a）dY>0，国内吸收的下降大于国民收入的下降，于是贸易收支改善；若 a＝1，则（1-a）dY＝0，货币贬值不产生收入效应，从而不影响贸易收支。

（二）货币贬值对吸收的直接影响效应

接下来考察货币贬值如何通过对吸收的直接影响效应来影响国际收支。

1. 实际余额效应（real balance effect）

如前所述，一国采取货币贬值政策将导致本国出现通货膨胀，在货币供给量保持不变的情况下，物价上涨使消费者手中的实际货币余额减少，消费者为保持既定的实际货币余额而减少消费，从而使得吸收下降。另一方面，消费者为保持既定的实际货币余额而抛售债券，由此导致国内利率上升，从而国内投资随之下降，吸收减少。吸收水平的下降有利于国际收支的改善。

2. 收入再分配效应（income redistribution effect）

由于货币贬值后物价上涨的同时，工资水平受劳资合同的限定而不能立即提高，因此，虽然工人的名义工资不变，但实际工资下降了，而厂商的利润则由于对收入的再分配增加了。由于利润收入通常具有比工资收入更高的边际储蓄倾向，这会使全社会的吸收水平下降，进而改善国际收支。如果在一个实行累进所得税制度的国家，货币贬值带来的名义收入增加将使纳税人升入更高的纳税等级，则全体纳税人的可支配收入下降，如果政府同时实行紧缩财政政策，从而使全社会吸收水平下降，那么，国际收支也将因此而得以改善。

3. 货币幻觉效应（money illusion effect）

当货币贬值、物价上涨时，消费者由于存在货币幻觉，仍然购买与货币贬值前相同的商品数量，从而使得支出增加，吸收水平上升。或者相反，当货币贬值、物价上涨时，由于存在货币幻觉，即使人们的收入与物价同比例上涨使实际收入保持不变，人们也会因物价上涨而减少支出，吸收水平下降。这种由货币幻觉效应产生的吸收水平变化进而会影响

---

① 货币贬值对贸易条件的具体影响见附录。

国际收支。

4. 预期效应（expectation effect）

当货币贬值引起物价上涨时，如果人们预期物价由于惯性会进一步上涨，就会增加当前消费，提高吸收水平，从而使国际收支恶化。另一方面，通货膨胀预期也可能会使投资下降，减少吸收，从而使国际收支改善。

5. 替代效应（substitution effect）

如前所述，货币贬值可能会使得本国贸易条件恶化。贸易条件恶化对吸收水平的影响除了会产生收入效应（即贸易条件恶化减少了国民收入，进而使吸收水平下降）外，还会产生替代效应（由于本国产品相对于外国产品更廉价，人们会增加本国产品消费，替代进口产品，从而使吸收水平上升）。如果正的替代效应超过了负的收入效应，货币贬值带来的贸易条件恶化会使得吸收水平上升。这种效应也称为罗森-梅茨勒效应（Laursen-Metzler effect）。

综合以上分析，国际收支调整的吸收分析法认为货币贬值会通过多种渠道和机制对国民收入和吸收产生影响，而对国际收支的最终影响取决于各种效应综合作用的结果。提高国民收入相对于本国吸收的水平有利于国际收支改善，这一点对于一国政策的制定具有非常重要的指导意义。在采用货币贬值政策的同时，如果辅以提高收入、限制吸收的货币政策和财政政策，则更易于达到改善国际收支的目的。

三、吸收分析法的局限性

国际收支调整的吸收分析法虽然对货币贬值影响效果的分析比弹性方法更为全面，但也遭到一些学者的批评。集中起来，主要的批评意见包括：

（1）吸收分析法中的国际收支仍然指的是贸易收支，完全忽略了资本流动等在国际收支中的重要地位。

（2）吸收分析法是在以充分就业作为主要经济政策目标以后出现的。它把弥补国际收支逆差的希望寄托于货币贬值和减少国内吸收的紧缩性财政政策和货币政策上。而紧缩性经济政策的实施会与充分就业目标产生冲突。

（3）吸收分析法和弹性分析法一样，没有考虑国内货币供给和信用创造对国际收支产生的影响。

第三节 国际收支调整的货币分析法

前面介绍的两种国际收支调整分析方法实际上都强调贸易收支的调整，忽略了国际收支中的资本和金融项目。随着国际经济的发展，资本流动和金融资产交易的重要性越来越明显，在国际收支的构成中，其重要性甚至已超过了经常项目。正是在这一背景下，国际收支调整的货币分析法（monetary approach to the balance of payments）自20世纪70年代起成为国际收支调整理论中的主流，风靡一时。

货币分析方法强调国际收支的货币特征，它可被看作是传统的封闭经济的货币理论在开放经济条件下的推广应用。这种货币理论强调货币需求函数的稳定性，并考虑货币供给量的变化影响经济的多种渠道。但坚持国际收支调整理论中的货币方法论的并不完全是货币主义者。它是20世纪70年代以来许多西方经济学家在以货币理论阐述国际收支调整问题的过程中形成的一个松散流派。尽管彼此间在某些问题上存在分歧，但他们分析国际收支问题和提出对策的基本根据都是货币理论。

一、货币分析法的基本思想

国际收支调整的货币分析法根源于英国古典学派经济学家大卫·休谟（David Hume）的价格–铸币流动机制（price specie flow mechanism）的自动调节论。价格–铸币流动机制是指在金本位制下，通过货币或贵金属的流出流入自动调节贸易收支的机制。具体来说，当一个国家出现贸易收支逆差，则会导致黄金流出，本国货币供给量减少，商品价格下降；价格下降会提高本国产品的竞争力，从而使得出口增加、进口减少，贸易收支恢复平衡。相反，当出现贸易收支顺差时，黄金流入使得本国货币供给量增加，商品价格上升；价格上升会降低本国产品的竞争力，从而导致出口减少、进口增加，贸易收支恢复平衡。

货币分析方法的现代复兴始于英国经济学家米德（J. Meade）在20世纪50年代初期的研究。现代有关国际收支调整的货币理论比起大卫·休谟的见解又多了一层可信性：这一理论把国际收支的任何顺差或逆差看作是它本身的直接纠正方法，因为顺差就是调整对货币有暂时性的过多需求的一种方式，而逆差就是调整对货币有暂时性的过多供给的一种方式。货币供给量的变化会自动消除这种不平衡。

为了更好地理解货币分析方法的要义，我们首先建立一个简化的货币理论模型。假设一国名义货币需求余额与其名义国民收入正相关，并在长期内是稳定的。其货币需求函数为

$$M_d = kPY \tag{16.23}$$

这里，M_d 是名义货币需求余额量；k 是所期望的名义货币余额与名义国民收入之比，假定为一个常数；P 为国内价格水平；Y 为实际产量，PY 则为名义国民收入或总产值。

另一方面，假设一国货币的供给量取决于其基础货币和货币乘数，货币供给方程为

$$M_s = m(D+R) \tag{16.24}$$

这里，M_s 是一国总的货币供给量；m 是货币乘数，假定为一个常数；D 是一国基础货币的国内部分；R 是一国基础货币的国外部分。

一国基础货币的国内部分（D）是由这个国家货币当局所创造的国内信用。一国基础货币的国外部分（R）被认为是这个国家的国际储备，它的增加和减少代表这个国家国际收支盈余或赤字。$D+R$ 被称为一国的基础货币或高能货币。在当今的银行准备金制度下，

储存入商业银行的每一个单位的 D 和 R 都会通过乘数 m 导致一个国家货币供给量的数倍扩张。货币市场均衡意味着 $M_d = M_s$。

根据以上的简化模型，在开放经济中，解决货币市场不平衡的途径可以表现为国际收支的变动。假设我们所考虑的对象国是一个小国，该国经济处于充分就业状态，并且实行固定汇率制，商品、劳务和金融资产具有完全的国际流动性。在此情形下，货币需求是长期稳定的①，因此货币市场的不均衡主要通过货币供给的变化来调整，即通过调整基础货币来实现货币市场均衡。

假设最初的货币市场是均衡的，即 $M_s = M_d$。由（16.23）和（16.24）两式可得

$$m\ (D+R) = kPY \qquad\qquad (16.25)$$

由于 k、P、Y 均不变，所以由（16.25）式可得出 $dR = -dD$。这意味着，如果货币当局扩大国内信贷（提高 D），货币供给就会超过货币需求，为恢复货币市场均衡，R 就要减少，即国内信贷扩张会导致国际储备的减少，于是国际收支出现逆差；如果货币当局减少国内信贷（降低 D），那么在货币需求不变的条件下，为了恢复货币市场均衡，R 将上升，即国际储备增加，因而国际收支出现顺差。由此看来，任何来自货币市场的不均衡都完全反映在国际收支中。一国国际收支出现逆差是因为其国内货币供给超过了货币需求；而一国国际收支出现顺差则是因为其国内货币供给低于货币需求。将货币市场与国际收支直接联系在一起，而不是单独考虑商品或金融市场变化的作用，这是货币分析方法与国际收支调整理论的其他分析方法的一个明显区别。

既然国际收支失衡的原因归结于国内货币市场的不平衡，那么恢复国际收支平衡的途径就在于恢复国内货币市场的平衡。在固定汇率制下，即使一国货币当局不采取任何措施，货币市场的不平衡也是不可能长期存在的，它可以通过货币供给的自动调整机制自行消除，即货币供给通过国际储备的变动来适应货币需求。国际收支的调整过程如下：

假定 A 国的国际收支最初处于均衡状态。这时，如果 A 国货币当局增加了国内货币供给，势必导致国内商品和劳务的价格上涨。这一趋势将使其出口商品丧失竞争能力，并促使 A 国居民把自己的钱少花在本国的商品和劳务上，而多花在外国的商品和劳务上。在固定汇率制下，这就意味着 A 国国际收支的恶化。但从长期来看，外国收到这部分货币余额的人，一定会把这部分货币余额交给其本国中央银行换回本国货币，然后外国中央银行再把它们提交给 A 国中央银行，而 A 国中央银行只能从本国的国际储备中支付这部分货币金额。国际储备的减少，必然会使 A 国基础货币减少，由此所带来的货币供给量下降将会自动地调整 A 国国际收支的逆差。相反，如果国内货币供给由于某种原因小于货币需求，那么国际收支会出现顺差，国际储备增加，在国内基础货币（D）不变的情况下，国际储备的增加会导致货币供给增加，国际储备的增加会一直持续到货币供给重新等于货币

---

① 由于假设对象国是一个小国，所以对小国来说世界价格是既定不变的。另外，商品、资本的充分国际流动性意味着购买力平价的成立，那么在固定汇率制下，该国的价格水平是不变的。由于假设经济处于充分就业状态，所以国民收入也可看作是不变的。这样一来，货币需求就是固定不变的。

需求的时候才停止，此时国际收支顺差消失。

以上讨论的是在固定汇率制下的国际收支的决定与调整。如果一个小国实行浮动汇率制，那么货币需求通过汇率的变化来适应货币供给，因此国际收支失衡是通过汇率的变化来消除的。具体过程为：如果一国货币供给超过货币需求，那么国际收支出现逆差，国际收支逆差意味着外汇市场上外汇供给小于外汇需求，于是逆差国货币贬值。货币贬值又引起国内价格上涨，从而引起货币需求的增加。在货币市场趋于平衡的过程中，国际收支逆差逐渐缩小，直至消失。同样，如果国际收支出现顺差，那么顺差国的货币将升值，国内价格下降，货币需求也随之下降，直至货币市场恢复平衡，汇率的变动才会停止，国际收支顺差也随之消失。

二、货币分析法的简要总结与评述

国际收支调整的货币分析法是关于国际收支调整的长期理论，它把一个国家国际收支的失衡和货币余额的增减密切联系起来，即把国际收支状况和国内货币市场均衡与否联系起来。概括来说，国际收支调整的货币分析法的论点主要有以下五点：

（1）国际收支本身是一种货币现象，因此需要用货币理论来进行分析。

（2）货币供给是存量，货币需求是流量，一种健全的国际收支理论应把二者区别开来。

（3）货币供给存量可以通过两种措施来调整，即国内信用的紧缩或扩张和国际储备的增加或减少。

（4）货币方法论者一般都强调应当全面分析国际收支，并认为调整国际收支是一个长期过程。

（5）货币分析法以现代经济学中的瓦尔拉斯定律作为理论基础，即认为在一个经济社会中，对商品、证券和货币的超额需求的总和必然为其他市场上的超额供给所抵消。

虽然目前货币分析法已经成为国际收支调整理论中的主流，但也有不少经济学家持不同意见，并提出以下一些疑问：

（1）货币需求函数是否稳定，以及每个居民的财产中各类资产的比例是否固定不变，以至足以保证货币的流通速度永远不变。对于哪些变量应列入货币需求函数，也存在不同看法。

（2）货币供给能否完全由货币当局从外部决定，抑或决定于一个国家经济活动水平的高低。

（3）瓦尔拉斯定律认为所有市场上的超额供求的总和等于零，这一理论能否适用于市场机制不同的国家。

（4）如果国际收支的调整是自动进行的，何以现实中许多国家的政府常为国际收支问题感到不安。

另外，国际收支调整的货币分析法假定世界市场的运行是高效率的，这并不符合实际情况。而且，由于这种国际收支自动调整方式以牺牲内部稳定来取得对外均衡，所以一些国家的政府因担心需要为此付出相当大的代价（持续的失业和社会动乱）而不愿采纳货币方法论者的建议。

本章小结

国际收支的调整在一国宏观经济运行过程中是一个举足轻重的问题，本章分别考察了国际收支的价格调整机制与收入调整机制。其中，国际收支调整的弹性分析法认为货币贬值可以提高国外商品相对国内商品的价格，但贬值能否改善贸易收支取决于进出口商品的供求弹性。在进出口产品供给弹性无穷大的前提下，当一国的出口商品需求弹性和进口商品需求弹性满足马歇尔-勒纳条件（即二者之和的绝对值大于1）时，本币贬值可以起到改善贸易收支的作用。但由于货币贬值对进出口的影响存在时滞，所以经常伴随着所谓的"J曲线"效应，即在一国货币贬值过程中，贸易收支先恶化后改善。吸收分析法将凯恩斯的乘数原理与弹性分析法结合起来，认为货币贬值只有在引起收入相对于吸收增加时，贸易收支才能得以改善。货币分析法则强调国际收支的货币特征，即强调货币供求在决定一国国际收支状况中的作用。它将货币市场失衡与国际收支失衡直接联系在一起，认为一国国际收支出现逆差是因为其国内货币供给超过了货币需求，而一国国际收支出现顺差则是因为其国内货币供给低于货币需求。在固定汇率制下，国际收支失衡可通过货币供给的自动调整以适应货币需求这一过程加以恢复；而在浮动汇率制下，国际收支失衡可通过汇率的变化来自动调整。

即测即评

请扫描右侧的二维码，您可在线自测并查看答案。

练习与思考

1. 根据弹性分析法，货币贬值在什么情况下能有效改善贸易收支？贸易收支的调整如何进行？

2. 试解释"J曲线"的成因和政策含义，并结合实例加以说明。

3. 假设某国的边际消费倾向为0.90，边际进口倾向为0.15，试问该国的对外贸易乘数是多少？

4. 从吸收分析法的观点来看，货币贬值如何影响一国的国际收支？这种分析方法有何缺陷？

5. 为什么采取货币贬值往往要配合以紧缩性的宏观经济政策？

6. 试析货币分析法与弹性分析法、吸收分析法的区别。

7. 在固定汇率制下，如果外国发生通货膨胀，将对本国的国际收支状况产生什么影响（假设国际收支原来是平衡的）？在此情形下，国际收支如何调整？

*8. 在固定汇率制下，如果一国政府短期内为消除国际收支逆差对本国货币供给的冲击，采取增加国内部分的货币供给办法，那么通过国内货币供给的变化自动调整国际收支的机制还会有效吗？为什么？

国际收支调整弹性分析法更一般情况的分析

在本章有关国际收支调整弹性分析法的分析中，假定进出口产品的供给弹性均为无穷大，只考虑了货币贬值改善贸易收支的进出口产品需求弹性需要满足的条件（即马歇尔－勒纳条件）。而事实上，一国进出口产品的供给和需求弹性有很多种情况，因此有必要利用国际收支调整的弹性分析法对更一般的情况进行分析。[①]

一国贸易差额 TB 等于出口额减去进口额，即

$$TB = V_X - V_M = P_X X - P_M M \tag{16.26}$$

式中，V_X 和 V_M 分别为以外币表示的出口额和进口额，P_X 和 P_M 分别为以外币表示的出口产品价格和进口产品价格，X 和 M 分别代表出口量和进口量。

对（16.26）式进行微分，得

$$\mathrm{d}TB = \mathrm{d}V_X - \mathrm{d}V_M \tag{16.27}$$

将（16.27）式两边都除以 V_M，可得

$$\frac{\mathrm{d}TB}{V_M} = \frac{\mathrm{d}V_X}{V_M} - \frac{\mathrm{d}V_M}{V_M} \tag{16.28}$$

定义

$$E_{TB} = \frac{\mathrm{d}TB/V_M}{\mathrm{d}e/e} \tag{16.29}$$

$$E_X = \frac{\mathrm{d}V_X/V_X}{\mathrm{d}e/e} \tag{16.30}$$

$$E_M = \frac{\mathrm{d}V_M/V_M}{\mathrm{d}e/e} \tag{16.31}$$

式中，e 为汇率（直接标价法），E_{TB} 为贸易差额的汇率弹性，E_X 为出口额的汇率弹性，E_M 为进口额的汇率弹性。

根据（16.28）—（16.31）式，可得

$$E_{TB} = \frac{V_X}{V_M} E_X - E_M \tag{16.32}$$

当出口产品市场达到均衡时，出口产品的供给量等于需求量，即

$$X = S_X \ (P_X') = D_X \ (P_X) \tag{16.33}$$

式中，P_X' 为以本币表示的出口产品价格，所以 $P_X' = eP_X$。

对（16.33）式进行全微分，可得

$$\mathrm{d}X = \frac{\partial S_X}{\partial P_X'} \ (e\mathrm{d}P_X + P_X \mathrm{d}e) = \frac{\partial D_X}{\partial P_X} \mathrm{d}P_X \tag{16.34}$$

以（16.34）式除以（16.33）式，可得

---

① 参见 Vanek J. International Trade：Theory and Economic Policy. Homewood：Richard D. Irwin, 1962.

$$\frac{dX}{X}=\frac{\partial S_X}{\partial P'_X}\cdot\frac{1}{S_X}\ (edP_X+P_Xde)=\frac{\partial D_X}{\partial P_X}\cdot\frac{1}{D_X}dP_X \tag{16.35}$$

（16.35）式进一步变换，得

$$\frac{dX}{X}=\frac{\partial S_X}{\partial P'_X}\cdot\frac{P'_X}{S_X}\left(\frac{dP_X}{P_X}+\frac{de}{e}\right)=\frac{\partial D_X}{\partial P_X}\cdot\frac{P_X}{D_X}\cdot\frac{dP_X}{P_X} \tag{16.36}$$

$$\frac{dX/X}{de/e}=\frac{\partial S_X}{\partial P'_X}\cdot\frac{P'_X}{S_X}\left(\frac{dP_X/P_X}{de/e}+1\right)=\frac{\partial D_X}{\partial P_X}\cdot\frac{P_X}{D_X}\cdot\frac{dP_X/P_X}{de/e} \tag{16.37}$$

$$\frac{dX/X}{de/e}=s_X\left(\frac{dP_X/P_X}{de/e}+1\right)=d_X\frac{dP_X/P_X}{de/e} \tag{16.38}$$

式中，s_X 为出口产品的供给价格弹性，d_X 为出口产品的需求价格弹性。

根据（16.38）式，可得

$$\frac{dP_X/P_X}{de/e}=\frac{s_X}{d_X-s_X} \tag{16.39}$$

$$\frac{dX/X}{de/e}=\frac{d_Xs_X}{d_X-s_X} \tag{16.40}$$

根据（16.30）式、（16.39）式和（16.40）式，可得

$$E_X=\frac{dV_X/V_X}{de/e}=\frac{dX/X}{de/e}+\frac{dP_X/P_X}{de/e}=\frac{d_X+1}{\dfrac{d_X}{s_X}-1} \tag{16.41}$$

同样，当进口产品市场达到均衡时，进口产品的供给量等于需求量。重复上面的推导过程，可得

$$\frac{dP_M/P_M}{de/e}=\frac{d_M}{s_M-d_M} \tag{16.42}$$

$$\frac{dM/M}{de/e}=\frac{s_Md_M}{s_M-d_M} \tag{16.43}$$

$$E_M=\frac{dV_M/V_M}{de/e}=\frac{dM/M}{de/e}+\frac{dP_M/P_M}{de/e}=\frac{s_M+1}{\dfrac{s_M}{d_M}-1} \tag{16.44}$$

式中，s_M 为进口产品的供给价格弹性，d_M 为进口产品的需求价格弹性。

将（16.41）式和（16.44）式代入（16.32）式，得

$$E_{TB}=\frac{V_X}{V_M}E_X-E_M=\frac{V_X}{V_M}\cdot\frac{d_X+1}{\dfrac{d_X}{s_X}-1}-\frac{s_M+1}{\dfrac{s_M}{d_M}-1} \tag{16.45}$$

1. 小国情况

在小国情况下，进口产品供给弹性和出口产品需求弹性均为无穷大，即 $s_M=-d_X=\infty$，根据（16.45）式，此时 $E_{TB}>0$，因此货币贬值能够改善国际收支。

2. 需求无弹性

假定进口产品和出口产品的需求弹性均为 0，即 $d_M=d_X=0$，根据（16.45）式，此时 $E_{TB}<0$，因此货币贬值会使贸易收支恶化。

3. 需求弹性无穷大

假定进口产品和出口产品的需求弹性均为无穷大，即 $d_M=d_X=-\infty$，根据（16.45）式，此时 $E_{TB}>0$，因此货币贬值能够改善国际收支。

4. 供给弹性无穷大

假定进口产品和出口产品的供给弹性均为无穷大，即 $s_M = s_X = \infty$，根据（16.45）式，此时 $E_{TB} = \dfrac{V_X}{V_M}(-d_X - 1) - d_M$。假设最初国际收支平衡，即 $V_X = V_M$，则若使 $E_{TB} > 0$，需要 $-d_X - 1 - d_M > 0$，即 $|d_X + d_M| > 1$，这就是马歇尔-勒纳条件。

附录2

考虑本国与外国之间反馈效应的开放经济乘数

开放经济条件下的国民收入均衡等式为

$$Y = C + I + G + X - M \tag{16.46}$$

（16.46）式的左边为国民收入 Y，右边为总支出 AE 的构成部分，其中假定投资 I、政府购买支出 G 和出口 X 为外生变量，消费 C 与进口 M 为内生变量，并且均为国民收入 Y 的线性函数，具体表达式分别为

$$C = \bar{C} + cY \tag{16.47}$$

$$I = \bar{I} \tag{16.48}$$

$$G = \bar{G} \tag{16.49}$$

$$X = \bar{X} \tag{16.50}$$

$$M = \bar{M} + mY \tag{16.51}$$

式中，$\bar{C}$ 为自主性消费，c 为边际消费倾向，$\bar{I}$、$\bar{G}$、$\bar{X}$ 均为常数，$\bar{M}$ 为自主性进口，m 为边际进口倾向。将（16.47）—（16.51）式代入（16.46）式并进行整理，得

$$Y = \frac{\bar{C} + \bar{I} + \bar{G} + \bar{X} - \bar{M}}{1 - c + m} \tag{16.52}$$

同样，依据对称性原则，外国与（16.46）—（16.52）式相对应的表达式分别为

$$Y_f = C_f + I_f + G_f + X_f - M_f \tag{16.53}$$

$$C_f = \bar{C}_f + c_f Y_f \tag{16.54}$$

$$I_f = \bar{I}_f \tag{16.55}$$

$$G_f = \bar{G}_f \tag{16.56}$$

$$X_f = \bar{X}_f \tag{16.57}$$

$$M_f = \bar{M}_f + m_f Y_f \tag{16.58}$$

$$Y_f = \frac{\bar{C}_f + \bar{I}_f + \bar{G}_f + \bar{X}_f - \bar{M}_f}{1 - c_f + m_f} \tag{16.59}$$

（16.53）—（16.59）式中，带下标 f 的字母为外国与本国相对应的变量和参数。

由于考虑到本国与外国的反馈效应，本国的出口就是外国的进口，外国的出口就是本国的进口，即

$$\bar{X} = \bar{M}_f + m_f Y_f \tag{16.60}$$

$$\bar{X}_f = \bar{M} + mY \tag{16.61}$$

将（16.60）式、（16.61）式分别代入（16.52）式、（16.59）式，可得

$$Y = \frac{\bar{C} + \bar{I} + \bar{G} + \bar{X} - \bar{M}}{1 - c + m} = \frac{\bar{C} + \bar{I} + \bar{G} + \bar{M}_f + m_f Y_f - \bar{M}}{1 - c + m} = \frac{\bar{C} + \bar{I} + \bar{G} + \bar{M}_f + m_f Y_f - \bar{M}}{s + m} \tag{16.62}$$

$$Y_f = \frac{\bar{C}_f + \bar{I}_f + \bar{G}_f + \bar{X}_f - \bar{M}_f}{1 - c_f + m_f} = \frac{\bar{C}_f + \bar{I}_f + \bar{G}_f + \bar{M} + mY - \bar{M}_f}{1 - c_f + m_f} = \frac{\bar{C}_f + \bar{I}_f + \bar{G}_f + \bar{M} + mY - \bar{M}_f}{s_f + m_f} \tag{16.63}$$

其中，s、s_f 分别为本国和外国的边际储蓄倾向。

将（16.62）式和（16.63）式组成联立方程组，解得

$$Y = \left(\frac{s_f + m_f}{ss_f + ms_f + sm_f}\right)(\bar{C} + \bar{I} + \bar{G} + \bar{M}_f - \bar{M}) + \left(\frac{m_f}{ss_f + ms_f + sm_f}\right)(\bar{C}_f + \bar{I}_f + \bar{G}_f + \bar{M} - \bar{M}_f) \tag{16.64}$$

由（16.64）式可以看出，本国自主性消费、投资、政府购买支出等增加 1 单位，本国国民收入将增

加 $\frac{s_f + m_f}{ss_f + ms_f + sm_f}$，$\frac{s_f + m_f}{ss_f + ms_f + sm_f}$ 即为开放经济条件下考虑本国和外国相互影响的反馈效应时的乘数[①]。这一乘

数比开放经济条件下不考虑本国和外国相互影响时的乘数 $\frac{1}{s+m}$ 要大，但小于封闭条件下的乘数 $\frac{1}{s}$，即 $\frac{1}{s+m} <$

$\frac{s_f + m_f}{ss_f + ms_f + sm_f} < \frac{1}{s}$。

附录 3

货币贬值对贸易条件的影响

一国贸易条件可表示为

$$T = \frac{P_X}{P_M} \tag{16.65}$$

式中，P_X 和 P_M 分别代表以外币表示的出口产品价格和进口产品价格。

贸易条件 T 对汇率 e（直接标价法）求导数，得

$$\frac{\mathrm{d}T}{\mathrm{d}e} = \frac{\dfrac{\mathrm{d}P_X}{\mathrm{d}e}P_M - P_X\dfrac{\mathrm{d}P_M}{\mathrm{d}e}}{P_M^2} \tag{16.66}$$

（16.66）式两边同乘以 e/T 并进行整理，得

$$\frac{\mathrm{d}T/T}{\mathrm{d}e/e} = \frac{\mathrm{d}P_X/P_X}{\mathrm{d}e/e} - \frac{\mathrm{d}P_M/P_M}{\mathrm{d}e/e} \tag{16.67}$$

将（16.39）式和（16.42）式代入（16.67）式并进行整理，得

$$\frac{\mathrm{d}T/T}{\mathrm{d}e/e} = \frac{s_X}{d_X - s_X} - \frac{d_M}{s_M - d_M} = \frac{s_X s_M - d_X d_M}{(d_X - s_X)(s_M - d_M)} \tag{16.68}$$

由于 $(d_X - s_X)(s_M - d_M) < 0$，所以当 $s_X s_M < d_X d_M$（本国进出口产品供给弹性的乘积小于进出口产品

需求弹性的乘积）时，$\dfrac{\mathrm{d}T/T}{\mathrm{d}e/e} > 0$，即本币贬值会使贸易条件改善；当 $s_X s_M > d_X d_M$（本国进出口产品供给弹

性的乘积大于进出口产品需求弹性的乘积）时，$\dfrac{\mathrm{d}T/T}{\mathrm{d}e/e} < 0$，即本币贬值会使贸易条件恶化；当 $s_X s_M = d_X d_M$

（本国进出口产品供给弹性的乘积等于进出口产品需求弹性的乘积）时，$\dfrac{\mathrm{d}T/T}{\mathrm{d}e/e} = 0$，即本币贬值对贸易条

件没有影响。

---

① 这一结果的得出是假定本国和外国的国民收入反应函数满足稳定性条件。

第十七章
内外平衡理论

在前面的章节讨论了汇率和国际收支及其调整的问题。这一章和下一章我们将外汇市场均衡或国际收支平衡与国内经济均衡综合在一起，讨论开放经济条件下宏观经济的内外平衡问题以及宏观经济政策的作用效果。

第一节　开放经济条件下的政策目标和丁伯根法则

在开放经济条件下，政府制定宏观经济政策目标既要考虑国内经济均衡，又要考虑对外经济均衡。政府要同时实现宏观经济政策目标，需要满足丁伯根法则。

一、开放经济条件下的宏观经济政策目标

概括来说，开放经济条件下一国政府宏观经济政策目标有四个：充分就业、物价稳定、经济增长和国际收支平衡。所谓充分就业是指社会消除了非自愿失业，只剩下摩擦性失业和结构性失业的状态。如果失业严重，一方面意味着社会资源的浪费，另一方面也容易造成社会的不稳定，因此通常认为尽量增加就业、消除失业是各国政府普遍追求的首要目标。保持物价稳定、消除通货膨胀是政府追求的另一目标。如果通货膨胀严重，会使得价格机制失灵，难以发挥优化资源配置的作用，而且通货膨胀会引起收入的再分配，特别是使低收入者的实际收入下降，也容易造成社会不稳定。一国经济增长是改善人民生活、增强国家经济实力的基本途径，也是增加就业、实现充分就业和物价稳定的内在要求，所以政府需要采取相应的政策措施保持经济持续稳定增长。在开放经济中，一国对外贸易和资本流动状况会直接影响国内总需求、货币供给量和经济增长状况，所以保持国际收支基

本平衡也是实现国内宏观经济持续健康发展的必要条件和政府追求的目标。

在上述四个宏观经济政策目标中，经济增长更多地取决于一国的要素投入和技术进步状况，是一国经济政策的长期目标，其余均为政府宏观经济政策的短期目标。因此，也可以说，在开放经济条件下，一国政府在短期内宏观经济政策的运用就是为了实现内部平衡（internal balance，即消除失业和通货膨胀，实现充分就业）和外部平衡（external balance，即消除国际收支顺差和逆差，实现国际收支平衡）这两大目标。

二、丁伯根法则

根据荷兰经济学家丁伯根（Tinbergen）[①] 的理论，政府要实现 n 个独立的经济目标，至少要有 n 种有效的政策工具。政府需要的有效政策工具的数目通常与它的独立目标的数目大体相同，这就是丁伯根法则（Tinbergen's rule）。即如果政府有两个目标，它就需要两个政策工具，如果有三个目标，就需要三个政策工具，依此类推。丁伯根法则可通过如下的简单框架予以说明。

假定政府可用的政策工具有两个：I_1 和 I_2，目标也有两个：A_1 和 A_2。政府追求的是通过政策工具的调控使两个目标达到最优水平 A_1^* 和 A_2^*。令政府的目标是政策工具的线性函数，即

$$A_1 = a_1 I_1 + a_2 I_2 \tag{17.1}$$

$$A_2 = b_1 I_1 + b_2 I_2 \tag{17.2}$$

在这种情况下，只要两种政策工具对目标的影响是独立的，政府可以有效控制两种工具，就能够通过政策工具的配合实现最优的政策目标。从数学上看，只要 $a_1/b_1 \neq a_2/b_2$，即只要两个政策工具 I_1 和 I_2 线性无关，就可以求解出实现最优政策目标 A_1^* 和 A_2^* 所需要的政策工具。即

$$I_1 = (b_2 A_1^* - a_2 A_2^*) / (a_1 b_2 - a_2 b_1) \tag{17.3}$$

$$I_2 = (a_1 A_2^* - b_1 A_1^*) / (a_1 b_2 - a_2 b_1) \tag{17.4}$$

而如果 $a_1/b_1 = a_2/b_2$，就意味着两种政策工具线性相关而非独立，它们对两个政策目标具有相同影响，此时相当于政府只有一个政策工具而试图实现两个目标，是不一定能够成功的。

上述分析结论可进一步推广到更一般情况：如果一个经济系统具有线性结构，政府有 n 个目标，只要至少有 n 个线性无关的独立政策工具，就可以同时实现 n 个目标。这一结论对于开放经济中的政府而言，具有明显的政策指导意义：既然如前所述开放经济条件下短期内政府宏观经济政策有内部平衡和外部平衡两个目标，所以政府需要至少两个政策工具进行配合才能同时实现两个目标。

---

① 丁伯根是 1969 年第一届诺贝尔经济学奖获得者。

第二节　米德的内外平衡理论

英国经济学家米德认为，政府可以运用支出调整政策（expenditure-changing policy）和支出转换政策（expenditure-switching policy）的组合来同时实现内部平衡和外部平衡目标。[①]

一、米德的政策搭配理论

假定在经济达到充分就业之前物价水平保持不变，同时贸易收支代表整个国际收支，不考虑资本流动的影响，则政府可以运用支出调整政策和支出转换政策的配合来实现内外同时均衡的目标。支出调整政策也称为支出增减型政策，是指改变社会总需求或社会总支出的政策。这类政策主要包括财政政策和货币政策。支出转换政策则是指不改变社会总需求和总支出而改变需求和支出方向的政策，主要包括汇率政策、补贴和关税政策以及直接管制。狭义的支出转换政策专指汇率政策。

当经济中存在失业时，可以通过扩张性财政政策和货币政策扩大总支出，增加就业，减少失业；而当经济存在通货膨胀时，则可运用紧缩性财政政策和货币政策减少总需求水平，从而降低通货膨胀。同样，当存在国际收支顺差时，可通过本币升值减少出口、增加进口，从而消除顺差；而当国际收支存在逆差时，则可通过本币贬值刺激出口、抑制进口，从而消除逆差。因此，当经济中存在内部和外部不平衡时，可以通过支出调整政策和支出转换政策的搭配来实现内部和外部同时平衡。具体搭配情况如表17-1所示。

表 17-1　米德的政策搭配

经济状况	支出调整政策	支出转换政策
失业和顺差	扩张性	本币升值
失业和逆差	扩张性	本币贬值
通货膨胀和顺差	紧缩性	本币升值
通货膨胀和逆差	紧缩性	本币贬值

二、斯旺图示

米德提出的实现内外均衡的政策搭配组合可由斯旺图示[②]（Swan diagram）予以说明。

---

①　该政策搭配组合理论由澳大利亚经济学家索尔特（Salter）与斯旺（Trevor Swan）提出，由米德综合而形成。米德获得了1977年诺贝尔经济学奖。

②　斯旺图示由澳大利亚经济学家斯旺于1955年提出。

图 17-1 中横轴表示国内支出水平，代表支出调整政策，扩张性支出调整政策会拉动国内支出水平沿横轴右移；纵轴表示直接标价法下的汇率，代表支出转换政策，汇率上升意味着本币贬值，汇率下降则意味着本币升值。EB 线代表国内支出和汇率的各种组合下的外部平衡曲线。该曲线的斜率为正，是因为扩张性支出调整政策使国内支出增加，从而进口增加，为维持外部平衡，需要汇率上升，本币贬值，从而刺激出口、抑制进口。IB 线代表国内支出和汇率的各种组合下的内部平衡曲线。该曲线的斜率为负，是因为汇率下降、本币升值会导致

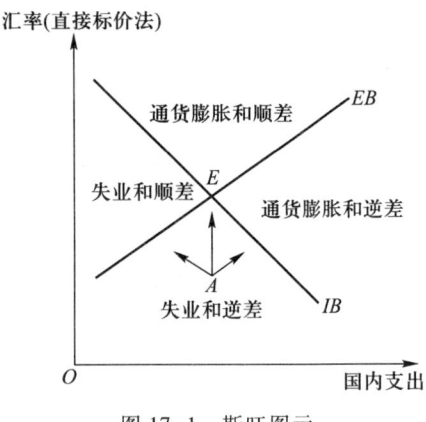

图 17-1　斯旺图示

出口减少、进口增加，为维持内部平衡，必须增加国内支出。EB 线和 IB 线的交点 E 代表内部和外部同时均衡。

EB 线左侧代表外部顺差，右侧代表外部逆差。IB 线左侧代表内部存在失业，右侧表示内部存在通货膨胀。因此 EB 曲线和 IB 曲线将坐标平面分成四个区域，每个区域代表内部和外部不平衡的不同组合。政府可以通过支出调整政策和支出转换政策的不同组合来实现内外同时平衡。例如，当经济处于 A 点即存在失业和逆差时，可以采取扩张性支出调整政策和货币贬值的支出转换政策组合，使经济趋向 E 点，从而实现内部和外部同时均衡。

三、米德冲突

米德在 1951 年最早提出了固定汇率制下的内外均衡冲突问题。在固定汇率制下，汇率的调整受到制约，如果单纯采用支出调整政策来实现内部平衡和外部平衡两个目标，则可能会出现米德冲突（Meade's conflict）。米德冲突是指在某些情况下，单独使用支出调整政策——财政政策和货币政策——追求内、外部均衡，将会导致一国内部均衡与外部均衡之间的冲突。例如，在失业和逆差并存情况下，采取扩张性的财政政策和货币政策可以消除失业，实现内部平衡；但扩张性财政和货币政策产生的总需求和总支出水平的提高也会增加进口，从而使得国际收支逆差进一步加重。同样，当通货膨胀和顺差并存时，单纯的支出调整政策也会在一个目标实现的同时使另一个目标恶化。

第三节　蒙代尔的"政策配合论"

蒙代尔在 1962 年向国际货币基金组织提交的《恰当运用财政货币政策以实现内外稳定》的报告中，正式提出了"政策配合论"，即提出了以财政政策促进内部平衡，以货币政策促进外部平衡的政策主张。

一、财政政策和货币政策对内外平衡的影响

蒙代尔认为,如果考虑到资本流动的影响,一国财政政策和货币政策对内部平衡和外部平衡的作用程度和方向是不同的,财政政策和货币政策实际上是两个政策工具。

如果政府采取扩张性的财政政策,比如增加政府购买支出或减税,会导致社会总需求增加,进而在乘数的作用下引起产出和国民收入增加,就业增加、失业减少。而如果政府采取紧缩性的财政政策,比如减少政府购买支出或增税,则会导致社会总需求减少,进而引起国民收入水平下降,物价水平也随之降低。由此可见,财政政策对于一国内部平衡的影响效果比较明显,作用方向明确。而从对外部平衡的影响来看,当政府采取扩张性财政政策时,一方面由于需求增加引起国民收入增加,进而引起进口增加,从而导致经常项目收支恶化;另一方面由于扩张性财政政策会带来利率上升,从而吸引资本流入,国际收支资本和金融项目由此改善。综合考虑这两方面的影响,扩张性财政政策对于国际收支和外部平衡的影响方向不明确。同样,政府实施紧缩性财政政策一方面会导致国民收入下降和进口减少,从而有利于贸易收支的改善,但另一方面也会使得利率下降,导致资本流出,从而使国际收支资本和金融项目恶化。因而紧缩性财政政策对于国际收支和外部平衡的影响效果和方向也是不明确的。

货币政策对一国内部平衡和外部平衡的影响与财政政策不同。从对内部平衡的影响来看,如果一国采取扩张性货币政策,增加货币供给量,则利率会下降,进而刺激私人消费和投资支出增加,引起国民收入水平提高,增加就业、减少失业。而如果采取紧缩性货币政策,减少货币供给量,则利率会上升,进而抑制私人消费和投资支出,引起国民收入水平下降,物价水平也随之降低。从对外部平衡的影响来看,如果一国采取扩张性货币政策,则利率下降一方面会通过刺激私人消费和投资支出增加而引起国民收入水平提高,国民收入增加则会导致进口增加,从而使得贸易收支恶化;另一方面利率下降也会导致资本流出,从而使国际收支资本和金融项目恶化。因而扩张性货币政策会导致国际收支恶化。相反,如果采取紧缩性货币政策,则利率上升一方面通过抑制私人消费和投资支出而引起国民收入水平下降,进而导致进口减少,贸易收支由此改善;另一方面利率上升也会吸引资本流入,从而使得国际收支资本和金融项目改善。因而紧缩性货币政策会导致国际收支改善。由此可见,与财政政策不同,货币政策对于一国外部平衡的影响效果比较明显,作用方向明确。

二、蒙代尔分配法则

既然财政政策对内部平衡的影响较大且方向明确,而货币政策对外部平衡的影响较大且方向明确,因此,蒙代尔(Robert A. Mundell)提出一国可将财政政策用于对付内部平衡的目标,货币政策用于对付外部平衡的目标,这就是"蒙代尔分配法则"(Mundell's assignment principle），也称为"有效市场分类法则"（the principle of effective market classification）。

　　具体来说，当经济中存在失业时，可以通过增加政府支出或减税等扩张性财政政策来增加总需求，提高产出水平，从而消除失业；而当经济中存在通货膨胀时，则可以通过减少政府支出或增税等紧缩性财政政策来减少总需求，降低通货膨胀。当国际收支存在逆差时，可以通过减少货币供给量等紧缩性货币政策，降低总需求水平，减少进口，同时紧缩性货币政策也会提高利率，吸引资本流入，从而消除国际收支逆差。而当国际收支存在顺差时，则可通过扩张性货币政策刺激总需求，增加进口，同时利率下降促使资本外流，从而缓解国际收支顺差。为实现内部平衡和外部平衡的目标，财政政策和货币政策的具体搭配情况，如表 17-2 所示。

表 17-2　蒙代尔的政策配合

经济状况	财政政策	货币政策
失业和顺差	扩张性	扩张性
失业和逆差	扩张性	紧缩性
通货膨胀和顺差	紧缩性	扩张性
通货膨胀和逆差	紧缩性	紧缩性

　　蒙代尔的政策配合理论可以通过图 17-2 予以说明。

　　图 17-2 中，横轴表示政府支出水平，代表财政政策的作用方向，沿横轴右移表示财政政策扩张性增强；纵轴表示利率水平，代表货币政策作用方向，沿纵轴上移意味着货币政策紧缩性提高。EB 线代表财政政策和货币政策的各种组合下的外部平衡曲线。该曲线的斜率为正，是因为扩张性财政政策使国内支出增加，从而增加进口，为维持外部平衡，需要利率上升，吸引资本流入。IB 线代表财政政策和货

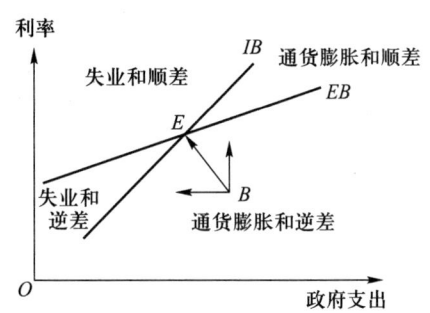

图 17-2　蒙代尔的政策配合理论图示

币政策的各种组合下的内部平衡曲线。该曲线斜率也为正，是因为利率上升会导致投资减少，失业增加，为维持内部平衡，必须增加政府支出。IB 线比 EB 线斜率大，是因为相对而言，财政支出对于国民收入和就业等国内经济变量和内部均衡的影响大，而利率则对国际收支和外部均衡的影响大。EB 线和 IB 线的交点 E 代表内部和外部同时均衡。EB 线的左侧代表外部顺差，右侧代表外部逆差。IB 线的左侧代表内部存在失业，右侧表示内部存在通货膨胀。因此 EB 曲线和 IB 曲线将坐标平面分成四个区域，每个区域代表内部和外部不平衡的不同组合。政府可以通过财政政策和货币政策的不同组合来实现内外同时平衡。例如，当经济处于 B 点即存在通货膨胀和逆差时，可以采取紧缩性财政政策和紧缩性货币政策的政策组合，使经济趋向 E 点，从而实现内部和外部同时均衡。

 **专栏**

我国财政政策与货币政策的配合

我国在不同时期根据经济发展的实际情况，灵活运用财政政策和货币政策对经济运行进行调节。20 世纪 90 年代初，我国经济中出现了较严重的通货膨胀。为了抑制通货膨胀，从 1993—1997 年，我国实施了适度从紧的财政政策和适度从紧的货币政策，从而使过高的通货膨胀率得到了有效的控制，经济成功实现了"软着陆"。而 1997 年东南亚金融危机爆发后，由于受世界经济不景气的影响，我国经济运行中又出现了通货紧缩的局面。为了应对亚洲金融危机的冲击，治理通货紧缩趋势，刺激有效需求拉动经济增长，我国于 1998—2004 年连续实施了 7 年积极的财政政策和稳健的货币政策。这一政策组合对于抵御亚洲金融危机的冲击，化解国民经济运行周期低迷阶段的种种压力，保持经济社会平稳发展，发挥了重要作用。但是，随着积极财政政策作用的发挥，我国宏观经济形势在 2004 年发生了重大变化，经济持续高速增长重新带来了经济过热的通货膨胀风险。这表明我国利用积极财政政策抑制通货紧缩趋势、拉动经济增长的任务已经完成。因此，根据经济形势的新变化和宏观调控的新需要，我国在 2004 年 5 月又及时将积极的财政政策调整为稳健的财政政策，与稳健的货币政策进行配合，以缓和经济偏热带来的通货膨胀压力。之后，在 2007 年 12 月召开的中央经济工作会议上，我国又将实行了 10 年之久的"稳健的货币政策"调整为"从紧的货币政策"，以防止经济增长由偏快转为过热，防止价格由结构性上涨演变为明显的通货膨胀。而 2008 年下半年开始，我国经济受次贷危机影响日益明显。为应对国际、国内经济出现的新形势，防止经济增速大幅下滑，通过扩大内需来拉动经济增长，我国在 2008 年 11 月又将"稳健的财政政策"调整为"积极的财政政策"，将"从紧的货币政策"调整为"适度宽松的货币政策"。积极的财政政策和适度宽松的货币政策的实施取得了明显成效，对于我国经济企稳回升、保持平稳较快发展发挥了重要作用。2011 年，面对国内经济进一步企稳回升，同时全球流动性泛滥，国内通货膨胀预期居高不下的局面，我国又及时将货币政策由"适度宽松"调整为"稳健"，以便更加有利于促进经济的可持续发展。

本章小结

本章阐述了开放经济条件下实现宏观经济内外平衡的理论。在开放经济中，一国的宏观经济政策需要兼顾内部平衡和外部平衡这两个目标。政府要同时实现宏观经济政策目标，需要满足丁伯根法则。英国经济学家米德提出政府可以运用支出调整政策和支出转换政策的组合来同时实现内部平衡和外部平衡目标。米德提出的实现内外均衡的政策搭配组合可由斯旺图示予以说明。在固定汇率制下，如果单纯采用支出调整政策来实现内部平衡和外部平衡两个目标，可能会出现米德冲突。一国财政政策和货币政策对内部平衡和外部平衡的作用程度和方向是不同的，蒙代尔提出了以财政政策促进内部平衡、以货币政策促进外部平衡的政策"分配法则"。

练习与思考

1. 开放经济条件下一国宏观经济政策的目标有哪些？
2. 何为丁伯根法则？
3. 请利用斯旺图示阐释米德的内外均衡理论。
4. 财政政策和货币政策对一国内部平衡和外部平衡的作用程度和方向有何不同？
5. 请阐述蒙代尔的政策"分配法则"。

第十八章
开放经济条件下的宏观经济政策效果

在上一章中讨论了开放经济条件下实现内外平衡的政策搭配问题。实际上，开放经济条件下一国宏观经济政策的作用效果要受到不同的汇率制度及资本流动程度的影响。本章利用开放条件下的宏观经济模型（即 *IS–LM–BP* 模型）讨论固定汇率制和浮动汇率制下财政政策和货币政策的作用效果。

第一节　开放条件下的宏观经济模型

在开放经济条件下，决定一国国民收入的因素不仅有封闭经济状态下的各种宏观经济变量，而且包括国际收支这个新的变量。本节我们将建立一个包括国际收支在内的宏观经济模型，即开放条件下的宏观经济模型（*IS–LM–BP* 模型），作为分析宏观经济政策的基本框架。关于 *IS–LM* 模型，我们已比较熟悉，简而言之，*IS–LM–BP* 模型就是在 *IS–LM* 模型中加入国际收支均衡之后的修正模型。

一、开放条件下 *IS* 曲线的推导

在开放经济条件下，一国宏观经济达到均衡国民收入的条件可表示为如下形式

$$S+M=I+G+X \tag{18.1}$$

式中，S、I、G、X、M 分别代表储蓄、投资、政府购买支出、出口和进口。有时等式的左右两边分别被称作"漏出量"（leakage）和"注入量"（injection），即开放条件下当"漏出量"与"注入量"相等时，国民收入达到均衡。（18.1）式中，G 是外生的，X 取决于外国的收入，S、M 与本国收入水平有关，I 与利率 i 有关。假设储蓄、进口与国内投资的

函数形式如下所示

$$S = S_a + sY \tag{18.2}$$

$$M = M_a + mY \tag{18.3}$$

$$I = I(i), \quad dI/di < 0 \tag{18.4}$$

式中，S_a、M_a、s、m 分别表示自主性储蓄、自主性进口、边际储蓄倾向、边际进口倾向，这四个参数均为常数。

根据（18.1）~（18.4）式，可以推导出开放条件下的 IS 曲线。推导过程如图 18-1 所示。

图 18-1（a）描述了储蓄与进口的"漏出量"之和 $S+M$ 与国民收入 Y 之间的关系。图 18-1（a）中曲线的斜率为（$s+m$），对应于收入水平 Y_1、Y_2，$S+M$ 分别为 L_1、L_2，根据图 18-1（b）中的 45°线，均衡时对应的"注入量"$I+G+X$ 应分别为 Z_1、Z_2，由图 18-1（c）中利率与"注入量"之间的关系线可确定均衡时的利率水平，应分别为 i_1、i_2，这样在图18-1（d）中便可确定产品市场达到均衡时的两个点（Y_1，i_1）、（Y_2，i_2），连接两点的曲线就是 IS 曲线。由图 18-1（d）中可以看出，IS 曲线的斜率为负，这是因为国民收入提高时，储蓄和进口等"漏出量"会增加，为使产品市场保持均衡，利率必须下降，以便通过刺激投资增加使"注入量"等于"漏出量"。

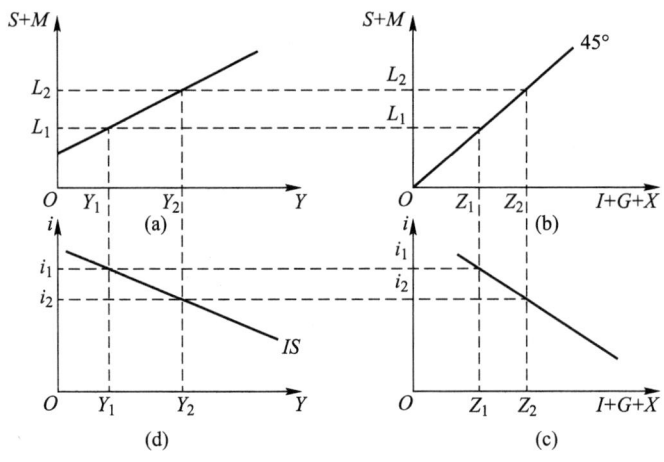

图 18-1　开放条件下 IS 曲线的推导

凡是影响"漏出量"与"注入量"的因素都会影响到 IS 曲线的位置。例如，自主性储蓄或自主性进口的下降，都会导致 IS 曲线向右移动。这是因为对应于一个既定的利率水平，只有国民收入增加才能保证有更多的储蓄与进口，以抵消自发下降部分，维持"漏出量"与"注入量"之间的平衡。若国内投资、政府支出或出口增加，将导致 IS 曲线右移。这是因为在利率不变的前提下，"注入量"的任何增加要求国民收入也必须增加，只有这样才可以保证储蓄和进口的增加，以维持"漏出量"与"注入量"之间的平衡。另外，汇率的变化也会导致 IS 曲线的移动。例如，在马歇尔-勒纳条件成立的前提下，本币贬值将导致 IS 曲线右移，因为本币贬值后进口减少、出口增加，所以"注入量"超过"漏出量"，这样只有国民收入增加才能保证"漏出量"与"注入量"之间的平衡。相反，本币升值则会导致 IS 曲线左移。

二、开放条件下 LM 曲线的推导

LM 曲线系货币市场达到均衡时的国民收入和利率组合的轨迹，它的推导可从货币市场均衡条件入手，即 $M_s = M_d$。

货币需求 M_d 可分为两部分：交易需求（M_t）和投机需求（M_{sp}），其中，交易需求取决于实际国民收入（正相关），投机需求则取决于利率（负相关）。如图 18-2 所示，当国民收入水平由 Y_1 提高到 Y_2 时，由图 18-2（a）可知，交易需求部分的货币余额由 M_{t1} 升至 M_{t2}；图 18-2（b）中的斜率为 -1 的直线表示货币市场均衡条件：$M_s = M_t + M_{sp}$，对应于既定的货币供给 M_s 以及交易需求部分货币余额 M_{t1} 和 M_{t2}，均衡时的投机需求部分货币余额分别为 M_{sp1}、M_{sp2}；而对应于 M_{sp1} 和 M_{sp2}，图 18-2（c）给出了满足货币市场均衡条件的利率水平，分别为 i_1、i_2；最后根据所得的两个组合（Y_1，i_1）、（Y_2，i_2），在图 18-2（d）中就可确定一条斜率为正的货币市场均衡曲线——LM 曲线。LM 曲线的斜率之所以为正，是因为当国民收入水平提高时，货币的交易需求会增加，为使货币需求继续等于不变的货币供给，要求投机货币需求减少，也即利率需要提高。

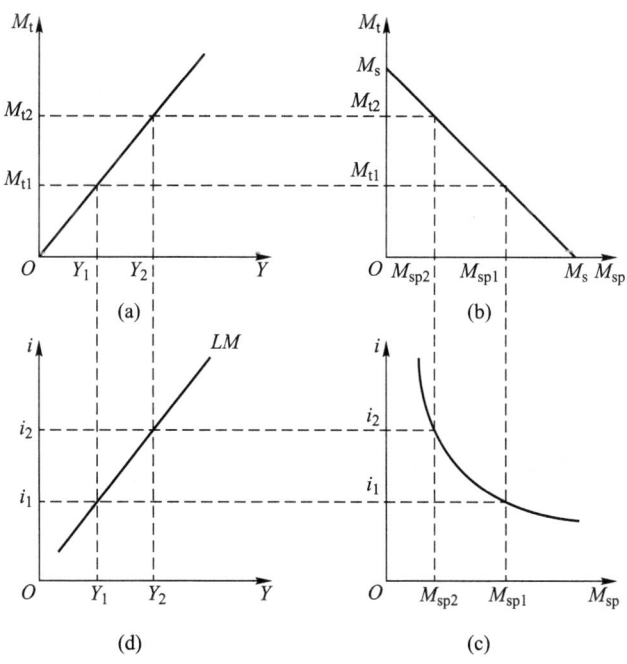

图 18-2　开放条件下 LM 曲线的推导

影响 LM 曲线位置的因素主要是国内货币供给量。当国内货币供给量增加时，LM 曲线将右移。这是因为对应于既定的利率水平，只有国民收入增加才能保证过剩的货币余额被吸收（用于交易目的）。相反，当国内货币供给量减少时，LM 曲线将左移。

三、国际收支平衡线——BP 曲线的推导

我们已经知道一国的国际收支达到平衡，是指经常项目收支差额与资本项目收支差额之和为零，用公式表示即

$$BP = (X-M) + (AX-AM) = 0$$

或
$$M-X = AX-AM \qquad\qquad (18.5)$$

其中，X 表示出口；M 表示进口；AX 表示金融资产出口（asset export），即资本流入；AM 表示金融资产进口（asset import），即资本流出；$(M-X)$ 为经常项目的净进口；$(AX-AM)$ 为资本项目的净流入。（18.5）式表明，当两值相等时，国际收支达到平衡。

在汇率既定的情况下，由于进口量的大小主要取决于本国实际国民收入的高低，即 M 是本国实际国民收入的递增函数，函数表达式可写成 $M = M(\overset{+}{Y})$；出口 X 主要由外国实际收入决定，与本国收入水平无关，因此，这里出口变量 X 可视为常数；资本项目则主要受利率 i 的影响，本国利率水平相对越高，金融资产的流入就越多，而流出则越少，表示成函数形式，即 $AX = AX(\overset{+}{i})$ 及 $AM = AM(\overset{-}{i})$。从而可以得到经常项目的净进口函数 $NM = M(\overset{+}{Y}) - X$。可见 NM 是本国国民收入的递增函数，而资本项目的净流入 $NF = AX(\overset{+}{i}) - AM(\overset{-}{i})$ 是本国利率的递增函数。于是，（18.5）式可改写成

$$M(\overset{+}{Y}) - X = AX(\overset{+}{i}) - AM(\overset{-}{i}) \qquad\qquad (18.6)$$

由（18.6）式可确定满足国际收支平衡的各种可能的 i 与 Y 的组合。我们将满足 (18.6) 式条件的 i 与 Y 的组合的轨迹称为国际收支平衡线，简称 BP 曲线。BP 曲线的推导过程如图 18-3 所示。

图 18-3（a）表示净进口 NM 与实际国民收入之间的函数关系，因为 NM 是实际国民收入的增函数，故曲线斜率为正。图 18-3（c）则是表示金融资本的净流入 NF 与本国利率之间的关系，图中曲线斜率也为正。图 18-3（b）则显示了国际收支的均衡条件：$M-X = AX-AM$，即 $NM = NF$，在 45°线上的所有点均表示国际收支均衡，即 $BP = 0$。这样根据图 18-3（a）、（b）、（c），即可推导出图 18-3（d）中的国际收支均衡线——BP 曲线的形状。

BP 曲线上任何一点均代表国际收支平衡，而在 BP 曲线之下或之上的区域内任何一点，与 BP 曲线上的均衡点相比，则表示国际收支处于逆差或顺差状态。例如，图中 E' 点表示，与均衡点 E 相比，实际国民收入相同，但利率较低，于是金融资产的净流入比 E 点要少，也就是说，金融资产的净流入小于商品和劳务的净进口，这意味国际收支处于逆

差；同样，E'' 点与 E 点相比，利率相同，但国民收入水平更低，于是净进口 NM 比 E 点要小，这意味着 NM 小于 NF，即国际收支处于顺差。

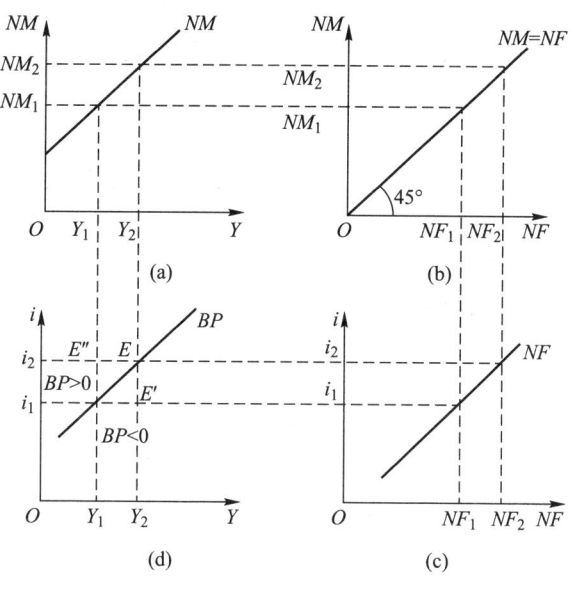

图 18-3 BP 曲线的推导

在通常情况下，BP 曲线向右上方倾斜，即斜率为正，利率与实际国民收入同方向变动。接下来分析一下其中的原因。BP 曲线的形状取决于内生变量之间的关系，所以我们对有关的内生变量——利率和实际国民收入进行分析。如图 18-3（d）所示，假设起始的均衡点在 E 点，这时国际收支是均衡的。如果国内利率提高，那么利率提高之后，国际收支如何仍能保持平衡呢？我们知道利率提高会吸引更多的国外资本流入，从而使国际收支出现盈余。此时，只有通过增加净进口才能抵消资本净流入的增加，而净进口又取决于实际国民收入，所以只有在实际国民收入也提高的情况下，才能使进口增加，经常项目出现逆差，进而抵消资本项目的盈余，使国际收支重新恢复平衡。同样，如果利率下降，那么利率下降引起的资本项目逆差必须由实际国民收入的下降而带来的经常项目顺差来抵消，从而保持国际收支平衡。由此可见，要保持国际收支平衡，利率与国民收入一定要同方向变动，因此 BP 曲线向右上方倾斜。

换个角度看，从函数关系上来讲，由于 NF 是利率 i 的递增函数，而 NM 是实际国民收入 Y 的递增函数，如果要实现国际收支均衡 $NM=NF$，利率 i 和实际国民收入显然必须同方向变动，即 BP 曲线的斜率为正。

但是 BP 曲线的形状存在两种极端情况。一种是在没有资本流动的情况下，利率变化对国际收支没有直接影响，也就是说资本流动对利率的弹性为零，这时 BP 线是一条位于某一收入水平上的垂直于横轴的直线，如图 18-4（a）所示。另一种极端则对应于资本完全自由流动的情况，这时资本流动对于利率变动具有完全的弹性，即任何高于国外利率水平的国内利率都会导致巨额资本流入，使国际收支处于顺差；同样，任何低于国外利率水平的国内利率都会导致巨额资本流出，使得国际收支处于逆差。因此，BP 线为一条位于国际均衡利率水平上的水平直线，如图 18-4（b）所示。概括而言，BP 曲线的斜率应处于 0 与无穷大之间，资本流动程度越低，BP 曲线越陡峭；资本流动程度越高，BP 曲线越平坦。

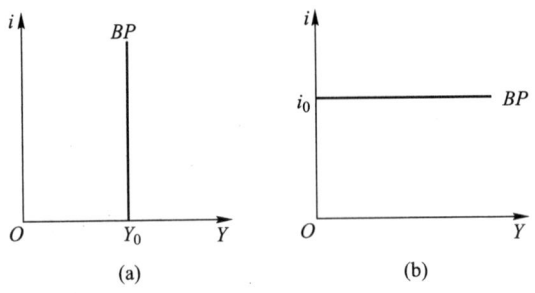

图 18-4　BP 曲线的两种极端情况

　　上面在确定 BP 曲线的时候，假定国内价格水平不变（这一点与 IS、LM 曲线的前提条件是一致的）。另外我们把汇率（e）作为外生变量看待，所以在推导 BP 曲线时并没有将汇率考虑进去。汇率作为一个重要的参数，对国际收支状况有实质性的影响，汇率的变化会引起 BP 曲线的移动，因此汇率是影响 BP 曲线变动的一个基本因素。

　　在此基础上，凡能影响汇率的因素（如利率、实际国民收入、价格水平等）都会使 BP 曲线移动。本币贬值，会使 BP 曲线右移；本币升值，会使 BP 曲线左移。以利率变动为例，如图 18-5 所示，假定最初外部均衡实现于 BP 曲线上的 A 点（Y_1，i_1），由于外部已经达到均衡状态，所以必然有一均衡汇率 e_1 与（Y_1，i_1）相一致。假定利率由 i_1 下降到 i_2，而实际国民收入仍为 Y_1 不变，由于利率下降，导致金融资产流出增加，流入减少，资本项目出现逆差，另一方面由于假定 Y_1 不变，则经常项目余额不

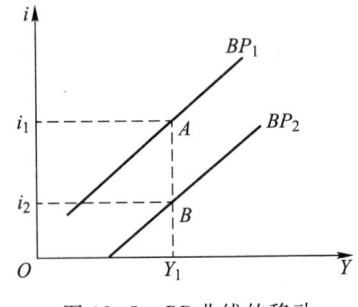

图 18-5　BP 曲线的移动

变，因此总的国际收支出现逆差。这时外汇市场上本国货币的供给大于需求，本币将贬值。本币贬值有利于本国出口增长，抑制进口，从而出现经常项目顺差（假定马歇尔-勒纳条件满足），直到本币贬值使经常项目顺差与资本项目逆差完全相抵时，国际收支重新实现均衡。这时新的均衡汇率 e_2 与已降低的利率 i_2 和 Y_1 的组合点 B 相对应。这就意味着 BP 曲线由 BP_1 右移到 BP_2。相反，如果利率上升，本币升值，则 BP 曲线会左移。

四、IS-LM-BP 模型

　　现在，将 BP 曲线引入 IS-LM 模型中，即在描述产品市场与货币市场同时均衡的 IS-LM 模型中加入国际收支均衡曲线 BP，便可构造一个开放条件下的宏观经济模型。

开放经济均衡要求产品市场、货币市场和国际收支同时达到均衡。如图 18-6 所示，当 *IS* 曲线、*LM* 曲线和 *BP* 曲线恰好交于 *E* 点的时候，便会有唯一的一组利率 i_0、实际国民收入 Y_0 和汇率 e_0 使得产品市场均衡、货币市场均衡以及国际收支均衡这三种均衡同时实现。三条曲线的共同交点 *E* 是此 *Y-i* 平面上的唯一三重均衡点。

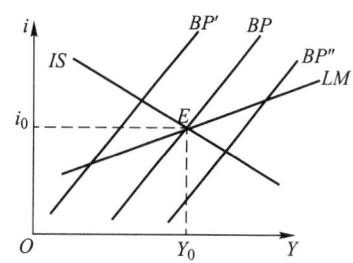

图 18-6 *IS-LM-BP* 模型的均衡

而 *Y-i* 平面的其他任何点都是非三重均衡点。例如，如果 *BP* 曲线位于 *IS* 与 *LM* 的交点 *E* 之左方，如 *BP'* 所示，由于表示 i_0 与 Y_0 组合的点 *E* 位于 *BP'* 右边，根据上面对 *BP* 曲线的讨论，我们知道在产品市场与货币市场共同达到均衡时存在着国际收支逆差；如果 *BP* 曲线低于 *E*，如 *BP''* 所示，则意味着产品市场与货币市场同时达到均衡时存在着国际收支顺差。

以下利用 *IS-LM-BP* 模型来分析在不同汇率制度下宏观经济政策的作用效果。

第二节 固定汇率制下的宏观经济政策效果

本节首先利用 *IS-LM-BP* 模型分析固定汇率制下财政政策与货币政策的作用效果。在分析中要考虑不同资本流动程度的影响。

一、财政政策的作用效果

开放经济条件下，政府可以采用改变政府支出或税收的方式实施财政政策。下面我们以扩张性财政政策为例，分析在固定汇率制、不同资本流动程度下财政政策的作用效果。

（一）资本不流动

假定资本不流动，此时 *BP* 曲线是一条垂直于横轴的直线，如图 18-7 所示。假定最初 *IS* 曲线、*LM* 曲线和 *BP* 曲线交于 *E* 点，此时均衡的国民收入和利率分别为 Y_0 和 i_0。如果政府采取增加政府开支或减税的扩张性财政政策，则会使 *IS* 曲线右移至 *IS'*。*IS'* 与 *LM* 曲线的交点位于 *BP* 曲线右方，意味着国际收支出现了逆差，本币面临贬值压力。本国货币当局为维持固定汇率制，需要在外汇市场进行干预，抛出外汇，收回本币，这会导致本国货币供给量减少，*LM* 曲线左移至 *LM'*，直到最终 *IS'*、*LM'* 和 *BP* 三条曲线交于 *E'* 点，经济重新恢复到均衡状态。由此可见，在固定汇率制和资本不流动的情况下，扩张性财政政策在短期内会提高一国的国民收入（*Y'*），

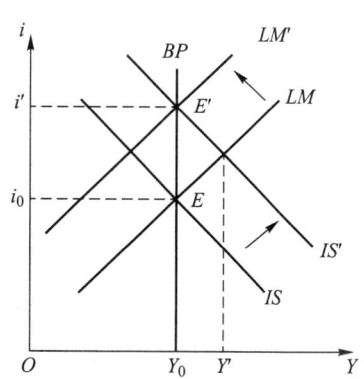

图 18-7 固定汇率制、资本不流动情况下财政政策的作用效果

而在长期内则对国民收入没有影响，只会使均衡利率提高。

（二）资本有限流动

假定资本有限流动，可以分为两种情况：如果国际资本流动对国内利率变化的反应不很敏感，资本流动程度较低，则 BP 曲线要比 LM 曲线更陡些，如图 18-8（a）所示；如果国际资本流动对国内利率变化的反应较为敏感，资本流动程度较高，则 BP 曲线比 LM 曲线要平坦些，如图 18-8（b）所示。[①] 假定最初 IS 曲线、LM 曲线和 BP 曲线交于 E 点，此时均衡的国民收入和利率分别为 Y_0 和 i_0。如果政府采取增加政府开支或减税的扩张性财政政策，则会使 IS 曲线右移至 IS'。在图 18-8（a）中，IS' 与 LM 曲线的交点位于 BP 曲线右方，意味着国际收支出现了逆差，本币面临贬值压力。本国货币当局为维持固定汇率制，需要在外汇市场进行干预，抛出外汇，收回本币，这会导致本国货币供给量减少，LM 曲线左移至 LM'，直到最终 IS'、LM' 和 BP 三条曲线交于 E' 点，经济重新恢复到均衡状态。而在图 18-8（b）中，IS' 与 LM 曲线的交点位于 BP 曲线左方，意味着国际收支出现了顺差，本币面临升值压力。本国货币当局为维持固定汇率制，需要在外汇市场进行干预，抛出本币，收回外汇，这会导致本国货币供给量增加，LM 曲线右移至 LM'，直到最终 IS'、LM' 和 BP 三条曲线交于 E' 点，经济重新恢复到均衡状态。由此可见，在固定汇率制和资本有限流动的情况下，扩张性财政政策会提高一国的均衡国民收入和利率水平，资本流动程度越高，扩张性财政政策提高国民收入的效果越明显。

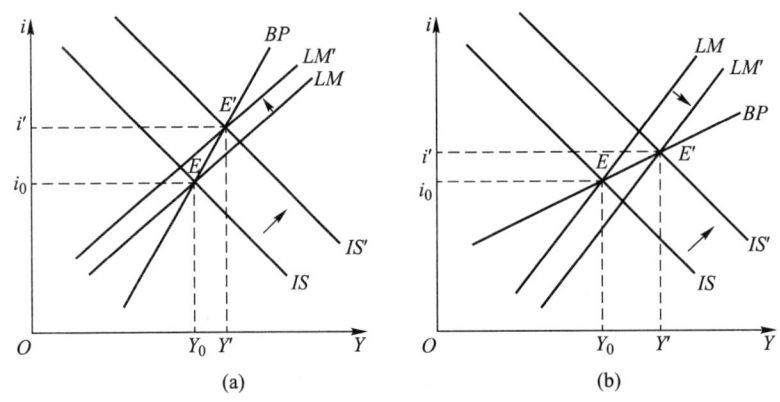

图 18-8　固定汇率制、资本有限流动情况下财政政策的作用效果

（三）资本完全自由流动

在资本完全自由流动的条件下，BP 曲线是一条水平线，如图 18-9 所示。现在再来看扩张性财政政策的作用效果。我们仍假定经济最初处于均衡点 E，在货币供给不变的情况下，执行扩张性的财政政策，会使 IS 曲线右移至 IS'。IS' 与 LM 曲线的交点所对应的利率

---

① 确切地说，当国际资本流动的利率弹性小于货币需求的利率弹性时，BP 曲线比 LM 曲线陡峭；当国际资本流动的利率弹性大于货币需求的利率弹性时，BP 曲线比 LM 曲线平坦。

i'高于国际均衡利率水平 i_0，这会吸引大量国际资本流入本国，从而造成巨额国际收支顺差，本币面临升值的压力。为保持固定汇率，本国货币当局必须在外汇市场上买进外汇，抛出本币，结果本国货币供给量增加，LM 曲线发生右移，这一过程将一直持续到经济达到新的均衡点 E'，使利率恢复到原来的水平，国际收支恢复平衡。由此可见，在固定汇率制和资本完全自由流动的情况下，扩张性财政政策会明显提高一国的均衡国民收入，此时的财政政策完全没有"挤出效应"。

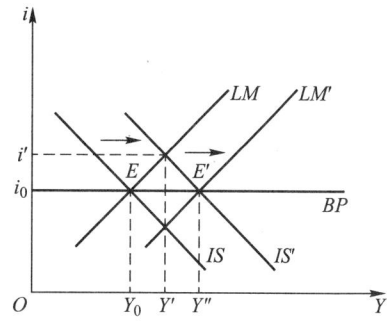

图 18-9　固定汇率制、资本完全自由流动情况下财政政策的作用效果

综合以上分析可以看出，在固定汇率制下，除资本不流动的情况外，扩张性财政政策对于提高一国的国民收入水平是比较有效的，资本流动程度越高，扩张性财政政策提高国民收入的作用越明显。

二、货币政策的作用效果

在固定汇率制下，一国货币当局运用货币政策的能力会因为维持汇率固定的义务而受到限制。以扩张性货币政策为例，中央银行增加货币供给，会降低国内利率，从而刺激国内投资，提高国民收入水平。国民收入水平提高又会导致进口的增加，同时国内利率下降会导致资本外流。如果原来国际收支处于平衡，现在则会出现国际收支逆差，外汇市场出现失衡，外汇需求大于外汇供给。此时，为维持汇率不变，中央银行不得不在外汇市场抛售外币以弥补外汇需求缺口，同时购进本币。这样一来，又会减少本国货币供给，从而使得政府希望借助货币政策提高国民收入的目的落空。所以说在固定汇率制下，货币政策要同时兼顾内外平衡两个政策目标，难以达到预定效果。下面根据资本流动程度的不同予以具体分析。

（一）资本不流动

在资本不流动的条件下，BP 曲线是一条垂直于横轴的直线，如图 18-10 所示。假定最初 IS 曲线、LM 曲线和 BP 曲线交于 E 点，此时均衡的国民收入和利率分别为 Y_0 和 i_0。假设国内经济处于非充分就业状态（Y_0小于充分就业时的国民收入水平），如果政府为增加就业、提高国民收入而采取扩张性货币政策，则会使 LM 曲线右移至 LM'。LM' 与 IS 曲线的交点位于 BP 曲线右方，意味着国际收支出现了逆差，本币面临贬值压力。本国货币当局为维持固定汇率制，需要在外汇市场进行干预，抛出外汇，收回本币，这会导致本国货币供给量减少，LM 曲线向左回移，直至回到原来位置，国

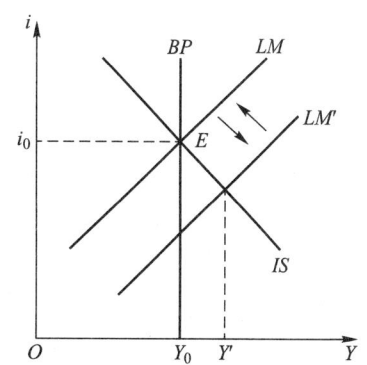

图 18-10　固定汇率制、资本不流动情况下货币政策的作用效果

际收支恢复平衡。由此可见，在固定汇率制和资本不流动的情况下，扩张性货币政策在短期内会提高一国的国民收入（Y'），而在长期内则对国民收入没有影响。

（二）资本有限流动

在资本有限流动的情况下，如图 18-11 所示，不论 BP 曲线比 LM 曲线更陡还是更平坦，扩张性货币政策使得 LM 曲线右移至 LM'，LM' 与 IS 曲线的交点都位于 BP 曲线右方。这意味着国际收支出现了逆差，本币面临贬值压力。本国货币当局为维持固定汇率制，需要在外汇市场上抛出外汇，收回本币，这会导致本国货币供给量减少，LM 曲线向左回移，直到最终 IS、LM 和 BP 三条曲线交于 E 点，经济重新恢复到均衡状态。由此可见，在固定汇率制和资本有限流动的情况下，扩张性货币政策在短期内会提高一国的国民收入（Y'），而在长期内则对国民收入没有影响。

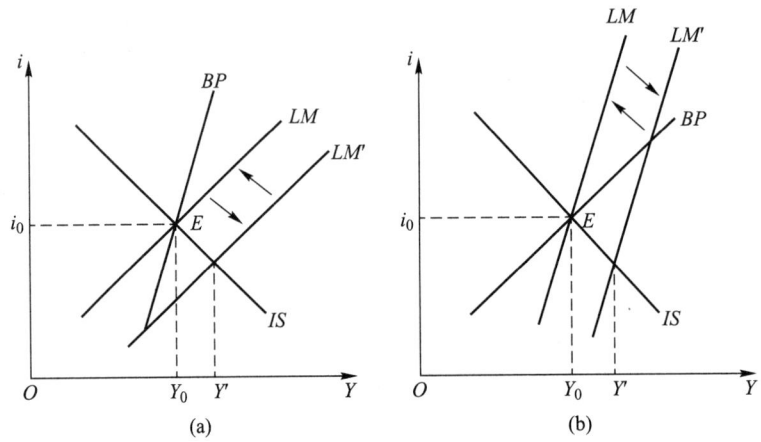

图 18-11　固定汇率制、资本有限流动情况下货币政策的作用效果

（三）资本完全自由流动

在资本具有完全流动性的情况下，BP 曲线是一条水平线，利率的微小变动就会引发资本的无限量流动。在这种情况下，扩张性货币政策的作用过程可用图 18-12 来说明。

如图 18-12 所示，假设经济的初始状态为 E 点。现在假定中央银行执行扩张性货币政策，LM 曲线右移到 LM'，LM' 与 IS 曲线的交点位于 BP 曲线下方，本国利率 i' 低于世界均衡利率 i_0，这会导致资本大量外流，国际收支出现巨额逆差，本币面临贬值压力。为维持固定汇率制，中央银行必须干预外汇市场，抛出外汇，收

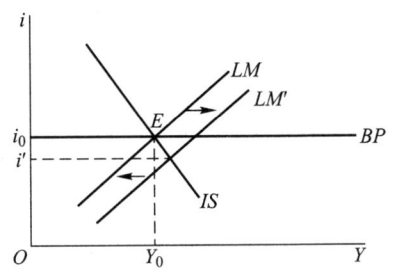

图 18-12　固定汇率制、资本完全自由流动情况下货币政策的作用效果

回本币，这会导致本国货币供给量减少，LM 曲线向左回移，直到最终 IS、LM 和 BP 三条曲线交于 E 点，经济重新恢复到均衡状态。

实际上，在资本完全自由流动的情况下，扩张性货币政策根本不会导致 *LM* 曲线右移至 *LM'*，因为资本流动数量巨大且非常迅速，中央银行增加的货币供给会被资本流出完全抵消，所以经济会始终处于均衡点 *E*。由此可见，在固定汇率制和资本完全自由流动的情况下，扩张性货币政策对于提高一国的均衡国民收入完全无效。

综上所述，在固定汇率制度下，由于一国货币当局受到维持固定汇率义务的限制，使得货币政策丧失了独立性。特别是在资本完全自由流动的情况下，货币政策在短期和长期都无效，不能发挥对国民收入的影响作用。

事实上，在固定汇率制下，中央银行进行外汇市场干预方式可分为"非消毒干预"（non-sterilized intervention）与"消毒干预"（sterilized intervention）两种。上面分析中的干预方式属于"非消毒干预"，即对外汇市场的干预影响到了国内货币供给。当国际收支出现逆差，如果中央银行在外汇市场上抛售外币购进本币的同时，增加基础货币中的国内信贷部分，以抵消外汇市场干预所造成的对国内货币供给的冲击，这种干预方式就属于所谓的"消毒干预"。很显然，采用"消毒干预"可以保证货币政策的有效性。但是，从长期来看，"消毒干预"难以持久，因为这会带来持续的国际收支恶化，进而通过国际储备减少这一影响基础货币的渠道降低国内货币供给。所以"消毒干预"只在短期内有效，从长期看，仍然会发生货币政策的无效性。

 专栏

开放经济条件下政策选择的"三元悖论"

20 世纪 60 年代，罗伯特·蒙代尔和 J. 马库斯·弗莱明（J. Marcus Fleming）利用蒙代尔-弗莱明模型（Mundell-Fleming model）[①] 对开放经济条件下的宏观经济政策效果进行了分析，提出了著名的"不可能三角"（the impossible triangle），后来，美国经济学家保罗·克鲁格曼（Paul Krugman）进一步将其概括为"永恒的三角形"（the eternal triangle）或"三元悖论"（trilemma）。"不可能三角"或"三元悖论"是指一国货币政策的独立性、固定汇率制和资本的完全自由流动三者不能兼得，一国最多只能同时实现两个目标，而不得不放弃另外一个目标。

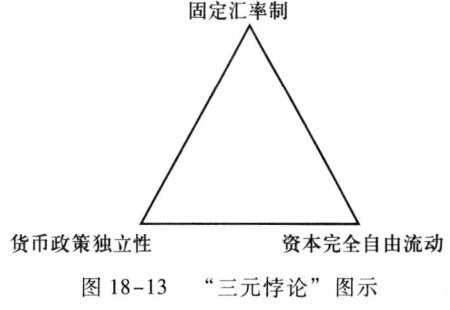

图 18-13　"三元悖论"图示

如图 18-13 所示，一国政府可以选择固定汇率制和货币政策独立性目标，但必须要放弃资本完全自由流动目标而实行资本管制。我国即是这方面的典型个案。在 2005 年汇率形成机制改革前

---

① 蒙代尔-弗莱明模型是以资本具有完全流动性为假设前提的分析开放经济条件下宏观经济政策效果的特殊 *IS-LM-BP* 模型。

的很长一段时间，我国事实上实行的是钉住美元的汇率制度。这种情况下我国必须对资本的流入流出进行管制，否则钉住美元的汇率制度就难以维持。一国政府可以选择货币政策独立性和资本自由流动目标，但必须要放弃固定汇率制。美国和英国是这种情况的典型代表。它们可以通过调节利率来实现控制通货膨胀和促进经济增长的目标，同时也允许资本自由进出，但放弃了实行固定汇率制的可能性。因为在这种情况下利率的上升和下降会引起资本的流入和流出，进而导致本国货币的升值和贬值，固定汇率制难以维持。一国政府也可以选择固定汇率制和资本自由流动目标，但会丧失货币政策的独立性。图18-12已经充分说明了这一点。中国香港是这种情况的典型代表。中国香港实行联系汇率制度，港元严格钉住美元，同时允许资本自由进出。在这种情况下，香港丧失了货币政策的独立性。如果美联储提高或降低利率，香港货币当局也不得不随之提高或降低利率，否则港元就会遭受严重的投机性攻击。

"三元悖论"对于发展中国家具有重要的现实指导意义。许多发展中国家实行钉住汇率制，在这种情况下，它们要保持货币政策的独立性就必须实行资本管制，而要实现资本自由流动就必须放弃货币政策的独立性。对于发展中国家来说，货币政策对于经济增长具有重要作用，同时资本项目逐步开放和自由流动也是大势所趋，在这种情况下，发展中国家就需要对钉住汇率制进行调整，实行更为灵活的汇率制度。

第三节　浮动汇率制下的宏观经济政策效果

上一节讨论了固定汇率制下的宏观经济政策作用效果，本节将利用 IS-LM-BP 模型讨论浮动汇率制下的宏观经济政策作用效果，从中可以看到两种不同汇率制度下的宏观经济政策效果的重大差别。

一、财政政策的作用效果

我们仍以扩张性财政政策为例，分析在浮动汇率制、不同资本流动程度下财政政策的作用效果。

（一）资本不流动

在资本不流动的情况下，BP 曲线是一条垂直于横轴的直线，如图18-14所示。假定最初 IS 曲线、LM 曲线和 BP 曲线交于 E 点，此时均衡的国民收入和利率分别为 Y_0 和 i_0。如果政府采取增加政府开支或减税的扩张性财政政策，则会使 IS 曲线右移至 IS'，IS' 与 LM 曲线的交点位于 BP 曲线右方，意味着国际收支出现了逆差。在浮动汇率制下，国际收支逆差会导致本币贬值。本币贬值一方面会使 BP 曲线右移至 BP'，另一方面会由于净出口增加而使 IS 曲线进一步右移至 IS''，直到最终 IS''、LM 和 BP' 三条曲线交于 E' 点，经济重新恢复到均衡状态。此时均衡国民收入增加至 Y'。
由此可见，在浮动汇率制和资本不流动的情况下，扩
张性财政政策对于提高一国的国民收入是比较有效的。

（二）资本有限流动

在资本有限流动的情况下，如图18-15所示，假
定最初 IS 曲线、LM 曲线和 BP 曲线交于 E 点，此时均
衡的国民收入和利率分别为 Y_0 和 i_0。如果政府采取增
加政府开支或减税的扩张性财政政策，则会使 IS 曲线
右移至 IS'。在图18-15（a）中，BP 曲线比 LM 曲线
陡，表明国际资本流动利率弹性相对较低。在这一情
形下，IS' 与 LM 曲线的交点位于 BP 曲线右方，意味着
国际收支出现了逆差。在浮动汇率制下，国际收支逆

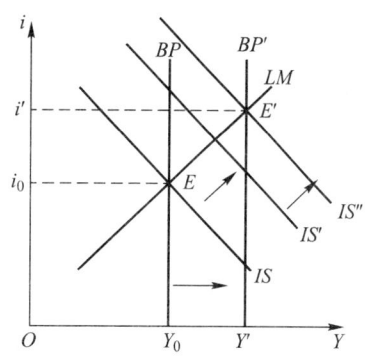

图18-14 浮动汇率制、资本不流动
情况下财政政策的作用效果

差会导致本币贬值。本币贬值一方面会使 BP 曲线右移至 BP'，另一方面会由于净出口增
加而使 IS 曲线进一步右移至 IS''，直到最终 IS''、LM 和 BP' 三条曲线交于 E' 点，经济重新
恢复到均衡状态。此时均衡国民收入增加至 Y'，均衡利率提高为 i'。而在图18-15（b）
中，BP 曲线比 LM 曲线平坦，表明国际资本流动利率弹性相对较高。在这种情形下，
IS' 与 LM 曲线的交点位于 BP 曲线左方，意味着国际收支出现了顺差。在浮动汇率制下，
国际收支顺差会导致本币升值。本币升值一方面会使 BP 曲线左移至 BP'，另一方面会
由于净出口减少而使 IS 曲线向左回移至 IS''，直到最终 IS''、LM 和 BP' 三条曲线交于 E'
点，经济重新恢复到均衡状态。此时均衡国民收入增加至 Y'，均衡利率提高为 i'。由
此可见，在浮动汇率制和资本有限流动的情况下，扩张性财政政策会提高一国的均衡
国民收入和利率水平，资本流动程度越高，扩张性财政政策提高国民收入的效果就越
有限。

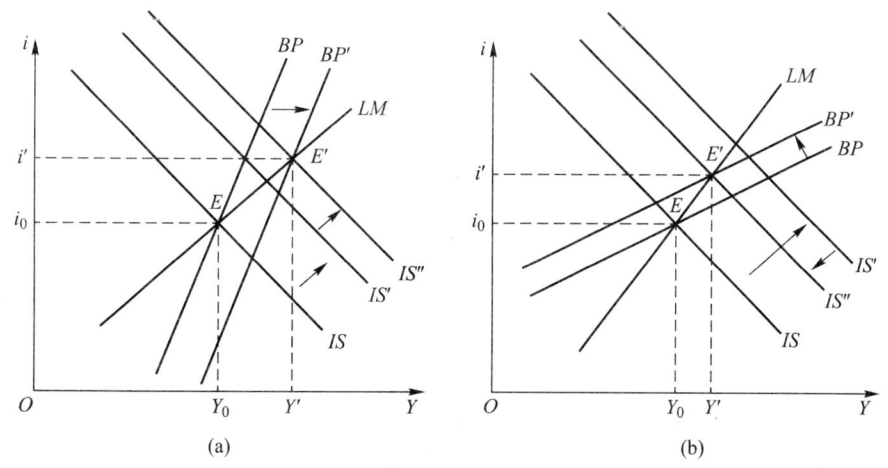

(a)   (b)

图18-15 浮动汇率制、资本有限流动情况下财政政策的作用效果

（三）资本完全自由流动

当资本完全自由流动时，浮动汇率制下财政政策在刺激国内经济作用方面，与固定汇率制下的效果大相径庭。如图18-16所示，假定政府采用扩张性财政政策，会导致 IS 曲线右移至 IS'。此时需求扩张，产量提高，对货币需求也因此增加，并导致利率上升（i'）。国内利率上升会造成资本大量流入国内，从而国际收支出现巨额顺差。在浮动汇率制下，国际收支顺差会导致本币升值。本币升值使得本国出口受到抑制，进口增加，由此导致的净出口减少将使 IS 曲线向左回移，直到净进口的增加抵消国际收支顺差为止。如图所示，IS 曲线最终又回到原来

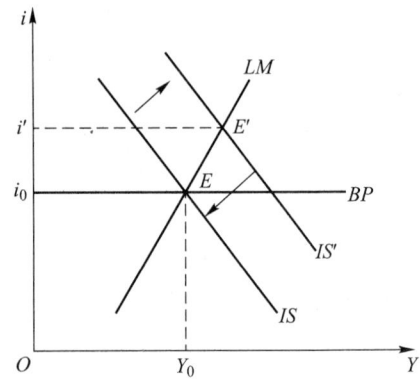

图18-16　浮动汇率制、资本完全自由流动情况下财政政策的作用效果

的位置。事实上，由于汇率的自由浮动机制会对扩张性财政政策产生一个完全的挤出效应，可能 IS 曲线根本就不会向右移动，从而致使财政政策完全达不到降低失业、提高收入水平的目的。

综合以上分析可以看出，在浮动汇率制下，随着资本流动程度的提高，扩张性财政政策对于提高一国国民收入水平的作用效果受到了限制，特别是当资本完全自由流动时，财政政策完全失效。

二、货币政策的作用效果

与固定汇率制下的货币政策作用效果不同，浮动汇率制下货币政策对国内生产与收入有较强的影响力。下面仍然根据资本流动程度的不同予以具体分析。

（一）资本不流动

在资本不流动的条件下，BP 曲线是一条垂直于横轴的直线，如图18-17所示。假定最初 IS 曲线、LM 曲线和 BP 曲线交于 E 点，此时均衡的国民收入和利率分别为 Y_0 和 i_0。此时如果政府采取扩张性货币政策，则会使 LM 曲线右移至 LM'。LM' 与 IS 曲线的交点位于 BP 曲线右方，意味着国际收支出现了逆差。在浮动汇率制下，国际收支逆差会导致本币贬值。本币贬值一方面会使 BP 曲线右移至 BP'，另一方面会由于净出口增加而使 IS 曲线右移至 IS'，直到最终 IS'、LM' 和 BP' 三条曲线交于 E' 点，经济重新恢复到均衡状态。此时均衡国民收入增加至 Y'。由此可见，在浮动汇率制和资本不流动的情况下，扩张性货币政策对于提高一国的国民收入

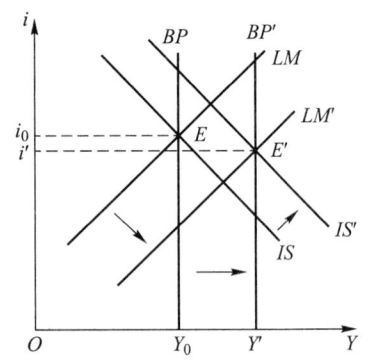

图18-17　浮动汇率制、资本不流动情况下货币政策的作用效果

是比较有效的。

（二）资本有限流动

在资本有限流动的情况下，如图 18-18 所示，不论 BP 曲线比 LM 曲线更陡（图 18-18（a））还是更平坦（图 18-18（b）），扩张性货币政策使得 LM 曲线右移至 LM′。在图 18-18（a）和（b）中，LM′ 与 IS 曲线的交点都位于 BP 曲线右方，这意味着国际收支出现了逆差。在浮动汇率制下，国际收支逆差会导致本币贬值。本币贬值一方面会使 BP 曲线右移至 BP′，另一方面会由于净出口增加而使 IS 曲线右移至 IS′，直到最终 IS′、LM′ 和 BP′ 三条曲线交于 E′ 点，经济重新恢复到均衡状态。此时均衡国民收入都增加至 Y′。由此可见，在浮动汇率制和资本有限流动的情况下，扩张性货币政策对于提高一国的国民收入也是比较有效的。

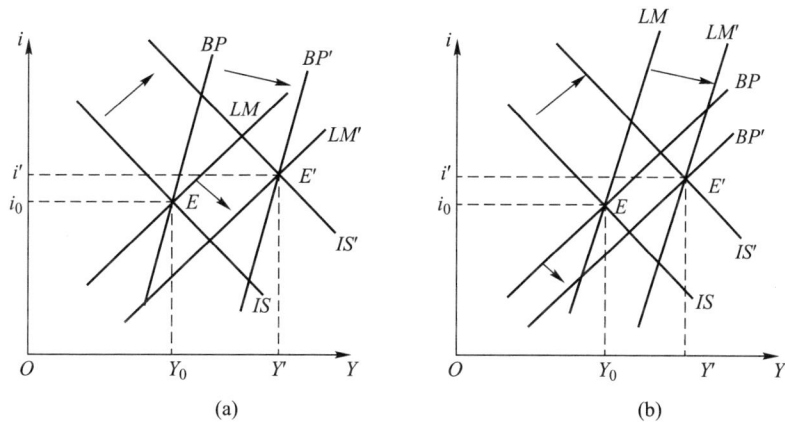

(a)   (b)

图 18-18　浮动汇率制、资本有限流动情况下货币政策的作用效果

（三）资本完全自由流动

在资本完全自由流动的条件下，BP 曲线是一条水平线，如图 18-19 所示。假定经济最初处于均衡点 E，政府实施扩张性的货币政策会使 LM 曲线右移至 LM′。LM′ 与 IS 曲线的交点所对应的利率 i′ 低于国际均衡利率 i_0，这会导致大量资本流出本国，从而造成巨额国际收支逆差。在浮动汇率制下，国际收支逆差会导致本币贬值。本币贬值会使得出口增加、进口减少，由此导致的净出口增加将使 IS 曲线右移至 IS′，国际收支恢复平衡。最终经济均衡点移至 E′ 点，在这一点，国民收入水平提高至 Y′，利率与国际均衡利率相等。由此可见，在浮动汇率制和资本完全自由流动的情况下，扩张性货币政策对于提高一国的国民收入非常有效。

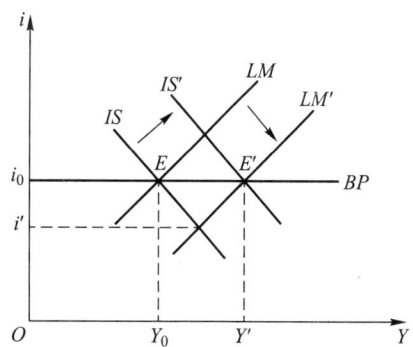

图 18-19　浮动汇率制、资本完全自由流动情况下货币政策的作用效果

综上所述，在浮动汇率制度下，由于一国货币当局没有维持固定汇率的义务，不必干预外汇市场，从而可以控制货币供给量，使得货币政策能够有效发挥对国民收入的调节作用。[①]

本章小结

本章利用开放条件下的宏观经济模型（即 *IS-LM-BP* 模型）讨论了固定汇率制和浮动汇率制下财政政策和货币政策的作用效果。*IS-LM-BP* 模型是在 *IS-LM* 模型中加入国际收支均衡之后的修正模型。在固定汇率制下，除资本不流动的情况外，扩张性财政政策对于提高一国的国民收入水平是比较有效的，资本流动程度越高，扩张性财政政策提高国民收入的作用效果越明显；而由于一国货币当局受到维持固定汇率义务的限制，使得固定汇率制下货币政策丧失了独立性。相反，在浮动汇率制下，随着资本流动程度的提高，扩张性财政政策对于提高一国国民收入水平的作用效果受到了限制，特别是当资本完全自由流动时，财政政策完全失效；而由于一国货币当局不再有维持固定汇率的义务，从而可以控制货币供给量，使得货币政策在浮动汇率制下能够有效发挥对国民收入的影响作用。

即测即评

请扫描右侧的二维码，您可在线自测并查看答案。

练习与思考

1. *BP* 曲线在什么条件下比 *LM* 曲线更平坦？

2. 在固定汇率制下，资本完全自由流动对货币政策和财政政策的有效性有何影响？

3. 在固定汇率制和资本完全不流动、资本不完全流动和资本完全流动三种情况下，试比较：

（1）扩张性财政政策在短期内（国内货币供给尚未来得及变动）对国际收支的影响（假设最初国际收支是平衡的）；

（2）扩张性财政政策在长期内（中央银行为维持固定汇率采取干预措施之后）对国内实际收入水平的影响。

4. 请解释开放经济条件下政策选择的"三元悖论"。"三元悖论"对于我国汇率形成机制改革有何启示？

5. 假设 A 国和 B 国经济联系紧密，均实行浮动汇率制度，A 国遭遇严重失业问题，遂采取放松银根政策，B 国是否会受到影响？

---

① 上述对浮动汇率制下财政政策和货币政策作用效果的分析是以国内价格水平保持不变为前提的。如果考虑到汇率变化对国内价格水平的影响，浮动汇率制下本币升值和贬值相应会引起 *LM* 曲线也发生右移或左移，上述分析过程将更为复杂。

第十九章
国际经济政策协调

在开放经济条件下，一国经济与其他国家的经济密切相关，各国经济既相互依赖，又相互影响。在这种情况下，一国（尤其是大国）的经济政策自然也会对他国经济产生影响。各国经济政策的互相影响主要是通过国际收支以及汇率的变化来传递的。因此在经济日益全球化的国际环境下，各国在制定宏观经济政策时，不仅要考虑国内经济目标，还须考虑其国际影响。于是，各国的宏观经济政策也就产生了协调的必要。本章首先阐述进行国际经济政策协调的原因和理由，然后分析国际经济政策协调的具体内容，最后介绍国际经济政策协调的实践。

第一节　国际经济政策协调的理由

一、国际经济政策协调的必要性

在 20 世纪 80 年代末，许多国际金融领域内的学者和专家对于国际宏观经济政策协调问题越来越关注。比较一致的看法是认为国际协调是必要的，特别是在浮动汇率制比较受推崇的今天，世界上主要国家之间进行经济政策协调是十分必要的。争议比较大的问题集中于国际政策协调的方式、水平及其效果方面。[1]

由前一章，我们了解到在浮动汇率和资本高度流动的情形下，财政政策无效，而货币

---

① 这方面的各种争论可参见 Bryant R, et al. Empirical Macroeconomics for Interdependent Economies. Washington, D. C. : Brookings Institute, 1988.

政策是比较有效的，但这一结论是在不考虑别国影响的情况下得出的。如果考虑别国经济政策的影响，那么一国的货币政策能否达到目标就值得怀疑了。例如，当本国经济面临有效需求不足时，政府应该采取宽松的货币政策（如扩大货币供给量）。可是如果与本国经济密切相关的国家采取紧缩的货币政策从而使得利率提高，本国增加的货币资金将会大量外流，结果一方面使本国宽松的货币政策的效果因资金的流出而被抵消，另一方面对方国家紧缩的货币政策也会因为资金的流入而变得难以发挥作用。相反，当一国采取紧缩的货币政策时，其效果又会由于与之经济密切相关的国家采取宽松的货币政策而被抵消。因为当一国紧缩经济时，本国利率上升或货币供应量减少的作用将由于资金的大量流入被抵消掉。由此可见，由于各国宏观经济及其政策的相互联系和相互影响，在各国采取不一致尤其是相反的经济政策时，将使各国经济政策的效果大打折扣，甚至在一国的资本完全自由流动的条件下，政府所实施的经济政策可能会完全失去应有的作用。因此，各国为保持其经济政策的有效性需要进行国际经济政策的协调。

同时，为避免"以邻为壑"政策的出现也需要各国间经济政策的合作和协调。所谓"以邻为壑"，是指一国采取的政策虽然对本国有利，却损害了别国的经济。这可用图19–1加以说明。如图19–1（a）所示，本国实施扩张性货币政策，使得 LM 曲线右移至 LM_1。这一扩张性货币政策会推动本国利率下降，进而使得本国国民收入增加，使经济均衡点由 A 移至 B。而本国国民收入的增加会通过进口的拉动作用使得外国的国民收入增加、利率提高。这在图19–1（b）中表现为外国的 IS 曲线由 IS^* 右移至 IS_1^*，经济均衡点由 D 变为 E。由图中可以看出，这时两国的国民收入都增加了。但是，此时本国和外国的均衡点 B 和 E 都不是最终的，经济会继续进行调整。这是因为，随着本国利率的下降，本国资本外流，在 B 点会出现国际收支逆差，这在浮动汇率制下会导致本币贬值。而同时外国由于资本流入会出现国际收支顺差，使货币升值。本国货币贬值会刺激出口、抑制进口，从而使得国民收入进一步增加，使图19–1（a）中的 IS 曲线右移至 IS_1。由于本国货币贬值和两国相对价格的变化，本国和外国居民都会用本国产品替代外国产品，从而导致外国国民收入下降，在图19–1（b）中表现为 IS_1^* 左移至 IS_2^*。本国和外国的最终均衡点分别为 C 和 F，本国的货币扩张政策最终导致外国国民收入下降。这通常是被看作"以邻为壑"政策的一个典型例证，即本国国民收入的增加是以外国国民收入的下降为代价的。

另外，为维护各国间汇率的稳定也需要进行国际经济政策的合作和协调。很多学者强调汇率稳定有非常重要的意义。如麦金农（McKinnon）认为，将汇率稳定在一个固定的水平或限制在狭窄的"目标区"（target zones）内波动，有助于降低国际贸易和国际投资的波动性。我们知道，在实行浮动汇率制和资本完全自由流动的条件下，货币政策会引发汇率的波动，扩张性货币政策会导致本国货币贬值，而紧缩性的货币政策则导致本国货币升值。例如，如果美国相对于日本和欧盟实行相对扩张性的货币政策，那么美元对日元和欧元就有贬值的趋势。此时如果日本和欧盟的货币当局也采取扩张性的货币政策，在外汇市场上抛出本币，购进美元，那么这种联合行动就可以阻止美元的贬值，维持美元汇率的稳定。由此可见，即使在浮动汇率制下，各国通过对货币政策的协调和配合也可以实现汇

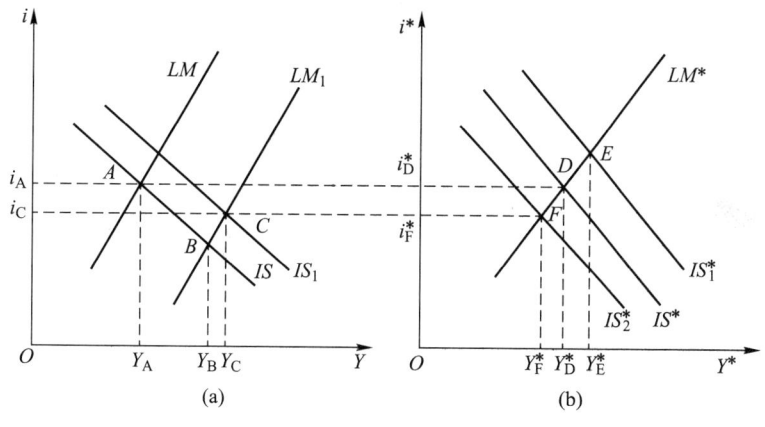

图 19-1 "以邻为壑"政策图示

率的相对稳定，从而为国际贸易和国际投资的顺利进行提供良好的环境条件。

表 19-1 列出了采用不同经济模型模拟的扩张性财政政策和货币政策的影响。

二、国际经济政策协调的收益

我们可以从博弈论的角度分析国际经济政策协调可能产生的潜在收益，进一步论证国际经济政策进行协调的必要性。

（一）国际经济政策协调的"囚徒困境"博弈

利用经典的"囚徒困境"（prisoner's dilemma）博弈模型，可以很好地说明进行国际经济政策协调的必要性。假设有"本国"和"外国"两个国家，两国实行的是浮动汇率制，每一国都试图针对通货膨胀的冲击确定其最优货币政策，用失业率与通货膨胀率之和——"痛苦指数"（misery index）来衡量两国相应的货币政策的效果。① 图 19-2 为本国和外国货币政策战略选择博弈矩阵。图中，矩阵分为 4 个方格，方格中的数字分别表示本国与外国货币政策不同组合条件下的两国的"痛苦指数"。例如，方格 II 中的数字表明当本国实施紧缩性的货币政策、而外国实施宽松的货币政策时，本国"痛苦指数"为 -7，而外国为 -10。两国制定货币政策的目标是使"痛苦指数"最小，即每一方格中"痛苦指数"的绝对值越小则越理想。

在封闭条件下，两国决策者只需根据通货膨胀和失业之间的短期替代关系就可以确定本国货币政策的效果。而在相互依赖的开放条件下，一国在制定货币政策时还必须考虑到货币政策的溢出效应。如果每个国家都奉行使自己的"痛苦指数"最小的货币政策，同时假定另一国的货币政策保持不变，那么，在图 19-2 所假定的矩阵条件下，对于本国来说，

① 参见 Hallwood C P, MacDonald R. International Money and Finance. Malden, Mass: Blackwell, 2000: 108.

表 19-1　财政政策和货币政策溢出效应的模型模拟结果

模型	扩张性财政政策的影响								扩张性货币政策的影响							
	美国				美国之外的 OECD 国家				美国				美国之外的 OECD 国家			
	GNP效应/%		CA效应/10亿美元		GNP效应/%		CA效应/10亿美元		GNP效应/%		CA效应/10亿美元		GNP效应/%		CA效应/10亿美元	
	本国	外国	本国	外国	本国	外国	本国	外国	本国	外国	本国	外国	本国	外国	本国	外国
MCM	+1.8	+0.7	-16.5	+8.9	+1.4	+0.5	-7.2	+7.9	+1.5	-0.7	-3.1	-3.5	+1.5	0	+3.5	+0.1
EEC	+1.2	+0.3	-11.6	+6.6	+1.3	+0.2	-9.3	+3.0	+1.0	+0.2	-2.8	+1.2	+0.8	+0.1	-5.2	+1.9
EPA	+1.7	+0.9	-20.5	+9.3	+2.3	+0.3	-13.1	+4.7	+1.2	-0.4	-1.6	-10.1	0	0	-0.1	+0.1
LINK	+1.2	+0.1	-6.4	+1.9	+1.2	+0.2	-6.1	+6.3	+1.0	-0.1	-5.9	+1.5	+0.8	+0.1	-1.4	+3.5
LIVERPOOL	+0.6	0	-7.0	+3.4	+0.3	-0.5	-17.2	+11.9	+0.1	0	-13.0	+0.1	+0.4	+1.6	+7.1	-8.2
MSG	+0.9	+0.3	-21.6	+22.7	+1.1	+0.4	-5.3	+10.5	+0.3	+0.4	+2.6	-4.4	+0.2	+0.3	-15.9	+12.0
MINIMOD	+1.0	+0.3	-8.5	+5.5	+1.6	+0.1	-2.2	+3.2	+1.0	-0.2	+2.8	-4.7	+0.8	-0.3	+3.6	-1.4
VAR	+0.4	0	-0.5	-0.2	+0.5	+0.3	+1.7	-2.6	+3.0	+0.4	+4.9	+5.1	+0.7	+1.2	+5.2	-10.0
OECD	+1.1	+0.4	-14.2	+11.4	+1.5	+0.1	-6.9	+3.3	+1.6	+0.3	-8.4	+3.1	+0.8	+0.1	-1.6	+2.3
Taylor	+0.6	+0.4	—	—	+1.6	+0.6	—	—	+0.6	-0.2	—	—	+0.8	-0.1	—	—
Wharton	+1.4	+0.2	-15.4	+5.3	+3.2	0	-5.5	+4.7	+0.7	+0.4	-5.1	+5.3	+0.2	0	+2.6	+0.5
DRI	+2.1	+0.7	-22.0	+0.8	—	—	—	—	+1.8	-0.6	-1.4	+14.5	—	—	—	—
平均值	+1.2	+0.4	-13.1	+6.9	+1.5	+0.2	-7.1	+5.3	+1.2	0	-2.8	+0.7	+0.6	+0.3	-0.2	+0.1

注：(1) 扩张性财政政策是指政府支出增加 GNP 的 1%；扩张性货币政策是指货币供给量在 4 个季度内增加 4%。

(2) GNP 效应是指财政政策和货币政策对国民生产总值 (GNP) 的影响；CA 效应是指财政政策和货币政策对经常项目的影响。

资料来源：Frankel, Rockett. International Macroeconomic Policy Coordination When Policymakers Do Not Agree on the True Model. American Economic Review, 1988.78

(3).

无论外国采取宽松的还是紧缩的货币政策，本国采取紧缩的货币政策都是最优的，因为这使得本国在每一种情况下的"痛苦指数"（即损失）都最小（分别为-7和-9）。所以选择紧缩性货币政策是本国的占优策略（dominated strategy）。同理，根据对称性原则，外国选择紧缩性货币政策也是其占优策略。因而最终博弈的均衡就处于方格IV，即两国都选择紧缩性货币政策，两国的"痛苦指数"都为-9。这一均衡解是唯一的，是该博弈的纳什均衡（Nash equilibrium）。

	松货币	紧货币
松货币	-8，-8（I）	-10，-7（III）
紧货币	-7，-10（II）	-9，-9（IV）

图 19-2　本国和外国货币政策战略选择的"囚徒困境"博弈矩阵

但是对于两国来说，方格IV的结果并不是最优的。如果两国能够得到方格I的结果，则可以实现帕累托改进（Pareto improvement）。假如两国制定货币政策时能够进行合作和协调，都实行宽松的货币政策，他们就会达到方格I，两国的"痛苦指数"都为-8，比不合作时的结果都有所改善。这实际上就是两国进行货币政策协调的收益。当然，要使方格I成为长期的或持久的均衡，两国就必须做出约束性承诺，对违反约定的行为制定严厉的惩罚措施和严格的监督机制，否则两国都会有欺骗对方的动机（因在本国采取紧缩性货币政策而对方采取扩张性货币政策的情况下，本国的"痛苦指数"将由-8降为-7）。

由此可见，在经济完全开放的条件下，一国经济必然会受到其他国家经济政策溢出效应的影响。如果各国在制定经济政策时不进行协调，而是各行其是，则最终的结果可能对这些国家都不是最优的；而如果各国进行经济政策的协调和合作，则可能会带来共同利益，从而提高各国的福利水平。

（二）滨田图示（Hamada diagram）分析

与上述简单的"囚徒困境"博弈所得出的结论一样，滨田宏一（Hamada，1979）用图示直观地说明了在存在政策溢出效应的前提下，进行国际经济政策协调有助于改善参加协调国的福利水平。滨田图示虽然演示的是两国的情况，但其论证可直接推广到多国情况。

假设有经济相互依存度很高的两个国家（本国和外国），两国制定政策是为了追求社会经济福利的最大化。如图 19-3 所示，横轴代表本国的政策工具 I，纵轴代表外国的政策工具 I^*。沿着坐标轴向右和向上移动，本国和外国的政策趋向扩张。由于两国的相互依存，对一方而言，它的最优政策选择必然受到对方政策选择的影响。很显然，对于本国来说，必然存在这样一点 B，它表示本国最愿意采取的政策与外国的政策构成的组合，即 B 点为本国的最佳福利点（bliss point）；同样对于外国来说也必定存在这样一个最佳福利点 B^*。图中两组无差异曲线 U 和 U^* 分别表示本国的和外国的能产生相同效用水平的政策组合。从本国的角度来看，越接近 B 点的政策组合给本国带来的效用越大，本国获得的福利越高，即 U_1 的政策组合优于 U_2，U_2 的政策组合优于 U_3，以此类推。同理，对外国而言，

313

越接近 B^* 点的政策组合给其带来的效用越大，即 U_1^* 政策组合优于 U_2^*，U_2^* 的政策组合优于 U_3^* 等。两组无差异曲线 U 和 U^* 的一系列切点代表两国最优的、最有效率的政策选择组合。将这些切点连接起来的 BB^* 线为"帕累托契约线"（Pareto contract curve）。

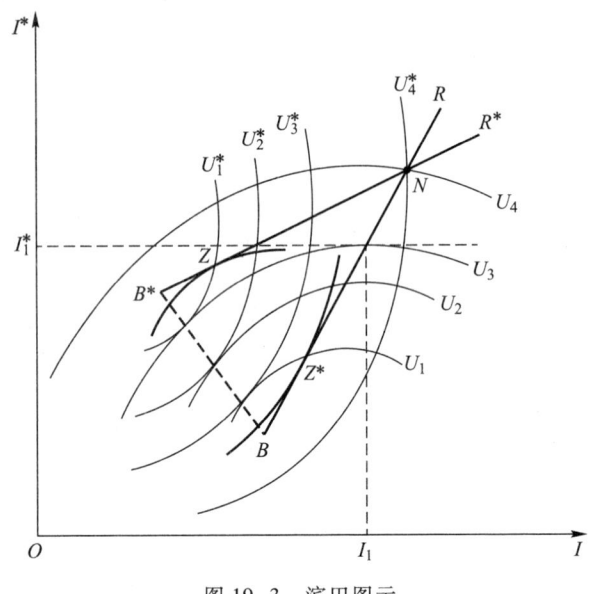

图 19-3 滨田图示

如果两国制定的政策互不影响，不存在政策的溢出效应，则本国的无差异曲线为垂线而外国的无差异曲线为水平线，两国只需调整自身的政策工具就可实现最优的福利水平，而不用考虑对方的政策选择。但在两国政策存在相互影响的溢出效应时，每个国家都面临着在给定对方政策选择的情况下决定自己的最佳政策选择的问题。例如，给定外国选择的政策工具 I_1^*，本国要选择与其水平线相切的无差异曲线 U_3，因为这是本国所能达到的最接近 B 点的效用水平，这就意味着本国的最优政策选择为 I_1。通过这种方法我们可以找到其他的给定外国不同政策选择情况下本国最优的政策选择点，将这些点连接起来就形成了本国的反应曲线 R。同理，可得到外国的反应曲线 R^*。

如果两国之间不存在政策协调，则可能会产生两种不合作均衡——纳什均衡和斯塔克尔伯格均衡（Stackleberg equilibrium）。在前一种情况下，两国都独立行动，即本国和外国均在给定对方政策选择的情况下，独立地、不受影响地选择自己最优的政策，而且没有一个国家希望改变其政策，从而最终均衡点为两国反应曲线 R 和 R^* 的交点 N。N 点为纳什均衡点。后一种情况是，假设一方为先行者，另一方为追随者，先行者意识到一旦自己采取某种政策时，追随者将根据反应曲线选择其最佳政策。考虑到自己的政策选择对追随者的影响，先行者将根据追随者的反应曲线选择最高效用水平的无差异曲线。因此，如果本国是先行者，则最终均衡点为 Z；如果外国是先行者，则均衡点为 Z^*。Z 点和 Z^* 点为斯塔克尔伯格均衡点。在这两点，先行者的无差异曲线与追随者的反应曲线相切，因此是先行者在考虑到追随者的反应时所能实现的最佳政策选择。

通过分析不存在两国之间政策协调情况下的两种非合作均衡可以发现，其均衡点都不在"帕累托契约线"BB^*上，所以都不是帕累托最优点。

而如果两国之间进行政策协调，使得均衡点在契约线BB^*上，则双方都可以达到比非合作均衡更高的无差异曲线所代表的效用水平，从而实现帕累托效率改进。当然，均衡点在契约线BB^*上的确切位置，取决于双方相对的谈判力量：如果本国的谈判力量较强，则均衡点在契约线上的位置更靠近B点；相反，如果外国的谈判力量较强，则均衡点更靠近B^*点。

总之，滨田图示模型说明了在各国经济政策存在相互影响的溢出效应时，各国间经济政策的不合作均衡是无效率的，而通过国际经济政策的协调可以达到帕累托效率，从而提高各国的福利水平。虽然上述分析由于假定每个国家都了解其他国家可能采取的政策类型，并且能够计算出不同政策组合对其自身福利的影响效果而过于简单，但还是对国际经济政策协调所能产生的潜在收益进行了很好的说明。

在现实中，虽然各国有进行国际经济政策协调的愿望，但由于各国政府的政策目标往往并不一致，所以国际经济政策协调真正实行起来会遇到很多困难。

第二节　国际经济政策协调的内容

随着经济全球化的发展，世界上一些国家提出了双边或多边的经济政策协调方式。这些协调主要包括货币政策协调、财政政策协调和汇率政策协调三个方面。

一、货币政策的协调

各国货币政策的协调主要包括有关国家利率的协调。这种协调主要针对利率调整方向。一旦一国希望通过利率的调整来干预经济，以达到控制经济过热或经济衰退的目标，该国就不仅要确定一个利率调整的方向，还要同有关国家协商，协调它们之间利率调整的基本方向。因为它知道，在资本高度流动的情况下，如果各国利率调整的方向大相径庭，那么任何一个国家的政策目标都不能顺利实现。各国不仅要协调它们之间的利率变动方向，而且还要协调各国利率调整的幅度。在前面的论述中，我们已经看到，各国利率水平之间的差异将带来资本在各国之间的流动，这种流动将一直持续到各国间的利率差被完全消除为止。

在一些经济学家看来，政府与其控制利率，还不如控制货币的增长量。因此各国货币政策的协调还可以采取协调货币供应增长率的方式。一般而言，货币主义经济学家主张通过控制货币供应量调节经济，甚至在他们看来，在确定了稳定的货币供应增长率之后就不必干预经济的运行过程。总之，无论一国是控制货币供应量，还是控制利率，都需要与其他国家进行协调，特别是要同与本国有密切经济联系的国家协调货币政策。

二、财政政策的协调

实际上，在经济关系比较密切的国家之间，不仅要协调货币政策，还要协调财政政策。因为货币政策协调的效果在很大程度上依赖于财政政策的协调状况。例如，如果一国采用扩张性财政政策，财政支出过度，政府就需要通过货币政策加以配合，这种配合意味着货币发行量的增加，或者物价上涨率较高。这将导致一国货币供应增长率的上升，从而会出现因没有协调财政政策使各国之间货币政策的协调难以维持的现象。因此，成功的货币政策协调常常伴随着财政政策的协调，或者说，各国之间只有同时协调货币政策和财政政策，一国经济政策的目标才能顺利实现。

三、汇率政策的协调

在各国将内部平衡和外部平衡作为经济干预的最佳目标时，它们之间不仅要协调货币政策和财政政策，还要协调汇率政策。在开放经济条件下，尽管一国可以采取完全浮动的汇率制度，从而政府只需顾及自己的内部平衡，但是各国为了维持本国经济的稳定发展，特别是减少对外贸易的风险，还是趋向于采用有管理的浮动汇率制。这意味着本国不仅要顾及本国的内部平衡，还要顾及外部平衡。我们知道，一国在干预经济以维持自身经济的稳定和增长时，不仅可以采用货币和财政政策工具，还可以通过汇率政策加以调整。当一国经济中的有效需求不足时，政府可以采取货币贬值的政策，以便刺激出口、限制进口。但是如果各国政府都这样做，就会出现各国竞相采取货币贬值政策的现象，结果是各国货币的兑换率可能回到原来的出发点。如果任何一国的货币贬值幅度超过其他国家，各国之间的贸易风险也就随之产生。如果一些国家采取货币贬值或预期货币贬值政策，而其他国家采取货币升值或预期升值政策，这些国家货币的汇率就会发生变化，引起投机和资金的转移。这种单纯由于汇率变动引起的资金转移不利于各有关国家经济的稳定和正常增长。

实际上，各国货币政策、财政政策进而是汇率政策协调的最高阶段是统一各国的货币，用一种统一货币代替各国自行使用的本国货币。当使用统一货币时，各国不能自行增加或减少货币供应，也不能提高或降低本国的利率。同样，统一货币意味着各国必须有协调一致的财政政策，否则，统一货币之下，不可能给财政政策的实施提供条件。因为扩张性财政政策的有效实施有赖于信用的扩张，否则，在货币供应量不变的情况下，政府支出的增加将引起利率的上升，从而产生"挤出效应"，同样会抵消财政政策的作用。当然，统一各国的货币以后，汇率协调将不复存在。因此统一货币是各国经济政策协调的最高级形式。

然而，由于各国经济发展情况的差异，特别是各国经济波动的程度有差异，它们在协调经济政策方面有许多困难。而且，各国偏好的差异、政策协调利益的分配以及不愿放弃政策自主独立性等因素，也使得各国在协调经济政策方面难以达成一致意见。因此在多边协调中，各国一般选择比较松散的协调方式（如信息交换、临时性危机管理等），除非它们之间经济关系已达到十分密切的程度。

第三节　国际经济政策协调的实践

在实践中，国际经济政策协调有全球性和区域性两种。前者主要由国际货币基金组织以及西方一些主要发达国家参与进行；后者是在一些区域经济一体化组织内部进行，其中政策协调比较成功且协调水平比较高的区域组织是欧洲联盟。

第二次世界大战以后，美国和英国为了避免第二次世界大战前国际金融秩序的混乱，积极倡导建立新的国际金融秩序。1945 年 12 月 27 日，国际货币基金组织正式成立。

在汇率制度方面，在布雷顿森林体系发挥作用的时期，各国的汇率不能随意调整。即使在浮动汇率制度普遍实施以后，国际货币基金组织仍然要对成员国的汇率政策进行全面评估。这种监督作用不仅是针对经济发达国家的，也是针对发展中国家的。因为它们的货币政策、财政政策与汇率政策也一样会对世界经济产生影响。

国际货币基金组织的汇率监督主要采取两种形式。一是多边监督，它主要分析各工业化国家国际收支和汇率政策的相互作用，并评估这些政策对世界经济的影响。该组织试图在讨论和协商的基础上，促进工业化国家在国际货币金融领域的合作和加强其在宏观经济政策上的协调。另一种是个别监督，主要是检查会员国的汇率政策，要求各会员国将其汇率调整的安排通知给该组织，以利于会员国之间的协调。

然而，由于国际货币基金组织所涉及的成员国过多（目前为 188 个），并且它们经济发展的程度也有差别，因此从总体上看，这种协调是有限的，特别是一些国家与其他国家之间的经济联系有的紧密，有的松散，所以各国对这种协调的重视程度是不同的。

1976 年，美国、联邦德国、日本、法国、英国、加拿大和意大利等七个西方主要工业国家形成了七国集团，以加强发达国家之间的经济政策协调。七国认识到，它们之间宏观经济政策的协调和合作不仅关系到世界经济的稳定和发展，更关系到它们各自经济的稳定和发展，因为其中一国任何一种宏观经济政策的调整都会影响到其他国家经济的稳定增长。因此它们商定，每年就它们共同关心的各国经济及世界经济中的主要问题进行协商。

1985 年，西方五个主要工业国家美国、日本、联邦德国、法国和英国的财长和央行行长一起召开了著名的"广场会议"，提出协调各国经济政策，促进汇率稳定的改革建议，并实现美元对日元贬值。1986 年，西方七国财长在东京召开会议，提出了 10 项具体指标来实现各国政策协调。1987 年，西方七国首脑在威尼斯会议上，对实现各国经济协调作出了具体规定。同年西方七国财长在法国卢浮宫召开会议，提出要求美国减少财政赤字，德、日扩大内需，以消除汇率不稳的根源。1987 年爆发全球股市危机后，西方七国财长联合发表声明，强调为稳定汇率进行国际干预。1994年年底，西方七国财长会议协商对策以稳定墨西哥比索的币值。① 1998年10月，七国集团首脑和财长会议又针对东南亚金融危机的蔓延和扩散提出了一系列旨在稳定日益动荡的国际金融局势的建议。

2003年以来，为促进发达国家与发展中国家在人类面临的共同挑战和重大国际问题上的沟通和了解，八国集团加强了同发展中国家的联系，多次召开八国集团同发展中国家领导人对话会议，就全球化进程中世界经济、全球能源安全、气候变化和其他重大的国际问题进行磋商和政策协调，对世界经济和政治产生了重要的影响作用。

 专栏

20 国集团金融峰会

20国集团（Group 20 或 G20）成立于1999年，成员包括八国集团（G8）成员国美国、日本、德国、法国、英国、意大利、加拿大、俄罗斯，以及澳大利亚、韩国、中国、印度、巴西、阿根廷、印度尼西亚、墨西哥、沙特阿拉伯、南非、土耳其和作为一个实体的欧盟。20国集团属于非正式论坛，旨在促进工业化国家和新兴市场经济国家就世界经济、货币政策和金融体系的重要问题开展协商和对话，以促进经济的稳定和持续增长。

2008年以来，面对日益严重的美国次贷危机及其影响，20国集团召开了多次金融峰会进行政策协调。2008年11月15日，20国集团领导人金融市场和世界经济峰会在美国华盛顿举行。出席会议的各国领导人深入讨论了美国次贷危机所引发的金融危机产生的原因，商议了促进全球经济发展的举措，探讨了加强国际金融领域监管规范、推进国际金融体系改革等问题，并就应对世界面临的金融和经济问题的措施达成行动计划，计划涉及提高金融市场透明度和完善问责制、加强监管、促进金融市场完整性、强化国际合作以及改革国际金融机构等五个领域。2009年4月2日，在国际金融危机持续扩大蔓延、世界经济陷入严重衰退的背景下，20国集团领导人第二次金融峰会在伦敦举行。各国领导人在此次会议上重点就加强各国宏观经济政策协调、稳定国际金融市场、改革国际金融体系等议题进行了深入讨论。经过各方共同努力，此次峰会取得了许多积极务实的成果，包括20国集团领导人同意为国际货币基金组织和世界银行等多边金融机构提供总额为1.1万亿美元的资金；提出应对所有具有系统性影响的金融机构、金融产品和金融市场实施监督和管理；重申将抵制贸易保护主义；国际货币基金组织计划增发2 500亿美元特别提款权分配给各成员，以增强资金的流动性，为其经济恢复提供直接支持等。2009年9月25日，20国集团领导人第三次金融峰会在美国匹兹堡举行。会议重点讨论了推动世界经济复苏、转变经济发展方式、国际金融体系改革、加强金融监管和解决全球经济失衡、促进全球经济平稳发展等议题。发展中国家在全球经济治理中的代表性和发言权得到大幅提升，成为此

---

① 1994年，俄罗斯作为正式成员参加七国集团首脑会议政治问题的讨论，形成"7+1"机制。1997年，七国集团首脑会议演化为八国集团首脑会议，"7+1"的模式结束。但在经济问题上，依然保持七国体制。

次峰会的最大亮点。各国领导人承诺将新兴市场和发展中国家在国际货币基金组织的份额提高至少5%以上，决定发展中国家和转型经济体在世界银行将至少增加3%的投票权。会议决定，今后20国集团峰会将取代八国集团峰会成为国际经济合作的主要论坛，而且20国集团峰会将实现机制化，自2011年起每年举行一次。

在区域化协调方面，欧洲联盟的前身——欧洲共同体早在20世纪70年代初期，就针对当时出现的国际货币制度的崩溃采取了协调各成员国汇率的政策。它们采取联合浮动的汇率制度，即对内采取可调整的固定汇率制度，对外采取联合浮动汇率制度。一个成员国货币对外升值，所有成员国货币一起升值；一个成员国货币对外贬值，其他成员国货币一起贬值。这种汇率的协调之所以必要，是因为成员国之间的相互贸易占各国对外贸易的比重平均已达到60%以上。这种协调有助于稳定它们之间的贸易关系，减少它们之间的贸易风险。

1979年3月，欧洲共同体又在汇率协调的基础上试图将这种内部协调机制规范化、制度化，提出并正式启动了"欧洲货币体系"。按照这个体系，成员国不仅要采用可调整的固定汇率制度，还建立了保持汇率稳定的预警机制。一旦某个成员国的汇率难以维持，可以动用欧洲货币基金干预外汇市场。尽管各国采取的汇率约束不同，但是这种机制确实起到了促进成员国贸易关系发展的作用。

1985年，欧洲共同体提出了新的目标，在1992年12月31日以前建成欧洲统一大市场。为此成员国要协调它们之间的财政政策，特别是各成员国之间的征税制度和间接税的税率，以便为成员国之间商品和要素的自由流动创造条件。

自1990年开始，欧共体成员国商定，从1992年开始，经过三个阶段的努力，在成员国之间建立经济和货币联盟。其中包括建立欧洲联盟的统一货币"欧元"，并且建立欧洲中央银行。自1999年1月1日起，欧洲统一货币开始启动，2002年，欧洲联盟发行的"欧元"正式流通，代替各成员国的货币（目前，欧元区19个成员国为奥地利、比利时、芬兰、法国、德国、爱尔兰、意大利、卢森堡、荷兰、葡萄牙、西班牙、希腊、斯洛文尼亚、塞浦路斯、马耳他、斯洛伐克、爱沙尼亚、拉脱维亚、立陶宛）。为了实现统一货币的目标，欧洲联盟要求各成员国要协调它们的财政和货币政策，使通货膨胀率、长期利率、政府财政赤字以及政府公债等的水平要符合《马约》规定的"趋同标准"。这意味着各成员国财政政策和货币政策的实施权将受到约束，或者说成员国将它们财政政策和货币政策的制定权上交给了超国家的区域经济一体化组织——欧洲经济和货币联盟。可以肯定，欧盟成员国之间货币政策、财政政策的协调和统一货币的实施将为各国经济的协调发展创造良好的条件。

本章小结

在开放经济条件下，一国的宏观经济政策难以单独充分发挥作用。实际上当一国采取某种宏观经济政策时其效果常常被其他国家相反的政策所抵消，而且为避免"以邻为壑"政策的出现和稳定汇率也需要加强各国经济政策的协调和配合。各国经济政策的有效协调可以为各国带来潜在收益，提高各国的福利水平。国际经济政策协调的内容主要包括各国货币政策、财政政策和汇率政策的协调和配合。在当今世界经济中，国际货币基金组织以及西方的一些主要国家在国际政策协调中扮演了比较重要的角色，而欧洲联盟各成员国经济政策的协调是目前比较高级别的国际经济政策协调。

即测即评

请扫描右侧的二维码，您可在线自测并查看答案。

练习与思考

1. 举例说明何为"以邻为壑"的经济政策。
2. 试用传统的"囚徒困境"博弈模型说明进行国际经济政策协调的必要性。
3. 试用滨田图示说明进行国际经济政策协调的收益。
4. 国际经济政策协调的内容有哪些？
5. 试述欧盟进行经济政策协调的实践。

第二十章
国际货币制度

国际货币制度（international monetary system）是各国为适应国际经济交往的需要，对货币的本位、货币的兑换、国际收支的调节所做出的安排、遵循的原则、建立的组织形式以及制定的规则和惯例的通称。国际货币制度主要包括五个方面的内容：汇率制度的确定、各国货币的兑换性、国际储备资产的确定、国际收支的调节方式和国际金融事务的协商和组织。本章首先探讨国际货币制度的历史演变过程，其次介绍固定汇率制与浮动汇率制之争及国际货币制度未来的发展方向，然后阐述最优货币区理论及欧洲货币一体化的实践，最后介绍发展中国家的汇率制度和金融问题。

第一节　国际货币制度的演变

国际货币制度的演变大致经历了国际金本位制、国际金块本位制和国际金汇兑本位制、布雷顿森林体系以及牙买加体系等阶段。

一、国际金本位制

世界上首次出现的国际货币制度是金本位制度（gold specie standard），大约形成于19世纪80年代末，结束于1914年。金本位是以一定重量和成色的黄金作为本位币，并使流通中的各种货币与黄金间建立起固定兑换比例关系的货币制度。在金本位制度下，黄金具有货币的所有职能，如价值尺度、流通手段、贮藏手段、支付手段和世界货币。1816年，英国率先颁布了金本位制的法案，大约半个世纪以后，欧美主要资本主义国家才相继在国内实行了金本位制，国际金本位制度大致形成。国际金本位制度具有以下三个特点：

（一）黄金充当国际货币制度的基础

国际金本位制度是建立在各主要资本主义国家国内实行的金铸币本位制基础之上的，其主要特征是：金币可以自由铸造、自由兑换，黄金可以自由进出口；储备货币使用黄金，并以黄金作为国际结算工具，各国的国际收支可以用黄金的输出和输入自动平衡。因此金本位制是一种相对稳定的货币制度。

（二）各国货币间的汇率由各自货币的含金量决定

金铸币本位制下金币的自由铸造、自由兑换以及黄金的自由输出和输入，使得外汇市场上汇率的波动始终维持在由金平价加减黄金运输费用所确定的黄金输送点之内。因此，国际金本位制是一种极其严格的固定汇率制。

（三）国际金本位制具有自动调节国际收支的机制

英国经济学家休谟（Hume，1752）最早提出"价格－铸币流动机制"，其具体内容是：当一国出现对外收支逆差时，黄金流出，国内货币供给量减少，导致物价和成本下降，于是会刺激出口、抑制进口，国际收支得以改善；反之，当一国出现对外收支顺差时，黄金流入，国内货币供给量增加，导致物价和成本上升，于是会抑制出口、刺激进口，国际收支顺差得以减少。当然，国际金本位制自动调节国际收支机制作用的发挥应满足三个条件：其一，各国货币与黄金挂钩，并随时可以兑换黄金；其二，黄金可以自由输出入；其三，中央银行或货币当局必须在黄金准备的基础上发行货币。

第一次世界大战爆发后，各参战国都实行黄金禁运和纸币停止兑换黄金，国际金本位制停止实行。第一次世界大战结束后，许多国家相继恢复了金本位制，但黄金的地位与战前相比已被大大削弱，一些国家实行了金块本位制和金汇兑本位制。

二、国际金块本位制和国际金汇兑本位制

国际金块本位制（gold bullion standard）又称"生金本位制"，是一种不完全的金本位制。其特点是：尽管规定金币作为本位币，但在国内不流通金币，只流通银行券；银行券不具有无限的法偿力；不能自由铸造金币，但仍然规定单位货币的含金量，并且规定黄金的官方价格；银行券不能自由兑换成黄金，但在需要进行国际支付时，可以用银行券到中央银行根据规定的数量兑换黄金。

金块本位制是在金本位制度崩溃之后，经济实力较强的国家所使用的货币制度。1925—1928年，英国、法国、比利时和荷兰等国曾经采用过金块本位制。由于其不稳定，1929年世界经济危机爆发后，各国的金块本位制都先后崩溃了。

国际金汇兑本位制（gold exchange standard）又称"虚金本位制"，也是一种不完全的金本位制。其特点是：国内不流通金币，只流通银行券；银行券在国内不能兑换成黄金或金币；实行这种货币制度的国家需将本国货币与另一个实行金本位制国家的货币挂钩，实行固定汇率，并在该国存放外汇和黄金作为储备金；通过自由买卖外汇维护本国货币币值的稳定。

第一次世界大战以前，实行国际金汇兑本位制的是那些从属于经济实力较强国家的殖民地和半殖民地国家或地区，如爪哇、印度和菲律宾等。第一次世界大战以后，战败国德国、意大利和奥地利也曾经实行过这种货币制度。

三、布雷顿森林体系

第二次世界大战即将结束时，一些国家深知，国际经济的动荡乃至战争的爆发与国际经济秩序的混乱存在着某种直接或间接的联系。因此，重建国际经济秩序成为保证战后经济恢复和发展的重要因素。正如我们前面所指出的，在国际金融领域中重建经济秩序就是建立能够保证国际经济正常运行的国际货币制度。

（一）布雷顿森林体系的建立

所谓布雷顿森林体系（Bretton Woods System），是指 1944 年 7 月在美国新罕布什尔州的布雷顿森林由 44 个国家参加会议并商定建立的以美元为中心的国际货币制度。

1944 年 7 月 1 日至 22 日，在美国新罕布什尔州的布雷顿森林举行了有 44 个国家参加的"联合国货币金融会议"，讨论了战后国际货币制度的结构和运行等问题。会议通过了《国际货币基金组织协定》和《国际复兴开发银行协定》，确立了新的国际货币制度的基本内容。由于美国的黄金外汇储备当时已经占到资本主义世界的 3/4，因此如果建立的货币体系仍然与黄金有密切联系的话，实际上就是要建立一个以美国为中心的国际货币制度。布雷顿森林体系的内容也正好反映了这样一个事实。

（二）布雷顿森林体系的内容

布雷顿森林体系包括五方面的内容，即本位制度、汇率制度和汇率制度的维持、储备制度、国际收支调整制度以及相应的组织形式。

1. 本位制度

在本位制方面，布雷顿森林体系规定，美元与黄金挂钩。各国确认 1934 年 1 月美国规定的 1 美元的含金量为 0.888 671 克纯金，35 美元换 1 盎司黄金的黄金官价。美国承担向各国政府或中央银行按官价兑换美元的义务；同时，为了维护这一黄金官价不受国际金融市场金价的冲击，各国政府需协同美国政府干预市场的金价。

2. 汇率制度

在汇率制度方面，它规定国际货币基金组织成员国货币与美元挂钩，即各国货币与美元保持稳定的汇率。各国货币与美元的汇率按照各自货币的含金量与美元含金量的比较确定，或者不规定本货币含金量，只规定与美元的汇率。这意味着，国际货币基金组织成员国之间的汇率是固定汇率，各国不能任意改变其货币的含金量。如果某种货币的含金量需要做 10% 以上的调整，就必须得到国际货币基金组织的批准。国际货币基金组织允许的汇率波动幅度为 ±1%，只有在成员国的国际收支发生根本性不平衡时，才能改变其货币平价。

3. 储备制度

在储备制度方面，美元取得了与黄金具有同等地位的国际储备资产的地位。

4. 国际收支调整制度

在国际收支调整机制方面，会员国对于国际收支经常项目的外汇交易不得加以限制，不得施行歧视性的货币措施或多种货币汇率制度。

5. 组织形式

为了保证上述货币制度的贯彻执行，建立了国际货币基金组织和世界银行两大国际组织。1945 年 12 月国际货币基金组织正式建立，其宗旨是：就国际货币问题进行合作；促进国际贸易的平衡发展；提高就业水平；增加收入；避免会员国货币的竞争性贬值；向成员国提供所需要的临时性贷款；设法消除国际收支的严重失衡。国际货币基金组织的职能主要有两个：一是当成员国出现短期性经常项目逆差，而实行紧缩性货币政策或紧缩性财政政策会影响国内就业水平时，国际货币基金组织随时准备向它们提供外币贷款，以帮助它们渡过难关。用于这种贷款的黄金与外币由该组织成员国交纳的基金提供。二是可调整的货币平价。尽管该货币体系规定成员国之间的汇率保持固定，但是如果该组织认为某个成员国的国际收支处于"根本性不平衡"状态时，该国可以调整其汇率。国际货币基金组织的最高决策机构是理事会，日常工作由执行董事会负责。

1945 年 12 月，国际复兴开发银行（通称世界银行）成立，其宗旨是：对发展中国家用于生产目的的投资提供便利，以协助成员国的复兴与开发，并鼓励发展中国家生产与资源的开发；通过保证或参与私人贷款和私人投资的方式，促进私人对外投资；用鼓励国际投资以开发会员国生产资源的方法，促进国际贸易的长期平衡发展，维持国际收支平衡；在提供贷款保证时，应同其他来源的国际贷款进行配合。世界银行的组织形式是股份制，其最高决策机构是理事会。世界银行作为国际货币制度的辅助性机构，在促进发展中国家发展经济，摆脱长期贸易收支或国际收支逆差方面起到了非常重要的作用。

（三）布雷顿森林体系的局限性

布雷顿森林体系实际上是一种金汇兑本位制度。尽管这种制度可以在经济实力较强和较弱的国家之间维持货币、特别是汇率的稳定，但是当它作为国际货币制度的基础时，存在着一国能否支撑这种固定汇率的问题。

布雷顿森林体系建立之后，美国经济学家特里芬（Robert Triffin）于 1960 年发表了《黄金与美元之危机》一书，提出了著名的"特里芬难题"（the Triffin dilemma），即无论美国的国际收支是顺差还是逆差，都会给这一货币体系的运行带来困难。在这一制度下，如果美国要保持国际社会有足够的美元用于国际支付，那么人们就会担心美国持有的黄金能否兑换各国持有的美元，从而导致对美元的信心，进而是对布雷顿森林体系的信心发生动摇；另一方面，如果美国力图消除国际收支逆差，以维持人们对美元的信任，美元的供应就不可能充足。因此在这个货币体系中存在着"美元灾"或"美元荒"的双重威胁。

事实上，自布雷顿森林体系建立之日起，这种两难就一直伴随着国际经济的发展。1960 年以前，布雷顿森林体系的主要问题是"美元荒"；而 1960 年以后，主要问题则是"美元灾"。这种问题的不断困扰终于使美国感到，它难以靠自己的力量支撑起整个国际货币制度。1971 年 8 月，美国宣布停止美元兑换黄金，这一行动意味着布雷顿森林体系的基础发生动摇。1973 年西方国家达成协议，实行浮动汇率制度，布雷顿森林体系彻底瓦解。

四、牙买加体系

布雷顿森林体系瓦解以后，重新建立、至少是改革原有货币体系的工作成了国际金融领域的中心问题。

1971 年 10 月，国际货币基金组织理事会提出了修改《国际货币基金协定》的意见。1972 年 7 月，理事会决定成立"20 国委员会"，具体研究改革国际货币制度的方案。该委员会以及后来替代这个委员会的"临时委员会"为改革做了大量的准备工作。1976 年 1 月，成员国在牙买加首都金斯敦举行会议，讨论修改《国际货币基金协定》的条款，会议结束时达成了《牙买加协定》。同年 4 月，国际货币基金组织理事会又通过了以《牙买加协定》为基础的《国际货币基金协定第二次修正案》，并于 1978 年 4 月 1 日起生效，从而实际上形成了以《牙买加协定》为基础的新的国际货币制度。

新的国际货币制度的主要内容包括三个方面，即汇率制度、储备制度和资金融通问题。

在汇率制度方面，《牙买加协定》认可了浮动汇率的合法性。它指出，国际货币基金组织同意固定汇率和浮动汇率的暂时并存，但成员必须接受基金组织的监督，以防止出现各国货币竞相贬值的现象。

在储备制度方面，《牙买加协定》明确提出黄金非货币化，成员国可以按市价在市场上买卖黄金；取消成员之间、成员与基金组织之间以黄金清偿债权债务的规定，降低黄金的货币作用；逐步处理基金组织持有的黄金，按市场价格出售基金组织黄金总额的1/6，另有1/6归还各成员；确定以特别提款权为主要的储备资产，将美元本位改为特别提款权本位。特别提款权（special drawing rights，SDRs）是国际货币基金组织于 1969 年为解决国际清偿能力不足而创立的一种国际储备资产和记账单位，代表成员在普通提款权之外的一种特别使用资金的权利。普通提款权是基金组织提供的最基本的普通贷款，用以解决受贷国（地区）因国际收支逆差而产生的短期资金需要。特别提款权按照成员在基金组织认缴份额比例进行分配，分配到的特别提款权可通过基金组织提取外汇，可同黄金、外汇一起作为成员的储备，故又称"纸黄金"。特别提款权设立时的价值相当于 1 美元。1974 年 7 月 1 日以后改用一篮子 16 种货币定值。1981 年 1 月 1 日以后又改用美元、马克、法郎、英镑和日元 5 种货币定值。2002 年 1 月 1 日欧元正式发行后，改用美元、欧元、英镑和日元 4 种货币定值。2016 年 10 月 1 日，人民币正式加入特别提款权货币篮子。

在资金融通方面，扩大对发展中国家的资金融通。国际货币基金组织用出售黄金所得收益建立信托基金，以优惠条件向最贫穷的发展中国家提供贷款；将基金组织的贷款额度从各成员认缴份额的 100% 提高到 145%，并提高基金组织"出口波动补偿贷款"在份额中的比重，由占成员认缴份额的 50% 增加到 75%。

牙买加会议后，国际货币制度进入了一个新时期。它体现在国际储备多元化、汇率制度多元化、国际收支调节多样化三个方面。首先，尽管《牙买加协定》提出用特别提款权代替美元的方案，但是由于特别提款权只是一个记账单位，现实中需要有实在的货币作为国际经济交往的工具，从而客观上形成了国际储备多元化的结构。其次，各国的具体情况不同，所选择的汇率制度也有所不同，《牙买加协定》的精神在于避免成员竞争性货币贬值的出现，因此只要各国的汇率制度是相对稳定或合理的，它就可以合法存在。这也是《牙买加协定》能够获得广泛认可的重要因素之一。第三，从国际收支的调节看，在允许汇率调整的情况下，各国国际收支调节的政策选择增加了。各国既可动用本国储备，又可借入国外资金或基金组织的贷款，也可以调整汇率，所以在新的国际货币制度下，成员具有较大的灵活性。但是整齐划一的国际货币制度消失了，代替它的是多样化的、灵活的货币体系，正是由于这一点，每个国家自我约束、自主管理的责任也日趋重要。换句话说，在新的国际货币制度下，成员要好自为之，否则就可能要承受痛苦的经济调整。

第二节　固定汇率制与浮动汇率制之争

在国际货币制度中，汇率制度处于核心的地位。本节通过介绍固定汇率制度与浮动汇率制度的争论来加深对国际货币制度及其演变的理解，并对国际货币制度未来的发展方向加以展望。

一、固定汇率制与浮动汇率制的争论

自布雷顿森林体系解体以来，浮动汇率制已运行了 30 多年。在此期间，关于固定汇率制和浮动汇率制孰优孰劣的争论一直没有停止过。特里芬和蒙代尔等经济学家坚持认为固定汇率制有利，而弗里德曼、哈伯勒和米德等经济学家则提倡浮动汇率制。

（一）赞成固定汇率制的观点

固定汇率制的支持者们认为浮动汇率制与固定汇率制相比存在以下几点缺陷：

1. 浮动汇率的内在不稳定性，将会阻碍国际贸易和国际投资的发展

货币汇率的浮动，使出口方和进口方的未来收益变得不确定。这种不确定性，使国际贸易的成本增加，从而使各国从国际贸易中获得的收益下降。同样，汇率浮动带来的投资收益的不确定性，也会干扰生产性资本的国际流动。

2. 浮动汇率下的投机行为，更容易导致外汇市场的不稳定

如果外汇投机者看到一种货币正在贬值，或预期它即将贬值，他们会不顾汇率的长期趋势，不断卖出这种货币。当越来越多的投机者采取这种行为时，预期的贬值将成为现实。这种反稳定的投机活动，加剧了汇率围绕其长期趋势的波动，使汇率有可能长期偏离其均衡水平。

3. 在浮动汇率制下，政府有违反所谓"物价纪律"的倾向，即倾向于采取通货膨胀性政策

在固定汇率制下，一国若采取扩张性政策，就会使该国物价水平提高，导致国际收支

逆差，国际储备减少。由于国际储备的减少不能长期持续下去，该国必须限制通货膨胀。因此，通过国际储备的变动，固定汇率制具有自动抑制政府采取扩张性货币政策的能力。但在浮动汇率制下，由于不再受国际储备流失的制约，政府很可能采取过分扩张的货币政策或财政政策，从而造成较严重的通货膨胀。

4. 浮动汇率制下可能会出现"以邻为壑"的经济政策

固定汇率制帮助各国建立有秩序的国际贸易，因为它不允许发生各国货币竞争性贬值的局面。而在浮动汇率制下，各国又重新获得随意改变本国汇率的自由，可能会出现竞争性贬值的局面，从而导致所有国家都受害。

（二）支持浮动汇率制的观点

浮动汇率制的支持者们提出浮动汇率制具有以下几方面的优势：

1. 货币政策的自主性

在固定汇率制下，政府在运用宏观经济政策实现国内目标的同时，还要对外汇市场进行干预。而在浮动汇率制下，各国中央银行不再因为固定汇率而被迫干预货币市场，各国政府就能够独立运用货币政策来达到国内平衡和国外平衡目标，并且各国不再会因为外部冲击而导致本国出现通货膨胀或通货紧缩，即浮动汇率制具有隔离国外经济冲击的作用。

2. 汇率具有自动稳定器功能

在世界总需求不断变化的情况下，即使没有一个有效的货币政策，由市场决定的汇率也能迅速调整，从而能够帮助各个国家实现内部平衡和外部平衡目标。在布雷顿森林体系下，汇率重新调整之前的那段长时间令人痛苦的投机过程，在浮动汇率制下将不再出现。

3. 汇率决定的对称性

在布雷顿森林体系下，美元在国际货币体系中至高无上的中心地位，导致了两种主要的不对称。第一，除美国以外的各国中央银行都将其本国货币"钉住"美元，并且积累大量美元作为国际储备，因此，美国的联邦储备体系在决定世界范围内的货币供给方面，也没有多大的自主权。第二，任何其他国家都可以在出现国际收支的"根本性不平衡"时，使其本国的货币相对于美元贬值，但布雷顿森林体系却不允许美元相对于其他货币贬值。浮动汇率制的实行，则可以消除上述不对称性。因为在浮动汇率制下，各国不再将本国的货币钉住美元，也就不必因此而持有美元作为储备，所以各国都可以自主决定本国的货币状况。同样，美国在运用货币政策或财政政策改变美元汇率时，也不再遇到特别的阻碍。在全球范围内，所有国家的汇率都将由市场而不是政府决定。

事实上，世界经济发展的历史表明，固定汇率制和浮动汇率制各有优劣。总的来说，就保持国内经济稳定而言，当面临内部冲击时，固定汇率比浮动汇率更能稳定国内经济；而当面临外部冲击时，浮动汇率可使国内经济免遭外部冲击的影响，它比固定汇率更能起到稳定的作用。例如，假设由于某种原因国内投资突然自主减少（增加），则会在乘数作用下使得国民收入下降（提高）。国民收入减少（增加）之后，进口也随之减少（增加），国际收支出现盈余（逆差）。如果该国实行固定汇率制，国际收支盈余（逆差）使本币面临升值（贬值）压力，货币当局为维持汇率稳定，将不得不增加（降低）货币供应量，这种扩张性（紧缩性）货币政策可以抵消投资减少（增加）对国民收入的冲击，从而有利于保持国内经济的稳定。而如果该国实行的是浮动汇率制，则国际收支盈余（逆差）会导致本币升值（贬值），进而通过净出口的下降（提高）使得国民收入进一步减少（增加），从而加剧经济的波动。相反，如果冲击来自外部，例如，假设由于国外消费者偏好的变化使本国出口突然自主减少（增加），国际收支会出现逆差（盈余）。在浮动汇率制下，本币的贬值（升值）可消除出口减少（增加）的影响，从而使国内经济保持稳定。但在固定汇率制下，为维持汇率稳定，本国的货币供给量将不可避免地减少（增加），于是国内收入将降低（增加），经济波动加剧。

二、国际货币制度的改革方向

自牙买加体系建立以来，改革现行国际货币制度的呼声就没有停止过。改革方案大致可分为三类：一是在现行的牙买加体系的基础上进行调整和改革；二是重新回到布雷顿森林体系下的固定汇率制；三是实行全面的浮动汇率制。从目前的总体情况看，国际社会还是更加倾向于第一种方案，即在现有的国际货币制度基础上进行调整和改革，改进现有的国际金融机构（包括国际货币基金组织、世界银行、国际清算银行等），建立新的金融秩序，加强金融监管和援助力度，进一步协调发达国家和发展中国家之间、国际金融组织和私人组织之间以及其他利益冲突方之间的关系，在最大限度内维护主要货币汇率的稳定，减少全球范围内金融危机的发生等。

第三节　最优货币区理论及欧洲货币一体化的实践

在上一节探讨固定汇率和浮动汇率优劣之争的基础上，本节首先阐述最优货币区理论，然后介绍欧洲货币一体化的发展和实践。

一、最优货币区理论

最优货币区（optimum currency area，OCA）的概念是在固定汇率和浮动汇率的优劣争论中提出来的，最早由蒙代尔引入国际经济学领域。最优货币区是由一组国家组成的，在这个区域内，要么采用单一的货币（完全货币联盟），要么在保留不同国家货币的同时，在这些货币之间实行持久严格的固定汇率，且相互之间实行完全可自由兑换，但对非成员国的货币采用浮动汇率制。最优货币区理论所要探讨的是一个货币区的适当范围，特别是一个国家参加某一货币区（新建立的或已经存在的货币区）或留在某一货币区内对其是否有利的问题。

研究最优货币区理论主要有两种不同的方法，即传统方法和成本收益分析法。

（一）传统方法

传统方法（the traditional approach）试图找出一些关键的标准来界定一个适当的货币区域（Ishiyama，1975；Tower and Willet，1976；Allen and Kenen，1980）。这些标准包括：

1. 国际要素流动性（international factor mobility）

要素流动性高的国家参与同一货币区可以有利可图，而要素流动性低的国家之间则应实行浮动汇率制。实际上，当要素流动性高时，国际调节就如同一国内各区域之间的调节一样，不存在国际收支问题。例如，假定在同一个国家，不同区域之间商品的贸易差额会引起逆差地区的收入和消费水平下降，为了消除该区域实际收入的下降，该区域将通过向区域外融资来消费比产出价值更多的产品（高资本流动性），而且失业工人可向区域外转移（高劳动力流动），这样，区域间的差异得以消除。如果没有要素的流动性，要消除国际不平衡就必然要求汇率变化。

2. 经济的开放度（degree of openness）

经济的开放度，可以用一国生产可贸易商品（包括可进口商品和可出口商品）与不可贸易商品的部门的相对重要性来衡量。如果一国生产的可贸易商品占国内产出的比例较高，则该国参与某一货币区是有利可图的；相反，如果一国生产的可贸易商品占国内产出的比例较低，则该国最好采取浮动汇率制。例如，如果一国经济具有较高的开放度，当它发生国际收支逆差时，如果采用本币贬值的政策，相对价格的变化将引起资源由不可贸易产品生产部门向可贸易产品生产部门转移，以满足出口增加和进口减少所产生的国内外对可贸易商品的需求增加，这就会对不可贸易商品生产部门产生巨大的冲击（其中包括发生通货膨胀），因为不可贸易商品生产部门所占比重较低。在这种情况下，采用固定汇率反而较为有利，同时可采用减少支出的国内政策（减少进口，同时促进出口）来消除贸易逆差。

3. 产品多样化（product diversification）

一国如果产品多样化程度较高，则其出口不同产品的范围也就较广。一般来说，经济事件通常不会同时对所有产品的生产和出口产生不利的影响。这样，产品多样性程度较高的国家的出口稳定性也较高，从而对汇率变动的要求就较少，因而更能适应固定汇率的要求，适宜参加某一货币区。相反，产品多样性程度较低的国家，其可供出口的产品范围有限，受出口波动的影响就较大，从而采用浮动汇率制较为有利。

4. 金融一体化程度（degree of financial integration）

这条标准与第一条标准有部分的重叠，但这条标准主要考虑的是作为平衡国际收支手段的资本流动要素。如果国际金融一体化程度较高，为保持外部平衡就不一定需要汇率变动，因为利率的很小变化就能引起大量的国际资本流动来平衡国际收支差额。因而一国在资本流动性较高时，采取固定汇率是恰当的，参与某一货币区也是有利可图的。当然，要保证国际资本有较高的流动性，就必须消除各种对国际资本流动的限制。

5. 通货膨胀率的相似性（similarity in rates of inflation）

通货膨胀率的差异过大，就会对贸易条件产生很大的影响，从而影响贸易商品的流量。在这种情况下，当发生经常项目差额时，就有必要改变汇率。相反，如果各国具有相同或相似的通货膨胀率，则不会对贸易条件产生影响，这时，采用固定汇率较为有利，参与某一货币区也是有利可图的。

6. 政策一体化程度（degree of policy integration）

各国间政策一体化程度越高，越有利于组建货币区。政策的一体化可以有从成员国之间简单的政策协调到成员国将其财政政策或货币政策制定权交给一个超国家的货币或财政政策管理机构等不同形式。统一的货币政策要求区域内各成员国统一管理国际储备，并统一对非成员国货币的汇率等；统一的财政政策则要求区域内各成员国统一税收和转移支付以及其他财政措施。显然，政策一体化的理想情况是完全的经济一体化，而完全经济一体化的实现必然要求某种形式的政治一体化。

以上所列六条标准都是从一个方面给出了形成最优货币区的标准，这种单一标准的分析方法通常被认为是片面的和不完整的，需要进行综合归纳和发展。

（二）成本收益分析法

与传统分析方法不同，成本收益分析法（the cost-benefit approach）认为，一国参与某一货币区，不但会带来收益，而且也存在成本，因此一国要采取正确的行动，就要进行成本收益分析。

1. 收益分析

一国参与某一货币区的收益，主要包括以下四个方面：

（1）持久的固定汇率制可以消除成员国之间投机资本的流动。当然，这取决于人们对区域内固定汇率的信心。如果人们对区域内的固定汇率缺乏信心，不稳定投机就不可避免地会发生。而在实行共同货币的情况下这一问题显然不会出现。

（2）可以节省国际储备。各成员国在区域内的经济交易不再需要国际储备，就像在同一个国家不同区域之间进行交易一样。当然，这取决于人们对固定汇率的信赖。但在货币区建立的初期，为了稳定地建立固定的货币平价，各国必须拥有足够的国际储备来保持汇率稳定。

（3）货币一体化可以刺激经济政策一体化甚至经济一体化。一国参与某个货币区，履行保持与其他成员国货币间的固定汇率的义务，可以在一定程度上使所有成员国制定统一的经济政策（特别是统一的反通货膨胀政策）。

（4）尽管货币区内各成员国的货币对非成员国的货币采用浮动汇率，但货币区采取共同的对外汇率政策，这无疑有利于提高货币区整体的谈判实力。

2. 成本分析

一国参与某一货币区的成本，主要包括以下四个方面：

（1）各成员国会丧失货币政策和汇率政策的自主性。金融一体化及与此相关的完全资本流动，将导致货币政策失效。在完全货币一体化的情况下，各成员国的中央银行将合并成一个超国家的中央银行。当各成员国在工资、生产率、价格等方面存在差异时，汇率政策工具的丧失，将对成员国造成严重的影响，尤其是在受到外部冲击时，这种问题会变得更加严重。

（2）财政政策受到约束。在固定汇率制下，虽然货币政策失效，但财政政策却是有效的，但这只对独立的国家而言。当一国参与某一货币区时，财政政策会受到货币区整体经济目标的约束。由于对各成员国财政政策的联合管理是以货币区内大多数成员的利益为目标的，因而有可能出现这种情况，即对大多数成员有利的政策，可能刚好使某些成员受到伤害。

（3）可能引起失业增加。假定货币区内某一个成员国通货膨胀率较低和有国际收支顺差，这个国家有可能对通货膨胀率较高且有国际收支逆差的成员国产生压力，迫使逆差成员国实施限制性政策，导致该成员国失业增加。按照货币学派的观点，在长期内，货币区内的低通货膨胀率将使所有成员国获利。但即使如此，我们并不知道这个长期会有多长，而且，在短期，逆差国必定要承担失业增加的成本。

（4）如果货币区内原先就存在经济发展的不平衡，则这种不均衡可能会恶化。由于在没有限制的条件下，国际资本的流动性比国际劳动力的流动性更大，因而，与劳动力相比，资本更容易找到报酬更高的机会。这样，欠发达地区的资本流失比劳动力流失更快，从而加剧货币区内经济发展的不平衡。

根据上述对一国参与某一货币区的成本和收益的分析，一国就可以在理性比较的基础上，作出是否加入或继续留在某一货币区的选择。当然，由于不同国家的社会福利函数不同，因而最终的选择结果可能并不统一。

二、欧洲货币一体化的实践

欧洲的货币一体化，从 20 世纪 60 年代末、70 年代初即开始拟议并实行。1970 年，欧共体拟定了"魏尔纳（Werner）计划"。这个计划为欧洲货币联盟的实现规划了一个 10 年过渡期，过渡期分为三个阶段。大致说来，第一阶段从 1971 年初至 1973 年年底，主要目标是缩小成员国货币汇率的波动幅度，着手建立货币储备基金，以支援干预外汇市场的活动，并着手协调货币政策与经济政策。第二阶段从 1974 年年初至 1976 年年底，主要目标是集中成员国的部分外汇储备，以充实货币储备基金，从而加强干预外汇市场的力量，此外，还要使欧共体内部汇率进一步稳定下来，并促使成员国间资本流动进一步自由化。第三阶段从 1977 年年初至 1980 年年底，目标是欧共体内部商品、资本及劳动力的流动将完全免受汇率波动的干扰，汇率趋于完全稳定，并着手规划统一货币，与此同时，货币储备基金则向联合中央银行发展。

1978 年 4 月在哥本哈根召开的欧共体首脑会议上提出了建立欧洲货币体系（European Monetary System，EMS）的动议，同年 12 月 5 日，欧共体各国首脑在布鲁塞尔达成协议，自 1979 年初起欧洲货币体系协议正式实施。欧洲货币体系的基本内容有三个方面：第一，继续实行过去的汇率联合浮动体制，争取逐步收缩内部的可容许波动幅度。第二，继续运用原来的"欧洲货币合作基金"（European Monetary Cooperation Fund，EMCF），拟议两年后扩大发展为"欧洲货币基金"（European Monetary Fund，EMF）。第三，建立"欧洲货币单位"（European Currency Unit，ECU），它是原来的欧洲计算单位（EUA）的继续与发展。

1988 年 6 月底，欧共体首脑汉诺威会议决定委托以欧共体委员会主席德洛尔（Delors）为首的一个委员会提出关于欧共体成员国间进一步货币合作的方案。1989 年 4 月，德洛尔向 12 国财政部长提出了"关于欧洲共同体经济与货币联盟"的报告（即"德洛尔计划"）。1989 年 6 月，在欧洲理事会马德里会议上，成员国首脑认可了这个报告，并决定自 1990 年 7 月 1 日起开始实行。"德洛尔计划"分三个阶段实现欧洲经济货币联盟。第一阶段在货币一体化方面的具体目标是：所有欧共体成员国的货币均纳入汇率联合干预机制，而且要求各国采用同等的汇率可容许波动幅度。第二阶段，首先要求建立欧洲中央银行体系（European System of Central Banks，ESCB），它不排斥各成员国的中央银行，而是一个中央银行的中央银行。其次，将逐步收缩汇率可容许波动幅度，并尽量避免成员国间法定汇率的调整。再次，适当聚集各成员国的部分外汇储备。特别重要的是：各成员国货币政策的决定权将逐步让渡给共同体，由欧洲中央银行体系制定整个共同体的货币政策。第三阶段则要求：首先，外汇市场干预应尽可能使用共同体成员国货币，必要时才使用第三国的货币。其次，还要进一步集中成员国的外汇储备。最后，要求以欧洲共同体货币取代各国货币。

1992 年欧共体成员国签订了《马斯特里赫特条约》，其中的《经济和货币联盟条约》提出，经过三个阶段的过渡，各成员国要实现统一的财政政策和货币政策，发行统一的欧洲货币"欧元"，建立欧洲中央银行。

1999 年 1 月 1 日，欧洲统一货币欧元正式启动。2002 年 1 月 1 日欧元开始在市场上正式流通，各欧元实施国的法定货币开始退出市场。2002 年 7 月 1 日，各欧元实施国的本国货币完全退出流通，欧洲货币一体化计划初步完成。到目前为止，欧盟 28 个成员国中已有 19 个加入了欧元区。

第四节　国际货币制度和发展中国家的金融问题

前文阐述的国际货币制度主要是关于发达国家间的货币安排。尽管发展中国家在发达国家为核心的国际货币制度中也会得到相应的好处，但是发展中国家从自身经济的特点出发，其金融体系、面临的问题和金融市场都具有自己的特征，在现行的国际货币制度下既有得益，也有问题。本节重点分析发展中国家存在的金融体制特征及与之密切相关的债务危机和金融危机问题。

一、发展中国家金融体制的特征

发展中国家金融体制的特征主要体现在以下方面。

（一）发展中国家的金融市场

一般而言，发展中国家的金融市场也处在发展的过程之中。主要表现在：长期资本融资的市场尚未成熟，企业在一级市场上融资的渠道不够畅通；投机活动在相当大的程度上受非经济因素的影响；银行系统或短期资本融资的市场受到政府的严格控制，以便于其利用不健全的金融系统为政府财政筹措资金；为经济发展的需要，人为地控制贷款的利率水平，使利率停留在低水平，或形成存款利率与贷款利率的倒挂，从而压抑金融系统的经营积极性；企业为了获得经营资金常常要到"黑市"上以高息拆借资金，从而导致一些国家非法金融机构的发展；为了使企业获得足够的资金，较大程度上要借助于引进外资这一筹资途径。

（二）发展中国家的汇率制度

大多数发展中国家由政府确定该国的汇率制度。汇率制度的主要特征是：采取钉住汇率制度，实行外汇管制，本国货币不能自由兑换外国货币。

发展中国家之所以采取相对固定的汇率制度并钉住主要发达国家的货币，其原因主要有三方面。首先，发展中国家经济实力比较弱，既无承担风险的能力，也无稳定汇率的能力。如果采取浮动汇率，处在起步阶段的对外贸易将难以承担因汇率变动带来的风险，从而不利于出口部门企业的成长。其次，如果采取相对固定的汇率制度并由该国自己维持汇率，在发展中国家缺乏外汇的情况下，一旦市场出现某种冲击，它们将很难应付和维持现行汇率，导致其汇率听凭市场摆布的困难局面。再次，钉住汇率有助于发展中国家稳定与主要贸易伙伴的正常贸易往来，促进经济的发展。一般而言，发展中国家的贸易伙伴主要集中在少数发达国家，因此它们与主要贸易国家之间具有稳定的贸易关系将有利于经济的发展。为此保持对这些国家货币汇率的稳定将有助于商品和服务贸易的正常进行。

至于发展中国家采取外汇控制，则主要是出于两个方面的考虑。一是资金的缺乏。缺乏发展所需的资金是发展中国家经济发展中的关键问题。发展中国家经济发展水平较低，储蓄率比较低，资金比较缺乏，因此它们十分珍惜用本国资源或大量的劳动密集型产品的出口所换回的外汇。外汇控制或管制就是将有限的资金由国家监管起来，以充分发挥其作用。二是有助于发挥政府干预外贸的作用。发展中国家多采取鼓励出口、限制进口的相对保护政策，而外汇管制意味着通过繁杂的外汇审批手续控制商品的进口，或对有利于经济发展的商品进口提供多方面的便利。

发展中国家多采取货币不能自由兑换的政策，这是源于发展中国家对货币自由兑换的某种担心。首先，发展中国家如果实行自由兑换货币的政策，将不利于贯彻其保护贸易的政策。如果外汇很容易从金融市场获得，对进口的控制就难以进行，至少是减少了一个控制进口规模的有效工具。其次，货币自由兑换意味着金融市场的开放，在发展中国家金融市场尚不健全的情况下，开放金融市场意味着将承受较大的外部金融冲击的压力。如果货币不能自由兑换，等于在本国金融市场和外国金融市场之间设立了一道"篱笆"，使不够发达的发展中国家金融市场与国际金融市场分开，减少了受外部冲击的可能性。

（三）发展中国家汇率制度的局限性

发展中国家所采取的钉住汇率制度和货币管制也存在许多局限性。首先，钉住汇率制度的维持是有条件的。对于发展中国家而言，当它钉住某一种主要货币时不仅在于名义上的"钉住"，还意味着该国经济要与所钉住货币的国家的经济运行保持同步。因为根据购买力平价理论，两国汇率的稳定决定于两国货币的发行量，进而是物价水平的变动程度和变动方向。如果两国货币供给的增长速度不同，其各自的物价水平和利率水平都将发生变动，从而影响外汇市场上的外汇供求，产生外汇黑市或外汇投机。其次，外汇管制将鼓励外汇黑市的出现。在市场经济条件下，任何人为管制如果不能与经济现实的要求相一致，就会产生来自企业或经济人的规避或"创新"，以继续获取某种经济利益。外汇管制在有利于表面上的市场管理的同时，将外汇交易推向"地下"，从而更加难以控制。再次，本国货币不能自由兑换也意味着国际贸易和引进外资的便利性较差。从这一点出发，货币不能自由兑换可以说是一把双刃剑。

一些发展中国家为避免上述缺陷或局限性，采取了一些折中措施。如在保持钉住汇率制度的同时，取消外汇管制，或实行货币自由兑换。一些国家改变了外汇管制的方式，用拍卖外汇的方式代替严格的外汇审批。也有一些国家采取可调整的钉住汇率制度，即当两国经济发展不同步时，可以调整汇率，使汇率能够反映本国的实际经济运行。

二、发展中国家的债务危机

在国际金融领域，发展中国家的债务危机曾经引起人们的广泛关注。其中的主要原因是它关系到发展中国家能否引进外资和利用外资的问题。

（一）债务危机的爆发

1982 年 8 月 12 日，墨西哥通知外国金融官员，该国不能按照原计划偿付外债，进而向外国政府和中央银行寻求贷款援助，向有关的商业银行请求延展偿还本金和利息的期限，并且要求对近期将要到期的债务重新进行安排。不久巴西也出现类似情况。债务危机爆发了。

实际上当墨西哥提出债务问题时，其他拉丁美洲国家乃至其他地区的发展中国家几乎都面临同样的偿债困难。据统计，1982 年墨西哥累计的外债额达 860 亿美元，在发展中国家中居第二位。巴西的外债额为 922 亿美元，在发展中国家中居第一位，阿根廷的外债额也达 436 亿美元。此外，一些非洲国家、东亚国家以及东欧的一些国家也面临着严重的偿债问题。墨西哥的偿债危机只是这种严重局面爆发的导火线。由于美国及其他国家的许多银行在拉丁美洲拥有债权，如果拉美国家难以偿还债务，将引起连锁反应，甚至引起世界性的金融危机。

（二）债务危机的原因

从债务危机产生的原因看，发展中国家的债务危机首先产生于它们债务负担的日益加重。据统计，非产油发展中国家的债务总额 1962 年为 259 亿美元，1973 年为 1 310 亿美元，1973—1976 年，发展中国家债务以每年 300 亿～400 亿美元的速度增长，1977—1983 年，以每年 500 亿美元的速度增长，到 1983 年时，发展中国家债务总额达到 6 640 亿美元。1973—1983 年，拉美国家的外债增加了 4.6 倍。由于债务负担沉重，导致债务国不仅还本负担逐步加重，偿还利息的负担也不断加重。另据统计，1973 年时，发展中国家的债务还本付息额为 179 亿美元，1982 年达到 1 071 亿美元，即增加了 5 倍。

其次，偿债负担的加重还由于发展中国家难以用商品的大量出口保证债务的顺利偿还。世界银行在考察一国债务负担及还款能力时使用偿债率。该指标是指一定时期内一国的还本付息额与同期的出口总额的比值。1973 年发展中国家还本付息率为 16%，1982 年增加到 25%。其中巴西的还本付息率达 87%，墨西哥 58.5%，阿根廷则高达 103%。导致该比率上升的重要原因是这些国家的商品出口规模有限。自 20 世纪 60 年代以来，拉丁美洲的一些发展中国家采取了进口替代的经济发展战略，这是一种封闭内向型的发展战略，导致这些国家出口贸易发展较慢，债务偿还难有可靠的资金来源，同时依靠借新债还旧债毕竟不是长远之计。世界银行提出，如果一国的还本付息率高于 20%，可能就包含着偿债的风险。因此，当一国的偿债率高达 50% 以上时，不会有任何银行愿意继续贷款给债务人。从这个意义上来说，尽管债务危机是有关国家的偿债危机，但是如果能够借到新的资金，偿债危机就不可能成为现实。偿债危机的发生还在于债务国难以借到新的债务。

再次，拉美国家对国际金融市场过分乐观，大量举债。20 世纪 70 年代后期，发达国家，特别是美国实行了低利率政策，拉美国家急于发展自己的经济，试图以最快的速度进入发达国家的行列，因而大量举债。据统计，20 世纪 70 年代末期，在墨西哥的庞大发展计划中需举债金额达 970 亿美元，巴西的发展计划需举债近 2 000 亿美元。如果国际金融市场的利率继续保持在低水平，这些国家可能不致出现偿债危机。然而，进入 20 世纪 80 年代以后，美国等国家利率水平不断攀升，使发展中国家的债务负担明显加重。据统计，1979—1982 年，由于美国利率水平的提高，使拉美负债国多偿付了 490 亿美元的债务。

最后，美国及其他发达国家的商业银行对拉美经济过度乐观，不顾其偿债能力，以各种形式向拉美国家提供贷款。当拉美国家对外资的依赖越来越重时，其获取新贷款的条件也日益苛刻，从而出现债务的恶性循环。

当然，债务危机是多方面因素综合作用的结果。尽管如此，发展中国家还是应该从债务危机中吸取教训。

（三）债务危机的解决办法

面对发展中国家的债务危机，不仅这些国家本身不愿意看到危机的恶化，发达国家也担心危机的恶化引起全球性的金融危机，威胁发达国家经济的增长。因此面对债务危机，发达国家以及有关的商业银行也积极寻求解决办法以期避免危机趋于严重。

实际上，在墨西哥债务危机开始时，墨西哥在美国的主持下，将墨西哥财政部官员和拥有债权的数百家商业银行负责人召集在一起，召开了一次会议，并组成了一个专门负责解决债务问题的咨询委员会，目的是帮助和协助对债务国的贷款。经过各方努力，有关发达国家的政府、拥有债权的数百家商业银行以及国际货币基金组织和世界银行一起向债务国提供新的贷款，同时这些参加合作的银行重新安排了债务的还款期限，以缓解发展中国家的债务负担。尽管如此，债务问题并未随之解决。

1989年，美国当时的财政部长尼古拉斯·布雷迪提出了解决债务危机的计划。主要是要求商业银行与债务国合作，为债务国提供多种形式的金融支持，包括减免债务和债务清偿以及提供新的贷款；要求国际货币基金组织和世界银行为"减少债务或清偿债务"提供资金；要求国际货币基金组织改变当商业银行不承诺借款给债务国时，就拖延该组织对债务国提供贷款的做法。布雷迪计划的显著特点是减少拉美的债务负担。美国担心，债务危机的深化可能危及拉美国家的政治稳定。

墨西哥积极配合国际社会，调整了它的经济结构和经济政策，收到了良好的效果。此后，菲律宾、哥斯达黎加、委内瑞拉、乌拉圭和尼日利亚都开始与商业银行谈判，签订债务减免协议。1992年，巴西和阿根廷与它们的债权国签订了减免债务协定，发展中国家终于渡过了这次债务危机。

三、发展中国家的金融危机

1997年爆发的东南亚金融危机，可以说是发展中国家走向经济开放、实行钉住汇率制度后所发生的对发展中国家冲击最为猛烈的一次金融危机。

（一）东南亚金融危机的爆发

1997年7月2日，泰国政府和金融当局宣布，放弃实行长达13年之久的钉住美元的汇率制度，随后泰铢贬值了48%左右。随后，泰国的金融危机波及菲律宾、马来西亚、印度尼西亚、新加坡、韩国、中国香港、日本、俄罗斯和巴西等。金融市场的动荡波及该地区的证券市场。当金融危机来临时，股票价格急剧下跌，多数股票变得一文不值。东南亚，乃至东亚地区的金融危机导致了该地区持续的高速经济增长中断，泰国、马来西亚、印度尼西亚、韩国的经济从过去每年增长7%，降低到零增长，甚至是负增长。日本也出现了近年来罕见的负增长。直到2000年，东亚各国经济才相继从危机中恢复过来。

（二）东南亚金融危机爆发的原因

东南亚金融危机的突然到来以及它所带来的影响，是经济学家和实业界人士始料不及的。因此人们对它爆发的原因给予了多方面的关注。

世界银行认为，这些国家过度的外资引进、实行钉住汇率制度的时间过长、国内过度投机以及政府金融管理不力是导致金融危机爆发的主要原因。有的学者认为，东南亚金融危机的主要原因是出口的下降，导致钉住汇率的预期贬值压力加大；有的学者认为，东南亚金融危机是国际投机商的投机行为所致。总之列举了许多东南亚国家经济的弱点。

实际上，东南亚地区的金融危机产生于内外经济的根本性失衡。首先，对外资的过度依赖迫使这些国家采取高利率政策。作为外向型经济，引进外资是获取经济发展资金的重要来源。在国内资金尚未收回的情况下，要继续获得外资必然导致政府和商业银行提高借入资金的利息率。高利率使借款人难以通过正常的生产获取高额利润，而投机活动成了获取高额利润的主要渠道。而日本大量的闲置资金的流入为证券和房地产投机提供了资金来源。其次，该地区出口产品的雷同或相互竞争，导致东南亚某些国家处于不利地位，一些产品被挤出出口市场，导致其出口收入减少。对于实行出口导向战略的国家，出口的持续增长是维持其经济发展的重要支柱。如果出口增长受阻，这些国家的贸易收支就会恶化。在贸易收支恶化的条件下，国际金融市场对这些国家的钉住汇率能否维持下去就会产生怀疑，从而使它们维持钉住汇率的压力变大。为了弥补经常项目的逆差，大量地引进外资就成了这些国家的方便选择，特别是在国际社会都看好东南亚地区经济发展前景的情况下，这种资本的流入成为可能。再次，金融投机商们正是看到了这些国家支持钉住汇率的基础薄弱，乘虚而入，大肆进行投机活动，终于导致一些国家不得不放弃钉住美元的汇率制度。

这场金融危机之所以能在东南亚地区引起连锁反应，是因为该地区的相互依赖或地区分工结构。近20年以来，东南亚地区以日本为"领头雁"，四小龙为"身"，东盟其他成员为"尾"，形成了比较密切的类似齿轮啮合的"联动机制"。在产业上表现为三个层次的国际或地区分工，即日本以技术密集型产业为主，亚洲四小龙以重化工业及电子产业为主导，东盟其他成员以劳动密集型产业为主导。这种体系的运行条件是，领头雁必须为雁身和雁尾提供发展和升级的空间。然而现实的情况是，领头雁日本没有及时地将自己的产业升级，导致了雁身和雁尾难以前行。作为发展中国家，当它们走向开放时，很重要的战略就是生产和出口劳动密集型产品。由于后来者生产成本较低，且有政府通过货币贬值促进本国出口的增加，自然会挤占东盟其他成员国出口产品的市场，使其出口市场萎缩。由于这些东南亚国家不能前行，所以在每一个阶段上，它们的竞争力都处于不利地位。这种竞争力的下降使所有国家的经济增长都难以为继。一旦时机成熟，经济的崩溃就会形成一个连锁反应。

这些国家的经济危机之所以由金融危机引发，还在于这些国家在尚不具备管理金融市场能力的情况下就开放本国金融市场，从而难以抵御来自外部的金融冲击。

（三）东南亚金融危机的启示

东南亚的金融危机提出了许多值得思考的问题。首先，发展中国家是否应该长期维持钉住的汇率制度，是否应该随着经济开放度的提高，逐步将自己的汇率制度由以抵御内部冲击为主的相对固定的汇率制度，转向以抵御外部冲击为主的相对灵活的汇率制度为主；其次，发展中国家在什么时间段开放自己的金融市场，才能在融入国际社会的同时，不致付出过多的代价；再次，发展国家是否应该不顾及外部市场，只是一味地促进本国的出口增长；最后，发展中国家是否应该同时采取外向型的经济发展战略发展本国经济等。

 专栏 20-1

国际金融危机简史

自1870年以来，全球产出年均增长速度为3%，在此期间，至少爆发了9次国际性金融危机。

1873 年，奥地利首都维也纳的股市暴跌，引起伦敦、巴黎、法兰克福、纽约金融市场一片恐慌，铁路股票纷纷下挫。1873 年 9 月，美国颇具实力的银行杰侬-库克金融公司因铁路投机破产，纽约股市狂泻，5 000 家商业公司和 57 家证券交易公司相继倒闭，纽约证券交易所也因此第一次关门 10 天。

1890 年，拉美国家（尤其是阿根廷）爆发了债务危机，伦敦巴林兄弟投资银行（巴林银行）对阿根廷债权发生支付危机，加之当年 10 月纽约发生金融危机，伦敦一系列企业倒闭，巴林银行几乎破产，英国对南非、澳大利亚、美国和其他拉丁美洲国家的贷款锐减，致使上述国家和地区的经济危机一直持续到 1893 年。

1907 年，美国爆发了交易所危机。1907 年至 1908 年，美国破产的信贷机构超过了300 个，共负债 3.56 亿美元，还有 2.74 万家工商企业登记破产，共负债 4.2 亿美元。危机波及世界许多国家，德国、英国、法国竭力向自己的殖民地倾销商品。这样一系列危机加剧了英德、法德之间的矛盾，致使第一次世界大战在危机中孕育。

1929 年 10 月 29 日，美国股市崩盘，道·琼斯指数单日重挫 23%（俗称"黑色星期二"）。1929—1932 年，道·琼斯指数下跌超过 80%。随着美国经济崩溃，银行转向欧洲抽回银根，使欧洲各国也进入萧条。美国在 1930 年 6 月 17 日通过法案，对 3 000 多项进口商品征收 60% 的高关税，全球许多国家纷纷效仿，采取关税壁垒进行报复，致使国际贸易完全停滞。到 1932 年，全球贸易总额不到 1929 年的一半。

1982—1983 年，由拉美债务危机引发了席卷全球的债务危机，近 40 个发展中国家要求重新安排债务，发生危机的国家数目超过 1972—1981 年的总和。

1987 年 10 月 19 日，美国的道·琼斯股票指数下跌了 508 点，跌幅为 22.6%。这一天被称为"黑色星期一"。之后，全球股市剧烈动荡。1987 年 10 月 20 日，伦敦股票市场下跌 249 点，跌幅达 11%；巴黎股票市场下跌 9.7%；东京股票市场下跌 14.9%；中国香港股票市场停止交易。

1991—1992 年，芬兰、瑞典、挪威的北欧三国及日本的房地产和股市泡沫破灭，引发了北欧三国的银行危机和日本经济全面衰退。1992 年 9 月，英镑和意大利里拉大幅贬值，被迫退出欧洲货币体系，引发了欧洲货币危机。

1997 年 7 月，爆发于泰国的金融危机迅速波及菲律宾、马来西亚、印度尼西亚、新加坡和韩国，进而日本、俄罗斯、巴西、美国和欧洲的金融市场也相继动荡。金融市场的动荡使得全球经济增长放缓。

2007 年发端于美国的次贷危机引发了席卷全球的金融海啸。2008 年 9 月 7 日，美国政府宣布接管房地美公司和房利美公司；9 月 15 日雷曼兄弟公司宣布破产；美国国际集团获得了美国政府 850 亿美元的紧急援助；高盛、摩根士丹利获准转型为银行控股公司。美国金融动荡和经济衰退引发了一系列连锁反应，发达国家和发展中经济体均受到严重冲击，各国纷纷出台经济刺激计划。

 **专栏 20-2**

货币危机模型

货币危机是指在投机性资本的冲击下，一国外汇储备严重流失，固定汇率难以维持，致使外汇市场和金融市场持续动荡的现象。货币危机模型是指解释货币危机产生原因和机制的理论。

第一代货币危机模型主要由克鲁格曼（Krugman，1979）、弗拉德和加伯（Flood and Garber，1984）等经济学家提出。他们认为固定汇率制下政府主要经济目标之间存在的矛盾冲突，特别是政府实施过度扩张的财政政策和货币政策而导致的经济基本面恶化，是引发对固定汇率发起投机性冲击、进而发生货币危机的主要原因。

第二代货币危机模型主要由奥伯斯法尔德（Obstfeld，1994）、卡尔沃（Calvo，1995）和马松（Masson，1995）等经济学家提出。他们认为货币危机的发生不是由于经济基本面的恶化，而是由于贬值预期的自我实现（self-fulfilling）造成的，而且存在着由预期所决定的多重均衡。

第三代货币危机模型主要由阿克洛夫和罗默（Akerlof and Romer，1994）、麦金农和皮尔（McKinnon and Pill，1996）、克鲁格曼（Krugman，1998）、马松（Masson，1999）、多利（Dooley，2000）、伯恩塞德（Burnside et al.，2001）、弗朗茨舍（Fratzscher，2003）等经济学家提出。他们有两种主要观点：一种观点认为由于政府对银行和金融机构的隐性担保以及监管不力，使得银行和金融机构存在严重的道德风险问题。过多的风险性贷款投向房地产和证券市场，导致了资产泡沫的产生。一旦资产价格下跌，就可能会导致金融机构倒闭，货币危机随之产生。另一种观点认为货币危机的本质与经典的银行挤兑模型相似，货币危机主要是由于投资者恐慌所导致的金融部门流动性不足所造成的。他们认为货币危机发生的国家或地区不是在长期上无力偿还外债，而是短期的流动性不足。通过国内的金融机构，短期外债被转化为缺少流动性的长期贷款。这种短期债务与长期资产在期限上的不匹配性，容易使投资者产生恐慌心理，从而使得外资撤离该国或该地区，导致该国或该地区资产价格的下降以及货币的贬值。而造成货币危机的金融恐慌是否发生，完全取决于不可预料的独立的随机因素和传染效应（contagion effect）的发生。

本章小结

本章首先探讨了国际货币制度的历史演变过程，其次介绍了固定汇率制与浮动汇率制的优劣之争及国际货币制度未来的发展方向，再次阐述了最优货币区理论及欧洲货币一体化的实践，最后分析了发展中国家的金融体制、汇率制度以及债务危机和金融危机问题。

练习与思考

1. 布雷顿森林体系的功能是什么？其运行效果如何？

2. 牙买加体系与布雷顿森林体系相比有何不同？

3. 固定汇率制和浮动汇率制各有何优劣？

4. 形成最优货币区需要具备的条件有哪些？

5. 欧洲货币一体化的进展如何？如何看待欧元发行对国际货币体系的各种影响？

6. 美国次贷危机对全球经济有何影响？如何评价各国应对美国次贷危机的政策效果？

参 考 文 献

［1］佟家栋，高乐咏．国际经济学．修订版．天津：南开大学出版社，2000.

［2］保罗·克鲁格曼，茅瑞斯·奥伯斯法尔德．国际经济学．北京：中国人民大学出版社，1998.

［3］彼得·林德特．国际经济学．9 版．北京：经济科学出版社，1992.

［4］P. T. 埃尔斯沃思，J. 克拉克·利思．国际经济学．北京：商务印书馆，1992.

［5］迈克尔·梅尔文．国际货币与金融．上海：上海三联书店，1994.

［6］小岛清．对外贸易论．天津：南开大学出版社，1988.

［7］陈正顺．国际贸易．台北：三民书局，1993.

［8］爱默德·A. 穆萨．国际金融．北京：中国人民大学出版社，2008.

［9］贝思·V. 亚伯勒，罗伯特·M. 亚伯勒．世界经济贸易与金融（第 7 版）．北京：清华大学出版社，2009.

［10］陈雨露．国际金融学．北京：中国人民大学出版社，2008.

［11］方齐云．国际经济学．武汉：华中科技大学出版社，2002.

［12］姜波克．国际金融新编．上海：复旦大学出版社，2008.

［13］马君潞，陈平，范小云．国际金融．北京：科学出版社，2005.

［14］王光伟．国际收支与汇率金融学．南京：东南大学出版社，2007.

［15］中华人民共和国国家统计局网站：http：/www. stats. gov. cn/.

［16］中华人民共和国国家外汇管理局网站：http：/www. safe. gov. cn/.

［17］国际货币基金组织网站：http：/www. imf. org/.

［18］国际清算银行网站：http：/www. bis. org/.

［19］世界银行网站：http：/www. worldbank. org/.

［20］Appleyard D R. International Economics. 4th ed. Boston：McGraw-Hill/Irwin，2000

［21］Baker S A. International Economics. Cambridge：Basil Blackwell，1995.

［22］Borkatoti J. International Trade Causes and Consequences：An Empirical and Theoretical Text. Basingstoke：Macillan，1998.

［23］Casson M. Alternatives to the Multinational Enterprise. London：Macmillan，1979.

［24］Carbaugh R J. International Economics. 8th ed. Cincinnati：South-Western，2004.

［25］Caves R. Multinational Enterprise and Economic Analysis. Cambridge：Cambridge University Press，1990.

［26］Caves R E，Frankel J A，Jones R. World Trade and Payments：An Introduction. 8th ed. Scott: Foresman and Company, 1999.

[27] Chacholides M. International Economics. New York: McGraw-Hill, 1990.

[28] Chipman J S. A Survey of the Theory of International Trade: Part 1, The Classical Theory. Econometrica, 1965. (33): 685-760.

[29] Chipman J S. A Survey of the Theory of International Trade: Part 3, The Modern Theory. Econometrica, 1966 (34): 18-76.

[30] Dixit A K, Norman V. Theory of International Trade. Cambridge: Cambridge University Press, 1980.

[31] Salvatore D. International Economics. 8th ed. New York: John Wiley, 2004.

[32] Dunn R M. International Economics. 4th ed. New York: Wiley, 1996.

[33] Gerber J. International Economics. Mass: Addison-Wesley, 1999.

[34] Grauwe P D. International Money: Postwar Trends and Theories. 2nd ed. Oxford: Oxford University Press, 1996.

[35] Grimwade N. International Trade Policy: A Contemporary Analysis. London: Routledge, 1996.

[36] Grossman G. Imperfect Competition and International Trade. Cambridge: MIT Press, 1992.

[37] Hallwood P, Ronald MacDonald. International Money and Finance. 2nd ed. Oxford: Blackwell Publisher, 1996.

[38] Helpman E, Krugman P. Market Structure and Foreign Trade. Cambridge: MIT Press, 1985.

[39] Hood N, Young S. The Economics of Multinational Enterprise. London: Longmans Group, 1979.

[40] Husted S, Melvin M. International Economics. 4th ed. Mass: Addison-Wesley, 1998.

[41] Linder S B. An Essay on Trade and Transformation. Stockholm: Almqvist & Wiksell, 1961.

[42] Mayer W. Short Run and Long Run Equilibrium for a Small Open Economy. Journal of political Economy, 1974 (82): 1191-1204.

[43] Meade J E. Geometry of International Trade. London: George Allen & Unwin, 1952.

[44] Mia Mikic. International Trade. Basingstoke: Macmillan, 1998.

[45] Pilbeam K. International Finance. 2nd ed. Basingstoke: Macmillan, 1998.

[46] Sodersten B, Reed G. International Economics. 4th ed. New York: St. Martin's Press, 1996.

[47] Vernon R. International Investment and International Trade in the Product Cycle. Quartly Journal of Economics, 1966 (80): 190-207.

[48] Vernon R. The Technology Factor in International Trade. New York: Columbia Univer-

342

sity Press，1970.

[49] Winter A. International Economics. 4th ed. London：Harper Collins Academic，1991.

[50] Woodland A D. International Trade and Resource Allocation. Amsterdam：North-Holland，1982.

[51] Frankel，Rockett. International Macroeconomic Policy Coordination When Policymakers Do Not Agree on the True Model. *American Economic Review*，78（3），1988.

[52] Gylfason. Does Exchange Rate Policy Matter? . *European Economic Review*，31（1-2），1987.

[53] IMF. Balance of Payments and International Investment Position Manual，BPM6.

[54] IMF. World Economic Outlook（October 2009）. http：//www. imf. org.

[55] Marquez J. Bilateral Trade Elasticities. *Review of Economics and Statistics*，72（1），1990.

[56] Pilbeam K. International Finance. New York：Palgrave Macmillan，2006.

[57] Krugman P R，Obstfeld M. *International Economics：Theory and Policy. 7th ed.* 北京：清华大学出版社，2008.

[58] Carbaugh. R J. International economics. 10th ed. 北京：中国人民大学出版社，2009.

[59] Jones R W，Kenen P B. *Handbook of International Economics（Volume II）*. Amsterdam：North Holland，1985.

[60] The Economist. Big Mac Index. July 24th，2008.

[61] U. S. Bureau of Economic Analysis，http：//www. bea. gov/.

郑重声明